SIEGFRIED OBERMEIER

Kärnten

SIEGFRIED OBERMEIER

Kärnten

Ein Führer

PRESTEL VERLAG MÜNCHEN

Für meine Eltern

© Prestel Verlag München 1975
2. Auflage 1980
Passavia Druckerei GmbH Passau
ISBN 3-7913-0100-4

INHALT

Einleitung

*Der Herrgott hat g'lacht
wie er's Landle hat g'macht
hat si selber recht g'wundert
über gar soviel Pracht.*

Primus Lessiak (1878–1937)

Mit neuneinhalbtausend Quadratkilometern ist Kärnten das fünft-
größte österreichische Bundesland, die Einwohnerzahl hat die halbe
Million überschritten.

Dieses südlichste Land Österreichs ist auf allen Seiten von Ge-
birgen umschlossen. Den an Salzburg und Steiermark grenzenden
Norden säumen die Hohen Tauern mit dem Großglockner, Kärntens höchstem Berg (3797 m), und die Gurktaler Alpen mit dem
Eisenhut (2441 m). An der Ostgrenze gegen Steiermark liegt die
Koralpe (2144 m), die lange Südgrenze nach Jugoslawien und Italien säumen die Karawanken mit dem Hochstuhl (2238 m) und die
Karnischen Alpen mit der Hohen Warte (2780 m). Die mit Osttirol
gemeinsame Westgrenze flankieren zwei kleinere Gebirgszüge,
nämlich die Schobergruppe mit dem Hochschober (3240 m) und
die Lienzer Dolomiten mit dem Spitzkofel (2718 m).

Die Grenzen des Landes bilden ein Rechteck von ungefähr 200
Kilometer Länge und 50 Kilometer Breite. Die meisten großen
Täler münden in das sogenannte Klagenfurter Becken, in dessen
Mitte Klagenfurt, Kärntens Hauptstadt, liegt.

Diese von gewaltigen Bergzügen geprägte Landschaft, die vielen
Seen und das günstige Klima, nicht zuletzt aber seine reichen
Kunstschätze, haben Kärnten zum beliebtesten Reiseland Österreichs werden lassen. Vor allem für Bergwanderer ist dieses Land
mit seiner kaum überschaubaren Vielfalt von Touren ein wahres
Paradies. Es gibt in Kärnten nur wenig Orte, die nicht Ausgangspunkt für mindestens eine Bergtour sind.

Neben dem Fremdenverkehr sind in Kärnten vor allem Holz-
und Papierindustrie, aber auch die Erzeugung von Stein- und Bau-

materialien von Bedeutung. Der schon von Kelten und Römern betriebene Bergbau hat heute seine Schwerpunkte im Magnesitgewinn auf der Millstätter Alpe und in der Blei- und Zinkerzgewinnung bei Villach. Spateisenstein mit hohem Mangangehalt wird im Hüttenberger Erzberg gewonnen, wo schon die Römer das begehrte ›norische Eisen‹ förderten. Die Landwirtschaft mit Ackerbau und Viehzucht, besonders im Klagenfurter Becken, aber auch der Obstanbau in den Bergtälern bilden noch immer einen nicht zu unterschätzenden Erwerbszweig der Einwohner Kärntens.

Von allem, was wir Mitteleuropäer kulturhistorisch und geographisch unter Süden, Norden, Osten und Westen verstehen, hat Kärnten etwas aufzuweisen. Nördlich gibt es sich mit seinen zahlreichen Gebirgszügen, deren Zwei- und Dreitausender auch im Hochsommer ihre Schneekuppen und Gletscher bewahren, und nicht selten wird dem aus Deutschland Anreisenden am Katschberg noch im Juni oder Juli ein Schneetreiben überraschen. Südlich ist Kärntens wunderbares Klima mit den meisten Sonnenstunden in ganz Österreich und den herrlich warmen Seen zwischen Villach und Klagenfurt. Der Wörther See, die ›Riviera Österreichs‹, aber auch Ossiacher-, Faaker- und Millstätter See erreichen im Sommer gewöhnlich Temperaturen zwischen 26 und 28 Grad, sogar der in fast 1000 Meter Höhe liegende Weißensee bringt es noch auf 24 Grad. Östliches Kulturgut finden wir im Südosten des Landes bei den Slowenen, deren Anteil man heute (1973) auf 30000 bis 40000 Menschen schätzt, und die sich – abgesehen von der Sprache – auch in mancherlei Gebräuchen noch viel Eigenes bewahrt haben. Zahlreiche slowenische Lehnwörter sind in den Kärntner Dialekt eingegangen, so etwa Tscherfel = Schuh, Hetschepetsch = Hagebutte, Tschoja = Eichelhäher, von den vielen auf -itz und -itsch endenden Ortsnamen ganz abgesehen.

Die deutschsprachige Kärntner Bevölkerung spricht einen bairischen Dialekt, der natürlich – wie auch in Bayern selbst – viele lokale Eigenheiten aufweist. Man darf nun allerdings nicht annehmen, ein Bayer würde in Kärnten oder ein Kärntner in Bayern aufgrund des gleichen Dialekts für einheimisch gehalten werden. Wenn beide auch bairisch sprechen, so haben sich doch – vor allem in Klangform und Endungen – während vieler Jahrhunderte starke Unterschiede herausgebildet.

Warum aber sprechen die meisten Kärntner bairisch und manche slowenisch? Ein kurzer Streifzug durch die Landesgeschichte wird uns darüber aufklären. Diese Geschichte ist – abgesehen von den Türkeneinfällen des 15. Jahrhunderts – verhältnismäßig friedlich verlaufen, und so hat wohl manche toskanische Kleinstadt in einem Jahrhundert mehr ›Politik‹ erlebt, als Kärnten in einem Jahrtausend – man mag darüber streiten, was vorzuziehen sei.

Ins Licht der Geschichte trat Kärnten Anfang des zweiten Jahrhunderts v. Chr., als zugewanderte Kelten ein ›norisches Königreich‹ errichteten. Freilich weisen zahlreiche Funde auf eine vorkeltische Besiedlung illyrischer Stämme hin, doch ›Geschichte‹ im eigentlichen Sinn haben diese frühen Jäger und Fischer keinesfalls gemacht. Reiche Funde aus dieser vorkeltischen Periode beweisen allerdings, daß das Land schon damals verhältnismäßig dicht besiedelt war und seine Bewohner eine gewisse Kulturstufe erreicht hatten. So wurden auf dem Gräberfeld bei Rosegg zahlreiche Menschen- und Tierfiguren aus Blei gefunden, während aus einer Nekropole bei Dellach im oberen Gailtal beschriebene Tafeln aus Bronzeblech ans Licht kamen.

Nach 120 v. Chr. gingen die keltischen Noriker ein Bündnis mit den Römern ein, um gegen die ständig einfallenden Germanenhorden besser gewappnet zu sein. 113 v. Chr. hatten die Römer bei Noreia, dem heutigen Neumarkt in der Steiermark, in einer Schlacht gegen die Cimbern eine schwere Niederlage erlitten, doch damit war der Waffenlärm für Jahrhunderte verstummt. Die einmal gerufenen Römer besetzten schließlich 15 v. Chr. das Norische Reich und gliederten es 45 n. Chr. als Provinz Noricum dem römischen Imperium ein. Dies alles scheint sich recht friedlich vollzogen zu haben, da die schnell romanisierten Kelten einträchtig mit den Römern in ihrer alten Hauptstadt auf dem Magdalensberg zusammenlebten. Man hat bisher vergeblich den Namen dieser Stadt zu ergründen versucht, doch scheinen neuere Funde die These zu bestätigen, daß sie Virunum hieß, wie auch später die neue Hauptstadt genannt wurde. Diese gründeten die Römer auf dem Zollfeld unterhalb des Magdalensberges, wo dann der Provinzstatthalter residierte. Die Römer bauten Straßen, ordneten das Rechtswesen und die Finanzen, denn diese neue Provinz war durch ihre reichen Erzvorkommen für Rom von größter Bedeutung. Dieser schon von den Kelten betriebene Bergbau wurde nun intensiviert, so daß sich mit ihm und durch ihn ein reiches Handelsleben entwickelte. Die beiden wichtigsten Römerstraßen führten über den Monte Croce (Plöckenpaß) und den Pontafella. Sie verbanden die neue Provinz mit dem römischen Reich und dienten wirtschaftlichen wie auch militärischen Zwecken. Die spärlichen Nachrichten aus römischer Zeit beziehen sich dann auch im wesentlichen auf Handel, Bergbau, Straßennetz und gelegentliche Erwähnung der größeren Orte.

Mit den Römern war auch die christliche Lehre ins Land gekommen und gewann im 4. Jahrhundert mehr und mehr Anhänger. In Virunum und in Teurnia (St. Peter im Holz) wurden dem Patriarchat von Aquileia unterstehende Bischofssitze gegründet, die bis zur Einwanderung der Slawen bestehen blieben. Nach dem Zerfall des Weströmischen Reiches am Ende des 5. Jahrhunderts wurde die Provinz wechselweise von Ostgoten, Franken und dem Oströmischen Reich beherrscht und schließlich sich selbst überlassen. Im ausgehenden 6. Jahrhundert wanderten slawische Stämme unter awarischer Herrschaft ein und nahmen das Land in Besitz. Die keltoromanische Restbevölkerung zog sich in Enklaven zurück. Zentrum des slawischen Fürstentums, das sich bald von der Awarenherrschaft löste, war wahrscheinlich Karnburg, damals *Carenta* genannt, woraus sich der lateinische Landesname *Carinthia* und der deutsche *Kärnten* entwickelte. Das keltische *carant* bedeutet Freund, *Carantanien* hieße also soviel wie ›Land der Befreundeten‹, wie der Historiker Gotbert Moro ableitet.

Um 740 gewannen die Baiern, die dem Vordringen der Slawen von Beginn an Widerstand entgegengesetzt hatten, in Karantanien die Oberhoheit. Neuerdings von den Awaren bedrängt, hatte der slawische Fürst Boruth den Baiernherzog Otilo um Hilfe gebeten. Die Baiern kamen – und blieben. So handelten sich die Karantanerslawen einen neuen Herren ein, der noch dazu einen neuen Glauben mitbrachte. 769 gründete Herzog Tassilo das Kloster Innichen, um

»das ungläubige Geschlecht der Slawen zum Pfade der Wahrheit zu leiten«. Unter Karl dem Großen und seinem Nachfolger Ludwig dem Frommen wurden bis 820 die letzten slawischen Kleinfürsten von baierisch-fränkischen Grafen abgelöst. Fortschreitende Germanisierung und Re-Christianisierung bewirkten schließlich eine Verdrängung des slawischen Volkstums, dessen Reste sich nur noch in Südkärnten hielten und bis heute bestehen.

Nach dem Tod Kaiser Arnulfs – er war auch Herzog von Kärnten – im Jahre 899 hatte das Land unter dem Einfall ungarischer Reiterhorden zu leiden. Sie wurden zwar 901 entscheidend geschlagen, setzten aber ihre Raubkriege fort, bis Kaiser Otto I. sie 955 durch die Entscheidungsschlacht auf dem Lechfeld für immer vertrieb. Als sich Herzog Heinrich II. von Baiern, ›der Zänker‹, gegen Kaiser Otto II. auflehnte, trennte dieser Kärnten von Baiern ab und machte es 976 zu einem selbständigen Reichsherzogtum unter den österreichischen Ländern. Kärnten war damals freilich viel größer als heute und umfaßte neben Osttirol und der Steiermark auch die Marken Krain, Istrien, Verona, Friaul und ein Stück von Niederösterreich.

Verschiedene, zum Teil landfremde Fürstenhäuser wurden im Laufe der folgenden Jahrhunderte mit Kärnten belehnt, so die Salier, Eppensteiner, Zähringer. Erst Herzog Bernhard aus der Familie der Spanheimer (1202-1256) betrieb eine weitblickende Landespolitik, verband Kärnten durch seine Ehe mit einer Przemyslidin dem böhmischen Königshaus, führte Gesetze und Hofämter ein. Unter ihm wurde St. Veit an der Glan Residenz. 1286 kam Kärnten an die Grafen von Görz-Tirol und 1335 schließlich an die Habsburger, die ihm aber seine landständische Selbständigkeit ließen. So wurde die ›Herzogseinsetzung‹, von der wir später noch hören werden, ein Symbol dieser Eigenständigkeit. Abgesehen von dem napoleonischen Zwischenspiel behielten die Habsburger Kärnten bis 1918. In ihre Zeit – ins Jahr 1518 – fiel die Erhebung Klagenfurts zur Landeshauptstadt.

Die Habsburger Epoche war zwar friedlich wie keine zuvor, doch ohne Kämpfe ging es auch in ihr nicht ab. So fielen zwischen 1473 und 1495 achtmal die Türken ein und mußten zurückgeschlagen werden. Einen inneren Zwist brachte die Reformation, unter deren Einfluß das ganze Land in kurzer Zeit protestantisch wurde. Die katholische Gegenreformation zwang Bürger und Bauern zum alten Glauben zurück, während der Adel weiterhin der lutherischen Lehre anhing, wohl weil sie ihm mehr Freizügigkeit gewährte. Die Burg Hochosterwitz, im Besitz der Familie Khevenhüller, wurde in dieser Zeit zur Zuflucht der Protestanten. Schließlich siegte der alte Glaube endgültig, und der evangelische Adel wurde 1628 vertrieben. Auch Napoleon störte den Frieden mit seinen »Befreiungskriegen« 1797-1813, unter denen das Land schwer litt. 1809-14 wurde Oberkärnten den ›Illyrischen Provinzen‹ des französischen Kaiserreiches zugeschlagen. Später gehörte es dem sog. ›Königreich Illyrien‹ an, das Österreich 1816 aus Kärnten, Krain, Görz, Gradisca und Istrien zusammengeflickt hatte. Dieses unhistorische und völlig willkürliche Staatsgebilde wurde 1849 wieder aufgelöst. Nach dem Ende des Ersten Weltkrieges erhob der frischgebackene Staat Jugoslawien Anspruch auf Südkärnten, was blutige Aufstände verursachte. Schließlich einigte man sich auf eine Volksabstimmung, die trotz des Drucks der provisorischen jugoslawischen Verwaltung und einer Mehrheit von 70 Prozent slowenischer Bürger ein Ergebnis von 59 Prozent der Stimmen zugunsten Österreichs brachte. Ohne jede Abstimmung wurden das Mießtal mit Unterdrauburg und Seeland Jugoslawien und das Kanaltal Italien zugesprochen. Das war der Preis für den verlorenen Krieg. Neue Ansprüche Jugoslawiens auf Teile von Kärnten lehnten die Alliierten 1949 ab.

Wie Bayern ist Kärnten ein durchwegs katholisches Land mit alter kirchlicher Tradition. Schon in der Römerzeit bestanden Bistümer in Teurnia und Virunum, doch die eigentliche Christianisierung setzte erst 769 mit der Gründung des Klosters Innichen durch Herzog Tassilo ein. 1072 errichtete Erzbischof Gebhard von Salzburg das Bistum Gurk. Seit 1124 bestand dort ein Domkapitel, das aber kein Wahlrecht hatte. Langsam dehnte sich der geistliche Einfluß dieses Bistums auf ganz Kärnten aus, doch hatten die Erzbischöfe von Salzburg noch bis 1934 das Recht zur Ernennung des neuen Bischofs von Gurk. Ab Mitte des 12. Jahrhunderts residierten die Bischöfe von Gurk in dem nahegelegenen Schloß Strassburg,

seit 1786 in Klagenfurt. Seit 1167 durften die Bischöfe den Fürsten-
titel führen; sie übten dieses von mehreren Kaisern bestätigte Recht
bis 1918 aus.

Die für den bairischen Stamm so typische enge Bindung an
Kirche und Religion hat – mehr als im übrigen Österreich – in dem
durch seine Gebirge jahrhundertelang recht isolierten Kärnten auch
viele alte Volksbräuche bewahrt, die, meist heidnischen Ursprungs,
später eine christliche Umdeutung erfuhren. Wir werden auf diese
originellen Bräuche jeweils an Ort und Stelle näher eingehen.

Die alte Kirchentradition – das Hinneigen zum Protestantismus
stellt nur eine Episode dar – hat dem Land einen gewaltigen Schatz
an reich ausgeschmückten Kirchen und Klöstern beschert. Im Gegensatz zu Altbayern haben hier vor allem Romanik und Gotik,
auch die Renaissance, glänzende Zeugnisse an Sakralarchitektur,
Malerei und Plastik hinterlassen. Was Kärnten an mittelalterlichen
Wandgemälden und Glasmalereien, an Flügelaltären und Schnitz-
plastik besitzt, hat in Fülle und Qualität weitreichende Bedeutung
für die mitteleuropäische Kunst. Demgegenüber kann das Barock
nur wenige so hervorragende Bauwerke wie etwa die Pfarrkirchen
von Villach und St. Andrä aufweisen. Lediglich im Bereich der
Kirchendekoration und der Altäre und Kanzeln kam es zu Meister-
leistungen italienischer Stukkateure und einheimischer Schnitzer.
Daß die Kunst Kärntens im Unterschied zu der anderer öster-
reichischer Länder in der Barockzeit verarmte, hängt wesentlich
mit dem Verlust der politischen Bedeutung Kärntens während der
Habsburger Epoche zusammen. Seine Rolle als Durchgangsland
nach Italien mußte es an Tirol abgeben, sein wirtschaftlicher Wohlstand nahm mit dem Versiegen des Bergsegens sowie der Abwan-
derung des zum Teil sehr vermögenden protestantischen Adels
empfindlich ab – der Prozeß der Provinzialisierung schritt von der
Reformationszeit an unaufhaltsam fort.

Nicht allein in der Sakralarchitektur, auch im Profanbau kann
Kärnten mit bemerkenswerten Werken aufwarten: Burgen,
Schlösser und Stadthäuser, die ebenfalls meist aus der Zeit der
Gotik und Renaissance stammen, wie etwa die gewaltige Burg
Hochosterwitz oder das prunkvolle Schloß Porcia in Spittal.

Dieses Buch will natürlich nicht nur die bedeutenden, über Österreich hinaus bekannten Kunstwerke vorstellen. Es wird auch an dem weniger Bekannten abseits der großen Reisewege nicht vorübergehen. Dennoch kann es keinen Anspruch auf Vollständigkeit erheben. Es soll vom Wesen des Kärntnerlandes einen Eindruck vermitteln und den Leser mit der Schönheit seiner Natur, dem Reichtum seiner Kunstschätze und der Eigenart seiner Bewohner vertraut machen.

Klagenfurt

Am Ostende des Wörthersees, im gewaltigen Kessel des Klagenfurter Beckens, liegt Kärntens Hauptstadt, umgeben von den bewaldeten Bergen der Ostalpen und den Ausläufern der Karawanken. Diese geschützte Tallage und die für Kärnten geringe Meereshöhe von ca. 445 Metern sind die Ursache eines milden Klimas mit vielen Sonnentagen, langem Frühling, subtropisch warmen, gewitterreichen Sommern und einem Herbst, der nicht selten bis in den November hinein schönes Wetter beschert.

Stadtgeschichte

Das Gebiet um Klagenfurt war schon von der Bronzezeit an besiedelt, was durch verschiedene Funde wie bronzezeitliche Einbäume, Gräber aus der Latènezeit und römische Münzen belegt ist. Klagenfurt aber ist eine verhältnismäßig junge Stadt und verdankt seine Gründung dem politischen Ehrgeiz der rheinpfälzischen Adelsfamilie der Spanheimer, die von 1122 bis 1279 den Kärntner Herzogshut trugen, anfangs jedoch im Lande keine Hausmacht besaßen. Um dem abzuhelfen, gründete Herzog Hermann, der von 1161-1181 regierte, an einer Furt der Glan am Hang des Spitalberges einen Markt. Hermanns Sohn, Herzog Bernhard II., verlegte die Siedlung um 1250 in die Gegend des jetzigen Alten Platzes und verlieh ihr das Stadtrecht, das 1338, drei Jahre nach Kärntens Besitznahme durch die Habsburger, von Herzog Albrecht II. nochmals ausdrücklich bestätigt wurde. Die Stadt entwickelte sich bald zu einem regen Handelszentrum des damals noch recht dünn besiedelten Klagenfurter Beckens. Sie besaß eine herzogliche Burg. Wie alle hoch-

mittelalterlichen Gründungen überwiegend aus Holzhäusern erbaut, wurde Klagenfurt 1514 durch eine Feuersbrunst fast völlig
zerstört und wäre wohl kaum noch zu irgendeiner Bedeutung
gelangt, hätten sie nicht politische Zufälle glanzvoll wiedererstehen
lassen.

Als im Zuge der Reformation auch Kärnten durch Bauernkriege
heimgesucht wurde, stellten die Landstände – Adel und Klerus –
ein Heer auf und zogen 1516 gegen die Aufständischen. St. Veit, die
damalige Hauptstadt, versagte bei diesem Krieg die erwartete Unterstützung, und so baten die Stände Kaiser Maximilian I., ihnen das
ausgebrannte Klagenfurt zu überlassen. 1518 ging die Stadt dann
tatsächlich in den Besitz der Stände über und wurde zur neuen
Hauptstadt erhoben, womit St. Veit für die versagte Unterstützung
bestraft und zur zweiten Stadt des Landes degradiert wurde. Die
Übereignung einer ganzen Stadt in ständischen Besitz blieb übrigens ein einmaliger Fall auf deutschem Boden. Zu einem höfischen
Zentrum konnte sich Klagenfurt allerdings nicht entwickeln, denn
obzwar Hauptstadt, wurde es doch niemals Residenzstadt, da der
Titel ›Herzog von Kärnten‹ während der Habsburger Zeit stets nur
vom Kaiser geführt wurde.

Als Landeshauptstadt begann Klagenfurt aufzublühen. Italienische Baumeister wie Domenico dell'Allio und Anton Verda schufen eine bedeutende Festungsanlage, deren Graben noch heute die
Stadt umgibt. Sie bauten auch prächtige Stadthäuser mit schönen
Arkadenhöfen, wie wir sie am Alten Platz noch zahlreich finden.
Das geradlinige, regelmäßige Gefüge, das sie der Stadtanlage gaben,
weist auf ihren Renaissancecharakter hin.

In den Jahren 1527 bis 1558 wurde der viereinhalb Kilometer
lange Lendkanal angelegt, der noch heute besteht und vom Wörthersee bei Maria Loretto bis vor den Villacher Ring führt. Auf
diesem Kanal wurde vor allem Holz in die Stadt gebracht, außerdem versorgte er den Stadtgraben mit Wasser. 1574 bis 1590 wurde
das heutige Landhaus als Münzstätte und Zeughaus erbaut. Während der Reformation war Klagenfurt der Sammelpunkt des zum
Protestantismus übergetretenen Adels, der 1586 für seine Söhne
eine Schule, die heutige ›Burg‹ errichten ließ.

Eine besondere Blüte erlebte Klagenfurt im 18.Jahrhundert, nicht zuletzt durch die 1728 erbaute Loibl-Paßstraße. 1787 wurde es auch zum Sitz der Bischöfe von Gurk, die seit 1147 auf der entlegenen Festung Strassburg residiert hatten. 1797 besetzten die Franzosen die Stadt, und vom 30. März bis zum 2. April hielt sich Napoleon hier auf, der sogleich befahl, die Festungswerke auszubessern. Zu einer weiteren französischen Besetzung kam es vom November 1805 bis Januar 1806 unter Marschall Ney, und 1809 wurde am Kreuzberg sogar gekämpft. Die von den Franzosen so eifrig reparierten Festungsmauern wurden 1810 ebenso gründlich wieder von ihnen zerstört, was den Klagenfurtern eigentlich nur recht sein konnte, da von der Mitte des 19.Jahrhunderts an die Stadt ohnehin weit über ihre früheren Grenzen hinauswuchs.

Während der Kärntner Freiheitskämpfe wurde Klagenfurt 1919 von den Jugoslawen besetzt, die es aber schon wenige Wochen später auf Anordnung der Alliierten wieder räumen mußten. Von den Bomben des Zweiten Weltkriegs blieb auch Klagenfurt nicht verschont.

Heute ist die Stadt auf 85000 (1973) Einwohner angewachsen, besitzt einen Flughafen und ist der wichtigste Verkehrsknotenpunkt des Landes. Die alljährliche ›Österreichische Holzmesse‹ im August und die im April stattfindende ›Kärntner Landesausstellung für Industrie und Fremdenverkehr‹ tun das ihre, um Handel und Wandel zu beleben. Zum Klagen hat man also in Klagenfurt keinen Grund mehr . . . Der Stadtname soll sich tatsächlich von ›Furt der Klage‹ ableiten, was auf die Trauer um die vielen, im früher stark versumpften Glantal umgekommenen Menschen hindeuten soll. Auch eine Ableitung von ›Klaga‹, der heidnisch-bajuwarischen Klagefrau, die an gefährlichen Flußübergängen ihr nächtliches Unwesen trieb, wird für möglich gehalten. Prosaisch zwar, aber am wahrscheinlichsten ist die Herkunft aus dem alten Namen ›Glanfurt‹. Die Legende freilich weiß eine ganz andere Deutung. So soll ein Bäckermeister der damals Glanfurt genannten Stadt seinen Lehrjungen des Diebstahls bezichtigt haben und dieser wurde, nach einem durch Folter erpreßten Geständnis, hingerichtet. Als sich kurz darauf die Unschuld des Jungen herausstellte, war die ganze

Stadt so betroffen, daß man beschloß, hinfort zur Sühne und ewigen Erinnerung den Ort in Klagenfurt umzubenennen. Der Leser mag sich aus den vier Versionen die aussuchen, die ihm am ehesten zusagt.

Die Stadt

Man darf sich bei Klagenfurt nicht auf den ersten Eindruck verlassen, auch nicht auf den zweiten und nicht einmal auf den dritten. Ich will damit sagen, daß man diese Stadt nicht in ein paar Stunden kennenlernen oder gar liebgewinnen kann. Für eine Liebe auf den ersten Blick ist sie einfach nicht geschaffen. Es hängt sehr davon ab, bei welchem Wetter, zu welcher Jahreszeit und um welche Tagesstunde man sie durchwandert. So würde ich etwa einen Stadtspaziergang im Frühling vorschlagen, an einem Sonntagvormittag bei klarem windigen Wetter, wenn die Menschen aus den Kirchen kommen und sich dann auf den Straßen und Plätzen noch ein Weilchen unterhalten, ehe sie der Mittagstisch nach Hause lockt.

Manch einer mag für diesen Spaziergang einen milden sonnigen Tag im Spätherbst vorziehen, wenn der Alte Platz, fast leer, vor sich hinträumt, wenn in den schönen Parkanlagen und zwischen den Kastanienalleen das bunte Laub von den Bäumen wirbelt und dann gegen Nachmittag eine tiefer sinkende Sonne die alten Bürgerhäuser so reich vergoldet, daß sie wie Paläste wirken, bis die Dämmerung mit ihrem grauen Hauch den Stundenzauber auslöscht.

Wo soll man in diesen lebhaften, schnell gewachsenen Städten das Zentrum suchen? Der älteste Kern war fast immer früher auch das Zentrum. Hier traf man sich, hier wurden Märkte abgehalten, hier stand meist die Stadtpfarrkirche. Von der Mitte unseres Jahrhunderts an hat sich diese Situation häufig verändert: Wo es jetzt am lebhaftesten zugeht, die meisten Läden und Gaststätten sich aneinanderreihen, muß nicht immer auch das Herz einer alten Stadt schlagen.

Diese Entwicklung gilt auch für Klagenfurt, dessen *Alter Platz* zwar immer noch das Herz der Stadt ist, das aber jetzt langsamer und behaglicher schlägt. Denn man hat diesen Kern der mittelalterlichen Spanheimer-Stadt zur Fußgängerzone erklärt und damit wieder, im Sinne des Wortes, ›menschlich‹ gemacht. Der Alte Platz gleicht eigentlich mehr einer breiten Straße, die mit ihren schönen, verschieden hohen, vielfach barocken Bürgerhäusern einen altstädtisch-behäbigen Reiz ausstrahlt. Im Westen begrenzt ihn das *Haus zur goldenen Gans*, wohl das älteste Gebäude, dessen hoher schmaler Innenhof von dreigeschossigen Renaissance-Arkaden umgeben ist. Derartige Laubenhöfe sind typisch für Klagenfurt.

Wenden wir uns von hier nach Osten, so sehen wir rechts das *Palais Goëß* (Nr. 30) mit seiner anmutigen Barockfassade, daneben das gräflich *Stampfersche Haus* (Nr. 29), dessen spätbarocke Fassade zahlreiche Reliefbüsten zieren. Der wenig eindrucksvollen Pestsäule von 1681 gegenüber erhebt sich das am Ende des 16. Jahrhunderts errichtete *Alte Rathaus* mit einem barocken Fresko, das die Frau Justitia zwischen den Wappen der Stadt und des Landes zeigt. Auch hier ist der Arkadenhof mit seinen wuchtigen Bögen sehenswert. Das *Haus des Hochstiftes Bamberg* (Nr. 21) hat eine schöne Fassade von 1650, die ihrer Entstehung nach schon barock sein könnte, aber noch die schlichten klaren Formen der Hochrenaissance aufweist. Am Ostende des Platzes, wo jetzt hinter einer protzigen Gründerzeitfassade das Fremdenverkehrsamt seinen Sitz hat, stand früher das turmbewehrte *Völkermarkter Tor*. 1476 haben die Türken die Völkermarkter Vorstadt niedergebrannt; das Stadtinnere hingegen konnten die Bürger halten.

Wenden wir uns wieder zum Westende des Alten Platzes, so sehen wir links die beiden zierlichen Türme des Landhauses und rechts den wuchtigen Helm der *Stadtpfarrkirche St. Egid* hinter den Häusern hervorragen. Der mächtige, 92 Meter hohe Turm von St. Egid steht in einem proportionalen Mißverhältnis zu dem von außen eher schmächtig wirkenden Schiff. Dieses älteste Gotteshaus der Stadt wurde schon 1255 als Vikariatskirche von Maria Saal erwähnt. Der Brand von 1514 und die Erdbeben von 1571 und 1690 machten einen Neubau nötig, der 1721 vollendet, aber schon zwei Jahre später wieder durch Brand schwer beschädigt wurde. Die Tonnengewölbehalle mit den acht Seitenkapellen wirkt trotz der

Das Landhaus in Klagenfurt

barocken Ausstattung wuchtig und finster, was an dem in sehr dunklen Farben gehaltenen Deckengemälde und an der rotbraunen Bemalung der Pfeiler und des Chores liegen mag.

Das Gemälde am Hochaltar, ›Die Glorie des hl. Egidius‹, wurde 1784 von dem aus Bassano stammenden Joseph Anton Cusetti geschaffen. Die Chorfresken ›Allegorie des hl. Egid‹ werden Joseph Ferdinand Fromiller zugeschrieben, von dem auch die 1727 datierten Gemälde ›Hl. Dreifaltigkeit‹ und ›Hl. Michael‹ in den südlichen Seitenkapellen sind. Die leider etwas unschön restaurierten Gewölbefresken im Langhaus schuf 1761 Josef Adam Mölk, ein in Bayern und Österreich vielbeschäftigter Rokokomaler.

Im Norden der Kirche erhebt sich das *Spanheimer-Denkmal* zur Erinnerung an Herzog Bernhard II. von Kärnten; davor sprudelt ein kleiner Delphinenbrunnen. An der westlichen Ecke des Pfarr-

platzes ist noch ein Rest der ältesten Wehrmauer zu sehen, die bei
der Stadterweiterung des 16. Jahrhunderts niedergelegt wurde. Auf
dem benachbarten Heuplatz erinnert das klasssizistische *Floriani-
denkmal* an den Brand der Vorstadt von 1778, der ungefähr an dieser Stelle zum Stehen kam.

Hinter der ›Goldenen Gans‹ öffnet sich ein weiter Hof, beherrscht vom mächtigen Komplex des *Landhauses*. Hier stand früher die 1252 erstmals genannte herzogliche Burg, die 1535 abbrannte und 1574–90 von den Ständen als ihr Landhaus wiedererrichtet wurde. Der kraftvolle Renaissancebau ist hufeisenförmig
angelegt und von zwei Türmen mit Doppelhelmen flankiert, den
Mitteltrakt schmückt eine Arkadenreihe. Der Architekt ist bis heute unbekannt geblieben, man weiß nur, daß ein Hans Freymann bis
1580 die Bauarbeiten leitete, und danach bis 1587 Johann Anton
Verda, ein Künstler vom Luganer See, die beiden Arkadentreppen,
den zweistöckigen Laubengang, die Türme und den großen Wappensaal schuf. Möglicherweise hat Hans Freymann, ein Künstler
aus Bleiburg, auch die Pläne zu dem Bau entworfen. Die äußeren West- und Südfassaden wurden 1740 in schlichtem, klassizisti-
sche Formen vorwegnehmenden Barock umgestaltet. Den Großen
Wappensaal im Mittelflügel hat 1739/40 Joseph Ferdinand Fromiller mit Wand- und Deckenfresken sowie mit Wappen der Kärntner
Landstände ausgemalt. Die 665 Wappenfresken stammen überwiegend von seiner Hand, nur einige entstanden später. Das große prachtvolle Deckenfresko zeigt Kaiser Karl VI. bei der Erbhuldigung durch
die Kärntner Landstände im Jahre 1728. An der Nordwand sehen
wir die Zeremonie der Herzogseinsetzung auf dem Fürstenstein, an
der Südwand die Übergabe des Schenkungsbriefes der Stadt Klagenfurt durch Kaiser Maximilian I. an die Stände.

Die an der Decke dargestellte Erbhuldigung kam übrigens Stadt
und Land im wahren Sinne des Wortes ›teuer zu stehen‹. Als sich
am 20. August 1728 der aus 162 Wagen mit 682 Pferden bestehende
kaiserliche Zug der Stadt näherte, mag den Stadtvätern der Angst-
schweiß ausgebrochen sein. Sie hatten nämlich nicht nur die ganze
Gesellschaft fürstlich zu verpflegen, sondern Stadt und Land mußten
zudem eine ›Gratialleistung‹ von 24000 Gulden an den Kaiser und

47000 Gulden an seine Begleitung entrichten. Kein Wunder, daß – wie ein zeitgenössischer Chronist berichtet – die hohen Herren das Festmahl »in größter Zufriedenheit« verließen.

Auch den kleinen Wappensaal hat Fromiller 1740 mit einem Deckenfresko und vielen Wappen ausgeschmückt. Diesem Künstler, der 1693 wahrscheinlich in Klagenfurt geboren ist und zu den bedeutendsten Kärntner Barockmalern gehört, werden wir auf unseren Fahrten noch oft begegnen. Er war ein Sohn des 1726 in Klagenfurt gestorbenen Malers Benedikt Fromiller und hat vermutlich schon bei seinem Vater die ersten Malkenntnisse erworben. Der Überlieferung nach sollen ihn dann die Grafen von Stampfer nach München zur weiteren Ausbildung geschickt haben. Er kopierte dort fleißig die von den Wittelsbachern gesammelten Italiener und Niederländer. 1719 kehrte er in seine Heimat zurück und ließ sich 1734 in Klagenfurt nieder, doch wird er wohl nicht oft zu Hause gewesen sein, da er wegen der vielen Aufträge von Kirchen und Klöstern ständig im Lande herumreisen mußte. Was er in München beim Kopieren gelernt hatte, wandte er nun aufs geschickteste an, so daß sich in seinem Werk italienische und niederländische Einflüsse zu einem eigenen Stil verbinden. Nach einem arbeitsreichen Leben ist Fromiller 1760 in Klagenfurt gestorben.

An der Nordwest-Seite des Alten Platzes beginnt die Herrengasse, wo der Kärntner Adel seine Stadtpalais besaß. Zu den schönsten gehört das im 17. Jahrhundert errichtete *Palais Helldorf* (Nr. 12), dessen Fassade, wie auch die des benachbarten *Palais Christallnigg* – hier wohnte 1797 Napoleon – klassizistisch gestaltet ist.

Wir gehen die Ursulinergasse in südlicher Richtung, bis sich dann rechts der Heiligengeistplatz öffnet. Hier steht die 1355 erstmals als Kapelle genannte *Heiligengeistkirche*, der 1674 ein Ursulinenkloster angegliedert wurde. Während der Reformation wurde die durch Brand zerstörte Kirche von den Landständen wiedererrichtet und den Protestanten übereignet. Die sechs geschnitzten und vergoldeten Wappen an den beiden Innenwänden erinnern daran, daß hier vor jedem Landtag ein feierlicher Gottesdienst abgehalten wurde. Ihre heutige Form erhielt die Kirche bei dem Umbau von 1630-1639. Altäre und Kanzel sind in bescheidenem, fast

nüchtern wirkendem Spätbarock gestaltet. Das Gemälde am Hochaltar, ›Die Ausgießung des hl. Geistes‹, schuf 1640 Lorenz Glaber.
Unter der Empore führt eine Tür zur kleinen barocken Kreuz-
kapelle mit einem reich vergoldeten Altar aus der Zeit um 1730.

Wir überqueren jetzt die Ursulinengasse und gelangen an der
Südseite des Landhauses vorbei zum *Neuen Platz*, der 1518 nach der
mit dem Wiederaufbau verbundenen Stadterweiterung zum neuen
Zentrum wurde; früher stand hier der Galgen. Das weiträumige,
von Kastanien gesäumte Rechteck beherrscht die berühmte *Lind-
wurm-Skulptur*, das Wappentier der Stadt. Der Bildhauer und Baumeister Ulrich Vogelsang – er hatte den Bau des Landhauses vollendet – fertigte 1590 das seltsam stilisierte Fabelwesen aus einem
einzigen Chloritschieferblock vom nahegelegenen Kreuzbergl.
Dem Lindwurm wurde 1636 ein keulenschwingender Herkules
gegenübergestellt, eine in Bewegung und Anatomie völlig verun-
glückte, beinahe naiv wirkende Figur. Die als Brunnenanlage geschaffene Gruppe ist von einem schmiedeeisernen Gitter eingefaßt.

Der Lindwurm ist seit 1268 im Stadtwappen nachgewiesen. Eine
Sage erzählt uns, weshalb. In alten Zeiten hauste in der sumpfigen
Niederung zwischen Drau und Wörthersee ein gräßliches Untier,
das jeden, der in seine Nähe kam, ob Mensch, ob Tier, sogleich
verschlang. Die Angst vor dem Drachen wurde schließlich so groß,
daß der Herzog seine tapfersten Ritter weder durch Befehl noch
durch reichste Belohnungen bewegen konnte, gegen das Untier an-
zutreten. Schließlich ersannen mutige Männer eine List. Am Rand
des Sumpfes wurde ein fester Turm erbaut, dann befestigte man
einen fetten Stier und einen gewaltigen Widerhaken an einer langen Kette. Als der Drache sich näherte und den Stier verschlingen
wollte, grub sich der Haken in seinen Rachen und die herbeieilen-
den Männer erschlugen ihn mit Keulen. Nun war das Land befreit,
und wo der Turm gestanden hatte, erbaute der Herzog eine Burg,
die zum Mittelpunkt der künftigen Stadt wurde. Turm und Lindwurm wurden ins Stadtwappen aufgenommen. Als 1353 auf dem
Zollfeld der Schädel eines eiszeitlichen Wollnashorns gefunden
wurde, war dies für die Menschen jener Zeit der sichtbare Beweis
dafür, daß es einst tatsächlich Lindwürmer gab.

Im Osten des Neuen Platzes steht die *Bronzestatue* der damals so verehrten Landesmutter *Maria Theresia*, die 1873 eine frühere Hartbleiplastik der Kaiserin ersetzte. Davor hatte hier das hölzerne Reiterstandbild Kaiser Leopolds I. seinen Platz. Ursprünglich soll sich etwa an dieser Stelle die mittelalterliche Richtstätte befunden haben. Den Westen des Platzes begrenzt das *Neue Rathaus*, 1580–82 als Palais Orsini-Rosenberg erbaut, 1650–54 erneuert und um 1800 mit einer klassizistischen Fassade versehen. Auch die schöne Treppenanlage im Innern des Rathauses ist sehenswert.

In dem kleinen Innenhof ist vorläufig die Statue des *Steinernen Fischers* untergebracht, der, dürftig gewandet und mit dem Hut in der Hand, durch eine Inschrift verkündet: »So lang wil ich da bleiben stan, pies mier meine Fisch und Khrebs abgan«. Die 1606 errichtete Skulptur sollte an die Fischmarkt-Ordnung erinnern, die vorschrieb, daß die Fischer ihre Ware barhäuptig und ohne Mantel feilbieten mußten, womit man sie zwingen wollte, ihre Ware stets frisch zu verkaufen. Freilich werden sie für diese naive Vorschrift schon einen Ausweg gefunden haben. Die Legende weiß es allerdings besser. So soll einst ein Wörthersee-Fischer auf dem Markt seine Ware feilgehalten und auf die Frage einer Kundin, ob er recht wiege, geantwortet haben: »Ich will sogleich zu Stein werden, wenn ich falsch gewogen habe«. Dieser Freigeist schien an eine himmlische Rache nicht zu glauben, wurde aber schnell eines besseren belehrt. Er erstarrte sogleich zu Stein und mit ihm seine Waage und die Fischbehälter. Der Steinerne Fischer – so ist geplant – soll später wieder seinen angestammten Standort am Heiligengeistplatz erhalten.

Das ehemalige *Palais Porcia* mit seiner noblen Rokokofassade im Süden des Platzes ist jetzt ein Kaufhaus, doch man sollte sich dessen eher freuen, da auf diese Weise viel wertvolle Bausubstanz erhalten und gepflegt wird. In der Fußgängerzone zwischen Neuem und Altem Platz wurde dem sagenhaften ›Wörthersee-Manndl‹ ein Brunnen nebst origineller Skulptur errichtet.

Vom Osten des Neuen Platzes kommen wir über Burg- und Domgasse zur Hauptkirche Klagenfurts, dem Dom. Auf dem Weg dorthin begegnet uns ein mächtiger Gebäudekomplex, der das

Viertel zwischen Burg- und Paradeisergasse, Bahnhofstraße und Domgasse fast allein ausfüllt. *Die Burg*, wie der Baukomplex genannt wird, wurde 1586 von den protestantischen Landständen als ›Collegium Sapientiae et Pietatis‹ erbaut. Später diente sie als Amtssitz des Burggrafen – daher ihr Name – und beherbergte auch zeitweilig Mitglieder des Herrscherhauses. Ihre heutige Form erhielt sie nach ihrem Umbau ab 1737. In der Hohen Schule wirkte 1593-1601 als Rektor Hieronymus Megiser, von dem die ›Annales Carinthiae‹ stammen, ein Geschichtswerk, das zum großen Teil auf der ›Historia Carinthiae‹ des evangelischen Predigers Gotthard Christalnick fußt.

Der *Dom St. Peter und Paul* wurde 1578-91 im Auftrag der protestantischen Landstände und der Bürgerschaft von dem Klagenfurter Baumeister Christoph Windisch als Dreifaltigkeitskirche erbaut und gilt als der bedeutendste während der Reformation in Österreich errichtete evangelische Sakralbau. Während der Gegenreformation wurde die Kirche 1604 den Jesuiten übereignet und den Aposteln Peter und Paul geweiht. Die großräumige Emporenhalle mit den vier die Emporenwölbung verlängernden Stichkappen ist eine eigenwillige architektonische Lösung, bei der die Raumideen des frühen Barock in spätgotische Formelemente eingebracht wurden.

Nach einem Brand mußte 1727/28 die Innenausstattung erneuert werden; ein Rest des alten frühbarocken Stucks ist noch unter der Westempore erhalten, während die neue Stuckierung, besonders die der überladenen Kanzel, im Geist des Rokoko gestaltet ist. Die ausdrucksvollen Skulpturen der vier Evangelisten an der Kanzel, wie auch die Skulpturengruppe ›Glorie des hl. Nepomuk‹ gegenüber, werden der Werkstatt Johann Pachers zugesprochen. Die Fromiller zugeschriebenen Deckengemälde sind leider durch unsachgemäße Auffrischung entstellt. Das Gemälde ›Petrus und Paulus nehmen Abschied vor dem Martyrium‹ schuf der bedeutende österreichische Rokokomeister Daniel Gran (1694-1757) für den 1752 errichteten gewaltigen Hochaltar. Die Grabkapelle der Grafen Rosenberg mit dem Marienaltar und den sechs lebensgroßen Heiligenfiguren in den Wandnischen wurde 1661 der Nordwand angefügt. Den schönen Seitenaltar rechts von der Kanzel schmückt das 1725 von Paul Troger (1698-1777) gemalte Bild eines betenden St. Ignatius. Der Südtiroler Troger, Rektor der Akademie in Wien, war der wohl kraftvollste Repräsentant der spätbarocken Fresko- und Tafelmalerei in Österreich. Der den Dom umschließende Gebäudekomplex, die sog. Jesuitenkaserne, wurde im Zweiten Weltkrieg schwer beschädigt und ist 1972/73 zusammen mit dem Domplatz neu gestaltet worden.

Die Lidmansky-Gasse führt nach Westen zum Benediktiner-Platz mit der *Marienkirche*, die 1613-24 nebst Kloster von den Franziskanern errichtet wurde, 1809 an die Benediktiner kam und seit 1914 den Jesuiten gehört. Die außen völlig schmucklose Kirche ist im Innern mit einem schönen Barockaltar und einer skulpturengeschmückten Kanzel ausgestattet. In der 1651 angebauten Antoniuskapelle fällt ein klassizistischer Altar auf.

Klagenfurts lebhaftes Haupt-Geschäftszentrum ist die *Bahnhofstraße*. In sie mündet der Alte Platz und all die kleinen Straßen der Innenstadt von der Burggasse bis zur Paulitschgasse. Über einen Einkaufsbummel wird das Interesse für die Bahnhofstraße wohl kaum hinausgehen, und doch ist es geboten, hier an einen der größten Dichter deutscher Zunge zu denken: an Robert Musil, der am 6. November 1880 im Haus Nr. 50 geboren wurde. Um das Geburtshaus gab es 1973 die heute üblichen Kämpfe zwischen Geschäftsinteressen und denkmalpflegerischen Pflichten. Die ›Süddeutsche Zeitung‹ berichtete:

Das Geburtshaus des österreichischen Schriftstellers Robert Musil in Klagenfurt soll abgerissen werden. Dagegen richten sich zur Zeit heftige Proteste aus kulturellen Kreisen des In- und Auslandes. Eigentümer des spätklassizistischen Baus ist die österreichische Raiffeisenkasse. Sie möchte das Haus niederreißen und an der Stelle ein achtstöckiges Gebäude errichten. Die Bank erklärte sich dabei grundsätzlich bereit, im neuen Haus eine Musil-Gedenkstätte einzurichten. Das Wiener Denkmalsamt kämpfte bereits in zwei gerichtlichen Instanzen erfolgreich gegen den Abriß des Musil-Hauses. Die Entscheidung der dritten Instanz steht noch aus.

In der dritten Instanz wurde entschieden, daß das Musil-Haus unter Denkmalschutz gestellt wird. So bleibt nur zu hoffen, daß

die Robert-Musil-Gesellschaft einmal darüber verfügen kann, um
für den Dichter dort eine Gedenkstätte zu errichten.

Musil lebte nicht lange in Klagenfurt. Schon ein Jahr nach seiner
Geburt zog die Familie nach Komotau in Böhmen, wo Musils Vater einen Direktorsposten erhalten hatte. Robert Musil studierte auf
Wunsch seines Vaters Maschinenbau in Brünn, promovierte aber
später in Philosophie, Physik und Mathematik. Seine daneben immer intensiver werdende schriftstellerische Tätigkeit gipfelte in dem
Riesenroman ›Der Mann ohne Eigenschaften‹, an dem er bis zu
seinem Tod im Schweizer Exil am 15. April 1942 arbeitete und den
er nicht vollenden konnte. Eine Flut von Sekundärliteratur hat sich
bis heute mit diesem gewaltigen Fragment befaßt, das in seiner
Vielschichtigkeit kaum auszuloten ist und weitreichenden Einfluß
auf die moderne deutsche Literatur hatte. Hermann Broch, der mit
Musil befreundet war, charakterisiert Autor und Werk:

*Er war ein ungeheuer komplexer Geist, messerscharf und klar, ein
Schriftsteller von geradezu lateinischer Prägung, und der ›Mann ohne
Eigenschaften‹ war ein ganz großer Wurf. Gewiß überwiegt darin das
Schriftstellerische über dem Dichterischen, d.h., es ist das ganze Werk
ins präzis Rationale gehoben.*

In Böhmen, wo Musil eine Spanne seiner frühen Kindheit verbrachte, wurde ein Menschenalter zuvor ein anderer deutscher
Dichter geboren, dessen nicht ganz glücklicher Beziehung zu Klagenfurt hier gleichfalls gedacht werden soll. Adalbert Stifter war
schon im ganzen deutschen Sprachraum bekanntgeworden und arbeitete gerade an seinem bedeutendsten Werk, dem ›Nachsommer‹,
als er aus Klagenfurt von den Schwestern Luise und Josefine Stifter
einen Brief erhielt. Die beiden jungen Frauen vermuteten wegen
ihres Namens eine Verwandtschaft mit dem berühmten Mann, und
Stifter, der schwer unter seiner kinderlosen Ehe litt, reiste im Sommer 1857 nach Klagenfurt und nahm Josefine als zweite Ziehtoch-
ter zu seiner Nichte Juliane Mohaupt mit nach Linz. Er hatte mit
beiden Mädchen kein Glück. Schon ein Jahr später erkrankte Josefine an Tuberkulose und zog sich wieder nach Klagenfurt zurück,
wo sie bald darauf starb. Juliane Mohaupt, von Stifters Frau oft un-
gerecht und hart behandelt, nahm sich wenig später das Leben.

Da wir nun schon so tief in die literarische Vergangenheit Klagenfurts eingedrungen sind, wollen wir einen Sprung in unsere Gegenwart tun: Auch die Dichterin Ingeborg Bachmann ist am 25. Juni 1926 hier geboren. Die deutsche Lyrik der Nachkriegszeit wäre ohne sie nicht denkbar. Mit ihren sprachgewaltigen, visionären Gedichten trat sie in die Reihe der großen deutschen Lyriker des 20. Jahrhunderts. »*Aber ins Holz, solang es noch grün ist,/und mit der Galle, solang sie noch bitter ist,/bin ich zu schreiben gewillt, was im Anfang war./Seht zu, daß ihr wach bleibt!*«

Bis zu ihrem Philosophiestudium in Graz, Innsbruck und Wien hat Ingeborg Bachman in Klagenfurt gelebt. In der Erzählung ›Jugend in einer österreichischen Stadt‹ aus dem 1961 erschienenen Erzählband ›Das dreißigste Jahr‹ hat sie die Stadt als Kindheitserinnerung beschworen:

An schönen Oktobertagen kann man, von der Radetzkystraße kommend, neben dem Stadttheater eine Baumgruppe in der Sonne sehen. Der erste Baum, der vor jenen dunkelroten Kirschbäumen steht, die keine Früchte bringen, ist so entflammt vom Herbst, ein so unmäßiger goldner Fleck, daß er aussieht, als wäre er eine Fackel, die ein Engel fallen gelassen hat. Und nun brennt er, und Herbstwind und Frost können ihn nicht zum Erlöschen bringen.

Wer möchte drum zu mir reden vom Blätterfall und vom weißen Tod, angesichts dieses Baums, wer mich hindern, ihn mit Augen zu halten und zu glauben, daß er mir immer leuchten wird wie in dieser Stunde und daß das Gesetz der Welt nicht auf ihm liegt?

In seinem Licht ist jetzt auch die Stadt wieder zu erkennen, mit blassen genesenden Häusern unter dunklen Ziegelschöpfen, und der Kanal, der vom See hin und wieder ein Boot hineinträgt, das in ihrem Herzen anlegt. Wohl ist der Hafen tot, seit die Frachten schneller von Zügen und auf Lastwagen in die Stadt gebracht werden, aber von dem hohen Kai fallen noch Blüten und Obst hinunter aufs vertümpelte Wasser, der Schnee stürzt ab von den Ästen, das Tauwasser läuft lärmend hinunter, und dann schwillt er gern noch einmal an und hebt eine Welle und mit der Welle ein Schiff, dessen buntes Segel bei unserer Ankunft gesetzt wurde.

Die Glan fließt nicht aufwärts und abwärts. Der kleine Fluß steht, und das Schloß Zigulln steht und erhebt sich nicht.

*Der heilige Georg steht auf dem Neuen Platz, steht mit der Keule,
und erschlägt den Lindwurm nicht. Daneben die Kaiserin steht und erhebt
sich nicht.*

*O Stadt. Stadt. Ligusterstadt, aus der alle Wurzeln hängen. Kein
Licht und kein Brot sind im Haus. Zu den Kindern gesagt: Still, seid still
vor allem.*

*In diesen Mauern, zwischen den Ringstraßen, wieviel Mauern sind da
noch? Der Vogel Wunderbar, lebt er noch? Er hat geschwiegen sieben
Jahr. Sieben Jahr sind um. Du mein Ort, du kein Ort, über Wolken,
unter Karst, unter Nacht, über Tag, meine Stadt und mein Fluß. Ich
deine Welle, du meine Erdung.*

*Stadt mit dem Viktringerring und St. Veitring . . . Alle Ringstraßen
sollen genannt sein mit ihren Namen wie die großen Sternstraßen, die
auch nicht größer waren für Kinder, und alle Gassen, die Burggasse und
die Getreidegasse, ja, so hießen sie, die Paradeisergasse, die Plätze nicht
zu vergessen, der Heuplatz und der Heilige-Geist-Platz, damit hier alles
genannt ist, ein für allemal, damit alle Plätze genannt sind. Welle und
Erdung.*

Ingeborg Bachmanns Gedichte, Hörspiele, Essays, Erzählungen
und der Roman ›Malina‹ fanden weithin Anerkennung. Unter den
vielen Auszeichnungen, die ihr zuteil wurden, seien nur der Georg-
Büchner-Preis und der Große Österreichische Staatspreis hervorgehoben. Sie lebte, immer unstet, in Rom, Paris, London, Zürich,
Berlin und zuletzt wieder in Rom, wo sie im Oktober 1973 auf
grauenvolle Weise an den Folgen schwerer Verbrennungen starb.
Sie wurde auf dem Friedhof Klagenfurt-Annabichl begraben. In
einem ihrer Gedichte hatte sie geschrieben: »*Du wirst fallen/vom
Berg ins Tal . . . Zuletzt aber in das Feuer/Dort reicht dir der Lorbeer ein
Blatt.*«

Die Museen

Koschatmuseum. Der beste Ausgangspunkt für einen Museumsrund-
gang ist der vom Gebäude der Kärntner Landesregierung be-
herrschte Arnulfplatz. Schon der kleine Brunnen mit seinen eingemauerten römischen Fundstücken führt uns in Kärntens Vergangenheit, mit der wir uns im Landesmuseum ausführlicher befassen

werden. Zuerst aber wenden wir uns zur Südseite des Arnulfplatzes, wo in einer Villa das Koschatmuseum untergebracht ist. Es gibt kaum einen Kärntner, der nicht weiß, wer Thomas Koschat war; außerhalb der Landesgrenzen ist sein Name indessen nur wenigen bekannt.

Thomas Koschat wurde am 8. August 1845 in Viktring bei Klagenfurt geboren. Sein Vater, ein Färbermeister, schickte den begabten Jungen aufs Gymnasium, das er mit Auszeichnung abschloß. Dem elterlichen Wunsch entsprechend studierte er in Wien Chemie, doch seine seit frühester Jugend lebendige Liebe zur Musik führte ihn schließlich an die Wiener Hofoper, der er 45 Jahre lang als Tondichter und Hofkapellsänger angehörte und die ihn später zum Ehrenmitglied ernannte. Thomas Koschat komponierte hauptsächlich Lieder, daneben Walzer, Märsche, Singspiele. Die Lieder waren im Kärntner Volkston gehalten, auch die Texte stammten von Koschat. Sein bekanntestes Werk, das Lied ›Verlassen‹, wurde in fast alle europäischen Sprachen übersetzt, und in Spanien nicht weniger begeistert gesungen als in Schweden. Koschat starb hochgeehrt am 19. Mai 1914 in Wien. Seine Witwe vermachte den gesamten Nachlaß testamentarisch dem ›Koschatbund‹ in Klagenfurt, der 1934 dafür ein Museum einrichtete. Koschats Sterbezimmer wurde hier originalgetreu rekonstruiert, in Schaukästen sind Kompositionen, Briefe, Urkunden, Orden, Zeitungsausschnitte, Fotos ausgestellt. Es ist bedauerlich, daß hier jedoch keine Möglichkeit besteht, ein Koschatlied zu hören. Einige von Koschats besten Werken sollten auf Tonband aufgenommen und auf Wunsch im Museum gespielt werden. Die Dokumentation von Leben und Werk fände dadurch eine höchst lebendige Vervollständigung.

Landesmuseum. Nur wenige Schritte sind es vom Arnulfplatz durch die Mießtalerstraße nach Osten zum Kärntner Landesmuseum, das in einem imponierenden, 1879-83 von Gustav Gugitz errichteten neoklassizistischen Bau untergebracht ist.

In der Eingangshalle sehen wir den berühmten ›Fürstenstein‹, der bei der schon erwähnten Herzogseinsetzung eine Rolle spielte. Er ist die Basis einer römischen Säule und befand sich früher an nicht mehr bekannter Stelle in oder bei dem Dorf Karnburg. Weder weiß man, wie lange die Tradition der Herzogseinsetzung zurückreicht, noch ist der Ablauf des Zeremoniells eindeutig überliefert. Die früheste historisch belegte Einsetzung war die des Herzogs Meinhard von Görz im Jahre 1286; zum letzten Mal wurde die Zeremonie 1414 an Herzog Ernst vollzogen. Nach der ältesten Überlieferung wählten die zur Herzogseinsetzung traditionell berechtigten ›Edlinger Bauern‹ unter sich den ›Herzog-Bauern‹. Dieses Amt scheint sich später innerhalb eines Bauerngeschlechts in Blasendorf vererbt zu haben. Der Herzogbauer also setzte sich – zwischen einem gescheckten Stier und einer gescheckten Stute – auf den Fürstenstein und erwartete dort den als Bauern verkleideten, vom König belehnten Fürsten. Dann befragte er den Fürsten in altslawischer Sprache, ob er ein Christ, freigeboren und ein gerechter Richter sei. Wenn dieser bejahte, gab er ihm den Stein frei. Nun stieg der Herzog auf den Stein und schwang sein Schwert in alle vier Himmelsrichtungen, um damit anzudeuten, daß er sein Land nach allen Seiten verteidigen werde. Es ist auch eine Version überliefert, daß der als Bauer gekleidete Herzog auf einer Stute reitend und von slawischen Gesängen begleitet dreimal um den Fürstenstein geführt wurde. Nach diesem Ritual begab sich der Landesfürst zum Herzogstuhl bei Maria Saal, wo er den Ständen den Eid leistete, Recht sprach, Lehen vergab und die Huldigung des Volkes entgegennahm. Dieser Brauch hielt sich bis ins 16. Jahrhundert.

Wer literarische Zeugnisse aller Zeiten über Kärntens Land und Leute sucht, kann gleich im Erdgeschoß bleiben, wo eine reichhaltige Bibliothek eingerichtet ist. Die urgeschichtlichen, archäologischen, natur- und kulturgeschichtlichen Sammlungen befinden sich im ersten und zweiten Stock. Man sollte an keiner davon vorübergehen, machen sie doch alle in wenigen Stunden mit Dingen vertraut, die zum Verständnis des Landescharakters wesentlich beitragen. Wir finden hier Tier- und Pflanzenfossilien aus allen Zeitaltern der Erdgeschichte – auch den schon erwähnten Schädel eines eiszeitlichen Wollnashorns, der früher für den Kopf des sagenhaften Klagenfurter Lindwurms gehalten wurde –, eine umfassende

1 *Fischer mit Zugnetz vor Schloß Velden am Wörther See.*
  Khevenhüller-Chronik, um 1625

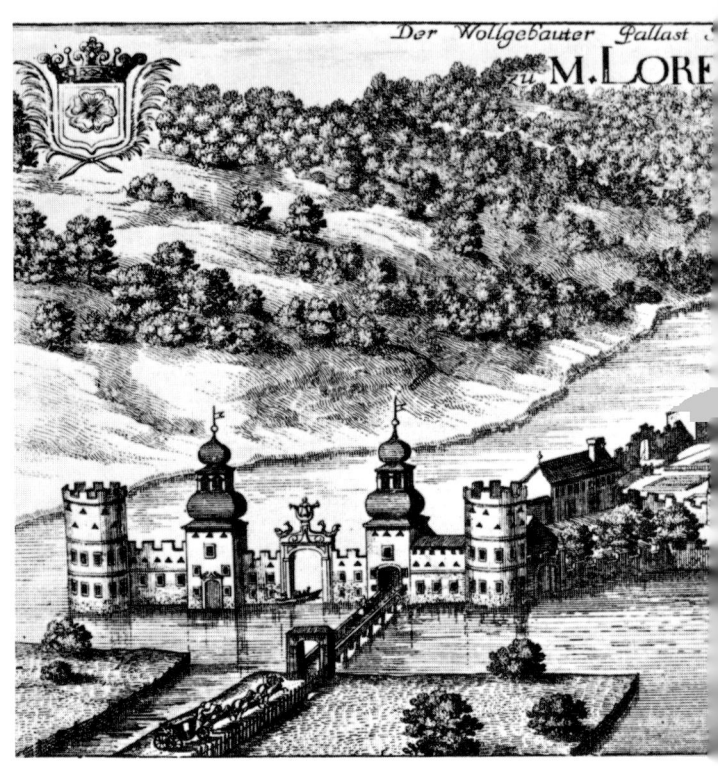

2 *Schloß Maria Loreto am Wörther See.*
Kupferstich von J.W. Valvasor, 1681

3
Die Zeremonie
der Herzogseinsetzung
in Karnburg,
ein jahrhundertelanger
bäuerlich–demokratischer
Brauch in Kärnten,
1747

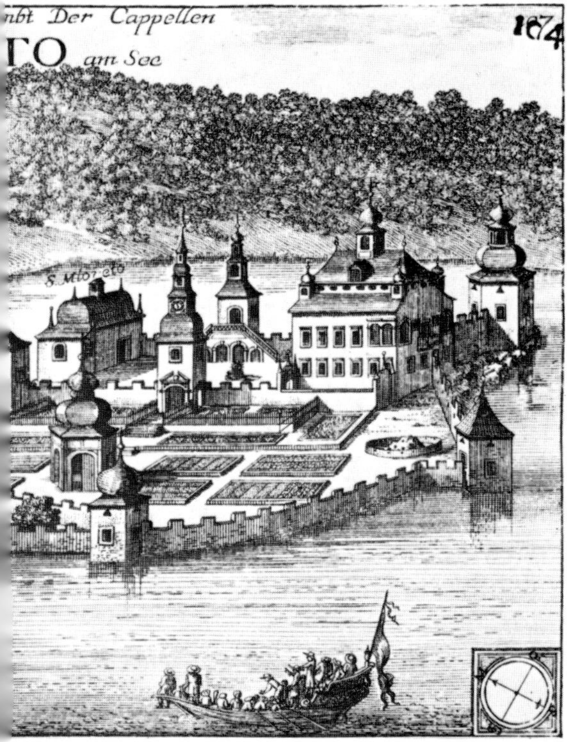

nbt Der Cappellen
TO am See
1674
S. Mloreto

Artige Weis ehmaliger Gewohnheit,
einen Ertz Her tzog in Cärnthen einzusetzen.
Rusticus et Princeps merito dat sceptra capitq,
Sustentat cives ille, sed iste regit.
Serviet ille lubens, bene si servetur ab isto,
Rus colat hic, alter res tegat agricolae.

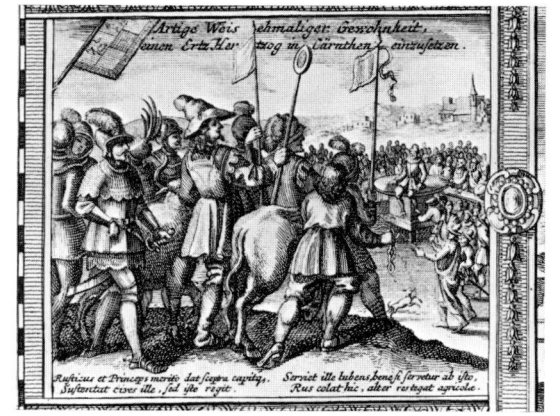

4 *Stappitzer See mit Blick auf Ankogel und Thörlspitze*

Aquarell von Thomas Ender, 1829

5 Stein im Oberen Drautal

Bleistiftzeichnung von Markus Pernhart, um 1850

6 Ossiach am Ossiacher See

Stahlstich von Markus Pernhart, 1863

7
Der alte Platz in Klagenfurt.
Lithographie
von Ludwig Schuller,
1843

8
Friesach.
Lithographie von
Joseph Wagner,
1845

9 Villach. Stahlstich von Markus Pernhart, 1863

11
St. Gertraud im Lavanttal,
schon seit dem 17. Jahrhundert
ein Hauptsitz der Eisenverarbeitung.
Lithographie von Josef Wagner,
1849

10
Kloster St. Paul im Lavanttal.
Stahlstich von Markus Pernhart,
1863

12 Blick auf die Zelenica beim Loibl-Pass. Lithographie von Josef Wagner, 1845

LANDESMUSEUM 49

Mineraliensammlung oder gute Präparate der gesamten Kärntner Fauna von den Insekten bis zu den Tieren des Hochgebirges. Heimische Trachten sowie Handwerk und Brauchtum sind in den schönsten Beispielen ausgebreitet.

Im Antikensaal sind die römischen Funde untergebracht: Prunkstück ist der ausgezeichnet erhaltene Mosaikfußboden aus Virunum, der Anfang des 4. Jahrhunderts n. Chr. entstanden sein dürfte. Neben reichen ornamentalen zeigt er auch figürliche, sog. dionysische Motive, wie sie das antike Rom oft als Wand-, Vasen- oder Bodenschmuck verwendete. Kunsthistorisch bedeutsam sind auch die Götterstatuen aus der früheren römischen Provinzhauptstadt, die aus Kärntner Marmor gefertigt wurden und deren einheitlicher Stil den Schluß erlaubt, daß sie der Werkstätte des sog. Meisters von Virunum entstammen.

In der kulturhistorischen Abteilung liegt das Hauptgewicht auf Malerei und Plastik der Kärntner Meister von der Gotik bis ins 19. Jahrhundert. Besonderes Augenmerk verdient hier ein protestantischer Hausaltar vom Anfang des 17. Jahrhunderts, bei dem das geschriebene Wort, der Bibeltext, dominiert. Heimatgeschichtlich interessant ist das im Stil des Meisters Thomas von Villach gemalte Erinnerungsbild an die Einsetzung des ersten Hochmeisters des kurzlebigen Millstätter Sankt-Georgs-Ordens, Johann Siebenhirter. Und wer sich über das Werk des bereits vorgestellten Barockmalers Josef Ferdinand Fromiller orientieren will, findet hier eine ganze Reihe seiner Bilder, darunter auf einem Familienbild auch sein Selbstporträt.

Das bischöfliche Diözesanmuseum. Ein Spaziergang führt uns vom Landesmuseum über Völkermarkter-Ring und -Straße zum Diözesanmuseum und zur *Stadtpfarrkirche St. Lorenzen.* Diese 1720-30 errichtete Kirche gehört zu dem mit ihr verbundenen Elisabethinenkloster. Das Kreuzigungsgemälde am Hochaltar des barocken Innenraums schuf 1778 der Innsbrucker Maler Michael Köck (1760 bis 1825), der im Mailänder Atelier seines Landsmanns Martin Knoller (1725-1804) arbeitete, welcher das in seiner Werkstatt gefertigte Bild signierte. Neben der Kirche liegt der 1772-76 errich-

tete Komplex der bischöflichen Residenz, ursprünglich als Alters-
sitz erbaut für die Erzherzogin Maria Anna, eine Tochter der Kaiserin Maria Theresia. Die Erzherzogin ist 1789 hier gestorben und
liegt in der Lorenzkirche begraben.

Fünf Säle der bischöflichen Residenz beherbergen eine sehr kostbare Sammlung sakraler Kunst, überwiegend Kärntner Herkunft,
die zwischen 1917 und 1937 zusammengetragen wurde. Die leider
sehr beengt und unvorteilhaft zur Schau gestellten Gegenstände
sollen in Kürze in einem Gebäude am Domplatz angemessene Räume erhalten. Unter den wertvollen Zeugnissen früher Sakralkunst
befinden sich ein romanisches Bronzekruzifix aus der Zeit um 1000
und das älteste Siegel einer österreichischen Kirchenbehörde mit
dem Namen des 1167 verstorbenen Bischofs Roman I. Bemerkenswert ist auch die sehr reichhaltige Sammlung liturgischer Gewänder von Gotik bis zum Biedermeier. In der ebenfalls sehr reichen
Sammlung von Heiligenskulpturen aller Stilepochen ragt eine
Christusfigur des großen Raphael Donner hervor, eine wundervolle Arbeit aus Lindenholz, die auf dem Dachboden der bischöflichen Burg Böckstein gefunden wurde und als Modell für eine
Himmelfahrtsgruppe in Hartblei gedacht war. Donner aber starb
an einer Bleivergiftung, die er sich bei der Vollendung der Pietà für
den Gurker Dom zugezogen hatte, ehe er das neue Werk beginnen
konnte.

Im Diözesanmuseum begegnen wir auch einer der so seltenen
›Kümmernuß‹-Figuren, die eine gekreuzigte Frau mit Bart darstel-
len. Bei dieser seltsamen Darstellung handelt es sich um die heilige
Wilgefortis, die sich als Tochter eines heidnischen Königs Christus
angelobt hatte und – um mögliche Freier abzuschrecken – auf ihre
Bitten hin von Gott mit einem Bart ausgestattet wurde. Der er-
zürnte Vater ließ sie – damit sie ihrem Bräutigam gleich sei – ans
Kreuz schlagen. Sterbend bekehrte sie ihn jedoch. Der Reuevolle
baute ihr eine Sühnekirche und stellte ihr kostbar ausgestattetes
Bildnis darin auf. Eines Tages spielte ein armer Geiger betend davor – als Dank fiel ihm ihr silberner Schuh zu. Des Diebstahls bezichtigt und verurteilt, bat der Musikus, noch einmal vor dem Bildnis spielen zu dürfen. Er tat es, und vor aller Augen ward ihm als

Beweis seiner Unschuld der zweite Schuh zugeworfen. Heute ist man der Ansicht, daß diese Darstellung auf dem Irrtum späterer Bildschnitzer beruht, die den oft vollständig bekleideten Christus der romanischen Kruzifixe auf die Wilgefortis-Legende bezogen.

Seltsam muten uns die sechs spätbarocken Heiligenfiguren aus St. Andrä im Lavanttal an, deren eigenartig verdrehte Körperhaltung eine manieristische Auffassung verrät. Zu den kostbarsten Stücken der Sammlung gehört die um 1170 vermutlich in Salzburg entstandene ›Magdalenenscheibe‹, ein Fenster mit der Darstellung der hl. Magdalena aus der gleichnamigen Filialkirche in Weitensfeld bei Gurk, die zu den frühesten Glasgemälden im deutschen Sprachraum zählt.

Im Saal v hat einst auf Einladung des damaligen Fürstbischofs Franz ii. von Salm-Reifferscheidt Napoleon übernachtet. Dem Bischof gelang es durch seine Fürsprache, die vom Kaiser geforderte hohe Kontribution erheblich zu reduzieren.

Am Kreuzbergl

Ehe wir Klagenfurts weitere Umgebung erforschen, schlage ich einen Spaziergang zum Kreuzbergl vor, von wo aus die sich über sechzig Kilometer erstreckenden markierten Wanderwege um die bewaldeten Hänge des Falkenbergs (672 m) am günstigsten zu erreichen sind. Hier, am westlichen Stadtrand, halb hinter Bäumen versteckt, liegt die Kreuzbergl-Kirche. Vorbei an modernen in Farbmosaik ausgeführten Kreuzwegstationen – sie sollen an die Opfer des Krieges erinnern – steigen wir hinauf zu der kleinen doppeltürmigen Kirche, die 1737 errichtet wurde und Gewölbefresken von Fromiller besitzt.

Von dem kleinen, aber sehr reizvollen botanischen Garten am Fuß des Kreuzbergls aus können wir eine längere Wanderung beginnen. Seine vorwiegend alpine Flora durchtränkt im Frühjahr und Sommer das ganze Gebiet um die Kreuzbergl-Kirche mit ihren vielfältigen Düften.

Nicht viele Städte Europas besitzen unmittelbar vor ihren Toren einen solchen weiten, gepflegten und doch wohltuend unberührt wirkenden Naturpark. Stundenlang kann man hier durch teilweise dichten Mischwald bergauf und bergab wandern, ohne sich dabei zu verlaufen, da die Markierungen stets Richtung und Ziel weisen.

In einer ihrer letzten Erzählungen ›Drei Wege zum See‹ läßt Ingeborg Bachmann die Fotojournalistin Elisabeth Matrei zu Hause in Klagenfurt Ferien von einem gehetzten Leben machen; auch hier finden sich wieder stark autobiographische Züge. Elisabeth Matrei unternimmt vom Haus ihres Vaters mehrere lange Spaziergänge zum Kreuzbergl und überdenkt auf diesen Wanderungen ihr bisheriges Leben.

Auf dem Höhenweg 1 kam sie wieder zur Zillhöhe mit den Bänken, und sie setzte sich einen Moment, schaute kurz auf den See hinunter, aber dann hinüber zu den Karawanken und weit darüber hinaus nach Krain, Slawonien, Kroatien, Bosnien, sie suchte wieder eine nicht mehr existierende Welt . . .

Ich wüßte mir keinen schöneren Ausklang für einen Besuch der Kärntner Landeshauptstadt als eine solche Wanderung durch den Naturpark am Kreuzbergl, und vielleicht sollte man dabei Ingeborg Bachmanns Prosaband ›Simultan‹ zur Hand nehmen, in dem die erwähnte Erzählung abgedruckt ist.

Nahezu unerschöpflich sind die Ausflugsmöglichkeiten rund um Klagenfurt. Wenden wir uns zuerst, auf dem Umweg über Klagenfurts ›Strand‹, dem Süden zu.

Maria Loreto

Wir nehmen die Straße nach Villach und zweigen zum Strandbad ab. Wer Lust hat, kann vorher noch beim Park des *Minimundus* anhalten, wo zahlreiche historische Gebäude aus aller Welt en miniature zu bewundern sind.

Ja, auch Klagenfurt hat so etwas wie einen Strand, obwohl der Ort weitab vom Seeufer gegründet wurde. Die Schiffsstation, das schöne, großzügig angelegte Strandbad und gleich dahinter der Campingplatz säumen das Ostende des Wörther Sees, von dem man hier allerdings nur etwa ein Drittel sieht, da ihn die Landzunge von Krumpendorf-Pritschitz im Norden und die Halbinsel von Maria Wörth unterhalb des Pyramidenkogels im Süden wie eine Barriere abriegeln. Im Nordosten sehen wir das stolze Schloß Freienthurn grauweiß aus dem Mischwald hervorschimmern. Oft wechselt der Wörther See sein Antlitz. Man muß ihn von hier aus bei sinkender Sonne gesehen haben, wenn sein Spiegel rot aufglüht und die bewaldeten Hügel an seinen Ufern zu schwarzen Silhouetten erstarren, oder wenn eines der schweren nachmittäglichen Sommergewitter mit Wolken und Wind seine vorher ruhige Oberfläche in grausilbern schimmernde Gischt verwandelt und Bündel grellgelber Blitze wie riesige Weizengarben aus seinen dunklen Ufern wachsen.

Vom Strandbad aus wandern wir den Lendkanal entlang zu dem auf einer Halbinsel liegenden, nach der benachbarten Kapelle Maria Loreto benannten Schloß. Es wurde 1652 von den Grafen Orsini-Rosenberg, in deren Besitz es noch heute ist, erbaut und nach einem Brand im Jahre 1708 etwas einfacher wiedererrichtet. Damals war der Lendkanal an seinem Abfluß vom See noch durch Türme abgeriegelt. 1660 war hier Kaiser Leopold I. zu Besuch; 1706-1712 diente das Schloß den in Klagenfurt gefangengehaltenen Söhnen des bayerischen Kurfürsten Max Emanuel als Sommeraufenthalt. Der machthungrige, ehrgeizige und prunkliebende bayerische Barockfürst Max Emanuel war schon einundzwanzigjährig als der ›blaue Prinz‹ wegen seines tapferen Einsatzes gegen die Türken vor Wien bekannt geworden. Für die Erstürmung Belgrads 1688 wurde er vom Kaiser zum Generalissimus ernannt. Leider richtete sich später Max Emanuels Tatendrang gegen die eigene Nation, als er im spanischen Erbfolgekrieg auf Seite der Franzosen kämpfte, die ihn dafür bei der Gründung eines Königreichs in Schwaben und Württemberg unterstützen wollten. In der verlorenen Schlacht von Höchstädt scheiterten diese ehrgeizigen Pläne, Max Emanuel wurde 1706 geächtet, aller Würden enthoben und mußte außer Landes gehen. Seine Frau wurde in Italien und seine Söhne in Kärnten als Geiseln festgehalten. Erst im Frieden von Baden erhielt Max Emanuel sein Land und die Kurwürde zurück. Als Fürstensöhnen in fürstlicher Gefangenschaft wird es den Prinzen hier gewiß nicht allzu schlecht ergangen sein.

Bei dem kleinen Restaurant unterhalb des Schlosses kann man am Wasser sitzen und hat einen herrlichen Blick auf den See und seine bewaldeten hügeligen Ufer.

Die Kapelle Maria Loreto unterhalb des Schlosses soll früher eine wunderbare Orgel besessen haben, die, als sie schadhaft wurde, von einem Orgelbauer abgeholt werden sollte. Als man zum Abschied die Glocke läutete, sprang diese aus Kummer über den Weggang der Orgel in den See, wo sie noch heute liegt und von einem Riesenkrebs bewacht wird.

Viktring

Südlich von Maria Loreto am Beginn des Keutschachtales liegt der kürzlich Klagenfurt eingemeindete Ort Viktring, ein verträumtes von Wiesen und Wäldern umgebenes Dorf. Der ursprünglich keltische Flurname wurde 1142 bei der Klostergründung durch Bernhard von Spanheim in ›Victoria‹ umgewandelt. Von dem von Bernhard reich ausgestatteten Kloster aus sollte die Loiblstraße überwacht und die umliegenden Wälder gerodet und urbar gemacht werden. Anscheinend mochten sich aber die Zisterziensermönche mit solch schwierigen Dingen nicht befassen, jedenfalls mußten sie die Güter im Loiblgebiet wieder abgeben. Das Kloster nahm keinen rechten Aufschwung und wurde 1786 von Kaiser Joseph II. aufgehoben. 1788 errichteten die Brüder Moro hier eine Tuchfabrik, die bis in die Mitte unseres Jahrhunderts bestand und dann wegen Überalterung und Unrentabilität schließen mußte. Der Vater des hier geborenen Liederkomponisten Thomas Koschat arbeitete als Färbermeister in der Tuchfabrik Moro. Jetzt steht der ganze gewaltige Komplex leer; niemand weiß etwas damit anzufangen.

Den ersten Hof ziert ein mit Wappen, Skulpturen und Säulen geschmückter Brunnen; der zweite, etwas kleinere Innenhof ist von dreistöckigen Säulenarkaden eingefaßt. Entgegen der geschichtlichen Überlieferung scheint das Kloster so unbedeutend nicht gewesen zu sein. Die riesige, wohlgegliederte Anlage mit ihren Hunderten von Räumen beginnt langsam zu verfallen; aus eingeschlagenen Fensterscheiben strömt modrige Luft, die zum Teil offenstehenden Zimmer sind voll Gerümpel und mit Spinnweben überzogen. Irgendwo in einem der oberen Stockwerke wohnt der Pfarrer; wir unterhalten uns über die Zukunft des Klosters, das jetzt der Stadt Klagenfurt gehört. Als ich vorschlage, hier ein Hotel einzurichten, winkt der geistliche Herr traurig ab und meint, es fände sich niemand, der die hohen Kosten der Renovierung übernähme. Ein derart weitläufiger Gebäudekomplex, überdies im Zustand des Verfalls, scheint in unserer Zeit tatsächlich für keine Verwendung mehr geeignet. Da auch ein Abbruch mit enormen Kosten verbun-

den wäre und außerdem niemandem nützen würde, werden meine
Leser bei Erscheinen dieses Buches vielleicht schon eine traurige
Ruine vorfinden.

Die 1202 geweihte ehemalige Klosterkirche zu ›Unserer Lieben
Frau‹ erfuhr später einige Umbauten, die den ursprünglich aske-
tisch strengen Zisterzienserbau beeinträchtigten, der ohne plastischen oder malerischen Schmuck, nur durch proportionale Schön-
heit wirkte. So wurde um 1500 an das nördliche Querschiff die
Bernhardikapelle angefügt, und 1847 wurde das Langhaus wegen
Baufälligkeit um die Hälfte verkürzt. Der 1622 errichtete prachtvolle, noch Stilformen der Renaissance aufweisende, frühbarocke
Hochaltar ist mit einer Höhe von 16 Metern der größte Altar in
Kärnten. Er ersetzte einen gotischen Altar, den Kaiser Friedrich III.
stiftete und der sich heute im Wiener Stephansdom befindet. Im
Zentrum des jetzigen Altares sehen wir die auf Silberwolken
schwebende Figurengruppe ›Maria zwischen Christus und Gottvater‹. Leider verdeckt der mächtige Altar zum Teil die wundervollen Glasmalereien der drei Chorfenster, die um 1400 in der
Wiener Hofwerkstätte gefertigt wurden. Der Wiener Kunsthistoriker Wilhelm Mrazek schreibt in dem Band ›Gotik in Österreich‹
darüber:

*Als kostbarster Schatz der Kirche haben sich sechzig Scheiben in den
drei Chorfenstern erhalten, die unter den umfangreichen Kärntner Glasmalereien den höchsten künstlerischen Rang einnehmen.*

*Das südliche, zweiteilige Fenster zeigt die zwölf Apostel und die
Wappenscheiben derer von Eroltzheim und Rotenstayn. Das nördliche,
zweiteilige Fenster enthält einen Marienzyklus von der Verkündigung
bis zur Krönung Mariens. Das mittlere, dreiteilige Fenster ist der Pas-
sionsgeschichte gewidmet und stellt in achtzehn, je dreiteiligen Gemälden
das Leiden Christi vom Einzug in Jerusalem bis zur Himmelfahrt und
Ausgießung des Heiligen Geistes vor Augen. Im Sockelgeschoß dieses
Fensters ist sein Stifterpaar dargestellt: Friedrich von Stubenberg und dessen Gemahlin Anna von Pettau.*

*Diese durch die Restaurierung nicht entstellten Glasmalereien sind in
allem von jener klaren und wohlausgewogenen Komposition, wie sie für
die besten Werke aus der höfischen Wiener Werkstatt verbindlich sind.*

Die weichlinige Zeichnung ist mit vollendeter Sicherheit geführt und cha-
rakterisiert kraftvoll und zart zugleich Köpfe und Gestalten. Die Archi-
tekturen bilden phantasievolle Gehäuse für die figuralen Szenen und er-
geben ein wirksames Medium der Verräumlichung. Eine Schwarzlot-
deckung auf den farbigen Hintergründen, aus der zierliche Blattornamente
herausradiert sind, setzt mit leuchtenden Lichtpunkten belebende Akzente
in die Fläche. Nur ein führender Künstler, der auf der Höhe seiner Mei-
sterschaft stand, konnte ein solches kostbares Werk schaffen, das den höfi-
schen Formwillen Wiens in der Abgeschiedenheit eines Zisterzienserklo-
sters in so einmaliger und origineller Weise lebendig werden läßt.

Von Viktring nach Velden verläuft die ›Karawanken-Aussichts-
straße‹ in fünf- bis sechshundert Meter Höhe an den Sattnitzbergen
entlang und bietet einen prächtigen Blick auf die Karawanken.

Die Loiblpaß-Straße

Ein schöner Tagesausflug von Klagenfurt führt über die landschaftlich besonders reizvolle Straße zum Loiblpaß. Je weiter wir
nach Süden fahren, um so mehr verschwindet die weißbestäubte
Karawankenkette hinter dem nun mächtig aufragenden bewaldeten Vorgebirge. Ein kleiner Abstecher führt zu der doppeltürmigen
Wallfahrtskirche *Maria Rain*, von wo man einen umfassenden
Blick ins Drautal und auf die Karawanken hat. Die Kirche wurde
927 erstmals genannt, in gotischer Zeit umgebaut und 1719-29 erweitert und barock ausgestaltet.

Wer die Fahrt auf unbefestigten Straßen nicht scheut, findet in
dem Gebiet zwischen Maria Rain und Ebental ganz stille Dörfer
und die schönsten Wanderwege zwischen Wiesen und Wäldern.

Ehe wir ins Drautal hinabfahren, besuchen wir die links über der
Straße liegende *Hollenburg*, die 1142 erstmals genannt und zur
Überwachung des Drauübergangs errichtet wurde. Ihre heutige
Form erhielt die Burg – jetzt Hotelrestaurant und beliebtes Aus-
flugsziel der Klagenfurter – im 16.Jahrhundert. Unter den im
Schloßhof eingemauerten Römersteinen ist ein Jupiter-Relief be-
sonders sehenswert.

Jenseits der Drau, im Rosental, liegt *Ferlach*, die südlichste Stadt

Österreichs. Das Städtchen hat eine alte Tradition in der Jagd-waffenherstellung, die heute noch blüht und einen regen Export betreibt. Nach der Überlieferung soll König Ferdinand I. 1558 aus Holland Waffenschmiede herbeigerufen haben. Auch der hier ge-borene Dichter Josef Friedrich Perkonig (1890-1959) war ein Büch-senmachersohn. Einer der Hauptinitiatoren bei der Volksabstim-mung, die seine 1918 von den Jugoslawen besetzte Heimatstadt von der Gefahr einer Abtrennung befreite, wurde Perkonig später zum bedeutendsten Repräsentanten der neuen Kärntner Dichtung.

Von Ferlach empfiehlt sich eine Fahrt durch das westliche Ro-sental nach Velden. Dabei berühren wir *Feistritz*, ein hübsches Bergdorf am Eingang des Bärentals. Von hier aus beginnt der Auf-stieg zur Klagenfurter Hütte (1660 m) und weiter auf den Hoch-stuhl (2238 m). Im nächsten Ort, *Maria Elend*, steht eine spätgoti-sche, barockisierte Wallfahrtskirche, innen mit einer üppigen Ro-koko-Kanzel und einem reichen spätbarocken Hochaltar mit spät-gotischer Madonna ausgestattet. Etwas höher liegt die von Fels-brocken umgebene Gnadenkapelle. Der Teufel, so heißt es in der Sage, habe in einem Wutanfall vergeblich versucht, die Kapelle mit Steinwürfen zu zerstören.

Auch das östliche Rosental auf der Straße nach Gallizien ist einen Ausflug wert. Besonders reizvoll ist das stille, in hügelige Wiesen und dichte Wälder gebettete *St. Margareten*, ein idealer Ausgangs-punkt für Bergtouren auf den Schwarzgupf (1688 m), den Klein-obir (1948 m) und den Hochobir (2141 m). Bei *Dörfl* kann man die schmale Bergstraße über *Zell Pfarre*, einem ruhigen Erholungsort in 950 Metern Höhe, zurück nach Ferlach nehmen.

Nach Unterloibl beginnt die Straße anzusteigen. Bei ihrem Neubau hat man auf die früher üblichen steilen Serpentinen ver-zichtet, und so fahren wir in sanften Schlangenlinien bergauf. Un-terwegs kann man an einem schäumenden Bergbach entlang einen Abstecher nach *Windisch Bleiberg* machen, einem kleinen Ort am Fuße des Singerberges (1589 m), wo vom 14. Jahrhundert bis nach dem Ersten Weltkrieg der Bleibergbau betrieben wurde. Im Zwei-ten Weltkrieg versuchte man es noch einmal, stellte ihn aber dann als unrentabel endgültig ein. Der Beiname ›Windisch‹ hat nichts

Der Loiblpaß nach einem Kupferstich von Valvasor, 1747

mit dem hier häufig wehenden kühlen Lüftchen zu tun, er bedeutet vielmehr ›wendisch‹: Etwa die Hälfte der Bevölkerung spricht hier noch windisch, eine Form des Slowenischen. Auf dem kleinen Dorffriedhof tragen die Gräber in schöner Abwechslung windische und deutsche Aufschriften, wobei manchmal bei deutschen Familiennamen windische Grabinschriften zu finden sind und umgekehrt. Seit der Bergbau eingestellt ist und die kargen Äcker den heutigen Ansprüchen nicht mehr genügen, wandern die jungen Leute in die Täler ab, wo Industrie und Fremdenverkehr ein besseres Auskommen bieten.

Vom Friedhof hat man einen freien Blick auf die umliegenden Berge. Im Süden erhebt sich die *Zelenica* (2180 m), den Osten beherrscht das *Ferlacher Horn* (1841 m), im Westen ragt der *Sinacher Gupf* (1577 m) auf. Kurz vor Windisch Bleiberg führt ein Wanderweg ins Bodental und auf den *Matschacher Sattel* (1712 m). Dieses schönste Karawankental gehört zu den Kärntner Naturschutzgebieten und ist mit dem Auto nur bis unterhalb des Gasthofs Bodenbauer befahrbar. Zu Fuß erreicht man dann in einer halben Stunde die von dichten Wäldern gesäumte ›Märchenwiese‹, die im Sommer wie ein bunter Blumenteppich aus dem dunklen Grün der bewaldeten Hänge leuchtet. Am Ende des Bodentals türmt sich die felsige Vertatscha, auch ›Deutscher Berg‹ (2181 m), vor uns auf, ein gewaltiger Grenzstein zwischen Kärnten und Jugoslawien.

Die Paßstraße führt uns hinunter in die Tscheppa-Schlucht, wo wir den wildrauschenden Bodenbach auf der Teufelsbrücke überqueren. Diese Brücke baute, der Sage nach, der Teufel auf Veranlassung eines zauberkundigen Mannes, der ihm als Lohn versprach, er dürfe sich alle zehn Jahre, wenn der Tag des Brückenbaus wiederkehre, ein Opfer holen. Natürlich war der Satan pünktlich zur Stelle, doch sein erstes Opfer, ein Bauersmann, ahnte etwas und schob einen Bock vor sich her, den der Teufel wütend in Stücke riß. Beim nächsten Stichtag hielt ein Postwagen mit zwei Kindern an einem Wirtshaus vor der Brücke. Während sich der Kutscher erfrischte, trieb der Teufel in seiner Ungeduld die Pferde mit dem Wagen über die Brücke und in den Abgrund. Die Kinder jedoch fand man unversehrt am Wege spielend. An ihrer Unschuld war die Macht des Bösen gescheitert. Von da an ließ der Teufel die Brücke in Ruhe.

Von dem seit 1500 bestehenden Gasthaus ›Deutscher Peter‹ kann der Bergwanderer in etwa drei Stunden das Ferlacher Horn, auch Gerlonitz genannt, ersteigen. Als Kaiser Karl VI. am 25. August 1728 die neue Loiblstraße eröffnete, wurde der fürstliche Troß von Einheimischen in windischer Sprache willkommen geheißen. Der leutselige Herrscher verstand kein Wort und fragte: »Spricht denn hier niemand Deutsch?« In gebrochenem Deutsch wurde ihm geantwortet: »Weiter oben ist ein Gasthaus; der Wirt kann Deutsch.« Majestät verfügten sich dorthin und unterhielten sich lange mit dem Gastwirt Peter Tschauko. Dann schloß der Kaiser das Gespräch mit den Worten: »Herr Wirt, besten Dank für Eure Auskunft – als Anerkennung sollt Ihr ab heute der ›Deutsche Peter‹ heißen.« Diesen Namen trägt das alte Gasthaus noch heute.

Nach einigen Steigungen erreichen wir den Loibl-Paß (1368 m), der die Grenze nach Jugoslawien bildet. Sein Name besagt, daß es seit jeher ein beliebter Übergang gewesen sein muß, denn ›Loibl‹

leitet sich vom altslowenischen ›Ljubelj‹ ab, und das heißt: der Beliebte. Der Paß wurde schon von den Römern benützt und gewann
im Mittelalter neue Bedeutung, als die Habsburger 1381 Triest erworben hatten. Die Kärntner Stände erbauten 1560-1573 eine Paßstraße, um den Verkehr nach Süden von Villach abzulenken, das
dem Bischof von Bamberg unterstand. Ein weiterer Ausbau erfolgte 1728, woran noch zwei Gedenksteine in Pyramidenform erinnern. Vor diesem Ausbau führte der Weg nicht direkt über den
Berg, sondern unterhalb des Paßsattels durch einen künstlichen
Stollen. Der englische Reisende Edward Brown berichtet in einem
1686 in Nürnberg in deutscher Sprache erschienenen Buch darüber:

*Denn nachdem wir hinaufgeklettert waren, so hoch als die gähen Fel-
sen und Klippen es zuließen, mußten wir uns Seiten wärts ablencken,
längs einem gemachten Wege, der uns in eine große Höhle oder Durchgang führete, welche gerade durch den Berg hineingehauen ist. Als mir
diese Höhle zum ersten zu Gesichte kam, weil ich noch ziemlich weit unten war, vermeinte ich, es müsste eine Wohnung oder Capelle eines Einsiedlers seyn. Ich konnte mir aber nicht einbilden, wie er müste hinzu und
hinauf können, biss daß ich endlich durch langes Umdrehen und hin und
her wenden des Wegs an dem Berge nicht allein selbsten dadurch muste,
sondern auch verschiedene Reisende antraff, die aus dem Crainer-Lande
hierdurch kamen . . .*

Voll Abenteuer und Gefahren war damals das Reisen; man
mußte sich viel Zeit dabei lassen; und nicht weniger Zeit brauchte
man danach zum Erzählen.

Indes Bergwanderer und Naturfreunde im südlichen Hinterland Klagenfurts verweilen werden, zieht es den Kunst- und Geschichtsinteressierten nach dem Norden, wo wir an der Straße nach St. Veit und Friesach Kärntens Geschichte von der Antike bis zum Mittelalter wie aus einem schön illustrierten Buch ablesen können.

Wenn wir Klagenfurt in nördlicher Richtung auf der St. Veiter-Straße verlassen, gelangen wir nach wenigen Kilometern zur Abzweigung nach Karnburg und auf den Ulrichsberg (1015 m).

Karnburg, ein romantisches Dörfchen mit locker zwischen die Hügel verstreuten Häusern, liegt am Südwestrand des Zollfeldes, wie das weite und fruchtbare untere Glantal genannt wird. Karnburg ist seit dem 9. Jahrhundert als karolingische Pfalz nachgewiesen. Man weiß, daß der ostfränkische König und spätere Kaiser Arnulf von Kärnten, ein illegitimer Sohn König Karlmanns, im Jahre 888 hier das Weihnachtsfest feierte. In oder bei dieser heute spurlos verschwundenen, aber durch Grabungen nachgewiesenen Kaiserpfalz stand jener ›Fürstenstein‹, mit dem wir uns schon beim Besuch des Landesmuseums in Klagenfurt näher befaßt haben.

Fast unverändert erhalten geblieben ist die ehemalige Pfalzkapelle St. Peter und Paul. 1928 wurde ihr Mauerwerk aus der Karolingerzeit von späteren Zutaten befreit und wiederhergestellt. Der Turm entstammt dem 15. Jahrhundert und ersetzte den früheren Chorturm. Die südlich angebaute St. Anna-Kapelle wurde im 14./15. Jahrhundert errichtet. Im Mauerwerk von Kirche und Kapelle sind zahlreiche römische Steinfragmente eingefügt. Die besterhaltenen Reliefsteine finden wir im Verbindungsgang zwischen Kirche und Kapelle sowie an der Nordseite bei der Turmtreppe. Man kann sich vorstellen, daß diese Marmortrümmer nur noch ein sehr geringer Rest dessen sind, was in der römischen Provinzhauptstadt Virunum einst vorhanden war. Im ganzen Gebiet des Zollfeldes stößt man auf zum Teil recht gut erhaltene Reliefs, Porträtköpfe, Inschrifttafeln und Statuenfragmente, die in vielen Kirchen und Bauernhäusern bei deren Errichtung als Baumaterial verwendet wurden. Man nimmt an, daß dies nicht nur aus praktischen Gründen geschah, sondern um die Dämonen der heidnischen Welt einzumauern und so zu bannen.

Das Innere der Kirche ist ein einfacher Saal mit eingezogenem quadratischen Chor, in dem bei der letzten Renovierung 1970 ein schlichter Altar aus grauen Quadersteinen aufgestellt wurde. Die darüber angebrachte Kreuzigungsgruppe ist eine gute Arbeit aus der Zeit um 1700, ebenso die vier Heiligenskulpturen an den beiden unverputzten Wänden, die innen wie außen den rötlichen, mit Fugenstrichen verzierten Mörtel zwischen unbehauenen Natursteinen aufweisen. Über der vermauerten Tür an der linken Innenwand ist ein grob gearbeitetes Relief mit Gottes segnender Hand eingelassen, von dem angenommen wird, daß es aus karolingischer Zeit stammt.

Als Arnulf hier 888 das Weihnachtsfest feierte, war er schon ein Jahr König von Ostfranken, und auch während der nächsten Jahre blieb seine Macht auf Franken, Schwaben und Bayern beschränkt. 895 zog er nach Italien und nützte dabei die Streitigkeiten der die römische Kaiserwürde anstrebenden Herzöge Berengar von Friaul und Lambert von Spoleto, indem er kurzerhand in einem Tag Rom eroberte und sich am 22. Februar 896 von Papst Formosus zum Kaiser krönen ließ. Drei Jahre später wurde Arnulf in Regensburg, seiner Hauptresidenz, zu Grabe getragen.

Vom kleinen Friedhof sehen wir im Osten die doppeltürmige Wallfahrtskirche Maria Saal, davor breitet sich die Ebene des Zollfeldes, das sich, der Glan folgend, bis vor St. Veit erstreckt. Zollfeld wird von Sol-Feld, einer vielleicht vorkeltischen Flurbezeichnung hergeleitet, auch Maria Saal hat davon ihren Namen.

Karnburg liegt am Fuße des Ulrichsberges (1015 m), der in römischer Zeit bewohnt war. Auf seinem Gipfel wurde im ersten

Der Thron Salomonis
Fresko, 1260-1270
Dom zu Gurk, Westempore

Jahrhundert nach Christus ein der Landesgöttin Noreia – die der Isis gleichgesetzt war – und dem Lokalgott Casnontanus geweihtes Heiligtum erbaut, das beim Vordringen des Christentums um 400 zerstört wurde. Eine spätere frühchristliche Kirche ging in den Stürmen der Völkerwanderung zugrunde. Der Berg hieß im Mittelalter ›Mons Carantanus‹, erst die seit 1485 erwähnte und 1897 zur Ruine ausgebrannte Ulrichskirche gab ihm den heutigen Namen. Bei dem heute noch geübten uralten Brauch des ›Vierberglaufs‹ – auf den wir später zurückkommen werden – ist er die zweite Station.

Josef Friedrich Perkonig, der Kärntner Heimatdichter, hat in bewegenden Worten den Blick vom Ulrichsberg geschildert:

Um die mittelkärntnerische Landschaft zu überschauen, ein sanftes, ländliches Idyll, in dem deutsche Bauern uralte Äcker pflügen und ein heidnisches Geheimnis fühlbar über der Erde schwebt, muß man auf dem Ulrichs-Berg stehen, dem mons caranthanus der Römer. Gegen Mittag ragen die kalkbleichen Karawanken in einen Himmel von ungewöhnlichem Blau. Es ist eine herrliche Wildnis, in der noch der Steinbock lebt, durch die, zu Zeiten aus dem slavischen Süden verirrt, Bär, Wolf, und Wildschwein ziehen, wenige Stunden von Klagenfurt entfernt, der Alleenstadt, die in den apfelgrünen Wörthersee hinein entschwebt. Gegen Abend und Mitternacht rinnen Himmel und Berge dahin, im grünen Hauch der Wälder, immer unwirklicher werdend, und sie tragen Kirchen und Schlösser wie Geschmeide.

Maria Saal

Wieder zurück auf der Hauptstraße erreichen wir in wenigen Minuten das auf einer Anhöhe gelegene Maria Saal. Die Wallfahrts- und Stiftskirche Maria Saal gehört zu den frühesten Kirchengründungen Kärntens und ist unter den heute noch bestehenden Kirchen die älteste. Der Maria Saaler Berg war schon zur Hallstattzeit besiedelt, was durch verschiedene Funde und die Reste von Wallanlagen belegt ist. Der vom Bistum Salzburg auf Wunsch des Herzogs Cheitmar hierher entsandte Bischof Modestus gründete ein Chorbistum – ein Amt, das zur Unterstützung des Diözesanbistums geschaffen wurde – und weihte 767 die Marienkirche. Nach 945 wurde allerdings kein Chorbischof mehr eingesetzt, da Salzburg zwar seinen Machtbereich ausdehnen, doch seine Filialen auch nicht allzu selbständig werden lassen wollte.

Aus dieser frühen Zeit ist nichts mehr sichtbar erhalten. Die Kirche in ihrer heutigen spätgotischen Form wurde Anfang bis Mitte des 15. Jahrhunderts mit den umliegenden Klostergebäuden zu einer Wehrkirche ausgebaut, die dann auch 1480 den Angriffen der Ungarn widerstand. Nach dem Brand von 1669 wurde sie im Innern teilweise barockisiert und die Doppeltürme mit Hauben versehen. Bei dieser Gelegenheit wurde für den Nordturm die ›Maria Saalerin‹, Kärntens größte Glocke gegossen. Nach dem Wiederaufbau der Kirche war kein Geld mehr vorhanden, um dem Nordturm seine Glocke zurückzugeben, da das Land durch die Türkenkriege völlig verarmt war. Das allerorten gespendete Geld und das gesammelte Metall wollten einfach nicht reichen, so daß man sich an den Kaiser um Hilfe wandte. In Wien war durch den endgültigen Sieg über die Türken 1683 eine so große Kriegsbeute angefallen, daß der Kaiser dem Klagenfurter Burggrafen 40 Zentner türkische Kanonen schenken konnte, die der Glockengießer Matthias Landsmann in Klagenfurt für sein Werk verwendete. Feierlich wurde die über zwölf Tonnen schwere Glocke von 20 Pferden und 100 Menschen nach Maria Saal befördert und mit großer Mühe auf den Turm gezogen, von wo wir noch heute ihre mächtige Stimme vernehmen.

Die schmalen gotischen Butzenscheibenfenster hüllen den Innenraum in ein mystisches Dämmerlicht. Netzrippengewölbe überdachen die drei Schiffe und den hochragenden Chorraum. Die Rautenfelder zwischen den Gewölberippen im Mittelschiff sind prächtig bemalt: Aus distelartigen Blumenköpfen wachsen in Halbfigur die Ahnen Christi empor, von – stilisiert dargestellten – Blüten umgeben, wie sie in den Alpenländern zu finden sind. Diese späte, stark vom graphischen Element lebende Freskenkunst eines unbekannten Meisters, um 1490 entstanden, wurde erst 1929 freigelegt. Rund fünfzig Jahre früher sind die Fresken an der Nordwand des Chors gemalt worden – sie stellen den Kindermord und die

Anbetung der Könige dar –, ebenfalls bedeutende Leistungen der Freskomalerei in Kärnten, die den dort für das ausgehende 14. und beginnende 15. Jahrhundert typischen oberitalienischen Einfluß verraten. Von 1430 stammen die Fresken am Querhausgewölbe.

Im linken Seitenchor steht ein geschnitzter, bemalter und vergoldeter Flügelaltar aus der Zeit um 1520, der nach seiner Herkunft so genannte ›Arndorfer Altar‹. Diese herrliche spätgotische Arbeit der jüngeren Villacher Werkstatt zeigt im Schrein von oben nach unten die Krönung Mariens, die hl. Anna Selbdritt und die Beweinung Christi. Am linken Flügel sehen wir die Verkündigung sowie die hl. Ursula mit ihren Jungfrauen, am rechten die Anbetung der Könige und die 14 Nothelfer. Die Wächterstatuen St. Georg und St. Florian stehen jetzt am Eingang in den Chor. In den prunkvollen barocken Hochaltar von 1714 ist das liebliche Gnadenbild eingefügt, eine bemalte Madonna mit Kind aus Kunststeinguß, entstanden um 1425. Überlebensgroße vergoldete Heiligenfiguren flankieren den goldstrotzenden, doch im Aufbau sehr harmonischen und keineswegs überladen wirkenden Altar. Auch Orgel und Kanzel sind prächtige Arbeiten des Spätbarock.

Ein zweiter spätgotischer Flügelaltar, jedoch in seinen manieristischen Elementen von minderer Qualität, befindet sich im rechten Seitenchor. Das 1526 datierte Werk zeigt im Schrein St. Georg als Drachentöter, an den Flügeln die Reliefs der hl. Anna Selbdritt und des hl. Oswald, in der Predella die Beweinung Christi. Votivtafeln umgeben den Altar – eine davon berichtet von dem vergeblichen Versuch der Ungarn, die Wehrkirche Maria Saal einzunehmen. Unbekümmert um Orthographie erzählt sie, daß der Feind »mit grossen stainenen Khügl dern noch aine vor der Khürchthür hangent Züsechen, darauf angesetzt, wie auch mit grossen stückhen geschoßen, Welche Er doch zu erobern oder Einzunehmen Khaineswegs mechtig worden«.

Dem südlichen Seitenschiff wurden 1460 zwei Kapellen angefügt, denen in der Mitte des 17. Jahrhunderts Oratorien aufgesetzt und die mit barocker Ausstattung versehen wurden. In der mit einer Eisenschranke abgegrenzten Sachsenkapelle im nördlichen Seitenschiff – so genannt, weil sie von Barbara Sachs gestiftet wor-

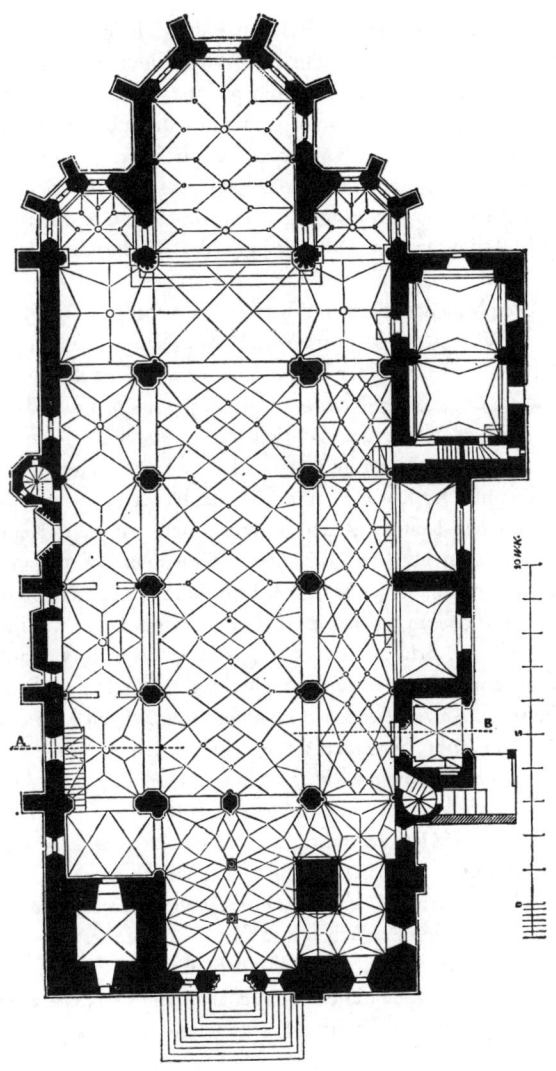

Maria Saal: Grundriß

den ist – liegen in einem Sarkophag die Gebeine des hl. Modestus, der vor 784 starb. Beachtenswert ist hier die spätgotische, zwischen 1480 und 1490 entstandene Kreuzgruppe mit dem ausdrucksstarken Gekreuzigten, Maria und Johannes und darunter einer Darstellung der armen Seelen im Fegefeuer, die durch das von Engeln in Kelchen aufgefangene Blut des Erlösers erquickt werden. Taufstein und Opferstock am Eingang sind römischen Ursprungs wie auch viele Reliefs an den Außenwänden der Kirche, die wir uns näher betrachten wollen.

Gleich in der kleinen Vorhalle sehen wir ein Relief der römischen Wölfin mit Romulus und Remus, daneben einen geflügelten Genius. Außen, vor der Eingangshalle, ist die auf der Votivtafel erwähnte ungarische »Khugl« aufgehängt, daneben und darunter römische Gedenksteine und christliche Grabtafeln. Zu den interessantesten Römersteinen gehört das Relief eines Reisewagens an der Südwand. Der Kutscher trägt die cuculla, den typischen Kapuzenmantel der Kelten. Rechts davon sehen wir den ›Keutschacher Stein‹, einen herrlich gearbeiteten Grabstein des 16.Jahrhunderts aus rotem Salzburger Marmor. Er stellt eine Krönung Mariens dar, darunter kniend die beiden Ritter Siegmund und Wolfgang von Keutschach, Brüder des Salzburger Fürsterzbischofs Leonhard von Keutschach. Etwas weiter rechts ein römischer Reliefstein mit einem von zwei Pferden gezogenen Streitwagen, den ein nackter Jüngling lenkt, der einen toten Feind an seinen Wagen gebunden hat. Allem Anschein nach handelt es sich um die Szene aus der Ilias, in der Achilles die Leiche Hektors schleift.

Neben der Kirche steht grau und wuchtig der 1416 erstmals erwähnte, um 1500 mit einer neuneckigen, doppelstöckigen Galerie versehene Karner. Diese Friedhofskapellen, im unteren Teil Beinhaus, im oberen Andachtsraum für die Totenmessen, sind in Niederösterreich und Kärnten besonders häufig verbreitet. In Kärnten dienten sie zuweilen auch als Wehrbauten. Vor dem Karner steht eine 1497 von den Zünften gestiftete schlanke spätgotische Lichtsäule.

Von der Nordseite der Kirche sehen wir hinüber zum Ulrichsberg. Darunter links liegt Karnburg mit seiner alten Kirche, gegenüber auf einer leichten Anhöhe breit hingelagert das Schloß Tanzenberg, wo sich Kaiser Maximilian I. mit seiner Schwester Kunigunde 1470 etwa einen Monat lang aufgehalten hat, woraus die Legende entstand, der Kaiser sei hier geboren. Jetzt ist ein Gymnasium im Schloß untergebracht.

Unterhalb des Ortes Maria Saal wurde 1962 ein Freilichtmuseum mit Bauernhäusern aus den verschiedenen Kärntner Landesteilen, alten Möbeln und Geräten, Werkstätten bäuerlichen Handwerks sowie einem Gasthof und einem Kramerladen eingerichtet. Vor der Einfahrt zu dem Freilichtmuseum steht einer der typischen Bildstöcke, von denen es allein sechzig in der Umgebung Klagenfurts gibt. Diese in naiv-bäuerlicher Art bemalten Betsäulen an Wegen und Wegkreuzungen dienten seit altersher der kurzen Andacht im Freien.

Der Herzogstuhl. Knapp einen Kilometer hinter Maria Saal halten wir beim Herzogstuhl, der, zwischen Bäumen und durch ein Eisengitter geschützt, nahe der Straße steht. Dieses altehrwürdige Relikt aus Kärntens Geschichte, aus römischen Marmorfragmenten zusammengesetzt, besteht aus zwei durch eine gemeinsame Lehne getrennten thronartigen Steinsitzen. Nach dem Einsetzungszeremoniell auf dem Fürstenstein zu Karnburg nahm der Herzog hier Platz, beschwor die Freiheiten des Landes, vergab Lehen und ließ sich von den Ständen huldigen, was für sieben Herzöge in der Zeit von 1286-1596 nachgewiesen ist; zwei weitere entsandten einen Vertreter. Zum Symbol für Kärntens Freiheit geworden, war der Herzogstuhl 1920 Versammlungsort der fünfzigtausend Kärntner, die hier einen Monat vor der Volksabstimmung gegen die Ansprüche Jugoslawiens demonstrierten.

Virunum und Magdalensberg

Links oberhalb der Straße ist nun Schloß Tanzenberg nähergerückt, rechts passieren wir das Gasthaus Zollfeld, dessen Eingangstür zwei Römersteine zieren: links ein Ehepaar mit Kind, rechts einen Mann mit einem Pferd darstellend.

Auf dem Gelände hinter dem Gasthof lag die römische Provinzhauptstadt Claudium Virunum. Leider wurden die in den dreißiger
Jahren begonnenen Grabungen nicht weitergeführt, so daß heute so
gut wie nichts mehr zu sehen ist. Die Stadt wurde um die Mitte des
1. Jahrhunderts n. Chr. als Nachfolgerin der auf dem Magdalensberg gelegenen keltisch-norischen Hauptstadt erbaut und erstreckte
sich über eine Fläche von etwa einem Quadratkilometer. Sie war
Sitz eines kaiserlichen Prokurators, besaß aber kein Militärlager.
Virunum wurde während der Völkerwanderungszeit verlassen und
Ende des 6. Jahrhunderts von den Slawen zerstört. Bei den bisherigen Grabungen kamen das Forum, das Capitol, ein Theater, Ther-
men, Gräber und Tempelanlagen zutage. Die Fundstücke, vor allem
Statuen und ein schönes Bodenmosaik, sind im Kärntner Landesmuseum ausgestellt.

Links von der Gaststätte führt ein schmaler Feldweg zu einer
kleinen Kapelle, in der zahlreiche Römersteine eingemauert sind.
Es ist kaum zu glauben, daß außer den in Kirchen und Häusern vermauerten Marmorfragmenten keine Spur von dieser ehemaligen
Hauptstadt der norischen Provinzen geblieben sein soll. Wo vor
anderthalb Jahrtausenden Römer und Kelten ein lebhaftes, mit allen
Errungenschaften römischer Zivilisation ausgestattetes Gemeinwe-
sen bewohnten, breiten sich jetzt Äcker und Wälder aus.

Um so deutlichere Spuren hat die Vorgängerin Virunums, die alte
keltische Landeshauptstadt auf dem Magdalensberg hinterlassen.
Ihr Name konnte bis heute nicht herausgefunden werden, doch
setzt sich mehr und mehr die Ansicht durch, daß auch diese Stadt
schon den als vorrömisch geltenden Namen Virunum trug. Der auf
einem Marmorbruchstück gefundene Schriftrest ›Virun . . .‹, also
›Virunum‹ oder ›Virunenses‹ (= Bürger Virunums) gilt dafür als
vorläufiger, da bisher einziger Beweis.

Die sechs Kilometer lange, zuerst nur sanft ansteigende Straße
führt uns in immer steileren Serpentinen auf den Magdalensberg.
Mehr und mehr weitet sich dabei der Blick auf das dicht bewaldete
hügelige Land und die gewaltige Kette der Karawanken. Die Ausgrabungsstätte liegt wie in einem Kessel unterhalb des Berggipfels.
Den heutigen, seit 1948 systematisch betriebenen Ausgrabungen

gingen schon einige Gelegenheitsfunde voraus. 1502 fand ein Bauer
die lebensgroße Bronzestatue eines Jünglings mit einer gravierten
Widmung auf dem rechten Oberschenkel, die ihn als Spende von
Kaufleuten aus Aquileia ausweist. Die Statue – heute im Kunsthistorischen Museum in Wien – gilt als eine griechische Arbeit des 5.
Jahrhunderts v. Chr. aus der Werkstatt des Polyklet oder als aus-
gezeichnete römische Kopie. Später wurden ein wundervoller
Greif aus Bronze, Porträtköpfe und vieles andere gefunden, das
dann häufig wieder verschwand, da sich vor allem im 19. Jahrhundert viele ›Schatzsucher‹ einfanden.

Die Stadt wurde vermutlich im zweiten vorchristlichen Jahrhundert von der norisch-keltischen Bevölkerung gegründet und
entwickelte sich schnell zu einem lebhaften Handelszentrum, hauptsächlich wegen des im ganzen Land schon seit dem 2. Jahrtausend
vor Christi betriebenen Abbaus von Metallerzen. Eisen, Kupfer,
Blei, Zink, vereinzelt auch Gold und Silber wurden verhüttet und
ausgeführt. Die unerschöpflichen Wälder sorgten dabei für ausrei-
chendes Brennmaterial. Nach kampfloser Besetzung des norischen
Reiches errichteten die Römer hier eine Kolonie, die gegen 45 n.
Chr. von der neuen Hauptstadt Virunum unterhalb des Berges abgelöst wurde. Wann die Bergstadt von den Bewohnern verlassen
wurde, bleibt im Dunkeln.

Von der terrassenförmig angelegten Stadt wurden bis jetzt vor
allem die römischen Bauten am Südhang freigelegt. Das zentrale
Heiligtum der von einem doppelten Mauerring umgebenen Stadt
war ein Tempel des Lokalgottes Latobius, der später dem Mars
gleichgesetzt wurde. Eines der besterhaltenen Häuser, der ehemalige Sitz der römischen Verwaltung, ist rekonstruiert worden und
dient nun als Museum, in dem Keramikgeschirr, Gläser, Gold- und
Bronzeschmuck, Büsten, Waffen, ein Bodenmosaik und vieles andere vom Leben dieser Stadt Zeugnis geben. Auch der erwähnte
›Jüngling vom Magdalensberg‹ ist in einem bronzierten Abguß hier
zu sehen.

Die Kirche auf dem Gipfel des Magdalensberges ist den Heiligen
Magdalena und Helene gewidmet. Früher wurde der Berg übrigens
›Helenenberg‹ genannt, jetzt trägt er den Namen der anderen Hei-

ligen. Von dem zwischen 1158 und 1162 entstandenen romanischen
Bau ist fast nichts mehr vorhanden. In ihrer heutigen gotischen Gestalt wurde die Kirche 1462 bis etwa 1500 errichtet. Das eher unscheinbare Äußere wird von dem wuchtigen, an die Nordwand
angebauten Turm beherrscht. Das Steinbecken mit den drei primitiven Reliefköpfen vor dem Westportal könnte ein heidnischer
Opferstein aus der Zeit der Slawenherrschaft gewesen sein. Im Innern fallen die ungleich großen Seitenschiffe auf, zudem liegt der
Hauptchor nicht in der Achse des Mittelschiffs, während das südliche Seitenschiff einen kürzeren Chorabschluß hat, als das nördliche. Die Decken sind mit Netz- und Sternrippen eingewölbt. Der
1502 datierte Flügelaltar im Hauptchor stammt von einem St. Veiter Meister. Die liebliche Gestalt der heiligen Helena im Schrein
hält ein Kirchenmodell in den Händen, die bemalten Flügel zeigen
Szenen aus dem Leben Helenas und ihres Sohnes, des Kaisers Konstantin. Im Gespreng thront die Madonna mit Kind zwischen den
Heiligen Barbara und Katharina, darüber steht der Schmerzensmann. In der Predella ist die Huldigung an die hl. Helena dargestellt. Beim barocken Magdalenenaltar am Südchor stammen die
Statue der Heiligen und die Flügelreliefs von einem früheren gotischen Altar. Die beiden Seitenaltäre sind barocke Arbeiten aus der
Zeit um 1700.

Vom Magdalensberg nimmt der noch heute geübte und aus
heidnischer Zeit stammende ›Vierberglauf‹ seinen Ausgang. Dieser
Frühlingsbrauch des ›Kornaufweckens‹ sollte den Lauf der Sonne
in kultischer Verehrung nachvollziehen und galt den auf vier Bergen gelegenen Kultstätten keltischer Lokalgottheiten. Hier begann
der Lauf beim Heiligtum der von allen norischen Keltenstämmen
verehrten Landesgöttin Noreia, die von den Römern später der Isis
gleichgesetzt wurde. Das Christentum übernahm dann den Brauch
als Wallfahrt. Seine älteste Erwähnung stammt aus den 1612 erschienenen ›Annales Carinthiae‹ von Hieronymus Megiser. Dort
heißt es:

»*Auff diese vier Perg laufft das gemeine Landvolck alle Jahr Kirchfahr-
ten an der heiligen Drey Nägl Tag und muss diß Kirchfahrtlauffen auff
einen Tag verrichtet werden. Darumb sie sich dann nicht lang saumen,*

wann sie in der Kirchen aine kommen: Gehn allein flux umb den Altar,
naigen sich und lauffen wider davon. Es erkrancken ihrer viel über diesem
lauffen, dass auch zu zeiten etlich gar sterben, dann es ist ein sehr langer
Weg und wie etlich nachraiten, wol zwölff Teutsche Meil sein sollen.«
Dieser Bericht zeigt, wie ernst und wichtig man solche Bräuche
nahm, von deren genauer Einhaltung, wie man glaubte, das Gedeihen der Ernte und damit das Wohl und Wehe des Landvolkes
abhänge. Es spielt sich dabei folgendes ab: Am zweiten Freitag nach
Ostern, dem ›Dreinagelfreitag‹, versammeln sich die Wallfahrer
um Mitternacht vor der Kirche auf dem Magdalensberg, wo eine
Messe gelesen wird. Sofort nach deren Ende laufen die Pilger den
Berg hinab und eilen querfeldein über Wiesen und Felder hinauf
zum Ulrichsberg, auf dem die zweite Messe stattfindet. Von hier
geht es zu den nächsten Messen auf den Veitsberg weiter und zuletzt auf den Lorenziberg. Zur genauen Einhaltung dieses Brauches
gehörte es früher, daß man den Hutschmuck auf jedem Berg wechselte. Auf dem Magdalensberg wurde Wacholder getragen, auf
dem Ulrichsberg Efeu, auf dem Veitsberg ein Fichtenzweig und
auf dem Lorenziberg Buchsbaum oder Immergrün. In allen Kirchen
wurde Geld und Getreide, von dem man sich eine Handvoll wei-
hen ließ, geopfert. Das geweihte Korn mischte man später unter das
Saatgut, das ›Berglaub‹, also den jeweils getragenen Hutschmuck,
steckte man auf die Felder. Hieraus erklärt sich der eigentliche Sinn
dieses Frühlingsbrauches: Mit dem anstrengenden Lauf und den jeweiligen Spenden sollte von den Göttern eine reiche Ernte erfleht
werden. In früheren Zeiten nahmen die Wallfahrer auch noch bei
jeder Kirche eine Handvoll Erde mit, die später zum Schutz vor
Hagelschlag auf die Felder gestreut wurde.

Obzwar ein solcher Brauch in einer Zeit des Kunstdüngers und
der Hagelversicherung seinen Sinn verloren haben mag, findet der
Vierberglauf, wie man hört, mehr und mehr Zulauf. Sogar Wiener
sollen den weiten Weg hierher nicht scheuen, vermutlich um mit
der Freude an einem alten Volksbrauch auch eine schlankmachende
Sportübung zu verbinden, da bei diesem Lauf immerhin rund
40 Kilometer zurückgelegt werden. Georg Graber, bedeutender
Kärntner Heimatforscher und Autor des Buches ›Volksleben in

Kärnten‹ berichtet, daß in den dreißiger Jahren des 19. Jahrhunderts
drei- bis fünftausend Menschen an dem Lauf teilnahmen; noch 1872
wurden 2568 gezählt, während es 1911 nur noch 280 und in den
dreißiger Jahren einige Dutzend waren. Obzwar das 1934 erschie-
nene Buch die pessimistische Prognose stellt, daß der Vierberglauf
schon in Kürze keine Teilnehmer mehr finden werde, gehört er zu
den wenigen Kärntner Volksbräuchen, die bis heute lebendig geblieben sind.

Hochosterwitz

Bei dem Dörfchen *St. Donat* zweigt rechts die Straße zur Burg
Hochosterwitz ab, doch dürfen wir nicht versäumen, bei der alters-
grauen Dorfkirche mit ihrem bemoosten Schieferdach anzuhalten,
da dort an der südlichen Außenmauer sehenswerte Römersteine
eingelassen sind. Vor allem fällt eine sitzende Marmorstatue auf, die
weit aus der Wand herausragt und der man einen primitiven Sand-
steinkopf – wohl keltischen Ursprungs – aufgesetzt hat. Das Volk
nennt diese Skulptur die ›Riesin‹, und es ist anzunehmen, daß mit
ihr, ähnlich wie bei der römisch-keltischen Statue in Wieting, früher allerlei Fruchtbarkeitszauber getrieben wurde. Keltisch ist auch
der grimmig blickende Männerkopf weiter rechts, während alle
anderen Steine römischen Ursprungs sind, wobei zu beachten ist,
daß das Mädchen mit Spiegel auf dem Relief ganz rechts unten keltische Kleidung trägt.

Die 1154 erstmals genannte Kirche ist im Kern romanisch, Turm
und Kreuzgewölbe sind gotisch. Der prachtvolle, 1749 datierte
Hochaltar stammt aus der Werkstätte Johann Pachers, der einer
der Hauptmeister des Spätbarock in Kärnten war – wir werden ihm
und seiner Werkstatt künftig noch oft begegnen. Die liebliche Madonna in seiner Mitte ist eine spätgotische Arbeit.

Nach einigen Kurven taucht ganz plötzlich, wie herbeigezau-
bert, im Osten die auf spitzem Felsgrat thronende Burg Hochosterwitz auf, gesäumt von dunkel bewaldeten Buckeln und überragt
von dem weiten, fast waagrechten Massiv der Saualpe. Mich begeistert dieses Bild immer von neuem, und ich halte Hochosterwitz
mit seiner unvergleichlichen Lage, umgeben von der Saualpe, den

Friesacher und Gurktaler Bergen, hoch über der alten Herzogstadt St. Veit, für die schönste Burganlage Kärntens.

Wir durchqueren den kleinen Ort Niederosterwitz, in dessen Schloß in der Nähe die Familie Khevenhüller, Eigentümer von Hochosterwitz, heute lebt. Der Parkplatz ist schnell erreicht, dann beginnt der Aufstieg zu Fuß. Wer von ganz unten heraufsteigen will, kann den ›Narrensteig‹ benützen. Bei diesem Namen scheint es, als hätten unsere Ahnen schon gewußt, daß man Menschen, die nicht jeden Meter mit dem Auto zurücklegen, einst als Narren bezeichnen wird.

Senkrecht, fast überhängend, türmt sich der hundertfünfzig Meter hohe Kalkfelsen vor uns auf, und dann durchqueren wir den ersten von vierzehn Tortürmen, das ›Fähnrichtor‹, das mit einem Fresko von fahnenschwingenden Landsknechten und dem Khevenhüllerwappen in Marmor geschmückt ist. Schwindelerregend wird der Blick ins flache Land. Wo man zwischen den Zinnen des Bergfrieds in die Tiefe blickt: überall jäh abfallende Felswände. Man glaubt den Chroniken gern, die berichten, daß die Burg mit einfacher Waffengewalt nicht zu erobern war. Ob Walther von der Vogelweide diesen Weg schritt oder ritt, als er in St. Veit für einige Monate bei Herzog Bernhard II. zu Gast war, ist nicht überliefert. Da der damalige Burgherr, Hermann von Osterwitz, ein enger Freund des Kärntner Herzogs war, ist aber wohl anzunehmen, daß der Landesfürst seinen derzeit schon weitberühmten Gast den Herren der umliegenden Burgen vorstellte.

Das gewaltige Kastell hat eine lange, bewegte Geschichte. Spuren frühester Besiedelung auf und um diesen freistehenden Kalksteinfelsen haben sich von der jüngeren Steinzeit bis zur Bronzezeit gefunden. Um dem immer stärkeren Druck der Germanenstämme standzuhalten, hatten die Römer an strategisch wichtigen Punkten des Landes einen Ring von Festungen angelegt, und zahlreiche Funde bestätigen, daß dies auch hier der Fall war. Während das Römische Reich zerfiel, wird wohl auch diese Festung in den bewegten Zeiten der Völkerwanderung der einheimischen Bevölkerung als Zuflucht gedient haben. Erst mit der Rechristianisierung unter der Bayernherrschaft kehrte wieder Ruhe ein. In einer Schenkungsurkunde des Jahres 860 wird ein Bauerngut ›ad Astaruizza‹, also ›bei Osterwitz‹ genannt. Diese älteste Bezeichnung des Bergkegels könnte sich vom Keltenstamm der Taurisker ableiten, doch ist auch eine Herkunft aus dem slawischen Wort ›Ostrovica‹ denkbar, das soviel wie Scharfenberg bedeutet. Als ein Zweig der Spanheimer, deren Geschlecht möglicherweise von Kaiser Arnulf abstammte, 1122 den Kärntner Herzogshut erhielt, nannte sich ein Abkömmling dieser Familie bereits ›von Osterwitz‹, und um 1200 erschien dafür die Bezeichnung ›Castrum‹, also Burg. Unter Herzog Bernhard wurden die Herren von Osterwitz zu Mundschenken ernannt. Hermann von Osterwitz, der neuernannte Schenk, begleitete seinen prachtliebenden Herrn und Freund im Gefolge König Ottos IV. nach Rom, wo dieser 1209 zum Kaiser gekrönt wurde.

Bei den Türkeneinfällen wurde die Burg zwar nicht erobert, doch geriet Georg Schenk von Osterwitz während einer Feldschlacht in Gefangenschaft und starb 1476 in Konstantinopel. Hans, der letzte Schenk von Osterwitz, war so stark verschuldet, daß er die Burg nebst sämtlichen Lehensgütern 1478 dem Kaiser übergab. Als er bald darauf in Liebenfels starb, erlosch mit ihm das Geschlecht.

Nach vielfachem Wechsel kam die Burg 1541 als Pfandherrschaft in den Besitz von Christoph Khevenhüller, dem Kriegsminister Kaiser Ferdinands I. Christophs Neffe, Georg, kaufte die Burg 1571 und ließ sie – wahrscheinlich von Domenico dell'Allio – mit immensem Aufwand zur Festung ausbauen. Auf einer Marmortafel in der Nordecke des Burghofes hat Georg Khevenhüller sein Testament aufzeichnen lassen:

Unter dem Schutz des besten und grössten einigen und dreieinigen Gottes. Georg Khevenhüller von Aichelberg, Nachkomme Sigmunds, Augustus' und Johannes', Freiherr auf Landskron und Wernberg, Erbherr in Hochosterwitz, der oberste Stallmeister der Kaiser Ferdinand I., Maximilian II., Rudolf II., Rat des Erzherzog Karl, Geheimer Sekretär und Kämmerer desselben, Obersthofmeister, Landeshauptmann in Kärnten und Hauptmann der Grafschaft Pisino, hat zum Nutzen des Staates diese Burg auf eigene Kosten ausgebaut, mit Mauern umgeben, mit Fe-

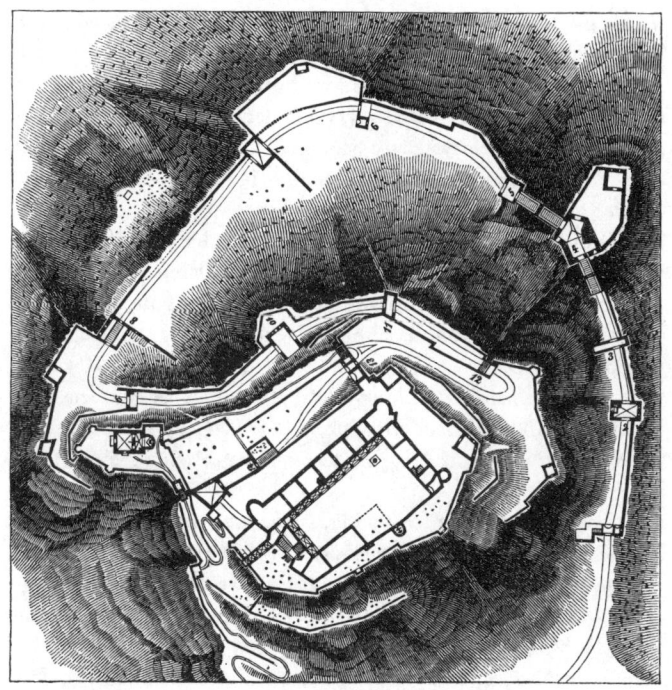

Anlageplan der Burg Hochosterwitz

1 Fähnrichstor	6 Manntor	11 Mauertor
2 Wächtertor	7 Khevenhüllertor	12 Brückentor
3 Nautor	8 Landschaftstor	13 Kirchentor
4 Engeltor	9 Reisetor	14 Kulmertor
5 Löwentor	10 Waffentor	

stungswerken verstärkt und mit einer Waffenkammer ausgerüstet, die Ein-
künfte erhöht und für sich und seine Söhne und Nachkommen Gott den
Herrn um Schutz gebeten. Er hat angeordnet, dass diese Burg von seiner
Familie niemals wegkomme, weder durch Verkauf, Schenkung, Veränderungen, als Heiratsgut, als Unterpfand, durch Teilung, Ausleihen noch
auf irgend eine andere Weise eine Besitzverminderung platzgreife. Er
will, dass sie, die er ermahnt und gebeten, die christliche Religion treu und

*fleissig üben, nach Tugend streben, Mässigkeit und Einigkeit unter sich
bewahren, ihre Sitten gut einrichten und dadurch glücklich werden. 1576*

Ähnliche letztwillige Verfügungen großer Herren mag es viele
gegeben haben, doch meistens erzwang der Lauf der Geschichte ein
anderes als das darin verfügte Schicksal. Osterwitz aber ist getreu
dem Wunsch Georg Khevenhüllers bis heute im Besitz der Familie
geblieben.

Wenn wir den Burghof schließlich erreicht haben, befinden wir
uns nicht innerhalb, sondern über der Burg, deren Komplex um
einiges tiefer liegt. Die mittelalterliche Anlage muß nicht sehr um-
fangreich gewesen sein, da in einer Urkunde des 14. Jahrhunderts
von dem »zu Osterwitz gelegenen Turm und Haus« die Rede ist;
1321 wird auch eine Kapelle erwähnt. Erst in den drei großen Bau-
perioden des 16. Jahrhunderts wurde die Anlage zu ihrer heutigen
Ausdehnung erweitert. Georg Khevenhüller-Metsch schreibt darüber:

*Wodurch die Burg so stark wirkt, ist die klare Zweckmäßigkeit der
gesamten Anlage und aller ihrer Teile. Es wäre übertrieben, den ganzen
Umbau auf die Pläne des italienischen Baumeisters zurückzuführen; un-
italienisch ist sowohl das starke Miteinbeziehen der Umgebung in die harmonische Wirkung als auch die von der Hochburg als selbständiger Wehr-
körper abgetrennten, voneinander ganz verschiedenen Torbauten. Ihre
äußerst geschickt und technisch richtig durchgeführte Anlage machte die
Burg erst uneinnehmbar, da der Gegner Tor für Tor erobern mußte, dabei
aber von allen Seiten einem Angriff ausgesetzt war.*

Im Innern der Burg gibt es außer einer Rüstkammer mit vielerlei Waffen des 16. Jahrhunderts und einer Anzahl Ahnenbilder wenig zu sehen. Die Burg war ja nicht als fürstlicher Wohnsitz, sondern vor allem als Schutz und Festung gedacht, was eine Inschrift
am siebten Torturm, dem ›Khevenhüllertor‹, auch ausspricht. Hier
heißt es, daß Georg Khevenhüller diese Burg »für sich und sein Haus
als eine allgemeine Schutzfestung gegen den allgemeinen Feind erbauen und vollenden ließ«. Mit dem »allgemeinen Feind« waren die
Türken gemeint, die aber danach nie mehr in Kärnten einfielen.

Von der Nordmauer unterhalb des Burghofes aus sehen wir
St. Veit im grünen Glantal liegen. Es ist unser nächstes Ziel.

St. Veit an der Glan

Stadtgeschichte

Der Gründungslegende der Stadt nach hielten sich ungarische Horden am Osterabend des Jahres 901 in der Gegend zwischen Hungerbrunn und Taggenbrunn auf. Die Kärntner lagen unter Führung ihres Herzogs Ratold bei Friesach und sahen mit Bangen dem Kampf gegen das viel größere ungarische Heer entgegen. Dem Herzog Ratold aber erschien im Traum der heilige Veit und verhieß den Sieg, worauf der Fürst den Bau einer Kirche gelobte. Bei der Schlacht am Krappfeld erfochten die Kärntner wirklich einen glänzenden Sieg und Ratold ließ die Kirche ›St. Veit am Erla‹ (bei den Erlen) erbauen. Um dieses Gotteshaus entstand eine Siedlung, aus der sich schließlich die Stadt St. Veit entwickelte.

Da die Ungarn tatsächlich 901 in Kärnten einfielen und ein – vielleicht von der alten Kirche stammender – karolingischer Flechtwerkstein hier gefunden wurde, dürfte diese Legende einen harten geschichtlichen Kern besitzen.

Kaiser Heinrich II. übereignete das Gebiet von St. Veit dem Bistum Bamberg, als er dieses 1007 gründete. Als Weiler (villa) wird die Siedlung St. Veit erstmals 1131 urkundlich erwähnt, 1149 muß sie schon beträchtlich groß gewesen sein, weil sie damals vom deutschen König Konrad III. zum Versammlungsort hoher Würdenträger gewählt wurde.

Unter den Spanheimern befestigt, entwickelte sich der Ort zum Zentrum des Landes: Seit 1205 war er Sitz einer herzoglichen Münzstätte, in einer Urkunde von 1268 trägt er schon die Bezeichnung Stadt. Die glanzvollste Zeit erlebte St. Veit unter Herzog Bernhard, dessen Burg 1252 urkundlich erwähnt ist, gewiß aber schon lange vorher bestand. Seit dem Tod Herzog Ulrichs III.,

1269, war die Stadt nicht mehr der Sitz des Landesfürsten. Mit Philipp (gestorben 1279) erlosch das einheimische herzogliche Geschlecht der Spanheimer. Ihren Rang als Landeshauptstadt büßte St. Veit 1518 ein, als die Bürger sich weigerten, ein ständisches Heer aufzunehmen, das gegen die rebellierenden Bauern zog. Die Landstände beschwerten sich deshalb beim Kaiser, der ihnen das abgebrannte Klagenfurt schenkte, das sich nach seinem Wiederaufbau zur neuen Hauptstadt entwickelte. St. Veit blieb aber weiterhin – vor allem durch sein Eisenhandelsprivileg – ein bedeutender Handelsplatz, der sich im 16. Jahrhundert mit vielen prachtvollen Bürgerhäusern im Stil der italienischen Renaissance schmückte. In St. Veit ist auch um 1550 die älteste Papiermühle Kärntens nachgewiesen. Die zwischen 1473 und 1492 fünfmal von den Türken bedrohte Stadt konnte weder von diesen, noch von den Ungarn erobert werden, die sie 1480 eine Woche lang belagerten. Was dem Feind in Jahrzehnten nicht gelungen war, schaffte jedoch 1497 ein Brand in wenigen Stunden. Kaiser Maximilian I. entsandte sofort bewährte Baumeister, denn es sollte wegen der ständig drohenden Türkengefahr keine schutzlose Stadt im Lande geben. Nach dem Wiederaufbau erholte sich St. Veit schnell, die Konkurrenz der neuen Hauptstadt Klagenfurt tat dem keinen Abbruch.

Erst im 18. Jahrhundert begann der Abstieg. 1713 bis 1715 wütete die Pest, 1747 zerstörte eine Feuersbrunst weite Teile der Stadt. Das 1759 gewährte Eisenhandels-Monopol begann gerade auf Handel und Wandel belebend zu wirken, als Kaiser Josef II. es 1782 wieder aufhob. Weitere Brände, französische Einquartierungen, Kriegssteuern besiegelten den endgültigen Verfall. Im 15. Jahrhundert hatte die Stadt rund 3000 Einwohner gehabt, 1847 lebten nur noch 1500 Bürger in 212 Häusern, während viele Gebäude leer standen oder als Brandruinen zerfielen. Mitte des 19. Jahrhunderts gab es hier keinen einzigen Eisenhändler mehr. Doch dann ging es wieder aufwärts: 1869 wurde eine Eisenbahnlinie eröffnet; der Holzhandel mit Italien belebte sich; am Anfang unseres Jahrhunderts siedelten sich weitere Industrien an. Heute zählt die Stadt um die 10000 Einwohner.

Die Stadt

Das Zentrum St. Veits ist der *Obere Platz*, als streng rechteckiger Straßenplatz ähnlich angelegt wie der Alte Platz in Klagenfurt. Wie ein Juwel prunkt die 1754 von dem St. Veiter Stukkateur Marx Josef Pittner geschaffene Stuckfassade des 1468 errichteten *Rathauses* zwischen den einfachen Bürgerhäusern. Es ist eine der schönsten Profanbauten in Kärnten. Über der Figur einer geziert dastehenden Justitia ist eine gotische Bronzetafel angebracht, deren Inschrift – aus dem ›Sachsenspiegel‹ – eine beherzigenswerte Grundregel bei allen Streitigkeiten sein sollte: »Aeins mans red – ein halbe red. Man sol sy verhoren bed.« (1468) Sehenswert ist der Innenhof mit seinem dreigeschossigen Renaissance-Arkadenhof und der schönen, 1953 erneuerten Sgraffitto-Verzierung. Den Rathaussaal schmückte Pittner (1705-60) mit einer herrlichen spätbarocken Stuckdecke.

Ein um 1780 errichteter klassizistischer Bau – hier residiert der Bezirkshauptmann – schließt den Hauptplatz im Westen ab. Das Zentrum des Platzes beherrscht die 1715 von Angelo de Putti geschaffene *Pestsäule* aus verwittertem Sandstein; den Osten schmückt der *Schüsselbrunnen* mit mächtiger Steinschale, eine antike Arbeit, die auf dem Zollfeld gefunden wurde. Die 1566 zu dem Brunnen geschaffene Bronzestatuette eines Bergmannes, vom Volk ›Bartele‹ genannt, erinnert an den früher für St. Veit so wichtigen Eisenbergbau. Der *Florianibrunnen* im Westen des Platzes wurde neuerdings in ›Vogelweidebrunnen‹ umbenannt und mit einer Bronzefigur Walthers von der Vogelweide geschmückt.

Im Südosten des Hauptplatzes erhebt sich die *Stadtpfarrkirche St. Veit*, seit dem 18. Jahrhundert auch ›Dreifaltigkeitskirche‹ genannt. Die dreischiffige romanische Pfeilerbasilika wurde 1131 erstmals erwähnt, doch ist anzunehmen, daß hier seit Anfang des 10. Jahrhunderts eine Kirche stand, vermutlich die in der Stadtlegende genannte Kirche »St. Veit am Erla«. Der spätere Bau der Pfarrkirche dürfte nach 1200 im Zusammenhang mit der Verleihung des Stadtrechts begonnen worden sein. Anfang bis Mitte des 15. Jahrhunderts wurde das Kreuzrippengewölbe eingezogen. Das romanische Trichterportal wurde 1888 erneuert, erhalten geblieben ist nur das bemerkenswerte Bogenfeldrelief mit dem Lamm Gottes zwischen Löwe und Adler. Den goldstrotzenden Hochaltar schuf 1752 Johann Pacher, dem wir schon in St. Donat begegnet sind. Von ihm stammen auch die Kanzel und der Kreuzaltar mit der eindrucksvollen Pietà. Der südliche Florianialtar mit den Heiligen Sebastian und Rochus könnte ursprünglich aus Pachers Werkstatt gekommen sein, doch er wurde nach dem Brand von 1829 stark überarbeitet. Auf dem Altargemälde ist der Stadtbrand von 1747 dargestellt, auf den der geharnischte St. Florian sein rettendes Wasser gießt.

Der runde Karner im Süden der Kirche ist ein spätromanischer Bau mit einem gotischen Sternrippengewölbe. Außen ist ein Flechtwerkstein eingemauert, der aus der Zeit um 900 stammt und den hiesigen Bestand einer spätkarolingischen Kirche dokumentiert. Mit ineinander verschlungenen Bandornamenten reliefiert, dienten derartige Flechtwerksteine zur Zierde von Altären, Steinthronen oder Grabsteinen. Von langobardischer Schmuckkunst beeinflußt, waren sie im 8. und 9. Jahrhundert als besondere Erscheinung im Alpengrenzraum zu finden, vor allem in Kärnten, wo allein dreißig noch erhalten geblieben sind.

Am Ende des *Unteren Platzes* führt links die Burggasse zu einem ›die Burg‹ genannten Bau. Was wir heute vor uns sehen, wurde 1523-29 mit dem mächtigen Eckturm allerdings als kaiserliches Zeughaus erbaut. Hier ist auch noch ein Stück der Ringmauer aus der Spanheimerzeit (1122-1268) erhalten. Den gegenüberliegenden Wohntrakt zieren gotische Laubengänge. Es gilt allgemein als sicher, daß hier die herzogliche Burg stand, wenn auch manche deren Standort im Osten des Hauptplatzes vermuten. Doch ist kaum anzunehmen, daß der Landesfürst mit seiner umfangreichen Hofhaltung sich inmitten der Bürgerhäuser niedergelassen haben könnte. Wir dürfen also mit einiger Sicherheit annehmen, daß an dieser Stelle wirklich die Herzöge von Kärnten residierten. Der kunstsinnige Bernhard von Spanheim hatte St. Veit zum kulturellen Zentrum des ganzen Landes gemacht.

Unter den Dichtern und Sängern, die Bernhard an seinen ›Musenhof‹ zu binden suchte, überstrahlt ein Name alle anderen: Walther von der Vogelweide. Der größte Dichter des deutschen Mittelalters war hier zu Gast, lebte hier, dichtete und sang. Nach neuester Forschung wird Walthers Aufenthalt auf das Jahr 1214 datiert. Während seiner Zeit am Kärntner Hof entstanden drei Lieder, die unmittelbar auf Ereignisse des Hoflebens Bezug nehmen und recht deutlich des Dichters Ärger über die Intrigen und Quertreibereien der Hofschranzen bekunden. So geschah es einmal, daß der Herzog seinem Dichter ein schönes Kleid schenken wollte und einen Höfling damit betraute, es zu besorgen. Dieser aber verschwieg einfach, daß er kein geeignetes Gewand gefunden hatte, und Walther scheint das nicht eingehaltene herzogliche Versprechen kritisiert zu haben, was dem Fürsten in entstellter Form hinterbracht wurde. Walther machte seinen Reim darauf, den ich versucht habe, in die Sprache unserer Zeit umzusetzen:

> Der Kärntner hat mit vielen Gaben mich bedacht
> Ein Irrtum hat mich nun um seine Gunst gebracht.
> Er glaubt, ich zürne ihm, doch denk' ich nicht daran,
> ihm ist geschehen, wie so manchem edlen Mann.
> Daß ich die Kleider, die er mir ließ schenken,
> nicht erhielt, das mag er anderen verdenken,
> denn ich weiß wohl, wer immer gern sagt: ja!
> der gäb' auch gern, wäre nur immer etwas da.
> So glaub' ich: Beide ließen wir uns schuldlos kränken.

Die Zeit am Kärntner Hof scheint dem Dichter hauptsächlich Ärger eingetragen zu haben, da er in einem Gedicht die Höflinge mit Mäusen vergleicht, die sich selber verraten, wenn sie Schellen tragen. Beim Herzog beklagt er sich, *»edel Kerendaere, ich sol dir klagen sere«*, daß seine Sprüche falsch ausgelegt werden und will es dem Verleumder heimzahlen, falls dieser ihm nicht zu gering ist oder vom Herzog geschont werden soll. Es ist anzunehmen, daß Walther von der Vogelweide dieser ewigen Intrigen müde wurde und deshalb sein unruhiges Wanderleben fortsetzte, bis er 1220 mit dem ihm von Friedrich II. verliehenen Lehen bei Würzburg endlich zur Ruhe kam.

Ich hab' mein Lehen, alle Welt! Ich hab' mein Lehen!
Nun fürcht' ich nicht den Hornung an den Zehen,
will nicht mehr viel von kargen Herrn erflehen!

Dieser Freudenruf zeigt recht deutlich, daß Walther des Wander-
lebens und der ewigen Betteleien um Herberge endgültig über-
drüssig war, bei aller Ehrerbietung, die man dem Weitberühmten
entgegenbrachte.

Wenig später, 1227, kam der Steiermärker Ulrich von Lichtenstein auf seiner ›Venusfahrt‹ nach St. Veit, wo ein großes Turnier
stattfand. Daran nahm auch der heimische Minnesänger aus Him-
melberg teil, den Ulrich von Lichtenstein in seinem ›Frauendienst‹
so vorstellt: »von Himmelberc der muotes rich/(her Zacheus was er
genant)/von sinem gesange wite erkant«. Dieser Zachäus von Him-
melberg verspottete Herrn Ulrich auf seiner Venusfahrt durch eine
Mönchsmaskerade, so daß der Minnesänger ihn beim Turnier for-
derte und ihn »hinder daz orsse [Roß] uf daz lant« warf, »daz er
sinnelos gelac«. Der gute Zachäus – von ihm ist kein Lied erhalten –
scheint mit der Feder tapferer als mit der Lanze gewesen zu sein.

Ein dritter berühmter Minnesänger jener Zeit stammte aus einem
St. Veiter Geschlecht: Heinrich von dem Türlin, der um 1220 ein
aus 26967 Versen bestehendes Epos verfaßte, das zwar wirr, weit-
schweifig und einigermaßen langweilig ausfiel, aber kulturge-
schichtlich wegen des ausführlich geschilderten Zauberglaubens
von Wert ist. Auch die Minnedichter Leopold von Scharfenberg,
Heinrich von Lienz und Kunrad von Sunnegg sind am Hofe des
musenfreundlichen Herzogs Bernhard bezeugt.

Doch kehren wir nach diesem Abstecher in die Minnesängerzeit
wieder zur Gegenwart zurück: Im erwähnten ehemaligen Zeughaus ist jetzt das St. Veiter Heimatmuseum untergebracht. Unter
seinen recht sehenswerten Beständen, die allerdings einer Neuord-
nung bedürfen, ist vor allem die umfangreiche Sammlung von
Schützenscheiben des 17. und 18. Jahrhunderts erwähnenswert.

Am südwestlichen Rande der Altstadt, in der sogenannten Villacher Vorstadt, machen wir der früheren *Klosterkirche Unserer Lieben Frau* einen Besuch. 1323 von dem Landeshauptmann Konrad

von Aufenstein für die Klarissinnen gegründet, kam das Kloster später an die Franziskaner und wurde im 19. Jahrhundert aufgelöst. Die frühgotische Saalkirche zeigt im Inneren die für Bettelorden typische Schlichtheit. Die Schlußsteine der Kreuzrippengewölbe sind mit Reliefs verziert. Sehenswert der prächtige, mit vielen Skulpturen geschmückte Hochaltar und die Kanzel – beides Meisterwerke von Johann Pacher.

Nördlich der Kirche erhebt sich der Komplex des *Bürgerspitals* mit der Spitalkirche, einer Gründung des 14. Jahrhunderts mit Laubengängen des 17. Jahrhunderts im Innenhof. Noch weiter nördlich führt ein Kreuzweg hinauf zu der 1658 erbauten *Kalvarienberg-Kirche*, die der ›Casa Santa‹ in Loreto nachgebildet ist. Von hier hat man eine prächtige Aussicht über Stadt und Umgebung.

Der St. Veiter Wiesenmarkt

Wer sich Ende September hier aufhält, sollte den weitbekannten St. Veiter Wiesenmarkt nicht versäumen. Dieser Markt hat sich aus den Kirchweihfesten entwickelt und erhielt 1362 von Herzog Rudolf IV. eine feste Ordnung. Ein langwieriges Zeremoniell ging dem Markttag voraus. Vierzehn Tage vorher wurde auf dem Hauptplatz die ›Freiung‹ aufgestellt, ein hoher Pfahl, der an der Spitze einen hölzernen Arm mit einem Schwert trug, was den Marktfrieden symbolisierte. Der Volkskundler Georg Graber schildert uns den Verlauf des Festes:

Am Nachmittage des Marktsonntags wurde in St. Veit im Beisein einer großen Volksmenge die mit Blumengewinden und farbigen Bändern gezierte Freiung vom Pfahle herabgelassen und unter Trompetenstößen der Stadtmusik den sechs bereitstehenden, stattlich herausgeputzten Bürgern übergeben. Diese nahmen den Pfahl waagrecht auf ihre Schultern und trugen ihn in feierlichem Zuge hinaus auf die Marktwiese. An der Spitze des Zuges gingen die Schinderleute, geführt von einem Leiermann. Denn während sie sich sonst an Volksfesten nicht sehen lassen durften, bot ihnen die Marktfreiung eine Freistätte, an der sie von niemand behelligt werden durften. Ihnen folgten die Stadtmusikanten, dann ein Zug berittener Bürger mit aufgestülpten Hutkrempen und Hellebarden in der Hand. Nun

kam die Freiung. Zu beiden Seiten schritten als Ehrenwache die Traban-
ten, endlich der Richter und die Stadträte zu Roß in Scharlachgewändern,
während der Stadtschreiber in schwarzen Samt gekleidet war. Berittene
Bürger und eine Abteilung der Stadtmusik beschlossen den Ehrenzug, dem
sich eine unübersehbare, dichtgedrängte Menschenmenge anschloß. War
die Freiung auf der Wiese aufgepflanzt, so war der Marktfriede gesichert.
Fremde Krämer und Gewerbsleute, die außerhalb der Stadt seßhaft waren,
durften nun ihre Waren feilbieten, und alle Besucher genossen mit ihnen
den Marktfrieden. Im Namen des Stadtrichters rief jetzt der Stadtschrei-
ber ›die Marktberufung‹ aus. Langsam und feierlich verlas er mit lauter
Stimme: »Hört und lost! Der Herr Stadtrichter lasst männiglich kaiser-
liche Freiung um alle ehrbaren Sachen und freien Markt verkünden.«
Jedermann habe bei ernster Strafe die Freiung zu halten, Gotteslästerung,
Fluch und Schelten zu unterlassen. Wirte und Krämer sind an das rechte
Maß und Gewicht verpflichtet, falsche Münze wird an Leib und Gut ge-
straft. Kauf oder Verkauf von Waren ist vor dem Gottesdienst verboten,
ebenso der Hausierhandel oder Vorkauf. Kein Wirt darf über 9 Uhr
abends hinaus auswärtige Gäste in den Schenken spielen oder sitzen las-
sen. Der Jahrmarktzaun ist sorglich zu beachten, fremde Gäste müssen
beim Stadtrichter gemeldet sein.

Der Wiesenmarkt wurde Jahrhunderte hindurch abgehalten, doch die alten Bräuche gerieten in Vergessenheit, bis sie von 1932 an in etwas vereinfachter Form wiederaufgenommen wurden. Heute dauert der Markt vom 29. September bis 8. Oktober und hat sich zum größten Viehmarkt Kärntens entwickelt.

St. Veit gilt als die Stadt mit der an Burgen und Schlössern reichsten Umgebung ganz Mitteleuropas. Die meisten davon befinden
sich in Privatbesitz, und nicht alle sind unbedingt sehenswert. Einen
Ausflug zu den Ruinen der *Kraiger Schlösser* mit ihrer Wehrkirche
und dem dabeiliegenden *Kraiger See* im Norden von St. Veit ist
jedenfalls zu empfehlen. Auf dem Weg dorthin berühren wir die
schon 1195 genannte *Burg Frauenstein*. Diese ehemalige Wasserburg
wurde 1519-21 von Christoph Welzer zu einem prächtigen Schloß
ausgebaut. Der wuchtige Rundturm an der Südseite soll noch aus
romanischer Zeit stammen. Die beiden Wohnflügel im Osten und
Westen sind durch einen Innenhof mit zweistöckigen gotischen
Laubengängen verbunden. Das Schloß wird zu den besterhaltenen
spätgotischen Burganlagen Österreichs gezählt.

Schlösser und Burgen erwarten uns auch im Tal der oberen
Glan. Die im Gebiet von Glanegg entspringende und nach Osten
fließende Glan macht – als habe sie es sich plötzlich anders über-
legt – bei St. Veit einen scharfen Knick nach Süden und fließt jetzt
durchs Zollfeld über Klagenfurt, wo sie recht launisch ihren Lauf
wieder nach Osten verändert und sich mit der Gurk vereinigt. Das
weite, zwischen sanften Hügeln gebettete obere Glantal zwischen
St. Veit und Feldkirchen ist aber nicht nur wegen seiner Burgen
und Schlösser berühmt; auch schöne, wenig anstrengende Wald-
wanderungen durch ein recht unberührtes Gebiet lassen sich von
der Hauptstraße aus unternehmen.

Sehr romantisch liegt die *Ruine Liebenfels* oberhalb des Dorfes
Pulst; man sieht schon aus der Ferne ihre beiden grauen Türme aus
dem Fichtenwald ragen. Von rechts am Fuß eines Hügels grüßt das

Schloß Rosenbichl, während die *Burg Hohenstein* etwas versteckt liegt. Wir biegen kurz vor Pulst links ein, fahren bis zur kleinen Wegkapelle und können von hier zum Schloß Rosenbichl hinaufsteigen. Die Anlage befindet sich allerdings in Privatbesitz.

Die Gegend um Pulst wirkt wie der Welt entrückt: also ein ideales Wandergebiet. *Pulst* wird schon 961 in einer Urkunde als »villa« erwähnt. In der Nähe ist ein römischer Gutshof und ein Noreia-Tempel ausgegraben worden. Seit 1263 gab es hier eine Niederlassung des Johanniterordens, dessen Komtur 1292 bei der Gefangennahme des Herzogssohnes Ludwig beteiligt war. Dafür wurde er zur Strafe auf der Burg Freiberg an den Schweif eines Pferdes gebunden und nach St. Veit geschleift. Ob er die Prozedur überlebt hat, ist nicht bekannt.

Burg Liebenfels wurde 1480 von den Ungarn besetzt, die sich mehrere Jahre dort halten konnten. Unterhalb der Burg wird der ›Brautsteig‹ gezeigt, wo der Sage nach der Teufel die Tochter eines Grafen zerrissen hat, weil er sie nicht zur Frau bekam. Dabei hätte das hübsche Burgfräulein gar nichts gegen die Verbindung gehabt, denn der schlaue Teufel hatte sich ihr in Gestalt eines schmucken Jägersmannes recht manierlich genähert und ihr Herz gewonnen. Unter den Trümmern der Burg Liebenfels sollen reiche Schätze verborgen sein, die von einem adeligen Herren während der Türken- und Ungarneinfälle dort vergraben wurden. Da der Eigentümer im Kampf fiel, nahm er sein Geheimnis mit in den Tod.

Weiter geht es nach *Glanegg,* dessen Burgruine 1121 erstmals genannt und um 1530 zu einer mächtigen Schloßanlage ausgebaut wurde. Von hier sind es nur noch acht Kilometer zu dem Städtchen Feldkirchen, von dem jedoch erst in dem Kapitel über den Ossiacher See die Rede sein wird.

Ein Ausflug von St. Veit zum *Längsee* führt an *Schloß Hunnenbrunn* vorbei. Nach einigen Kilometern schon sind wir am Ziel: Der See liegt ruhig und still in einer sanften Talmulde, bewacht vom Stift St. Georgen.

Es ist seltsam, daß sich gerade an diesen friedlichen und anmutigen See die düstersten Sagen knüpfen. So soll sich in alten Zeiten an seiner Stelle ein sanfter Hügel erhoben haben, wo das Dorf St. Georgen stand, in dessen Kirche ein Priester täglich die Messe zu lesen hatte, damit das Dorf nicht versank, wie es eine alte Weissagung androhte. Als während der Slawenstürme alle Christen aus dem Dorf vertrieben waren, erfüllte sich die alte Prophezeiung. Langsam begann der Hügel sich zu senken, dann öffneten sich in einer Allerseelennacht zahllose Quellen, und am nächsten Morgen war das Dorf in dem neu entstandenen See mit all seinen heidnischen Bewohnern versunken. Wegen seiner Länge wurde er der ›lange See‹ genannt. Später lebte in ihm ein Riesenfisch, der sich immer an der tiefsten Stelle aufhielt, während sein Rücken aus dem Wasser ragte. Darauf bildete sich im Laufe der Zeit eine grüne Insel, mit der aber der Riesenfisch unter Wasser tauchte, sobald sie jemand betreten wollte. Erst als eine Kirche darauf gebaut wurde, ließ der Fisch die Menschen auf der Insel zur Messe gehen. Während eines Krieges flüchtete die Bevölkerung in die Wälder, und niemand mehr betrat die Kirche. Nach einer Woche begann bei völliger Windstille der See riesige Wellen zu schlagen, und ein schreckliches Brausen erfüllte die Luft, so daß die Flüchtigen aus dem Wald herbeiliefen und erleben mußten, wie vor ihren Augen der größte Teil des Sees sich in einen Sumpf verwandelte.

Der See muß früher tatsächlich wesentlich größer gewesen sein, was an dem sumpfigen Talbecken im Süden noch heute zu erkennen ist. Doch auch in dem verbliebenen kleinen Rundsee – er ist ja nun kein ›langer See‹ mehr – ist es nicht ganz geheuer. In ihm lebt ein krakenartiges Untier mit zwanzig Fangarmen, die schon so manchen Schwimmer in die Tiefe gezogen haben. Auch soll er mit dem westlich gelegenen Kraiger See in unterirdischer Verbindung stehen. Als einmal ein Ochsengespann im Kraiger See ertrank, wurde deren Joch im Längsee gefunden. Wer den Mut hat, in der Nacht auf Allerseelen über den See zu rudern, der kann bei Mondschein in der Tiefe die Turmspitze der versunkenen Kirche des alten Dorfes erkennen und er hört die Seelen der Ertrunkenen klagen.

Damit aber genug der Schauergeschichten und zurück zur historischen Realität: *St. Georgen*, das älteste Kloster auf Kärntner Boden, wurde um 1010 von einer Gräfin Wichpurch gestiftet und

1199 mit der niederen Gerichtsbarkeit ausgestattet. Die Gründerin, Witwe des Grafen Ortwin, der bei einem Kreuzzug umkam, stammte aus dem bayerischen Grafengeschlecht der Aribonen, die in Kärnten reichen Besitz hatten. Hiltipurch, eine Tochter der Gründerin, wurde die erste Äbtissin des neuen Klosters. 1259 brannten es die Ungarn nieder, im 15. Jahrhundert wurde es mehrmals von den Türken überfallen. Mitte des 17. Jahrhunderts wurde das Stift in seiner heutigen Form ausgebaut, 1782 wurde es aufgehoben. Das Kloster nahm früher nur Mädchen aus adeligen Familien auf. Wallensteins Tochter Maria Elisabeth soll während des Dreißigjährigen Krieges eine Zeitlang hier zu Gast gewesen sein, worauf Schiller im ›Wallenstein‹ durch eine Erwähnung Bezug nimmt.

Jetzt sind im Klosterbau Haushaltschule und Gasthof untergebracht. Man kann es sich angesichts der weitläufigen, teils leerstehenden, teils anderen Zwecken zugeführten Bauten nur schwer vorstellen, daß sie einmal von geistlichem Leben erfüllt waren, und daß das Kloster bis Ende des 18. Jahrhunderts gewiß keine Nachwuchssorgen kannte.

Die im Kern romanische Klosterkirche wurde im 14. Jahrhundert im Geist der Hochgotik umgebaut. Den Innenraum beherrscht die gediegene Barockausstattung mit einem um 1700 entstandenen Hochaltar und vier weiteren barocken Seitenaltären. Sie alle sind mit meisterhaft gearbeiteten Skulpturen ausgestattet, deren Schöpfer aber nicht bekannt ist.

Außer dem Kloster gibt es nur noch die verstreuten Häuser von Draßendorf nah dem stillen, an vielen Stellen verschilften See, der von weiten Wäldern umgeben ist und sich vorzüglich für geruhsame Ferien eignet.

Wieder auf der Hauptstraße, begleitet uns im Osten die fruchtbare Ebene des Krappfeldes, das nördlich des Längsees beginnt und sich bis Althofen erstreckt. Bei Mölbling überqueren wir die Gurk und machen rechts einen kurzen Abstecher nach Treibach-Althofen, wobei wir uns der Saualpe nähern, die – zumindest aus der Ferne gesehen – ein wenig reizvoller Gebirgszug ist.

Hoch über dem von Industrie geprägten Ortsteil Treibach thront auf einer Anhöhe die uralte Siedlung *Althofen*. Der Hügel war schon in vorgeschichtlicher Zeit besiedelt, dort oder in der Nähe soll vermutlich einst die römische Straßenstation Matucaium gelegen haben. Das 1050 erstmals erwähnte Althofen wird 1268 als Markt bezeichnet und im 14. Jahrhundert befestigt. Althofen besaß im Mittelalter das ausschließliche Umschlagsrecht für salzburgisches Eisen, doch riß St. Veit diesen lukrativen Handel später an sich. Von 1480 bis 1490 war der Ort von den Ungarn besetzt; beim Bauernkrieg schlugen sich 1515 die Bürger Althofens auf die Seite der Bauern, worauf ein ständisches Heer den Ort verwüstete. Kriege und das verlorene Eisenmonopol hemmten Althofens Entwicklung, so daß es nie zur Stadterhebung kam. Der Ort besitzt noch viele alte Häuser und Mauerreste von der früheren sehr umfangreichen Burganlage, vor allem um die am Schloßberg gelegene Pfarrkirche gruppiert. Der größte zusammenhängende Komplex der einstigen Festung scheint sich in Haus Nr. 12, am Ende der Burgstraße erhalten zu haben. Die St. Thomas von Canterbury geweihte Pfarrkirche wurde 1307 erstmals genannt, ihre heutige Bausubstanz entstand um 1400 und wurde am Beginn unseres Jahrhunderts renoviert. Die Sgraffito-Dekorationen am heutigen Rieder-Haus mit den Darstellungen der Herkulestaten und der Musen, 1590 datiert, sind die künstlerisch hervorragendsten in Österreich.

Das Gurktal

Wo die Straße links ins Gurktal abzweigt, steht das 1776-1780 von dem Salzburger Baumeister Johann Georg Hagenauer im Auftrag des Gurker Bischofs Josef von Auersperg errichtete *Schloß Pöckstein*, das sich noch heute im Besitz der Kirche befindet und dem Bischof von Klagenfurt als Sommeraufenthalt dient. Das Schloß mit seiner edel gegliederten Fassade gehört zu den schönsten frühklassizistischen Bauwerken Kärntens. Nur die unbewohnten Teile davon kann man nach Anmeldung in der Verwaltung besichtigen; zu den bewohnten – und sehenswerteren – bekommt man keinen Zugang.

Strassburg

Auf der schmalen Straße durch das nur dünn besiedelte Gurktal kommen wir in ein Gebiet, das 700 Jahre lang geistliches Zentrum von Kärnten war. Nach Zwischenwässern und St. Georgen sehen wir in Strassburg die frühere Residenz der Bischöfe von Gurk grau und trutzig über dem Ort wachen. Was sich von unten als intakt und bewohnt dem Blick darbietet, entpuppt sich beim Betreten als zerbröckelnde Ruine. Der schöne Renaissancehof mit seiner Säulengalerie wurde restauriert und der Ostflügel zum Museum ausgebaut.

Die Geschichte dieses Ortes führt uns zurück in das Jahr 864, in dem König Ludwig der Deutsche dem Erzbischof von Salzburg als Entschädigung für seine Predigtreisen nach Kärnten einen hier gelegenen Gutshof übereignete. Wenn man bedenkt, was es damals bedeutete, durch ein gebirgiges Land zu reisen, so war König Ludwig nicht allzu freigiebig. 1147 erbaute Bischof Roman I. von Gurk auf dem Platz eine feste Burg, die um so nötiger war, als das Bistum Gurk seine Unabhängigkeit von Salzburg so dringlich betrieb, daß es zu blutigen Fehden kam. Im 15. Jahrhundert wurde die Burg wesentlich vergrößert. Zwei Jahrhunderte danach war sie so baufällig, daß die Bischöfe es vorzogen, im Ort zu wohnen. Erst Bischof Johann von Goess nahm sich der halben Ruine an und baute sie bis 1689 zu einem prächtigen Schloß aus, das als echt barocker Fürstensitz sogar ein Theater besaß. Nach dem Wegzug der Bischöfe, die 1780 ihre Residenz nach Pöckstein und später nach Klagenfurt verlegten, verfiel der schöne Bau mehr und mehr.

Der Ort Strassburg war um 1200 Markt und erhielt um 1400 die Stadtrechte. Die 1168 erstmals genannte Pfarrkirche St. Nikolaus wurde Anfang bis Mitte des 15. Jahrhunderts neu errichtet, wobei auch das Netzrippengewölbe eingezogen wurde; 1630-43 ließ Fürstbischof Graf Lodron die beiden Seitenschiffe zu barocken Kapellen umbauen. Den herrlich ausgewogenen spätbarocken Hochaltar schuf 1747 der Klagenfurter Veit Erhard, sein Skulpturenschmuck stammt von dem Steiermärker Balthasar Prandstätter. Das Altarbild, ›Glorie des hl. Nikolaus‹, ist ein Hauptwerk von Josef Ferdinand Fromiller. Eine meisterliche Rokokoarbeit sehen wir in der 1748 ebenfalls von Prandstätter geschaffenen Kanzel, bekrönt von einer schwungvollen Himmelfahrt des Propheten Elias, den zwei Schimmel auf goldenem Wagen in die Lüfte tragen. Die prachtvolle Barockorgel schuf 1743 der Grazer Orgelbauer Johann Cyriakus Werner. An der nördlichen Chorwand ist eine den beiden Bischöfen und Bauherren des Neubaues Johann V. Schallermann und Ulrich III. von Sonnenberg gewidmete Grabplatte aus rotbraunem Marmor eingelassen: Dieses meisterhafte Werk der Hochgotik stammt wahrscheinlich von dem Salzburger Bildhauer Hans Eybenstock. Links daneben der mit einem farbigen Wappen geschmückte Grabstein des 1554 gestorbenen Bischofs Johann von Schönberg. Die kleine Maria-Elend-Kapelle beim Eingang birgt den Grabstein des 1741 gestorbenen Fürstbischofs Jakob I. Graf von Thun-Hohenstein und am Altar eine gotische Pietà aus der Zeit um 1425.

Unmittelbar auf Strassburg folgt das Dorf *Lieding* mit einer schon 1043 erwähnten Kirche, der Pfarrkirche St. Margareten. Ihr Westportal mit einem bemerkenswerten Bogenfeldrelief, in dem Christus durch den Löwen, das Böse durch den Drachen symbolisiert ist, stammt aus der Zeit um 1200, ebenso das Schiff. Der schöne frühgotische Chor wurde erst im 2. Viertel des 14. Jahrhunderts angebaut. Die schmalen, hohen Chorfenster mit ihren wundervollen Glasmalereien sind in derselben Zeit vermutlich in Kärnten entstanden. Sie zeigen die Margareten- und Katharinenlegende, die Verkündigung, Christus, sowie zahlreiche Heilige, gerahmt von Architekturen und Ornamenten. Einen Akzent heiterer Frömmigkeit setzt der vorzügliche Rokoko-Altar von Georg Hüttinger (um 1750) mit der von vielen Engeln und Heiligenskulpturen umgebenen Madonna.

Aufs glücklichste haben sich in dieser Kirche Elemente aus drei, ein halbes Jahrtausend umfassenden Stilepochen zusammengefügt. Sie bildet somit einen Auftakt zu unserem nächsten Ziel, dem Gurker Dom, dessen schlichte Türme mit den grünen Helmen schon von weitem grüßen und eher eine bescheidene Stiftskirche erwarten lassen.

Der Dom zu Gurk

Geschichte und Legende. Das 864 erstmals urkundlich erwähnte Gurktal wäre wohl bis heute eines der weniger bekannten Kärntner Flußtäler geblieben, hätte nicht Gräfin Hemma von Gurk hier ein Nonnenkloster gestiftet und damit eine Entwicklung eingeleitet, die zum Bau des Domes führte. Hemma war eine geborene Gräfin von Friesach-Zeltschach, vermählt mit dem steiermärkischen Grafen Wilhelm an der Sann. Als sie den Gemahl im Krieg und die Söhne durch Ermordung verloren hatte, widmete sie ihr Leben frommen Werken und ihr Vermögen wohltätigen Zwecken. Sie ließ Kirchen in Glödnitz, Lieding, St. Radegund, St. Lorenzen und Völkermarkt erbauen, und in Gurk und Admont stiftete sie Klöster. Das 1043 mit einer Marienkirche erbaute Nonnenkloster in Gurk wurde den Benediktinerinnen übergeben. Bei der Einweihung legte Hemma mit siebzig Jungfrauen das Nonnengelübde ab und starb zwei Jahre später hier, 1045, im Rufe der Heiligkeit.

Die Legende berichtet, daß Hemma sich über den Standort von Kloster und Kirche nicht schlüssig werden konnte. So ließ sie auf einen von zwei Rindern gezogenen Wagen eine Marienstatue stellen, und wo die Tiere zuerst anhielten, wurde der Grundstein zum Dom gelegt. Marienaltar und Gruft stehen an der Stelle, von der die Tiere auch durch Schläge nicht mehr fortzubringen waren. Gräfin Hemma überwachte die Bauarbeiten und entlohnte die Arbeiter selbst. Wer mit seinem Lohn nicht zufrieden war, dem reichte sie die offene Geldtasche und er konnte herausnehmen, soviel er wollte. Jedoch auf wunderbare Weise erhielt keiner der Männer mehr als ihm zustand, so tief er auch in die Tasche greifen mochte.

Es läßt sich denken, daß Hemmas Grab sofort nach ihrem Tod zum Wallfahrtsziel wurde und sich viele Wunder einstellten. Schon 1287 wurde Gräfin Hemma selig- und 1938 heiliggesprochen. Schon im Mittelalter ist sie zur Patrona Carinthiae geworden und hat nach Meinung Georg Grabers damit die Funktion der keltischen Landesgöttin Noreia übernommen. Seltsame, vermutlich aus heidnischer Zeit stammende Gebräuche waren früher mit dem Besuch ihres Grabes verbunden: So krochen schwangere Frauen durch einen gemauerten Schacht beim Hauptaltar, was eine leichte Geburt verhieß. Da Hemma der Sage nach von den Krainern bei einem Kirchenbau durch Steinwürfe vertrieben worden war, strafte der Himmel dieses Gebiet durch Mißernten. Die Krainer mußten sich also durch eifrige Wallfahrten wieder entsühnen, was am ›Krainer Freitag‹ geschah, dem Freitag vor Christi Himmelfahrt. Beim Einzug in den Dom wurde nach slawischem Brauch mit Hämmern gegen die Glocke geschlagen. Die Hemma-Statue wurde auf Knien umrundet, Augen, Ohren und Gesicht der Figur wurden betastet und dann das eigene Gesicht berührt, um die Weihe auf sich zu übertragen. Man setzte der Statue seinen Hut auf und wusch sich die Augen mit dem Wasser des Hemma-Teichs. Diese Bräuche sind heute vergangen und vergessen, doch genießt Hemma nach wie vor in ganz Kärnten eine besondere Verehrung.

Im Jahr 1070 hob Erzbischof Gebhard von Salzburg das zu seinem Machtbereich gehörende Kloster auf. Er gründete 1072 mit der Ernennung Gunthers von Krappfeld zum Bischof ein von Salzburg abhängiges Filialbistum Gurk, dessen Sitz das Kloster wurde. Trotz der späteren Machtkämpfe konnten die Gurker Bischöfe die Salzburger Oberhoheit niemals abschütteln. So versuchte Gurk bereits nach dem Tod des Erzbischofs Gebhard im Jahre 1088 durch Urkundenfälschung, die Wahl eines eigenen Bischofs durch das Domkapitel zu erreichen. Diese immer wieder aufflammenden Streitigkeiten wurden erst 1535 durch eine Vereinbarung zwischen dem Hause Habsburg und dem Erzbistum Salzburg beigelegt. Nicht zuletzt aus diesen Machtkämpfen ist die ostentative Größe des Gurker Domes zu verstehen: Er sollte dem Salzburger Dom Konkurrenz bieten.

Das Bauwerk. Bischof Roman I. begann 1140 – also fast ein Jahrhundert nach Hemmas Tod – mit dem Bau des Domes. Der Baumeister ist unbekannt geblieben, doch aus Steinmetzinschriften und Urkunden sind uns bis 1200 ein Bauführer Wido = Guido, die Maurer Gerold, Wichram, Reinboto, Arnold, Pilgrim und Meinhard bekannt. Mit diesen altehrwürdigen Namen weht uns ein Hauch des hohen Mittelalters an, das seine Dome allein zur Ehre Gottes erbaute und in den am Bau tätigen Meistern nur Werkzeuge einer höheren Idee sah, die sich dieser anonym unterzuordnen hatten. Es ist ohnehin höchst selten, daß uns aus solch früher Zeit Namen überliefert sind, doch mag damals wie heute gegolten haben, daß der Mensch, wo er tätig war, auch ein persönliches Zeichen hinterläßt.

Im Jahre 1174 wurden Hemmas Gebeine in die Krypta überführt, um 1200 war der Dom nach sechzigjähriger Bauzeit vollendet. An der darauffolgenden Innenausstattung waren die Maler Heinrich, Hiltpolt, Dietrich, Hartwich und Rudiger beteiligt. Ihre Arbeiten mußten nach dem Brand von 1260 zum Teil wiederhergestellt werden. Um 1340 wurde die Vorhalle durch eine gotische Fensterwand geschlossen, gegen 1380 das Innere mit vielen neuen Fresken geschmückt. Wenn auch in den folgenden Jahrhunderten der Innenausstattung viel hinzugefügt wurde, so blieb doch der romanische Bau im Äußeren unverändert: eine dreischiffige Pfeilerbasilika mit kurzem Querhaus, einer Doppelturmgruppe im Westen und dem

Dreiapsidenschluß im Osten. Der romanische Baukörper wurde innen durch die 1513-91 in die Haupt- und Seitenschiffe eingefügten und die frühere Holzdecke ersetzenden Netz- und Sternrippengewölbe einigermaßen entstellt; auch das Barock fügte mit Kanzel und Hauptaltar das Seinige hinzu.

Zuerst sollte man an der Südseite des aus hellen Kalksteinquadern errichteten Domes entlanggehen, um die edle Harmonie dieses alterslos anmutenden Bauwerks auf sich wirken zu lassen. Das gotische Portal zur Vorhalle an der schlichten Westfassade ist mit farbsatten Glasfenstern ausgestattet. In der tonnengewölbten *Vorhalle* ist eine bedeutende Freskenfolge aus dem Alten und Neuen Testament von einem unbekannten alpenländischen Meister (um 1340) zu bewundern. Das siebenfach gestufte und mit Pflanzenornamenten reich verzierte marmorne – einst bemalte! – Innenportal aus der Zeit um 1200 wird lombardischen Meistern zugeschrieben: es zählt zu den edelsten Werken der Romanik. Die Türflügel stammen aus dem frühen 13. Jahrhundert. Ursprünglich bedeckten buntbemalte Holzreliefs mit Darstellungen des Alten und Neuen Testaments ihre ganzen Außenflächen – davon sind jetzt nur noch Teile erhalten, die aber erkennen lassen, welche Meisterschaft hier am Werk war.

Das Innere. Beginnen wir unsere Wanderung im rechten Seitenschiff an der Südseite, wo am ersten Pfeiler der Grabstein des Domprobstes Grimming angebracht ist, eine meisterhafte, ganz realistisch aufgefaßte Arbeit des Jahres 1612 von Martin Paccobello. Nach weniger bedeutenden Barockgemälden und einigen Grabsteinen stehen wir vor den 1560 von Wenzel Aichler, einem Künstler aus Spittal an der Drau, gemalten Renaissancefresken mit den Themen Christi Auferstehung und Anbetung der Könige. Die etwas später entstandene Marienkrönung stammt von einem unbekannten Meister. Links an der Treppe zur Krypta sehen wir ein Verkündigungsfresko von 1440, in den Pfeiler ist ein römisch-keltischer Grabstein eingefügt. Wieder an der Südwand folgen die sogenannten Hemma-Tafeln, derb realistische Reliefschnitzereien von Leonhard Pampstel, einem aus St. Veit stammenden Meister, aus der Zeit um 1500. Der Reihe nach sind dargestellt: Der Augensegen, hilfesuchende Krüppel am Hemmagrab, die Weihe der Marienkirche. Die kunstvoll eingelegten Beichtstühle gegenüber wurden von Domprobst Kochler und dem Schnitzer Michlodt 1715-44 gefertigt. Neben dem Betstuhl von 1625 sind an der Südwand gotische Fresken aus der Zeit um 1390 erhalten, die die 24 Ältesten und den Sturz des Saulus darstellen. Ihrem Meister Heinrich werden wir in Zweinitz wieder begegnen.

Den ganzen Chor beherrscht der *Hochaltar* – ein Monumentalwerk des aus Pirna zugewanderten Michael Hönel, 1625–1629 entstanden. Als dreigeschossiger Säulenaufbau angelegt, stellt er die Himmelfahrt Mariens dar, der ja auch der Dom selbst geweiht ist. Im Sockelgeschoß stehen die vier Evangelisten – der hl. Lukas soll ein Selbstbildnis Hönels sein –, in den Nischen des Hauptgeschosses Kaiser Heinrich II. und Graf Wilhelm, Hemmas Gemahl, und vor den Säulen die vier Kirchenväter; im Obergeschoß sehen wir die hll. Florian, Papst Leo d. Gr., Thomas Becket und Georg, darüber die beiden hll. Katharinen, Barbara und Monika, als Abschluß der hl. Michael mit seinen Engeln. Wie die Plastik hier über den architektonischen Aufbau zu dominieren beginnt und den ganzen Altar beherrscht, wie die Figuren leise in szenische Bewegung geraten – das ist für den Durchbruch des Frühbarock in Süddeutschland bezeichnend und markiert die Bedeutung dieses Altars. Auch die beiden Seitenaltäre stammen von dem Pirnaer Meister, Chorgestühl und Orgel hingegen sind Werke des Hochbarock. Während der Fastenzeit hängt vor dem Hochaltar ein auf Leinwand gemaltes Fastentuch des Meisters Konrad von Friesach, 1458 entstanden. Das Tuch, 8,90 Meter im Quadrat, zeigt rund hundert Szenen aus der biblischen Geschichte – eine realistische, nichtsdestoweniger dekorative Malerei, die auf Fernsicht-Wirkung angelegt ist. Außerhalb der Fastenzeit ist das Tuch in der Dreifaltigkeitskapelle zu besichtigen.

Wir gehen hinüber ins linke Seitenschiff, wo an der Nordwand neben dem Stefansaltar ein Christopherus-Fresko aus der Zeit um 1250, eine der frühesten Großdarstellungen dieser Art, zu sehen ist. Die drei Hemma-Tafeln auf dieser Seite zeigen die fromme Gräfin beim Überwachen des Dombaues – wobei auch der in der Legende erwähnte Geldsack nicht vergessen ist – den Abschied des Grafen Wilhelm, den Aufstand der Knappen gegen die Söhne Hemmas sowie Hemmas Trauer über deren Ermordung.

Dann stehen wir vor einem der großartigsten romanischen Reliefwerke im deutschen Sprachraum, dem um 1200 entstandenen Samson-Tympanon. Christus als Samson zerreißt einen Löwen (Satan) und befreit aus dessen Gewalt Tauben (Seelen). Das Relief wurde 1925 im Probsthof entdeckt und 1936 hier eingemauert. Auf das restaurierte St. Georgs-Fresko (um 1400) folgt der Renaissance-Grabstein des Propstes Feistritzer von 1526, daneben der Josefsaltar von 1668. Nach einem Marientod-Fresko (um 1400) und weiteren Grabsteinen sehen wir hinter Gittern ein Reliquiar mit dem Hemma-Schmuck, der sich nach neuester Untersuchung als weniger kostbar erwies, als bisher angenommen. Es handelt sich um eine vergoldete Silber-Kupfer-Legierung mit ungeschliffenen Korunden, die man für in Gold gefaßte Rauchtopase hielt. Am Ende des Nordschiffes ist ein Renaissance-Flügelaltar mit dem Marientod, um 1530, bemerkenswert.

Die *Kanzel,* ein Wunderwerk des Rokoko, entstand 1740/41 nach Entwürfen der berühmten Brüder Giuseppe und Antonio Galli Bibiena. Ihre dunklen, zur reichen Vergoldung seltsam kontrastierenden Hartbleireliefs entstammen der Werkstatt Georg Raphael Donners (1693–1741). Nun, da der Name des genialen Wiener Barockbildhauers gefallen ist, wenden wir uns dem bedeutendsten barocken Kunstwerk des Gurker Domes zu, dem *Kreuzaltar* vor dem Hochaltar, dessen Aufsatz eine 1740 vollendete Hartblei-Skulpturengruppe bildet. Dieses ergreifende Werk zeigt Maria mit dem toten Christus schmerzerstarrt, tränenlos. Ein erwachsener Engel betrachtet die Gottesmutter in ernster Teilnahme, während Kinder-Engel die Wunden Christi beklagen. Raphael Donner starb, erst 48-jährig, ein Jahr nach der Aufstellung dieses Werkes an Bleivergiftung. Sein bedeutender Schüler, Balthasar Moll, vollendete es 1765 durch das Tabernakel. In ihrem feierlichen Ernst, der ohne jedes barocke Pathos ist, scheint diese Pietà schon vom Geist des Klassizismus berührt. Die eigenartige Komposition dieses genialen

Spätwerks hat viele Kunsthistoriker beschäftigt. Kurt Blauensteiner gibt in seiner Donner-Monographie eine überzeugende Analyse: *Symmetrie und Assymmetrie sind derart im Gesamtbau vereint, daß die Assymetrie stärker ist. Zwar sitzt die Madonna in der Mittelachse eines symmetrischen Kompositionsdreiecks, aber der große Engel macht daraus ein größeres, assymetrisches Dreieck . . ., flächenhaft kompositionell aber schafft er mit den großen Flächen seiner Flügel sogar ein Übergewicht.*

Indem wir zur *Krypta* hinabsteigen, gehen wir zugleich wieder tief in die romanische Welt zurück. Dieser wundervolle Säulengarten, von mystischem Dämmerlicht erfüllt, hat kaum etwas Vergleichbares außerhalb Italiens, wo der Typus der Hallenkrypta entwickelt wurde. Als quadratischer Raum angelegt und 1174 vollendet, ist sie als Mausoleum für die Gräfin Hemma erbaut worden. Insgesamt hundert schlanke weiße Säulen aus Kärntner Marmor, mit mathematischer Präzision angeordnet, tragen die Kreuzgewölbe und fügen sich aus verschiedenen Blickwinkeln zu den verschiedensten Ornamenten. Zwar haben alle die gleichen Würfelkapitelle, dennoch kommt durch das Spiel des Lichts und leichte, sehr raffinierte Abweichungen nie der Eindruck von Gleichförmigkeit auf. Hinter einem prachtvollen Rokokogitter von Michael Gaissl liegt das Grabmal der Stifterin mit einem Marmorrelief und Skulpturen von Antonio Corradini aus dem Jahr 1721. In den Unterbau ist der romanische Sarkophag mit den Gebeinen Hemmas eingefügt. Von den ehemals vier romanischen Tragköpfen sind noch drei – zwei weibliche und ein männlicher – erhalten. Wer diese in ihrer wuchtigen Primitivität höchst ausdrucksvollen Trägerköpfe betrachtet, möchte den schon mehrmals erwogenen Plan unterstützen, die romanische Grabanlage von den später hinzugefügten Elementen zu befreien und so wiederherzustellen, wie sie ursprünglich war. So eindrucksvoll Corradinis Marmorskulpturen des Glaubens und der Hoffnung auch sein mögen, zum Gesamtbild dieser Krypta würde der ursprüngliche Zustand des Hemmagrabes – das vielleicht früher an anderer Stelle war – weit besser passen. Das Fresko am Pfeiler des Grabes stammt aus der Zeit um 1380 und stellt die Madonna mit Hemma und ihrem Gemahl Graf Wilhelm dar, darunter das Stifterpaar. Auf dem Grünschieferstein neben der

Krypta soll Hemma der Legende nach die Bauarbeiten sitzend überwacht haben.

Unser letzter Weg führt über eine Wendeltreppe zur *Westempore* oder *Bischofskapelle,* einem Privatoratorium des Bischofs, das früher mit dem ehemaligen Kapitelhaus durch einen Gang verbunden war. In karolingischer Zeit war das West-Werk Sitz des weltlichen Herrschers beim Gottesdienst: Hier ist diese Tradition auf den Machtanspruch des Bischofs übertragen. Der Raum, durch einen auf Halbsäulen ruhenden Gurtbogen zweigeteilt, ist entsprechend seiner Bedeutung reich mit Fresken geschmückt: Es ist der größte und am besten erhaltene spätromanisch-frühgotische Freskenzyklus im deutschen Kulturraum. Otto Demus schreibt in ›Romanische Wandmalerei‹ darüber:

Auf diese Feststellung muß angesichts der noch immer nicht völlig aufgegebenen, obwohl längst überholten Frühdatierung des bedeutendsten Werkes der österreichischen, vielleicht überhaupt der deutschen Malerei des 13. Jahrhunderts, besonderer Nachdruck gelegt werden: Die Ausmalung der Gurker Westempore ist nicht um 1220 entstanden, wie die ältere Forschung glaubte, sondern erst nach dem Brand von 1258/60 unter Bischof Dietrich II. und als Stiftung des Kanonikers Ulricus. Als Anhaltspunkt mag das Weihedatum von 1264 dienen.

Die einzigartige und überaus glückliche Besonderheit dieser Ausstattung ist es, daß der Raum, den sie zu schmücken hatte, ein älterer, romanischer Raum ist, der bereits 1214 als Bestandteil einer an sich schon archaischen Architektur fertiggestellt war. Damit konnte die spätromanische, archaisierende Malerei in ihr eigenstes Reich zurückkehren, in ein Ambiente, in dem sie ihre höchsten Reize zu entfalten imstande war. Das beglückende Resultat ist die harmonische Einheit von Raum und Malerei, das im höchsten Sinn »Passende« dieser Ausstattung. Das Programm ist südostdeutsch-alpenländisch, vielleicht auch etwas altertümlich: Die komplizierte »Topographie« des Raumes mit der grundlegenden Zweiteilung in irdisches und himmlisches Paradies, durch die Jakobsleiter verbunden, mit der Gegenüberstellung von Marienglorie (Thron Salomonis) und Christusverherrlichung (Verklärung), mit Hoffnungshinweisen (Verkündigungen) und Triumphszenen (Drei-Magier-Ritt, Einzug in Jerusalem), mit prophetischen und kosmologischen Elementen (Paradieses-

flüsse, deren »Kanäle« entlang den Gewölbegraten verlaufen, Winde etc.)
alles das ist reife Romanik und war in seinen einzelnen Bestandteilen
schon im 12. Jahrhundert ausgebildet. Neu und spät ist die Fülle und Sät-
tigung des Gedanklichen und neu ist die »leichte Grazie des Arrange-
ments«. Spezifisch gotische Züge finden sich im Ornament (die krabben-
förmigen Begleitmotive der Grate im Ostgewölbe) und vor allem in der
Zeichnung der Gesichter, Hände und Füße. Nicht alles ist von einer
Hand: in der Westtravée scheint ein jüngerer Künstler tätig gewesen zu
sein. Weder der eine noch der andere der beiden Künstler kann jedoch
Einheimischer oder auch nur Österreicher gewesen sein, alles weist auf den
Westen, ohne daß es bisher gelungen wäre, den Herkunftsort oder auch
nur die Region dieses Stils anzugeben. Das dürfte wohl zum Teil damit
zusammenhängen, daß wir nichts im Westen besitzen, was den Gurker
Malereien der Qualität und der Erhaltung nach entspräche. Am Rhein
und in Sachsen finden sich entweder übermalte Werke, deren Farbe
schwer und düster geworden ist, oder Vorzeichnungen mit geringen Farb-
spuren. Übrigens ist auch Gurk nicht in der ursprünglichen Gestalt auf
uns gekommen: die ursprüngliche Farbigkeit muß voller und dichter
gewesen sein, die schöne Durchsichtigkeit des heutigen Zustandes ist ein
sekundärer Reiz, einer jener »Alterswerte«, die wir ungern missen
möchten.

Dargestellt ist im östlichen Gewölbe das Irdische Jerusalem: Er-
schaffung Adams, Gebot Gottes, Sündenfall, Vertreibung aus dem
Paradies (1808 zerstört); im Scheitel und auf den Ansätzen der Wölbung: die vier Paradiesströme, die vier Evangelisten, vier Engel;
im Gurtbogen die Jakobsleiter. Im westlichen Gewölbe sehen wir
das Himmlische Jerusalem, in den Gewölbezwickeln Apostel und
Engel, in den Ansätzen Propheten. Dem Thron Salomons an der
Ostwand steht die Verklärung Christi an der Westwand, der Verkündigung und dem Zug der hll. drei Könige an der südlichen
Seitenwand der Einzug Christi in Jerusalem und die Verkündigung
der Geburt Mariens an der nördlichen Seitenwand gegenüber.

An der Nordseite des Domes wurde 1637/38 zum Teil aus den
Trümmern des früheren Baues ein *Kapiteltrakt* angefügt. Ihm ist
der Propsthof angeschlossen, ein quadratischer Baukomplex mit
Innenhof, der 1468–90 errichtet und ab 1637 barock umgestaltet

wurde. Im arkadengeschmückten Hof ist noch ein steinerner Tisch zu sehen, auf den die Pachtbauern des Stifts ihren Zehnten zu bezahlen hatten.

Auch in den Kirchen rund um Gurk macht sich das mächtige Vorbild des Domes bemerkbar. Bei einem schönen Waldspaziergang von etwa einer Stunde in das südlich von Gurk gelegene Dorf *Pisweg* besuchen wir die im 12. Jahrhundert errichtete, später im gotischen Stil umgebaute Pfarrkirche St. Lambert – ihre Barockausstattung ist sehr reizvoll – und entdecken im spätromanischen Karner Fresken, die zwar in rustikaler Weise, stilistisch und thematisch jedoch stark angenähert, die Gurker Malereien wiederholen.

Die immer kurvenreicher werdende Landstraße westwärts führt uns in das etwas rechtsab gelegene Dorf *Zweinitz,* auf das die noch bewohnte Schloßburg Thurnhof herabsieht. Die kleine Dorfkirche St. Egid ist romanischen Ursprungs. Sie ist mit sehr gut erhaltenen, qualitätvollen Fresken geschmückt: In der Apsis begegnen wir der Hand jenes Meisters Heinrich, der das Querhaus von Gurk ausschmückte; diese Arbeit – Christus in der Mandorla und die Apostel – stammt aus der Zeit vor 1450 und läßt starke italienische Einflüsse erkennen, die natürlich in Kärnten mehr als anderswo in Österreich wirksam waren. Nach 1420 sind die Langhausfresken – Hll. drei Könige, Pietà, Thronende Madonna mit Heiligen – entstanden. Der heilige Christophorus an der Südfassade ist leider schon fast verblichen. Vom 12. Jahrhundert an wurde Christophorus sehr häufig an der Kirchenfassade oder innen an der Chorwand dargestellt, nicht nur, weil er Patron der Reisenden war, sondern auch, weil er als Nothelfer in plötzlichen Todesfällen galt: Wer nämlich sein Bild am Tag seines Todes erblickt hatte, war mit geistlichem Trost versehen.

Weitensfelder Kranzelreiten

Während der Fahrt begleiten uns zu beiden Seiten des Gurktales dichte, dunkle Nadelwälder, durch das hellere Grün der Laubhölzer belebt und aufgelockert. Nach vier Kilometern erreichen wir *Weitensfeld,* den Hauptort des Gurktales. Schon 1043 wird hier eine Kirche erwähnt, doch trug damals das jetzige Altenmarkt weiter westlich den Namen Weitensfeld. Dieser Ort und seine Umgebung fielen später an die Steiermark und wurden 1202 von einem steirischen Ministerialen an das Bistum Gurk übertragen. Gurk aber wollte das Marktrecht auf eigenem Grund besitzen, was der Stauferkönig Philipp (1198–1208) gewährte: Ein neugegründeter Markt Weitensfeld entstand. Das alte Weitensfeld erscheint seit 1285 unter dem Namen Altenmarkt und wurde wieder zum Dorf. So hat die wohl gutgemeinte Schenkung des steirischen Lehensmannes das kommunale Gepräge eines ganzen Gebietes verändert. 1478 wurde Markt Weitensfeld von den Türken völlig zerstört, während die Wehrkirche von Altenmarkt dem Feind widerstand. Auch die Pfarrkirche in Weitensfeld wurde im Mittelalter wehrhaft ausgebaut, wovon noch ein Torturm und Mauerreste zeugen.

Der in Weitensfeld noch heute geübte Pfingstbrauch des Wettrennens und Kranzelreitens hat seinen Ursprung in einer Sage, die auf zweierlei Art erzählt wird. Nach der einen Version wollten im Mittelalter die Einwohner des Ortes eine furchtbare Pest zum Stillstand bringen und opferten dafür eine Jungfrau, die lebendig begraben wurde. Als die Seuche darauf erlosch, wurde der Geopferten eine Statue errichtet, um die alljährlich am Pfingstmontag ein Wettlauf stattfindet.

Weit plausibler hört sich die zweite Version an. Bei der schon erwähnten Pest soll ganz Weitensfeld bis auf drei Bürgersöhne und die Tochter eines in der Nähe wohnenden Burgherrn umgekommen sein. Um keinen der sich um sie bewerbenden jungen Männer zu kränken, schlug das Burgfräulein ihnen einen Wettlauf vor. Dem Sieger reichte sie die Hand zum Bund. Die beiden wurden die Stammeltern der heutigen Weitensfelder Bevölkerung, die den Wettlauf alljährlich zur Erinnerung nachvollzieht. Der eigentliche Ursprung des Brauches dürfte der bei allen germanischen Völkern übliche Brautlauf gewesen sein, womit der künftige Gemahl seine Kraft und damit seine Ehetauglichkeit zu beweisen hatte. Demnach mußten bei unseren Vorvätern wohl alle Laufuntüchtigen zum Junggesellentum verurteilt gewesen sein.

Am frühen Nachmittag des Pfingstsonntags versammeln sich

die Kranzelreiter am Marktplatz und reiten von hier nach Altenmarkt und in einige Nachbardörfer, um zum morgigen Fest zu
laden. Dabei werden Ständchen gesungen und die Reiter lassen sich
unterwegs bewirten. Am Pfingstmontagnachmittag gegen zwei
Uhr findet dann der Wettlauf statt. Drei weißgekleidete und mit
roter Schärpe gegürtete Läufer stellen sich beim Standbild der
Jungfrau am Marktplatz auf und rennen auf ein Zeichen hin einem
Reiter nach, der die Siegespreise trägt. Der schnellste Läufer erhält
den Brautkranz der Jungfrau, mit dem die Statue geschmückt war,
der zweite ein Seidentuch und der letzte einen Blumenstrauß mit
einem Büschel Sauborsten. Der Sieger reitet nun hoch zu Roß zu
dem Standbild am Brunnen zurück und küßt die Statue. Nach
altem Glauben darf dieser Brauch niemals vergessen werden, da
sonst Unheil über den Ort hereinbricht. Als er einmal unterlassen
wurde, so wird berichtet, hätten ihn nachts die Toten nachgeholt:
Man fand den ganzen Marktplatz mit Huftritten bedeckt. Der ursprüngliche Sinn solcher Frühjahrsbräuche war ein Fruchtbarkeits-
ritus: die Sorge um das Gedeihen von Vieh und Ernte, der Kampf
ums Überleben.

Altenmarkt, das ursprüngliche Weitensfeld, liegt fast unsichtbar
rechts oberhalb der Straße. Die Pfarrkirche St. Ämilian wurde
schon 1043 erwähnt; der jetzige Bau mit seinen Netz- und Sternrippengewölben ist spätgotisch. Die Madonnenskulptur im barocken Hochaltar stammt – wie auch die Chorfenster – aus der
Mitte des 15.Jahrhunderts. Das Fresko einer lieblichen Schutzmantelmadonna beim linken Seitenaltar schuf Thomas von Villach
um 1470, es ist zwar ein Frühwerk des Meisters, doch hat er, wie
hier, auch später stets am ›Weichen Stil‹ festgehalten, der am Anfang seines Jahrhunderts stand. Weniger gut erhalten ist das Ma-
donnenfresko beim rechten Seitenaltar vom Ende des 15.Jahr-
hunderts. Den typischen Realismus der späten Gotik zeigt eindrucksvoll das überlebensgroße Kruzifix an der Nordwand.

Von Altenmarkt führt eine schmale Straße nach Norden bis
zum Bergdorf *Mödritsch* zu Füßen des Mödring-Berges (1693 m),
dessen Nordflanke ins Metnitztal abfällt. Der Wanderweg zwischen beiden Tälern verläuft über das sogenannte ›Branntwein-

stiegele‹ in der Höhe von Glödnitz. Hier stand vor vielen Jahren ein kleines Haus, in dem ein altes Ehepaar aus den Beeren der Wälder einen sehr süffigen und weithin beliebten Schnaps brannte. Kein Holzfäller, Jäger oder Bauer kam vorbei, ohne einzukehren, um ein paar Stamperl Schnaps zu trinken. Je mehr von den Gurk- und Metnitztalern dem Beerengeist verfielen, desto reicher wurde der Schnapsbrenner, bis eines Tages das unselige Treiben in einer Katastrophe endete. Im Gedränge der Betrunkenen war der Sudkessel vom Herd gefallen und das auflodernde Feuer erfaßte im Nu die Kleider der Menschen, sprang auf den hölzernen Boden, wo die Schnapslachen es hell auflodern ließen, und bald stand das Haus in Flammen. Der hinausstürzende Schnapsbrenner schrie wie ein Irrer: »Mein Geld, mein schönes Geld!« und rannte wieder ins Haus zurück, das in den prasselnden Flammen über ihm zusammenstürzte. Als endlich Hilfe kam, konnten die Männer nur noch einige verkohlte Leichen aus der Asche bergen; die Frau des Brenners hatte sich davongemacht und ward nie mehr gesehen. Alle hundert Jahre, um die Mitternacht des Unglückstages, hört man am Branntweinstiegele seither klagende Stimmen und ganz deutlich ist der Schnaps zu riechen, den die Geister der jammervoll Umgekommenen wieder und wieder ausschenken müssen. Der Leser möge sich erkundigen, wann das grausige Jubiläum fällig ist, um allenfalls das Branntweinstiegele meiden zu können.

Nach Altenmarkt gabelt sich die Straße in nord- und südwestlicher Richtung. Landschaftlich besonders reizvoll ist die Fahrt nach Norden über Glödnitz in die Gurktaler Alpen. *Glödnitz* mit seiner stark befestigten Wehrkirche ist ein stiller Bergort mit vielen Wandermöglichkeiten. Die Straße führt nun stetig ansteigend hinauf zur *Flattnitzerhöhe* (1400 m). Im Osten erstrecken sich die Metnitzer Alpen mit *Eselberg* (1544 m) und *Mödring-Berg* (1693 m). Den Norden riegeln die Gurktaler Alpen ab, wo im Westen des weiten Bergzuges einige Zweitausender ihre mächtigen Häupter erheben; unter ihnen der *Wintertaler Nock* (2404 m), der östlichste Berg des Nock-Gebietes, dessen Zentrum nördlich und östlich vom Millstätter See liegt und für jeden Bergwanderer mit der Erinnerung an wunderschöne Touren verbunden ist.

Das von kleinen Bergseen umgebene Flattnitz liegt auf 1390 Metern Höhe und ist das Zentrum einer der schönsten Skigebiete Kärntens. Die Gegend um Flattnitz soll schon während der Keltenzeit von Tauriskern – den damaligen Bewohnern der Ostalpen – besiedelt gewesen sein; die Römer legten eine Straße an, die von Virunum über Matucaium (Althofen) auf die Flattnitzerhöhe und durch den Lungau weiter nach Juvavum (Salzburg) führte. Auch die Slawen und später die bajuwarischen Siedler benutzten diesen Weg, der im Hochmittelalter schon so stark frequentiert war, daß man um das Jahr 1000 ein Hospiz errichtete, dem später eine Kapelle angeschlossen wurde, die der Bischof von Gurk 1173 weihte. Die romanische Rundkirche erhielt um 1330 ihre heutige burgartige Gestalt mit dem wuchtigen quadratischen Turm. 1478 drangen marodierende Türken in diese für die Orientalen gewiß recht unwirtlichen Regionen vor; recht groß wird dabei die Beute nicht gewesen sein.

Der Flattnitzer Talkessel liegt tief eingebettet zwischen Gurktaler und Metnitzer Alpen und bietet – abgesehen von den Wintersportmöglichkeiten – auch dem ruhesuchenden Sommergast vielfältige Möglichkeiten. Grüne Almwiesen mit einfachen Sennhütten ziehen sich hoch in die steilen Berghänge hinein, auf denen die Kühe, keineswegs schwerfällig, sondern geübt wie Gemsen, waghalsige Kletterkunststücke aufführen, um sich da und dort ein besonders schmackhaftes Kräutlein zu rupfen. Der Weg nach Norden führt durch das von Zweitausendern gesäumte Paalbachtal in die Steiermark, die Straße von der Flattnitzerhöhe nach Osten geht durch das Metnitzbachtal nach Friesach.

Nach diesem Ausflug wieder zurück ins Gurktal auf die bei Klein-Glödnitz nach Süden abzweigende Straße. Von hier lohnt sich ein Abstecher auf schmaler Straße nach *Deutsch-Griffen*, einem tief in Hügel und Wälder gebetteten, ruhigen Bergort. Hoch über ihm liegt die Pfarrkirche St.Jakob, von einer hohen mit Schießscharten versehenen Wehrmauer des 15.Jahrhunderts umgeben. Von der 1157 erstmals genannten Kirche stammt noch das später etwas nach Süden erweiterte Schiff. Die Nordwand des gotischen Chores ziert ein gemaltes Sakramentshaus mit auferstandenem Christus, Heiligen und dem Stifter. In Kärnten findet man derartige gemalte Sakramentshäuser häufig: Sie ersetzten auf billige Weise die kostspielige Steinmetzarbeit. Die um 1450 entstandenen Fresken werden der Werkstatt des Friedrich von Villach zugeschrieben, dem in der ersten Hälfte des 15. Jahrhunderts führenden Maler Kärntens. Wahrscheinlich assistierte hier schon Thomas von Villach, der für die zweite Jahrhunderthälfte bedeutend wurde.

Im oberen Gurktal war früher ein heute schon längst ausgestorbener Wintersport zu Hause, das Schabreiten. Wenn im Dezember und Januar die Häuser der Bergbauern bis über die Fenster im Schnee verschwanden und in frostklirrenden Nächten der Atem im Mund gefror, dann waren die Burschen in den Bergdörfern nicht mehr zu halten: Jeder verwandelte sich in einen tollkühnen Schabreiter. Sie holten sich Bündel vom ausgedroschenen Roggenstroh aus den Scheunen, tränkten sie mit Wasser und ließen sie im Freien beinhart gefrieren. Mit diesen primitiven Schlitten sausten die jungen Männer dann an Sonntagen oder in mondhellen Nächten schneestäubend die Berghänge hinunter, wobei manch einer zu Schaden kam, denn ein Bremsen oder Ausweichen war da kaum möglich. So wird erzählt, daß ein Bursche einmal zur Christmette nach Deutsch-Griffen auf dem Schab hinunterreiten wollte. Er geriet auf eisglatter Bahn in rasende Fahrt und fuhr dabei mit solcher Wucht in einen Holzzaun, daß ihm der Kopf abgerissen wurde und zwischen den Latten hängenblieb, während der Körper in die Tiefe sauste und niemals gefunden wurde. Am Unglücksort begann es dann später zu spuken, bis man dort einen Bildstock errichtete, in den der Kopf des Verunglückten eingemauert wurde. Noch schrecklicher erging es einem Burschen aus Ebene-Reichenau, der am Dreikönigstag mit einem Freund zur Messe ins Tal fahren wollte. Während der Freund sich mit einem »in Gottes Nam'« auf den Schab setzte, entfuhr es dem anderen in frevlerischem Übermut »Und i fahr' in Teufels Nam'«. So gewann der Böse Macht über ihn und der Unglückliche wurde in die Luft gehoben und verschwand funkensprühend über dem Höllenberg. Sein Freund kam wohlbehalten ins Tal, doch hatte er vor Schreck die Sprache verloren. Da haben es die heutigen Wintersportler doch besser; zumindest ist kein Fall bekannt, daß einen von der Skipiste weg der Teufel geholt hätte.

Wir fahren weiter auf der Hauptstraße, wo nach fünf Kilometern rechts der Weg nach *Sirnitz* abzweigt. Der in den hügeligen Ausläufern der Gurktaler Alpen liegende Ort wird im Sommer wegen der vielen Wandermöglichkeiten und im Winter wegen des guten Skigeländes gerne besucht. Wer nicht so gut zu Fuß ist, kann auf unbefestigter Straße mit Auto oder Omnibus hinauf zur Hochrindlhütte fahren, wo man in fast 1600 Metern Höhe Bergluft und Ausblick genießen kann.

Die gotische Pfarrkirche von Sirnitz mit ihrem mächtigen Turm hat eine reizvolle Barockausstattung. Auch hier wieder begegnen wir einem achteckigen romanischen Karner. Besonders sehenswert in und um Sirnitz sind die alten Kärntner Bauernhöfe. Die wohlhabenderen davon sind bis in den ersten Stock gemauert, obwohl gerade der hölzerne Oberbau so reizvoll wirkt. Allen Bauernhöfen in Unter- und Mittelkärnten, ob aus Holz oder Stein oder aus beidem, ist die Trennung von Wohn- und Wirtschaftsgebäuden gemeinsam. Typisch ist auch der an den Schmalseiten abgeflachte Schopfgiebel, der sich wie ein schützender dreieckiger Schild über die Hauswand neigt.

Wieder auf der Hauptstraße, grüßt von rechts die Burgruine *Alt-Albeck*; bald darauf zweigt links die Straße nach Steuerberg ab. Wir befinden uns hier im Gebiet der ›engen Gurk‹, wo der Fluß sich gischtend und weiß-schäumend seinen Weg durch das schmale felsige Bett erzwingen muß. Wer den kleinen Umweg nicht scheut, erreicht nach sieben Kilometern den stillen *Goggau-See* (777 m) und kann vorher noch den Bösensteiner Wasserfall bewundern. Die Straße endet bei Feldkirchen, das wir jedoch erst bei unseren Fahrten um den Ossiacher See besuchen wollen.

Landschaftlich reizvoller als das Gurktal ist das Tal der Metnitz mit seinen bizarr geformten Hügeln, die in buntem Wechsel mit Wiesen und Mischwald bedeckt sind. Bevor wir uns diesem Tal zuwenden, statten wir dem Ort, der an seinem Ausgang liegt, Friesach, einen längeren Besuch ab.

Stadtgeschichte

Römische Funde weisen darauf hin, daß nördlich von Friesach, bei St. Stefan, die Römersiedlung Candalice lag. Eine Urkunde von 860 nennt einen Gutshof zu Friesach, den König Ludwig der Deutsche dem Salzburger Erzbistum schenkte, und nur wenige Jahrzehnte danach entstand die St. Peterskirche auf dem Petersberg, die somit zu den ältesten Kirchen in Österreich zählt. Erzbischof Gebhard von Salzburg (1060–1088) ließ dann auf dem Petersberg eine Burg errichten, von der noch zwei Bergfriede erhalten sind. Diese Burg wurde zur bevorzugten Residenz der Salzburger Erzbischöfe und ist dementsprechend repräsentativ ausgebaut worden. Erzbischof Konrad I. gründete 1125 hier eine Münzstätte, in der bis 1360 die ›Friesacher Pfennige‹ geschlagen wurden. Schon seit dem 11. Jahrhundert mit dem Marktrecht ausgestattet, wurde der Ort 1339 zur Stadt erhoben.

Im Mittelalter sah Friesach glanzvolle Tage. Im Mai 1224 fand hier das berühmte Friesacher Turnier statt, von dem der Minnesänger Ulrich von Liechtenstein berichtet. Der eigentliche Anlaß zu dem gewaltigen Turnierfest war ein schon seit Jahren schwelender Streit zwischen Herzog Bernhard von Kärnten und dem Mark-

13 *Karolingischer Flechtwerkstein an der Kirche von St. Peter am Bichl,*
ursprünglich in der Karolingerpfalz Karnburg, 9. Jh.

14 *Römersteine aus dem 2. bis 4. Jh. an der Südwand der Pfarrkirche von St. Donat.*
Der Kopf der großen weiblichen Gestalt und das Dämonenhaupt daneben
sind keltischen Ursprungs, 2. bis 1. Jh. v. Chr.

15 Marmorkopf als Konsole des Hemma-Sarkophags
    im Dom zu Gurk, um 1174

16 *Samson bändigt den Löwen: Romanisches Bogenfeldrelief im Dom zu Gurk, um 1200*

17 *Panther mit Weinranke: Römisches Relief über dem Südportal der Kirche von Maria Saal, 1. Jh. n. Chr.*

19 Dämonenköpfe am Trichterportal der Stiftskirche von Millstatt, um 1170

18
Die hundertsäulige Hallenkrypta
von Gurk, 1174 vollendet

20 Die Ecclesia bändigt den säulentragenden Unhold:
Gruppe im Kreuzgang der Stiftskirche von Millstatt, 12. Jh.

grafen Heinrich von Istrien. Um einen Krieg zu vermeiden, berief Herzog Leopold VI. von Österreich einen Fürstentag ein und lud neben den beiden Kontrahenten auch gleich 600 geistliche und weltliche Fürsten ein. Klugerweise wurde das Turnier vor dem Fürstentreffen, nämlich am 6. Mai angesetzt, so daß die Herren ihre angestauten Aggressionen durch stundenlange schweißtreibende Kämpfe loswerden konnten. Herzog Bernhards Mundschenk und Intimfreund Hermann von Osterwitz schlug dabei so gewaltig zu, daß er seinen Gegnern die Köpfe »wie faule Birnen« zerhaute. Das fröhliche Hauen und Stechen schien die Atmosphäre geklärt zu haben; denn beim Fürstentag am 7. und 8. Mai versöhnten sich Herzog und Markgraf.

Vielleicht hätten sich bei einigem guten Willen auf dieselbe Weise viele Kriege verhindern lassen, leider aber waren es in der Regel die Landeskinder, welche die Streitigkeiten ihrer Herren auszutragen hatten. Im Thronstreit zwischen Rudolf von Habsburg und König Ottokar schlug sich der Erzbischof von Salzburg auf Rudolfs Seite, worauf Ottokars Truppen Friesach 1275 belagerten und zerstörten. 1470 berief Kaiser Friedrich III. die Landtage von Kärnten, Krain und Steiermark hierher. Aber immer wieder wurde die Stadt in die Streitigkeiten der mächtigen Salzburger Erzbischöfe verwickelt, so auch 1479, als Kaiser Friedrich III. mit der Besetzung des Salzburger Bischofsstuhls andere Pläne hatte, als das dortige Domkapitel, worauf sich Salzburg mit den Ungarn verbündete und diesen 1479 in Kärnten Burgen und Städte öffnete, was viel Elend ins Land brachte. Erst 1490 zogen die Magyaren aus Friesach wieder ab, wonach wohl ein großes Aufatmen durch die Stadt ging. Der schlimmen Pest von 1715 fiel die Hälfte der Bürgerschaft zum Opfer. 1797 hielt sich Napoleon in Friesach auf, und seinen politischen Plänen verdankte die Stadt 1805 ihre Eingliederung an Österreich, während die stolzen Salzburger Fürsterzbischöfe den Fürstenstatus und alle auswärtigen Besitzungen verloren. Immer wieder aufflammende Brände haben das alte Stadtbild zum größten Teil zerstört; was verblieben ist, erinnert an eine bewegte Geschichte.

Die Stadt

Am Ortsanfang sehen wir links die *Deutschordenskirche St. Blasius*, die Ende des 13. Jahrhunderts errichtet wurde. Nur noch im Kern romanisch, entstammt der Bau in seinen wesentlichen Teilen dem 15. Jahrhundert, das Tonnengewölbe mit Stichkappen im Langhaus entstand 1612. Das Innere der Kirche birgt eine reichhaltige Sammlung gotischer Skulpturen, die hauptsächlich von dem 1918 verstorbenen Deutschordenskomtur Eduard Graf von Pettenegg zusammengetragen wurden und überwiegend aus Kärntner Werkstätten des 15. und 16. Jahrhunderts stammen. Die Wappentafeln der Landeskomture an der südlichen Chorwand und die Totenschilder des 16. bis 19. Jahrhunderts an den Wänden des Langhauses weisen auf die Zugehörigkeit der Kirche zum Deutschen Orden. Der prachtvolle, um 1515 in St. Veit geschaffene Hochaltar enthält im Schrein Statuen der Madonna und der hll. Katharina und Margareta, die in ihrer zartschwingenden Bewegtheit auf einen hervorragenden Meister hinweisen. In der Predella sind in Reliefschnitzerei die Verkündigung an Maria sowie Geburt und Anbetung des Jesuskindes, im Gesprenge die Krönung Mariens und die Figuren der Heiligen Georg, Blasius und Elisabeth dargestellt. Die meisterhaft bemalten Flügel wurden leider entfernt und befinden sich jetzt im Deutschordens-Museum zu Wien. Sie stellen Szenen aus dem Marienleben dar, wobei die Tafel ›Maria im Garten‹, die Maria mit dem Einhorn zeigt, ikonographisch eine Rarität ist und auch durch ihre zahlreichen Schriftbänder und das gemalte Gesprenge aus dem üblichen Rahmen des gotischen Tafelbildes fällt. Der ganze Altar befand sich ursprünglich in der 1883 abgerissenen Hl. Gestade-Kirche am Ossiacher See und wurde nach gründlicher Renovierung ohne Flügel hier aufgestellt. Eine spätgotische Arbeit aus Frankfurt ist der rechte Seitenaltar mit dem Weltgericht im Schrein, den Heiligen Barbara und Agathe auf den Flügeln und rückseitig den – gemalten – Heiligen Agnes und Katharina. Aus romanischer Zeit sind noch Fresken im Chor zu sehen, am besten davon sind die Prophetengestalten in den Fensterlaibungen erhalten: Auch sie weisen auf Verbindungen mit der Gurker Werkstatt hin.

Auf dem Weg ins Stadtzentrum sehen wir links oben auf dem Virgilienberg die Ruinen der 1816 abgebrannten gotischen Propsteikirche. Den Hauptplatz beherrscht der schöne *Renaissancebrunnen*, den 1563 ein italienischer Meister im Auftrag Leonhards II. von Keutschach für Schloß Tanzenberg geschaffen hatte und der 1802 hierher gebracht wurde: Das achteckige Becken schmücken Reliefs mit mythologischen Szenen, die beiden oberen muschelförmigen Becken werden von Atlanten und Putten getragen. Der oberste Bronzeaufsatz mit Neptun und tanzenden Putten wurde später angefügt. Er ist vermutlich eine Nürnberger Arbeit aus der Zeit um 1520 und diente auf Schloß Tanzenberg vielleicht als Tischbrunnen.

Im Westen des Hauptplatzes erhebt sich der *Petersberg*, die Urzelle der Stadt, wo hinter dichtem Baumwuchs fast verborgen, die Reste der 1077 vom Bistum Salzburg errichteten Burg liegen. Unter Erzbischof Konrad I. wurde 1124-30 der Bau vergrößert und seit 1495 noch durch Geschütztürme verstärkt. Die auf einem Merian-Stich von 1649 noch in ihrer ganzen Pracht dargestellte Burganlage wurde 1797 von den Franzosen zerstört und ist dann verfallen.

Vom Hauptplatz aus ersteigen wir den Petersberg in etwa einer Viertelstunde. Die *Peterskirche* im Nordosten, 927 erbaut, gehört zum Typus der ›Ostturmkirche‹, der sich vermutlich aus dem Turm als Sakralbau entwickelt hat. An den querrechteckigen Hauptraum legt sich ein Chorquadrat mit Halbkreisapsis, wobei möglicherweise das Chorquadrat einst von einem Turm überragt war. Bemerkenswert ist die romanische Maria lactans auf dem Altar (um 1200). Der gewaltige sechsgeschossige *Bergfried* Erzbischof Konrads I. gehört zu den größten deutschen Bergfrieden. Die Rupertuskapelle in seinem vierten Stock enthält noch Reste von sehr bedeutenden Wandmalereien aus der Zeit um 1200. Über ihr befand sich ein Raum für den Erzbischof, der nach dem schloßartigen Ausbau der Burg dann vermutlich in dem jetzt bis auf einige Säulenfenster verschwundenen Palast residierte, wenn er sich in Friesach aufhielt. Dieses Schloß war nach zeitgenössischen Berichten so prunkvoll ausgestattet, daß es eher einer repräsentativen kaiserlichen Residenz glich.

Von der unter Bischof Gebhard errichteten Burg sind noch zwei Türme erhalten; einer hinter dem großen Bergfried und einer auf der Kuppe des Petersberges. Die frühere Burghauptmannschaft ist ein dreigeschossiger Arkadenbau aus der Mitte des 16. Jahrhunderts. Etwas weiter sehen wir die Bühnenanlage der 1950 gegründeten ›Friesacher Burghofspiele‹, wo alljährlich von Ende Juni bis in den August hinein klassische Theaterstücke aufgeführt werden.

Von dem nach Osten abfallenden Hauptplatz kommen wir links zur *Stadtpfarrkirche St. Barthlmä*, einer 1144-67 errichteten romanischen Pfeilerbasilika mit zwei wuchtigen Türmen. Im 14. Jahrhundert wurde ein kreuzgewölbter Chor angefügt, Ende des 17. Jahrhunderts kamen die beiden Seitenschiffe dazu, die mit ihren niedrigen Wölbungen den romanisch-gotischen Charakter der Kirche leider stark beeinträchtigen und nur zwei belanglose Seitenaltäre enthalten. Das Netzrippengewölbe im Mittelschiff schuf 1445 der Meister Wolfhart Spaur. Die schönen Glasgemälde der beiden Chorfenster mit den klugen und den törichten Jungfrauen entstanden um 1300 und wurden 1838 aus der Dominikanerkirche hierher übertragen. Leider nimmt ihnen der schwere barocke Hochaltar von 1679 viel von ihrer zartglühenden Farbwirkung. Man sollte auch den wuchtigen romanischen Taufstein mit seinem Flechtwerkrelief und die vielen schön gearbeiteten Grabsteine des 15. und 16. Jahrhunderts nicht übersehen.

Wir gehen jetzt die Wienergasse nach Norden und überqueren die Malnitzbrücke. Von einer Anhöhe grüßt die um 1124 errichtete Burg Geyersberg, die 1911/12 wiederhergestellt wurde. An einem Stück der alten Stadtmauer vorbei kommen wir rechts zur *Dominikanerkirche St. Maria*, seit 1300 auch dem heiligen Nikolaus von Myra geweiht. Die in der Mitte des 13. Jahrhunderts errichtete dreischiffige turmlose Pfeilerbasilika ist eines der frühesten gotischen Bauwerke Kärntens, wie auch die Niederlassung die erste der Dominikaner auf deutschem Gebiet war. Im Innern dominieren die mächtigen Spitzbogenarkaden; den dreijochigen Chor deckt ein Kreuzrippengewölbe, die 1596-1626 eingezogenen unschönen Gewölbe in den drei Schiffen ersetzten die ursprünglich flachen Dekken. Leider ist die Ausstattung bei zwei Renovierungen Ende des

19.Jahrhunderts überwiegend neugotisch gestaltet worden, doch gibt es noch einiges aus alter Zeit zu sehen.

Das lebensgroße, um 1300 entstandene Gabelkruzifix am nördlichen Mittelpfeiler gehört zu den Werken einer »internationalen mystischen Bewegung, die vor und nach der Jahrhundertwende im ganzen Abendland derartig herzzerreißende, expressionistische Gekreuzigte zur Darstellung brachte« (Peter von Baldass). Dem Kruzifixus in Kloster Nonnberg in Salzburg verwandt, stammt es von demselben – namentlich unbekannten – Salzburger Künstler, dem auch die Sandsteinmadonna am rechten Nebenaltar zugeschrieben wird. An der linken Chorwand ist ein schöner spätgotischer Flügelaltar aufgestellt, der dem Friesacher Meister Caspar (um 1510) zugeschrieben wird. Die drei Figuren in seinem Schrein, der auferstandene Christus zwischen St.Florian und St.Georg sind schon früher, etwa gegen 1480, entstanden.

Im schönen gepflegten Seminarpark südwestlich des Hauptplatzes steht die kleine *Heiligblut- oder Seminarkirche*. Die nach einem Brand Anfang des 14.Jahrhunderts in ihrer jetzigen Form errichtete Kirche bewahrt in der Sakramentsnische das sogenannte ›Heiligblutgefäß‹, ein Reliquiar in Monstranzenform aus dem 14.Jahrhundert. Den schönen 1681 entstandenen Hochaltar ziert eine gotische Madonnenskulptur mit später hinzugefügtem barocken Jesuskind. Die Statuen der Heiligen Bartholomäus und Katharina an den Seiten stammen aus der Zeit um 1440.

Im Norden des Seminarparks ist aus der früheren Befestigungsanlage das ›Sacktor‹ erhalten, wie auch ein gutes Stück von der Stadtmauer und dem wassergefüllten Graben im Osten des alten Stadtkerns übriggeblieben sind.

Vor St.Salvator führt links ein Weg zum *Barbarabad*, das Paracelsus in seinen 1538 entstandenen ›Kärntner Schriften‹ mit einem Satz erwähnt: »Hat auch in alten Kärnten als ein Meil auf Friesach in der Einöde ein sauren Brunn, der von Natur an ihm selbs warm!«

Nach St. Salvator erreichen wir Grades, wo die Talwände recht nahe zusammenrücken, so daß man von dem hochgelegenen Ort wie in eine Schlucht auf die Metnitz hinunterschaut. Grades wurde erstmals 1285 genannt, die Burg ist wahrscheinlich schon unter Bischof Heinrich von Gurk (1167-74) errichtet und dann im 16. und 17. Jahrhundert zu ihrer heutigen Form ausgebaut worden. 1346 erhielt der Ort das Marktrecht und wurde planmäßig in einem Rechteck angelegt, wie wir das ähnlich schon in Weitensfeld gesehen haben.

Der kleine Ort besitzt zwei wahre Schätze gotischer Baukunst und Schnitzkunst in der hochgelegenen Kirche *St. Wolfgang*, zu der uns der Weg an der alten Bischofsburg vorbeiführt. Mit dem Bau der Kirche verbindet sich eine Sage. Auf dem Hügel, wo sie heute steht, soll früher eine Heilquelle entsprungen sein, in der eine Prinzessin Genesung fand. Als sie zum Dank dafür dort eine Kirche bauen lassen wollte, mischte sich der Teufel ein und zerstörte in jeder Nacht, was die Bauleute am Tag errichtet hatten. Schließlich versprach der Teufel dem verzweifelten Baumeister, die Kirche nach dessen Plänen in kürzester Zeit fertigzustellen, wenn ihm der erste Besucher geopfert würde. Dies wurde zugesagt, und Nacht für Nacht werkten nun die Hilfsteufel an dem Bau, der in wenigen Tagen vollendet war. Den Baumeister aber drückte schwer das Gewissen und er holte sich beim Pfarrer Rat. Eingedenk des Bibelwortes »Seid klug wie die Schlangen« ließ der Geistliche ein Schaf an die Kirchentür binden. Die damals noch sehr zahlreichen Wölfe rochen die Beute, einer schlich heran und schleppte das Tier in die Kirche, um es dort aufzufressen. Der lauernde Teufel hörte jemand kommen und stürzte sich auf den Wolf, den er, als er sich betrogen sah, vor Wut zerfetzte, um dann durch die Kirchenmauer hinauszufahren. Zur Erinnerung an diesen Vorfall wurde die Kirche Wolfgangskirche genannt. Wenn alle Teufelswerke so gut geraten würden, wünschte man sich freilich mehr davon.

Der 1453-74 errichtete Bau zeigt von außen die typische Anlage einer Wehrkirche; sie ist gerade in der Zeit der schlimmsten Tür-

kengefahr entstanden. Aus dem Ring der zerbröckelnden Festungs-
mauer erhebt sich die edle gotische Kirchenburg mit ihren schlanken, hohen, von Strebepfeilern flankierten Fenstern und dem eher
niedrigen spitzbehelmten Turm. Beim Betreten des Innenraums
stockt der Atem vor der lichten Pracht, die das Wort von der »dü-
steren Gotik« aufs angenehmste widerlegt. Man sollte die Kirche
bei Tageslicht aufsuchen, da das Innere nur gut ausgeleuchtet seinen
vollen Reiz entfaltet. Das hohe helle Schiff, wie auch der lange und
etwas niedrigere Chor sind mit farbig gefaßten Netzrippen eingewölbt. Die zarten Gewölbefresken des Chores bestehen aus bunten Phantasieblumen, im Schiff sind es Halbfiguren von Heiligen.

Etwa vier Jahrzehnte nach ihrer Vollendung erhielt die Kirche
den 1519-22 in der sog. Jüngeren Villacher Werkstätte entstandenen Flügelaltar, der zu den hervorragendsten spätgotischen Schnitzwerken Kärntens gehört, an Qualität mit dem Altar in Heiligenblut meßbar. Im Schrein dominieren die fast lebensgroßen Gestalten des heiligen Wolfgang zwischen den Heiligen Lorenz und
Stephan. Diese drei Skulpturen stammen vom Ende des 15. Jahrhunderts und wirken im Vergleich zu den weicheren Formen des
spätgotischen Altares herber und wuchtiger, fügen sich aber wundervoll in den sie umgebenden Rahmen. Die vier Flügelreliefs zeigen Szenen aus dem Marienleben, besonders hervorragend sind die
Tafeln ›Verkündigung‹ und ›Marienkrönung‹. Im filigranzarten
Gespreng sehen wir den Schmerzensmann, umgeben von den Heiligen Sebastian, Rochus, Katharina und Barbara, darüber St. Christoph. Die Predella ist mit Papst, Bischof und Wappen bemalt. Die
Malereien auf den Rückseiten der Flügel zeigen in acht Feldern die
Wolfgangslegende sowie das Martyrium St. Emmerams (?) und des
hl. Dionysius, auf der Rückwand des Schreins sind lebensgroß die
Heiligen Florian, Georg und Achaz dargestellt. Sämtliche Malereien sind von hervorragender Qualität. Aus alpenländischer Tradition stammend, sind sie von der Donauschule beeinflußt. Dieser
Altar in seinem Zusammenklang von Malerei, Skulptur und Architektur macht deutlich, daß der gotische Flügelaltar stets als Gesamt-
kunstwerk angelegt war.

Die beiden farbenfrohen spätbarocken Seitenaltäre treten vor diesem Prachtwerk etwas zurück, doch sind es gute, 1751 datierte Arbeiten, die Balthasar Prandtstätter zugeschrieben werden.

Wieder auf der unteren Straße angelangt, ist man erstaunt, wie putzig und unscheinbar St. Wolfgang von hier aus wirkt. *St. Andreas*, die eigentliche Pfarrkirche von Grades ist romanischen Ursprungs und wurde später mehrmals umgebaut. Sie besitzt verschiedene, meist schlecht erhaltene Fresken des 13. und 14. Jahrhunderts und an der Südwand zwei gute Glasmalereien des 14. Jahrhunderts. Altäre und Kanzel sind Werke des Barock.

Vor Metnitz berühren wir noch die kleine Wallfahrtskirche *Maria Höfl*, ein gotischer Bau, dem im 17. Jahrhundert noch zwei Seitenschiffe angefügt wurden. Die schönen Glasmalereien des ›Weichen Stils‹ (um 1425) in den Chorfenstern stellen Heilige dar; die spätgotische Muttergottesstatue am Hochaltar wurde 1967 gestohlen und ist durch eine moderne Marienskulptur von Kurt Campidell ersetzt worden. Die beiden barocken Seitenaltäre entstanden 1680.

Metnitz

Auch Metnitz, der Hauptort des Tales, liegt mit seinem alten Ortskern höher am Hang und besitzt in seiner Pfarrkirche einen bedeutenden Kunstschatz.

Das Gebiet um Metnitz wurde 898 von Kaiser Arnulf an den schwäbischen Adeligen Zwentibolch verliehen; später kam es in den Besitz der Gräfin Hemma und durch sie an das Bistum Gurk. 1173 wird eine Burg in Metnitz erwähnt, deren Besitzer sich durch Gewalttat und Straßenraub einen üblen Namen machten, so daß 1302 die Festung auf Befehl des Landesherrn und mit Zustimmung des Bischofs von Gurk geschleift wurde.

St. Leonhard wurde schon 1121 als Pfarrkirche genannt; die heutige dreischiffige Hallenkirche mit Kreuzgratgewölben in den Schiffen und Kreuzrippen im polygonalen Chor entstammt im wesentlichen dem 14. Jahrhundert. Die aufs erste wuchtig und fast plump wirkenden Pfeiler mit den niedrigen Kreuzgratgewölben verlieren ihre Schwere durch die prachtvolle Barockausstattung.

Die an romanische Hallenkirchen in Frankreich erinnernde Bauform des Langhauses entstand wohl um 1300 und zeigt das für
Kärnten seltene Beispiel einer im Gesamtkonzept noch romanischen Architektur mit den ersten Anfängen gotischen Stilempfin-
dens, während der um 1330 entstandene Chor schon eindeutig der
Frühgotik angehört.

Die goldfunkelnde Einrichtung ist nach dem Brand von 1744
hauptsächlich von Balthasar Prandtstätter aus Judenburg geschaffen
worden. In seiner Werkstätte entstand um 1750 der prachtvolle
Hochaltar, dessen Leonhardibild Josef Fromiller malte, um 1760
Seitenaltäre und Kanzel, 1775 der Armenseelen-Altar mit einer im
deutschen Kulturraum einmaligen Reihung der Skulpturen, in deren Anordnung mit Christus am Kreuz, Gottvater, Heiliger Geist,
Maria, Baum der Versuchung und Arme Seelen im Fegefeuer die
Grundelemente der katholischen Lehre angedeutet sind. Als eigen-
händiges Werk Prandtstätters sind aller Wahrscheinlichkeit nach
die dreizehn Apostelstatuen im Langhaus anzusprechen, die zu den
schönsten barocken Schöpfungen in Kärnten zählen. Laut Rech-
nung von 1746 wurden für »13 Apostel, jeder sechs Schuh hoch,
samt Postamenter einschluß der Fuhr und Aufstellung« 175 Gulden
bezahlt. Zwar ist Prandtstätters Name hier nicht genannt, doch stil-
kritische und biographische Forschungen weisen ihn als Meister aus.
Vermutlich war auch sein Schüler und Nachfolger Johann Nischelwitzer an den Arbeiten beteiligt.

Von Bedeutung sind die an der Nordwand angebrachten Toten-
tanzfresken aus der Zeit um 1500, die in ihrer linearen, fast graphischen Darstellungsweise an zeitgenössischen Kupferstichen orien-
tiert sind. Sie befanden sich früher an den Außenwänden des achteckigen Karners neben der Kirche. Um einer Zerstörung durch die
Witterung vorzubeugen, wurden sie zwischen 1968 und 1971 ab-
genommen, restauriert und ins Innere der Kirche gebracht. Der
Tod ist hier nicht in schreckhafter Verzerrung und als grausamer
Würger dargestellt, sondern führt die Menschen an der Hand wie
ein freundlicher Begleiter. Beim Abholen des kleinen Kindes hat er
seine Gestalt verhüllt und streckt dem noch zögernden Kleinen
mit freundlichem Grinsen ein Geschenk hin, um es zum Mitkom-

men zu bewegen. Wenn er die junge Frau abholt, hat er wie ein Bräutigam den Kopf mit Bändern umwunden. Die leere Wiege und der geschlitzte Leib des Todes deuten daraufhin, daß er sogar Mutter und Kind bei der Geburt nicht verschont. Beim Kaiser und Kriegsherrn rührt er die Trommel, um ihn damit fortzulocken. Die Fresken im Gewölbe an der Nordwand des Chores dürften etwa 1335-37 entstanden sein. Sie zeigen Christus, die Marienkrönung, die Symbole der Evangelisten, apokalyptische Tiere, Beweinung Christi und verschiedene Heilige. Die übrigen, wenig bedeutenden Chorfresken entstanden im 15. Jahrhundert.

Von Metnitz führen viele Wanderwege nach Norden in die Gurktaler und nach Süden in die Gailtaler Alpen. Auf zum Teil unbefestigter Straße durch ein landschaftlich sehr reizvolles, nur dünn besiedeltes Gebiet gelangen wir nach Flattnitz, von dem schon die Rede war.

Wir fahren durch das weite Klagenfurter Becken nach Osten in Richtung Völkermarkt. Das zuerst fast flache Land wird immer hügeliger, im Süden begleitet uns die endlose Kette der Karawankenberge, die Kärnten als eine natürliche Mauer nach Jugoslawien abgrenzt. Bei Wabelsdorf führt rechts eine Straße in das so beliebt gewordene Urlaubsgebiet um den Klopeiner See. Bei einem kurzen Abstecher nach *Wabelsdorf* kommen wir an dem reizvollen ›Bettlerkreuz‹ vorbei, einem Bildstock, dessen Dach aus einem breiten, ›chinesisch‹-geschweiften Schirm und einer Laterne mit zierlicher Kegelhaube besteht. ›Bettlerkreuz‹ heißt er, weil man auf dem Land jedes zum Gebet einladende Zeichen, ob Säule, Bildstock oder Wegkreuz, als ›Kreuz‹ bezeichnet.

Im Wabelsdorfer Kirchlein St. Georg befinden sich im Chor zwar nicht sehr gut erhaltene und darum schwer ausdeutbare, aber unverkennbar meisterhafte Fresken mit Darstellungen aus der Georgslegende und dem Weltgericht, die aus der Mitte des 15. Jahrhunderts stammen und der Werkstätte Friedrichs von Villach, teilweise auch ihm selbst, zugeschrieben werden. Näherer Betrachtung nicht minder wert sind die Konsolen, aus denen das Netzrippengewölbe aufsteigt, sowie dessen Schlußsteine – alle mit Skulpturen von Frauenköpfen, Engeln, Zwergen, Sternen, Rosetten oder Wappen reizvoll geschmückt.

Die Fahrt zum Klopeiner See führt durch Tainach und über die Brücke der hier zu einem langgestreckten See künstlich gestauten Drau nach St. Kanzian, dem Hauptort des Sees. Über Tainach führte früher die Römerstraße von Virunum nach Juenna, der antiken Siedlung auf dem Hemmaberg.

Die Pfarrkirche *St. Kanzian* stammt in ihrer heutigen Form aus dem Jahre 1518 und hat einen sternrippengewölbten Chor. An das etwa drei Meter hohe Holzkreuz am linken Seitenaltar knüpft sich eine wunderbare Legende. Als in alten Zeiten ein verheerendes Hochwasser das Draugebiet heimsuchte, wurde auch die Kirche in St. Lorenzen zerstört, nur das Holzkreuz vom Altar entdeckten später zwei Bauern im Schlamm. Sie brachten es in die verschont gebliebene Kirche von St. Kanzian, doch am nächsten Tag war es wieder verschwunden, und man fand es an der alten Stelle im Schlamm. Wieder in die Kirche gebracht, kehrte das Kreuz ein zweites Mal an seine alte Stelle zurück. Auf Rat des Propstes von Tainach wurde nun das Kreuz feierlich heimgeholt und von weißgekleideten Jungfrauen getragen, was auch seine Wirkung tat; denn nun blieb es in der Kirche. Als jemand in das Holz schnitt, um das Alter des Kreuzes zu prüfen, floß Blut aus dieser Stelle und seitdem wird das wunderbare Kreuz im ganzen Gebiet verehrt.

Der fast zwei Kilometer lange und bis zu achthundert Meter breite *Klopeiner See* gilt als der wärmste See Kärntens. Im Hochsommer wurden bis zu 28 Grad Celsius gemessen, der Jahresdurchschnitt liegt bei 24,3 Grad, so daß man dort bis Ende September baden kann. So ruhig es auf dem für Motorboote gesperrten See ist, so lebhaft geht es an seinen Ufern zu, deren Hoteldichte nur mit dem Wörthersee verglichen werden kann.

Einige Kilometer westlich vom See liegt *Stein* im Jauntal, das um die Mitte des 10. Jahrhunderts dem bairischen Adeligen Albuin und seiner Gattin Hildegard von Andechs gehörte. Die wegen ihrer Mildtätigkeit und Frömmigkeit hochverehrte Gräfin Hildegard wurde später seliggesprochen. Die Burgruine unterhalb der Kirche wird als ›Neustein‹ bezeichnet, im Gegensatz zu ›Altstein‹ auf dem Steinerberg, dem einstigen Wohnsitz der seligen Gräfin. Von ihm sind kaum noch Spuren vorkanden. Es bleibt umstritten, ob mit dem um 995 in einer Urkunde erwähnten »Castellum« Alt- oder Neustein gemeint war, jedenfalls hat Neustein sicher schon im 12. Jahrhundert bestanden und kam 1147 an die Grafen von Tirol, 1253 an die Grafen von Görz, 1458 wurde es zerstört und verfiel seitdem. Aus der 1238 erstmals genannten Burgkapelle wurde später die heu-

tige Pfarrkirche St. Lorenz, die im 14. Jahrhundert ein kreuzrippen-
gewölbtes Schiff und im 15. Jahrhundert einen netzrippengewölb-
ten Chor erhielt; unter ihm liegt die Krypta mit Kreuzgratgewölben auf vier Rundpfeilern. Die gewaltigen, zweieinhalb Meter
dicken Außenmauern der Kirche lassen den Schluß zu, daß bei St.
Lorenzen eine kleinere gotische in eine größere romanische Kirche
eingebaut wurde.

Südöstlich des Sees liegt der Markt *Eberndorf* mit seiner altehrwürdigen Stiftskirche Maria Himmelfahrt, die Chacelin, ein friau-
lischer Adeliger, um 1100 gründete und dem Patriarchen Ulrich
von Aquileia schenkte. Um 1150 wurde ein Chorherrenstift erbaut,
das im Türkensturm 1473 schwer zu leiden hatte, weshalb es Probst
Lorenz 1475 zur wehrhaften Festung ausbauen ließ. 1604 wurde das
Stift vom Papst aufgehoben und den Jesuiten übereignet; seit 1809
gehört es den Benediktinern von St. Paul. Die heutige einschiffige
Kirche wurde 1378 begonnen und im 15. und 16. Jahrhundert ausgebaut. Von außen unscheinbar, sind innen ein schönes Sternrippengewölbe von 1506 und eine edle steinerne Empore zu bewundern. Unter dem 1378-91 erbauten kreuzrippengewölbten Chor
liegt die zur selben Zeit entstandene Krypta mit einem Kreuzrippengewölbe auf achteckigen Pfeilern – der seltene Fall einer gotischen Krypta, denn in der Zeit der Gotik wurde die Chorkapelle
zur Andachtsstätte für das Grab des Heiligen, nicht mehr die Krypta. Im stark erhöhten Chorraum prunkt der spätbarocke Hochaltar
mit einer lieblichen, sehr fein gearbeiteten Madonnenskulptur aus
der Zeit um 1460. Die südliche Seitenkapelle stammt im Kern noch
aus romanischer Zeit und diente der Adelsfamilie Ungnad als Grabkapelle. Das Hochgrab des 1490 verstorbenen Christoph Ungnad
ist eine meisterhafte Salzburger Arbeit aus rotbraunem Marmor.
Das lebensgroße Hochrelief des gewappneten Ritters mit halboffe-
nem Visier, wahrscheinlich von Hans Valkenauer (1448-1518), gehört zu den besten Leistungen des spätgotischen Realismus, dessen
Detailtreue mit der edlen lockeren Gesamtkomposition wundervoll
harmoniert. Die benachbarte Franz-Xaver-Kapelle wurde von den
Jesuiten im 17. Jahrhundert angefügt und enthält einen spätbarok-
ken Altar mit einer vorzüglichen gotischen Schnitzgruppe ›Anna

Selbdritt‹, darüber das schöne Schnitzrelief einer Verkündigung aus
der Zeit um 1490. Sehenswert ist auch der im 17.Jahrhundert entstandene quadratische Stiftshof mit dreistöckigen Laubengängen.

Einige Kilometer südlich von Eberndorf liegt *Sittersdorf,* wo
früher – wie auch in vielen anderen Gebieten Kärntens – ein lebhafter Weinbau betrieben wurde, an den heute nur noch einige
Spalierreben an den Hauswänden erinnern. Der Sittersdorfer ›Rö-
tel‹ genoß einst wegen seiner herben Frische und seiner Verträglich-
keit einen ausgezeichneten Ruf. Die Rebsorte soll von Christoph
Ungnad – dessen Grabmal wir in Ebersdorf bewundert haben –
um 1475 aus Spanien hierhergebracht worden sein. Vielleicht war
es der heimatliche Ursprung, den König Karl III. von Spanien her-
ausschmeckte, als er ein hartnäckiges Magenübel mit Sittersdorfer
Rotwein kurierte. Als nämlich der österreichische Gesandte am
spanischen Hof, Fürst Franz von Rosenberg, von des Königs Leiden
erfuhr, ließ er von seiner Burg Sonnegg bei Ebersdorf den berühmten Wein kommen, und Karl III. soll ihn sein ganzes Leben lang be-
vorzugt haben.

Von Sittersdorf wenden wir uns nach Nordosten und erreichen
auf schmaler Straße den *Hemmaberg,* einen 836 m hohen Kalkfelsen,
der bis ins 17.Jahrhundert als Jaunberg bezeichnet wurde. Dieser
alte Name führt uns in die Kärntner Frühgeschichte, denn zur
Keltenzeit wurde dort der Gaugott Jovenat verehrt, von dem das
Jauntal und das Dorf Jaunstein am westlichen Fuß des Hemma-
berges ihren Namen haben. Die Römer bauten den Hemmaberg
zur Stadt Juenna aus, die auf einer Straße von Virunum über Tainach zu erreichen war. In der Spätantike diente der Ort als Flucht-
siedlung und besaß drei frühchristliche Kultbauten, deren Reste
1906 bei einem durch starken Regen verursachten Erdrutsch entdeckt wurden. Die Pfarrkirche hatte immerhin einen Umfang von
22 x 16 Metern, daneben wurden die Fundamente einer Bischofskirche und einer Taufkapelle freigelegt. Dies alles war in den Slawenstürmen des 6.Jahrhunderts untergegangen, doch im Bewußt-
sein des Volkes war dies der ›heilige Berg‹ geblieben und es ist
durchaus anzunehmen, wenn es auch keine Spuren davon gibt, daß
dort schon in romanischer Zeit wieder eine Kirche, vielleicht aus

Holz, errichtet wurde. Die heutige Kirche, den Heiligen Hemma und Dorothea geweiht, wurde 1519 vollendet. Sie trägt als einzige Kirche Kärntens den Namen der heiligen Hemma, der Stifterin des Gurker Doms, und von ihr hat auch der Berg seinen Namen. In der früher vielbesuchten Wallfahrtskirche werden jetzt nur noch an hohen Feiertagen Gottesdienste abgehalten, während in alten Zeiten, vor allem am 27. Juni, die Hemmaverehrung Anlaß zu einem richtigen Volksfest gab.

Etwas tiefer am Berg liegt die 1681 gebaute Rosaliengrotte mit einer der Pestheiligen geweihten hölzernen Kapelle. Der Volksmund hat für die Entstehung der Rosaliengrotte allerdings eine weit romantischere Erklärung als ein Notgelübde in Zeiten der Pest. Hier soll ein schönes Mädchen aus dem Jauntal von einem hartnäckigen Verehrer so bedrängt worden sein, daß es sich in seiner Not der heiligen Rosalie anvertraute und in die Tiefe sprang. Die Heilige fing das Mädchen in ihren Armen auf, und so konnte die wackere Jungfrau als solche wieder heimkehren. Es heißt übrigens, daß auch heute noch jede Jungfrau diesen Sprung ohne Gefahr wagen kann, doch hat es meines Wissens noch keine versucht. Auf halber Höhe der Treppe zum Grotteneingang entspringt eine Quelle, deren Wasser ein antiker Brunnentrog mit zwei seltsamen Gesichtern auffängt.

Über der Historie dürfen wir aber die Erholung nicht vergessen, und wer den Trubel am Klopeiner See nicht recht schätzt, kann einige Kilometer südlich zum schilfumgürteten *Turner See* ausweichen oder sich einen Badeplatz am *Kleinsee* suchen, dem winzigen westlichen Nachbarn des Klopeiner Sees. Übrigens hieß der Turner See noch vor dem Krieg nach einem früheren Besitzer Zablatnig-See und erhielt seinen jetzigen Namen erst, als ihn der Wolfsberger Turnverein erworben hatte. Der früher viel größere See ist durch wilden Pflanzenwuchs immer mehr versumpft und verlandet, was jetzt durch entsprechende Maßnahmen verhindert wird. In früheren Zeiten soll ein Bauer versucht haben, den See durch Bewässerungsgräben trockenzulegen, weil ihm sein schönster Zuchtstier im Moor versunken war. Ein seltsam gekleideter Fremder aber warnte den Bauern davor, da der See den Wassergeistern gehöre. Doch der widerspenstige Bauer zog erst recht mit drei Paar Ochsen und seinem größten Pflug los. Bald geriet er in ein Moorloch und versank samt seinen Ochsen, deren Joche später gefunden wurden. Seitdem hat niemand mehr gewagt, den See trockenzulegen. Heute ist man der Fremden wegen seiner ohnehin froh und würde ihn lieber noch viel größer machen.

Nahezu unerschöpfliche, wenig anstrengende Wandermöglichkeiten bietet die nähere Umgebung. Die Karawanken sind von hier aus mit dem Wagen schnell zu erreichen: Die Gelegenheit nehmen wir wahr und besuchen *Eisenkappel*, das reizvoll inmitten der östlichen Karawanken liegt. Wir nehmen die Straße von St. Kanzian über Kühnsdorf und Eberndorf, passieren die kleinen Gösseldorfer Seen und erreichen Eisenkappel über Sittersdorf, Miklauzhof und Rechberg. Vor 1890 hieß der Ort noch ›Kappel‹ nach einer um 1060 vom Grafen Chacelin dem Bistum Brixen geschenkten Kapelle, um die sich später ein Marktort entwickelte. Lange Zeit wurde das im Lavanttal geförderte Eisen von hier aus weiter in den Süden transportiert; die Privilege des Salzhandels und der hohen Gerichtsbarkeit trugen wesentlich zum Aufblühen des Ortes bei. Der kaum befestigte Markt hatte schwer unter den Türkeneinfällen zu leiden; einem Wunschtraum der ständig bedrohten Bevölkerung entsprang dann wohl auch die Sage vom Staudamm, den die Einwohner an der Vellach außerhalb Eisenkappels errichtet haben sollen. Die heranrückenden Türken hielten den Damm aber für die Stadtmauer und zerschossen ihn. Das mächtig herausschießende Stauwasser ertränkte die verblüfften Eindringlinge jammervoll. Der nachts nachrückende Nachschub glaubte durch die ehemalige Staumauer in die Stadt einzudringen und stürzte dabei in den Abgrund. Wunschträume, wie gesagt, denn in Wahrheit hatte der Markt schwer zu leiden, und die Eröffnung der Loiblpaß-Straße im 16. Jahrhundert brachte den blühenden Eisenhandel fast zum Erliegen. Heute ist der Ort mit rund 1500 Einwohnern das Zentrum des Vellachtales und lebt vorwiegend vom Fremdenverkehr. Von hier empfiehlt sich der Aufstieg zum *Hochobir* (2141 m), der nicht allzu schwierig ist, und der in viereinhalb bis fünf Stunden über den Potschulasattel (1461 m) zur Seealpe (1700 m) und über den Kamm zum Rainer-Schutzhaus (2047 m) führt, von wo aus man in einer Viertelstunde den Gipfel erreicht. Für Pflanzenfreunde ist diese Wanderung wegen der reichen Alpenflora besonders interessant. Etwas länger dauert der Aufstieg zur *Hochpetzen* (2114 m), für den etwa sechs Stunden anzusetzen sind. Der Weg führt durch den Loibniggraben zur Luscha-Alm und von dort in zweieinhalb Stunden zum Gipfel.

Südlich von Eisenkappel liegt *Bad Vellach* am Fuße der Steiner Alpen, ein Kurort mit sieben Heilquellen, deren kohlensäurehaltiges Wasser nachweislich seit 1733 bekannt ist. Von hier führt die Straße in vielen Kehren hinauf zum Seeberg-Sattel (1218 m), über den die Grenze nach Jugoslawien verläuft.

Ohne den Kärntner Freiheitskampf und die dadurch erzwungene Volksabstimmung wäre diese Grenze ein wesentliches Stück nach Norden verschoben worden. Im November 1918 drangen jugoslawische Truppen über den Sattel nach Eisenkappel vor und besetzten Kühnsdorf, Bleiburg und Völkermarkt. Im Dezember eroberten in erbittertem Kampf Kärntner Freischärler viele der besetzten Gebiete wieder zurück; im Januar 1919 kam es durch amerikanische Vermittlung zum Waffenstillstand, den die Jugoslawen im April durch neue Angriffe brachen. Ein jugoslawischer Generalangriff mit zehnfacher Übermacht erfolgte Ende Mai. Bis in den Juni hinein wurde gekämpft, wobei die schwachen Kärntner Verbände in breiter Linie zurückweichen mußten. Immerhin, die Welt war auf die Nöte des kleinen Landes aufmerksam geworden und der Alliierte Rat setzte für den 10. Oktober 1920 eine Volksabstimmung durch, bei der 22025 Stimmen für Kärnten und 15279 für Jugoslawien gezählt wurden. Dieser Sieg der Kärntner wäre allerdings nicht erreicht worden, wenn nicht ein großer Teil der in den betroffenen Gebieten ansässigen Slowenen für Österreich gestimmt und zuvor gegen Jugoslawien gekämpft hätte. Drei kleine Täler an der Südgrenze hatten allerdings nicht mit abstimmen dürfen und so kamen das Seetal und das Miesstal an Jugoslawien, während das Kanaltal mit Tarvis an Italien fiel.

Von diesem Abstecher nach Süden und in die jüngere Geschichte kehren wir auf die Straße nach Völkermarkt zurück.

Einige Kilometer vor Völkermarkt beginnt die Straße anzusteigen. Unten im Tal erstreckt sich der lange Völkermarkter Stausee, eigentlich nur eine künstliche Verbreiterung der Drau.

Völkermarkt

Völkermarkt wurde vermutlich von dem Spanheimer Grafen Engelbert (gestorben 1096) gegründet und hieß bis Ende des 18. Jahrhunderts Volkenmarkt, was aus der alten urkundlichen Bezeichnung ›Volchimercatus‹ (Markt des Volks) hergeleitet wird. Auch der Name ›forum judeorum‹, Judenmarkt, taucht in einer Urkunde auf. Später wurde der Ortsname dann in den wohlklingenden ›Markt der Völker‹ umgewandelt. Schon 1242 erhielt der schnell aufgeblühte Markt das Stadtrecht, 1261 eine Münzstätte. Die Nähe Klagenfurts brachte auch Völkermarkt beträchtliche Vorteile, vor allem durch den bis heute bestehenden Mittwochs-Markt, der schon im Mittelalter begründet wurde und eine Art Zwischenhandel für die Versorgung Klagenfurts mit landwirtschaftlichen Erzeugnissen darstellte. Eine besondere Blütezeit erlebte die Stadt im 15. Jahrhundert durch das 1443 erteilte Weinniederlagsrecht, aber auch durch mehrere Aufenthalte Kaiser Friedrichs III., der 1470 hier den großen Landtag der Länder Kärnten, Steiermark und Krain einberief. Durch den Bau der Bahnlinie Marburg-Klagenfurt 1863 geriet Völkermarkt mehr und mehr in den Schatten der Landeshauptstadt. Während des Kärntner Befreiungskampfes wurde Völkermarkt 1918 von den Jugoslawen besetzt und 1919 von den Kärntnern zurückerobert, worauf die

Jugoslawen die Draubrücke sprengten und am 3. Mai 1919, dem sog. ›Blutsonntag‹, die Stadt mit Artillerie beschossen. Heute hat Völkermarkt rund 4000 Einwohner.

Schon am Ortsbeginn sehen wir die ockergelbe *Pfarrkirche St. Rupprecht*, umgeben von einem großen Friedhof. Der Legende nach wurde die Kirche um 760 vom heiligen Modestus gegründet; ihre erste urkundliche Erwähnung erfolgt 1177. 1231 wurde ein Kollegiatskapitel für dreizehn Kanoniker gestiftet, aber schon 1240 in die heutige Stadtpfarrkirche St. Magdalena verlegt. Der ursprünglich romanische Bau ist leider im 18. Jahrhundert durch Tonnengewölbe mit Stichkappen und Wandfenstern stark entstellt worden. Auch die bescheidene, etwas zu bunte Barockausstattung gereicht ihm nicht zum Vorteil. Der mächtige Turm entstammt noch dem 12. Jahrhundert, nur der achteckige Aufbau kam 1857 dazu. Mit seinen schmückenden Lisenen und Rundbogenfriesen gehört er zu den besterhaltenen romanischen Kirchtürmen Kärntens.

Der Friedhof ist aus ethnologischen Gründen recht interessant. Viele der Namen sind slowenisch oder slowenischen Ursprungs, ältere Grabsteine tragen auch slowenische Inschriften. Manche Namen tauchen in original slowenischer und zugleich in verdeutschter Schreibweise auf, wie etwa Pušl-Puschl. Die Namen mit den Endungen auf -ig -ak -ek und -itz, gut die Hälfte, sind slowenischen Ursprungs, wenn auch ihre Träger sich heute als Deutsch-Kärntner verstehen und die slowenische Sprache oft seit Generationen schon nicht mehr beherrschen. Jedenfalls ist hier deutlich zu erkennen, wieviele Familien im Südosten Kärntens den slowenischen Einwanderern entstammen.

Stadtzentrum ist der *Hauptplatz* mit dem Rathaus im Norden und einem Kriegerdenkmal im Süden. Das heutige Rathaus war ursprünglich die herzogliche Burg und wurde 1453 von Kaiser Friedrich III. der Stadt geschenkt. Die niedrigen, fast durchwegs einstöckigen Häuser verleihen dem Platz ein altertümlich-behäbiges Aussehen. Etwas östlich liegt, hinter Häusern versteckt, die *Stadtpfarrkirche St. Magdalena*. Von dem 1240-47 errichteten Bau stammen noch die beiden Türme, deren südlicher bei dem Erdbeben von 1690 zur Hälfte einstürzte, und das Hauptportal, vor

dem eine gotische Lichtsäule von 1477 steht. Das Innere, eine dreischiffige Basilika mit langem Chor, ist vom Geist der Spätgotik
geprägt. Die Netzrippengewölbe sind im Chor besonders dicht
gezogen und über den neugotisch-bunten Fenstern mit Fresken
geschmückt. Der feine spätbarocke Hochaltar entstand um 1735,
die schon ins Rokoko weisende Kanzel ist 1769 datiert. Auf dem
Altar der Frauenkapelle in der rechten Seitenapsis steht eine sehr
ausdrucksvolle farbige Steinpietà aus der Zeit um 1420; die gotischen Fresken an der Nordwand zeigen Szenen aus dem Marienleben. Die beschädigte, überlebensgroße, ebenfalls farbig gefaßte
Stein-Madonna vor der rechten Seitenkapelle dürfte um 1320 entstanden sein. Die Wand darüber bedeckt ein riesiges gotisches
Christophorusfresko mit manieristisch verdrehtem Körper und einem in kompliziertem Faltenwurf schwingenden Mantel. Diese
seltsame Auffassung des Heiligen habe ich in ganz Kärnten nicht
mehr gefunden. Mit Medaillonmalerei und guten Skulpturen ist
der barocke Herz-Jesu-Altar in der linken Seitenapsis ausgestattet;
auch die geschnitzten Chorstühle von 1655 sind beachtenswert.
Unter den zahlreichen Grabsteinen des 16. Jahrhunderts finden wir
den schönen Wappenstein des 1540 verstorbenen Adam von Obdach, der 1515 vom Kaiser zum Abt des Stiftes St. Paul im Lavanttal ernannt wurde.

Die Kirche ist von niedrigen alten Häusern mit kleinen ver-
träumten Gärten umgeben, in denen Hühner gackern und Hähne
krähen; es herrscht nahezu dörfliche Stille. Die ganze Stadt – ihre
Einwohner mögen es mir verzeihen – wirkt wie ein größeres Dorf;
das schon im Mittelalter verliehene Stadtrecht hat daran wenig
geändert.

Für die Weiterfahrt ins Lavanttal bieten sich zwei Wege an.
Wir wählen zuerst die kürzere, landschaftlich reizvolle Route über
Haimburg und Griffen, die bei St. Andrä ins Lavanttal mündet.
Dem unteren Lavanttal mit St. Paul als Höhepunkt soll später ein
gesonderter Ganztagsausflug gewidmet sein.

Haimburg liegt zwei Kilometer nördlich der Hauptstraße. Schon von weitem grüßt die helle Fassade des Schlosses Tallenstein, weiter östlich liegt Haimburg. Man sollte das kleine schmucke Dorf im Frühjahr besuchen, wenn es in der Blütenpracht seiner Obstgärten fast ertrinkt.

Die 1272 erstmals genannte *Pfarrkirche Unserer Lieben Frau* ist ein spätgotischer einschiffiger Bau mit guten, dekorativen Fresken im Netzrippengewölbe des Chores, 1473 datiert. Die Malereien zeigen Christus, Maria, St. Barbara, die Evangelisten, vier Kirchenväter und viele musizierende Engel. Der schwarz-goldene barocke Hochaltar entstand 1673; die anmutigen Skulpturen der Heiligen Katharina und Barbara mit überlangen Unterkörpern und Wespentaillen in prächtigen Gewändern sind meisterhafte und sehr typische Barockarbeiten. In der Kirche wird ein großes gotisches Fastentuch von 1504 aufbewahrt, das auf sechsunddreißig Feldern in Leimfarben gemalte Szenen aus dem Alten und Neuen Testament zeigt.

Auch hier tragen einige ältere Gräber slowenische Aufschriften, wobei die hier übliche Berufsbezeichnung ›Besitzer‹ (d. h. Grundbesitzer, Landwirt) auf slowenisch wörtlich übersetzt ›posestnik‹ lautet.

Die *Haimburg* – jetzt nur noch Ruine – wird 1103 als Huneburch, also ›Hunnenburg‹ erwähnt. Im Mittelalter saßen hier die reichbegüterten Grafen Heunburg, deren bedeutendster, Graf Ulrich, sich 1270 mit Agnes, der Witwe Herzog Ulrichs III., des letzten Spanheimers, verehelichte. Die Heirat mit dieser geborenen Babenbergerin schien in Graf Ulrich ehrgeizige Pläne zu wecken, denn er verbündete sich mit dem Erzbischof von Salzburg und bekriegte kühn die Herzöge von Kärnten und Steiermark, vermutlich um die Steiermark, wo er viele Güter besaß, ganz an sich zu bringen. Die verlorene Schlacht am Wallersberg 1293 aber machte diese hochfliegenden Pläne zunichte; der Graf scheint bis zu seinem Tod im Jahre 1308 keine Raubkriege mehr unternommen zu haben.

Ein Abstecher von wenigen Kilometern nach Norden führt uns

nach *Diex*, einem auf dem Rücken der Saualpe gelegenen Luftkur-
ort in 1159 Meter Höhe. In dem sonst so gründlichen Vorkriegs-
Baedeker aus den dreißiger Jahren ist der Ort noch nicht erwähnt,
heute zählt er zu den beliebtesten Ferienorten für Wanderfreunde.
Abgesehen von dem milden Höhenklima und der herrlichen Lage
gleichsam auf einem Aussichtsplateau mit guter Sicht auf das Klagenfurter Becken und ins Jauntal bietet Diex die vielfältigsten
Wandermöglichkeiten in die Berge der Saualpe. Der Ort besitzt
zudem eine der am besten erhaltenen gotischen Wehrkirchen von
ganz Kärnten. Die Wehranlage der schon aus dem 12. Jahrhundert
stammenden Martins-Kirche entstand während der Türkeneinfälle,
etwa um 1480. Die hohen Mauern mit Schießscharten und hölzernen Wehrgängen sowie die beiden starken Rundtürme lassen von
außen eher an eine Burg als an eine Kirche denken. Der Platz innerhalb der Wehrmauern wurde übrigens so berechnet, daß die
Bauern aus den umliegenden Dörfern auch ihr Vieh hierher in
Sicherheit bringen konnten. Von der gotischen Kirche ist leider
nichts mehr vorhanden, der Bau wurde im 17. und 18. Jahrhundert
völlig barockisiert; Altäre und Kanzel sind schon im Geist des
Rokoko gestaltet.

Griffen

Noch ehe wir den Ort selbst erreichen, biegen wir links in die
schmale Straße zum ehemaligen *Prämonstratenserstift Griffen* ein, das
wie ein behäbiges Bauerngut in ländlicher Einsamkeit dahindäm-
mert. Das Stift wurde 1236 von dem Bamberger Bischof Ekbert
gegründet und mit Mönchen aus dem thüringischen Kloster Vessra
besiedelt. Ende des 16. Jahrhunderts begann es zu verfallen, 1786
wurde es aufgehoben, obwohl das Stiftsgebäude nach dem Brand
von 1648 wieder erneuert und um 1700 noch prächtig stukkiert
worden war. Hinter der allmählich verfallenden Barockfassade
leben jetzt einige Bauernfamilien; wo einst Mönche wandelten,
gackern jetzt die Hühner, kleine Kinder krabbeln herum und im
Wind flattert lustig die Wäsche. So ist das Kloster doch wenigstens
wieder mit Leben erfüllt und man kann nur hoffen, daß die heutigen Bewohner sich auch um seine Pflege kümmern.

Die ehemalige *Stiftskirche Maria Himmelfahrt,* 1272 geweiht, ist eine dreischiffige spätromanische Pfeilerbasilika mit quadratischem Chor. Sie wird seit einiger Zeit restauriert, danach soll das Innere im alten Glanz wiedererstehen. Sehr schöne Stukkaturen des frühen 18.Jahrhunderts von Meister Kilian Pittner schmücken Gewölbe und Pfeiler des rechten Seitenschiffes, schwungvolle Rokokomalereien von 1776 zieren das Gewölbe über dem zur selben Zeit entstandenen reich geschmückten Hochaltar mit dem Gnadenbild einer spätgotischen Madonna. Unter den vielen Grabsteinen ist der von Elisabeth Kolnitz (gest. 1538) besonders sehenswert, der Stein ist im Stil der Renaissance gestaltet, während die Figur der Verstorbenen noch gotisch aufgefaßt ist. An die Kirche schließt sich ein kleiner Kreuzgang, in dessen Nordwand ein romanisches Dreikönigsrelief aus rotem Sandstein eingelassen ist.

Mit der Klostergründung entstand die im Friedhof freistehende *Alte Pfarrkirche Unserer Lieben Frau,* die aus seltsam ineinander verschachtelten Baukörpern verschiedener Epochen besteht. Dem spätromanischen einschiffigen Bau wurde im 14.Jahrhundert ein kreuzrippengewölbter Chor angefügt, das Langhaus erhielt 1537 ein Netzrippengewölbe; 1538 wurde ein nördliches Seitenschiff angebaut. Die romanischen Fresken im Altarraum, 1963 freigelegt, stammen aus der Gründungszeit des Stiftes. Sie stellen Kaiser Heinrich II. und Kunigunde, wahrscheinlich Bischof Otto von Bamberg und den hl. Georg, die Kreuzigung Christi und die Frauen am Grabe dar. Die farbig gefaßten spätgotischen Holzreliefs an beiden Chorwänden mit dem Leidensweg Christi werden einem mainfränkischen Meister zugeschrieben und waren Teile eines Flügelaltars. Altäre und Kanzel sind barocke Arbeiten des späten 17.Jahrhunderts.

Übrigens war auch dieses Kloster zur Wehranlage ausgebaut, wovon noch beträchtliche Reste erhalten sind.

Tief ins Tal zwischen bewaldete Hügel gebettet liegt der Ort Griffen. Ein freistehender 614 Meter hoher Kalkfelsen mit nackter steiler Wand scheint uns zunächst die Einfahrt zu verwehren. Oben sehen wir die Reste einer Burg, deren Baugeschichte dunkel ist, doch hat sie 1146 bereits gestanden und war bis 1749 im Besitz des

Bistums Bamberg. Sie wurde im Mittelalter zu einer der stärksten Festungen des Landes ausgebaut und in der Renaissancezeit zu einem mächtigen Schloß umgestaltet, das – unbewohnt und ungepflegt – seit etwa 1800 immer mehr verfiel.

Der Ort Griffen, schon 822 mit dem vorrömischen Namen ›Criuina‹ erstmals erwähnt, ist seit 1956 ein beliebtes Ausflugsziel für Touristen und Schulklassen, und zwar wegen der farbigen *Tropfsteinhöhle,* die tief in den Burgfelsen hineinführt; ihr Eingang liegt bei der Pfarrkirche. Raststationen alt- und mittelsteinzeitlicher Jäger sind hier gefunden worden, – das deutet auf früheste Besiedlung dieses Gebietes hin. Gegen welch gefährliche Tierwelt sich die frühen Jäger behaupten mußten, zeigen die in der Grotte gefundenen Knochen von Höhlenlöwe-, bär und -hyäne, von Wollnashorn, Mammut und Riesenhirsch. Außer diesen längst ausgestorbenen Arten wurden Reste von Elefant, Eisfuchs, Wiesent, Wildpferd und Rentier nachgewiesen, doch auch uns heute noch vertraute Tiere wie Fuchs, Dachs, Murmel, Wolf haben hier gelebt. Die Griffener Tropfsteinhöhle wird als die bunteste in ganz Österreich bezeichnet. Das durch die Felsen sickernde Regenwasser hat neben dem tropfsteinbildenden Kalk auch Mineralien wie Mangan, Eisen und Ton ausgewaschen, wodurch die hier so typische grünliche und rötliche Färbung entstand.

In Griffen wurde am 6. Dezember 1942 der Schriftsteller Peter Handke geboren, der zu den wichtigsten deutschsprachigen Autoren der Gegenwart gehört, ausgezeichnet mit den höchsten deutschen Literaturpreisen, so dem Gerhart Hauptmann-, dem Schiller- und dem Büchner-Preis. Peter Handke ging in Tanzenberg und Klagenfurt aufs Gymnasium und studierte in Graz Jura, doch er brach das Studium bald nach seinen ersten beiden schriftstellerischen Erfolgen ab: dem provokanten Theaterstück ›Publikumsbeschimpfung‹ (1966) und dem Roman ›Hornissen‹ (1966). In einem seiner jüngsten Bücher, dem ›Wunschlosen Unglück‹ (1973) hat Handke das Leben seiner Mutter beschrieben, die sich in Griffen 1971 freiwillig den Tod gab. Er zeigt darin die muffige, kleinbürgerliche und von überkommenen Verhaltensformen geprägte Kleinstadtwelt, an der sie letztlich scheiterte. Er selbst empfand diese Beengung schon in seiner Kindheit. »*Die ganzen Unfreiheits-gefühle hingen mit den schlechten Geldverhältnissen zusammen. Dadurch, daß man sich nichts leisten konnte, hat man faktisch immer den Blick zu Boden geschlagen. Wenn man sich nach dem Gewitter einen herabgefallenen Apfel holte, so war das in den Augen der Bauern schon Diebstahl. Mit der Unbehaglichkeit, die man sich selbst gegenüber gefühlt hat, hat man auch alles andere betrachtet.*« Das Unbehagen an dieser so widerspruchsvollen Welt ist wohl der stärkste Motor im Schaffen Handkes. Schreiben ist für ihn, den Hochsensiblen, Leben, Selbstschutz, ja Existenzberechtigung. Er sagt von sich: »*Soweit ich mich zurückerinnern kann, bin ich wie geboren für Entsetzen und Erschrecken gewesen. Schreiben war für mich nur eine Rettungsaktion, um das Leben führen zu können, von dem ich immer schon geträumt habe.*«

Über seine Kärntner Heimat wird man in Handkes Werk, abgesehen vom ›Wunschlosen Unglück‹, kaum eine Stelle finden, die etwa die Landschaft oder die Menschen beträfe. Bei seiner Rede zur Verleihung des Schillerpreises aber hat er seine Herkunft angesprochen:

»*Ich bin im südlichen Österreich geboren, in einer von Fichtenhügeln verdüsterten Gegend mit ein wenig Holz- und Bauindustrie, wo das Rauschen der Holztrockenanlage meines Onkels Tag und Nacht fallenden Regen vortäuscht. Vor ein paar Jahren habe ich geträumt, daß ich im Kinosaal meines Heimatortes eine Dichterlesung abhalten mußte. Es war im tiefsten, dunklen Winter, und aus dem Sägemehlofen im Kino sprühten die Feuerfunken über die Zuschauerumrisse. Ich hatte aber gar nichts geschrieben, deswegen stammelte und phantasierte ich vor mich hin, vor mir in der ersten Reihe saßen meine Angehörigen, und meinem Großvater rann ein Tropfen aus der Nase in den Hitler-Schnurrbart. Als Kind hatte ich einmal als Meßdiener beim Oster-Hochamt den Weihrauch ausgeschüttet und war dann die ganze Messe über damit beschäftigt gewesen, auf den Knien rutschend den Weihrauch wieder in das Fäßchen zu löffeln. Von den Blicken der Verwandten weit hinter mir im Kirchenschiff war mir schließlich der Rücken ganz weich geworden, und meine Mutter kicherte nachher verbissen liebevoll über meine Ungeschicklichkeit.*«

Die Landschaft um den Griffener Berg (705 m) gehört zur schönsten auf dieser Fahrt. Mit ihren bizarren Hügeln, den bunten

Wiesen- und Waldstücken erinnert sie an die Kunstlandschaften
Altdorfers. Am Scheitel des Griffener Berges zweigt eine Straße
links nach *Pustritz* ab. Dieses anmutig ins Hügelland gebettete
Dörfchen ist in die Geschichte des Kärntner Freiheitskampfes eingegangen, da seine Bewohner die ersten waren, die sich den eindringenden Jugoslawen entgegenstellten. Vielleicht fühlte das Dorf
sich seiner alten Tradition verpflichtet: Bei den Bauernkriegen im
Jahr 1515 fand hier eine Verschwörung von Aufständischen statt,
und ein Pustritzer Bauer gehörte gar zu den Führern des Auf-
standes.

Die Pfarrkirche Maria Himmelfahrt, 1430 auf romanischen
Resten erbaut, wurde während der Türkenkriege befestigt, was ihr
ansprechendes Äußeres mit Maßwerkfenstern und schmückenden
Strebepfeilern nicht beeinträchtigte. 1856 wurde die Wehranlage
abgetragen. Im Innern ist ein weiträumiger Chor mit dem schönen
Sternrippengewölbe zu bewundern. Der goldfunkelnde frühbarocke Hochaltar mit seinen gerippten und gedrehten Säulen entstand um 1620, das Gnadenbild in seiner Mitte, eine ausdrucksvolle
Madonna mit Kind, stammt aus der Zeit um 1500. In die Nordwand des Chorraumes ist ein ungewöhnlich großes und sehr fein
gearbeitetes Sakramentshäuschen eingelassen, eine 1523 datierte
Renaissancearbeit mit reichem Figurenschmuck. Um 1480 entstand
das große Fresko an der Nordwand, das Christus am Ölberg darstellt.

Wir überqueren die Granitz und erreichen bei St. Andrä das Lavanttal. Fluß und Tal haben ihren Namen vom lateinischen ›lavare‹ (waschen). Paracelsus erklärt in seinen ›Kärntner Schriften‹:

Das Lavanttal im Herzogtum Kärnten hat seinen Namen vom Waschen empfangen. Denn in demselben die Wasserf lüss so goldreich gewesen sind, daß von allen fremden Nationen Künstler und Bergleut sich darein verfügt haben, welches auch noch auf diese Zeit wunderbarlich gediegen Gold, rein und pur, ohn alles Feuer auf hundert und vierundzwanzig schwer Handstein gefunden werden.

Die ›goldene Zeit‹ des Lavanttales ist längst dahin; heute findet dieses Gebiet mit Holzverarbeitung, Stromerzeugung, Obst- und Getreidebau ein wesentlich sichereres und reichlicheres Auskommen. Die Goldgewinnung hatte – wie in den Tauern – auch hier nur für eine kurze Zeitspanne etwas Wohlstand gebracht.

Dieser schöne Landstrich zwischen Kor- und Saualpe erfreut sich eines ausgezeichneten Klimas mit warmen Sommern und einem langen sonnigen Herbst, so daß auch hier die Weinrebe gut gedieh, doch zu Beginn des 18. Jahrhunderts verdrängten die besseren Weine aus der Steiermark die einheimischen. Nun wurde der Obstanbau so intensiviert, daß zwischen den Weltkriegen ein reger Export nach Süddeutschland und in die Donauländer bestand. Wenn auch heute die Obsterzeugung keine so große Rolle mehr spielt, stellt sie doch noch einen wichtigen Erwerbszweig dar, und es ist geplant, mit neuen Anbaumethoden wieder Anschluß an den Export zu finden. Wer im Mai durch das Lavanttal fährt, kann verstehen, daß dies Gebiet vom Volksmund ›Kärntner Paradies‹ genannt wird. Während dieser Zeit verschwinden die Dörfer fast im

Blütenmeer der Obstbäume, besonders im unteren Teil des Tales zwischen St. Paul und dem Granitztal.

Der reiche Obstsegen wird zum Teil auch vermostet und so mancher Weintrinker hat mit Staunen den guten Stoff verkostet und ihn neidlos neben dem Rebensaft gelten lassen. Eine alte Volksweise erzählt uns, was es neben dem Most im Lavanttal noch Schönes gibt:

> Lavntal, scheanes Tal sagn's überall:
> Scheane Wieslan, scheane Felder,
> scheane Berglan, scheane Wälder,
> scheane Baam, a guater Most,
> starke Leut, guate Kost.
>
> Lavntal, Paradies sagn's überall.
> Viele Hirschlan, viele Rehlan,
> viele Dörflan, viele Weglan,
> viele Diandlan kerngesund,
> sind lei (nur) klaan – aber rund.

Für den Dialektunkundigen sei darauf hingewiesen, daß das ›a‹ in ›Lavntal‹ wie das englische offene ›o‹, also wie in ›Maud‹ ausgesprochen wird.

St. Andrä

Der fruchtbare Talgrund ist altbesiedelt. 860 schenkte Ludwig der Deutsche dem Bistum Salzburg einen »Hof zu Lavant« und man weiß, daß dieses Hofgut im Gebiet um St. Andrä lag. Schon vor 888 existierte eine Andreaskirche, 1225 wurde ein Augustiner-Chorherrenstift gegründet, seit 1228 gab es sogar ein Bistum Lavant. Bischof Erhart Baumgartner (1487-1508) wurde von Paracelsus als sein »Unterrichter«, also Lehrer, bezeichnet; der große Arzt und Naturforscher scheint sich hier als Student einige Zeit aufgehalten zu haben. Der aus Rüdesheim stammende Bischof Rudolf (1463-68) verfaßte eine Reihe politischer und theologischer Schriften und galt als glänzender Diplomat. 1808 wurde das Chorherrenstift aufgehoben, 1859 wurde der Sitz des Bistums Lavant nach Marburg an der Drau – jetzt Maribor in Jugoslawien – verlegt. Der stets von Salzburg abhängige Ort St. Andrä wird 1234 als Markt und 1376

erstmals als Stadt genannt. 1476 wurde die Stadt von den Türken
vergeblich belagert, doch wenig später von kaiserlichen Truppen
geplündert und besetzt. Erst 1494 gab Kaiser Maximilian I. St. Andrä an das Erzbistum Salzburg zurück. Im 19. Jahrhundert völlig
bedeutungslos, ist St. Andrä erst wieder in neuester Zeit auf rund
2000 Einwohner angewachsen.

   Es ist anzunehmen, daß die heutige *Stadtpfarrkirche St. Andrä* an
derselben Stelle wie die im 9. Jahrhundert genannte Kirche steht,
um so mehr, als im heutigen gotischen Bau romanische Mauerreste
nachzuweisen sind. Die dreischiffige Pfeilerbasilika hat einen kreuzrippengewölbten Chor des späten 14. Jahrhunderts, die Seitenschiffe wurden erst in barocker Zeit kreuzgewölbt. Die Grabsteine
der früheren Lavanter Bischöfe sind besonders sehenswert. Zu den
schönsten gehört der Bildnisgrabstein des Bischofs Laurenz Liech-
tenberger (gest. 1446) im Chor. Diese herrliche Salzburger Steinmetzarbeit wird Hans Eybenstock zugeschrieben.

   Neben der Kirche führt eine Autostraße hinauf zur *Koralpe*,
deren höchster Berg, der Großspeikogel (2141 m) von hier gut zu
sehen ist. Des großartigen Rundblicks wegen sollte man bei gutem
Wetter einen Abstecher dorthin machen. Die Koralpe gehört zu
den höchstgelegenen Skigebieten Kärntens. Dem Skifahrer stehen
acht Schlepplifte und Abfahrten im Gesamtumfang von zwanzig
Kilometern zur Verfügung, wobei der weiße Spaß in einer Höhe
von 1200 bis 2141 Metern stattfindet.

   Die doppeltürmige Jesuitenkirche *Maria Loreto* am Ortsende
wurde 1683-87 erbaut, die hohen Türme mit den Zwiebelhelmen
waren erst 1730 vollendet. Die durch Lisenen in fünf Felder geteilte
Außenfassade macht einen noblen Eindruck. Den einschiffigen
Raum überspannt ein flaches Tonnengewölbe mit Stichkappen,
der Chorraum ist mit perspektivischer Malerei verziert. Die spätbarocken Altäre in den beiden Seitenkapellen schuf 1713 Meister
Anton Weber, die Kanzel entstand Ende des 18. Jahrhunderts. Die
Jesuitenkirche hat ihren Namen erst durch die seit 1859 in St. Andrä
ansässige Gesellschaft Jesu bekommen, deren Orden auch das ehe-
malige Augustinerstift übernahm und 1931 das im Nordwesten der
Stadt gelegene Schloß Kollegg erwarb.

Wolfsberg

Von Wolfsberg, dem Hauptort des Lavanttales, sehen wir zuerst die gewaltige, 1178 erstmals genannte Festung, die ihre jetzige Form allerdings erst 1846-53 erhielt. Die im Auftrag des Grafen Hugo Henckel-Donnersmarck von den Architekten Johann Julius Romano und August Schwendenwein im Stil englischer Neugotik umgebaute *Burg* paßt zwar nicht so recht in die kärntnerische Landschaft, doch ist der Schloß Windsor sehr ähnliche Bau mit seinen langgestreckten Fronten und kontrastierend dagegengesetzten breiten oder schmalen Türmen architektonisch geglückt.

Von der Familie Henckel-Donnersmarck noch immer bewohnt, kann die Burg nicht besichtigt werden. Erinnern wir uns stattdessen einer mit ihr verbundenen Sage.

Als der Ritter Heinrich von Herzberg im Sterben lag, bat er seinen alten Waffengefährten Philipp von Dornbach sich seiner schönen Tochter Maria anzunehmen und setzte ihn als Vormund ein. Philipp von Dornbach war bambergischer Pfleger auf der Burg Wolfsberg und nahm die nun verwaiste Maria von Herzberg dort bei sich auf. Maria spürte bald, daß ihr Vormund mehr als väterliche Gefühle für sie hegte und begann den im ganzen Land als unbarmherzigen Steuereintreiber verschrienen Pfleger zu fürchten. Eines Tages wurde der Verhaßte im Wald überfallen, vom Pferd gezerrt und wäre wohl erschlagen worden, hätte ihn nicht der des Weges kommende Kornett Eckart von Peckern gerettet. Philipp bedankte sich herzlich bei seinem Lebensretter, doch kühlte seine Begeisterung etwas ab, als er erfuhr, daß dieser vom Bamberger Bischof gesandt war, mit ihm sein Amt zu teilen, und die Besitzungen des fernen Bistums gemeinsam zu verwalten. Kaum hatte Maria den Kornett kennengelernt, verliebten sich die jungen Leute ineinander, was den ohnehin über seine Amtsbeschränkung ärgerlichen Pfleger noch mehr in Wut brachte. Heimtückisch ließ er Eckart von Peckern durch gedungene Strauchdiebe überfallen und auf Schloß Waldenstein in einen Turm sperren, wo der Unglückliche dem Hungertod ausgesetzt wurde. Vor seinem Tod schrieb der Kornett mit Blut an die Wand:

O Richter, richte recht.
Du bist Herr und ich dein Knecht.
Wie du wirst richten mich,
wird Gott einst richten dich.
1669, Peter Eckart von Peckern.

Inzwischen hatte Philipp auf Schloß Wolfsberg seinem Mündel
Maria einen Liebestrank gereicht, um das Mädchen gefügig zu
machen. Das arme Ding starb an dem Gebräu, und als dem Pfleger
dann der Tod des Kornett gemeldet wurde, überfiel ihn schreckliche Reue, er begann dahinzusiechen und bald ereilte auch ihn der
Tod.

Aus dem 1216 genannten Hof bei der bambergischen Burg
Wolfsberg entwickelte sich schnell ein größerer Ort zu beiden
Seiten der Lavant, schon seit 1295 als Stadt bezeichnet. Unter
Bischof Werntho wurde die Burg zum Verwaltungszentrum für
alle bambergischen Besitzungen in Kärnten bestimmt und blieb es,
bis 1759 der österreichische Staat sämtliche bambergischen Enklaven auf seinem Territorium erwarb.

Die bambergische Vizedom-Hofhaltung, ein Eisenniederlags-
recht, Salzhandel, Weinbau und zahlreiche Handwerksbetriebe
brachten Wolfsberg besonders im 17. und 18. Jahrhundert eine
kräftige Aufwärtsentwicklung und machten es zum unbestrittenen
Zentrum des Lavanttales. Die evangelische Lehre fiel hier auf einen
besonders fruchtbaren Boden; der bambergische Vizedom Hans
Friedrich von Hofmann war ein eifriger Lutheranhänger und förderte dessen Lehre nach Kräften. Sein späterer Amtsnachfolger
Johann Georg von Stadion engagierte sich nicht minder für die
Gegenreformation und so wurde den Landeskindern der protestantische Geist wieder ausgetrieben.

Das Zentrum des reizvoll-winkeligen Städtchens ist der *Hohe
Platz* mit einer von verwitterten Sandsteinskulpturen umgebenen
Mariensäule. Die benachbarte *Stadtpfarrkirche St. Markus* besitzt
noch ein dreistufiges romanisches Portal mit Rosetten und Rund-
bogenfriesen aus der Zeit um 1240. Die Tür, mit Rosetten und
Rautenbändern verziert, ist rund zweihundert Jahre jünger. Der

dreischiffige Innenraum und der Chor wurden während des 14. Jahrhunderts mit Kreuzrippen eingewölbt, die mit Tier- und Pflanzenmotiven farbig gefaßt sind. In dieser Zeit entstand auch der mächtige Turm, der später noch einmal erhöht wurde. Ende des 15. Jahrhunderts wurde die netzrippengewölbte Katharinenkapelle an das nördliche Seitenschiff angebaut. In den östlichsten Pfeiler ist ein frühromanisches Relief eingelassen, das den Kopf des Evangelisten Markus und einen Löwen in primitiv-strenger Stilisierung zeigt. Das Markus-Gemälde am spätbarocken Hochaltar schuf der große österreichische Barockmaler Martin Johann Schmidt (1718-1801), genannt ›Kremser-Schmidt‹, im Jahre 1777. Auch hier gibt es wieder viele schön gearbeitete Grabsteine des 15. und 16. Jahrhunderts.

Die gotische *Annenkapelle* neben der Kirche wurde von der Bäckerzunft gestiftet. Sie besitzt einen sehr schönen geschnitzten Flügelaltar aus der Zeit um 1470, mit einer wundervollen Madonna im Schrein, die wohl aus der Werkstatt des Ulmer Bildschnitzers Michel Erhart oder sogar von dessen berühmterem Sohn Gregor Erhart stammen. An den Flügeln die Reliefs der Heiligen Georg, Otto von Bamberg, Florian und Korbinian. Die Malereien an der Predella zeigen Christus mit den Aposteln.

In Groß-Edling bei Wolfsberg wurde 1915 als neuntes Kind einer Bergmannsfamilie Christine Thonhauser geboren, die sich später, als sie sich als Lyrikerin einen Namen gemacht hatte, nach ihrer Heimat Christine Lavant nannte. Ihre von bitterer Armut geprägte Kindheit finden wir in einem Gedicht angesprochen:

Kennt ihr die Stuben,   Die Mädchenspiele und
darin sich Armut   das Knabenlachen
So seltsam hängt an   sind wie veraltert hier
Speisen und an Tücher?   und angebraucht.

Seit ihrer Kindheit körperlich schwach und an schmerzhaften Krankheiten leidend, wuchs sie in Armut und Enge heran. Trotz Rheuma, Asthma und anhaltenden schweren Kopfschmerzen arbeitete sie viele Jahre als Strickerin. 1949 erschienen ihre ersten

Gedichte. Ludwig von Ficker, Georg Trakls Entdecker und Förderer, erkannte auch ihre großartige Begabung und nahm sich ihrer an. Ihre düster glühenden, aus Angst und Verzweiflung geborenen Gedichte nannte er ›Lästergebete‹ und stellte sie gleichrangig neben die Trakls. Christine Lavant erhielt 1954 den Georg-Trakl-Preis und 1970 den Großen Österreichischen Staatspreis. Es ist erschütternd, was sie über ihre dichterische Arbeit sagte:

Das Schreibenkönnen kommt nur als Zustand über mich und führt dann aus, was weder in meinem Gehirn, noch in meinem Gemüt je wissentlich geplant worden ist. Wenn ein Plan zu solchen Dingen überhaupt besteht, so liegt er entweder außerhalb von mir oder an einer Stelle, die meiner Vernunft bisher verborgen geblieben ist. Wenn besagter Zustand nachläßt, verfalle ich in eine unschöpferische Schwermut, die nichts mehr will als den Tod.

Christine Lavant hat sich ihr Leben lang nach dem Tod gesehnt, der sie 1973 von ihren Leiden erlöste. In einem Gedicht erzählt sie, wie der Tod wieder einmal an ihr vorbeigeht und zum Nachbarn kommt.

> Doch er kam nicht, nahm wieder nur
> einen, der noch gerne leben wollte,
> und die Monduhr, die verrückte, rollte
> meine Stunde rasch aus seiner Spur.
>
> Bitter trocknen mir die Augen ein
> bitter rinnt der Schlaftrunk durch die Kehle
> bitter bet' ich für die arme Seele
> und zerkaue mein Verlassensein.

Während der Fahrt durch das Lavanttal ist uns aufgefallen, daß es bisher keineswegs den Vorstellungen entspricht, die man in Südtirol oder im Tessin mit dem Wort Tal verknüpft. Keine putzigen Dörfchen an steiler Felswand, keine bedrängend schmalen und engkurvigen Straßen, keine wilden Schluchten mit tosenden Bergbächen. Weiträumig, sanft, und lichtdurchflutet haben wir das Talbett der Lavant bisher kennengelernt; erst hinter Wolfsberg rücken die Hügel etwas näher und von der Saualpe im Westen ist nichts mehr zu sehen. Bei Frantschach passieren wir eine üble Gerüche ausdünstende Zellstoff-Fabrik, in deren Umkreis die Lavant eine giftig-weiß-schäumende Oberfläche zeigt. Jetzt verengt sich das Tal mehr und mehr, eng-nachbarschaftlich verläuft die Straße neben der schäumenden Lavant, und steil ragen dunkel bewaldete Hügel zu beiden Seiten auf. Bei Twimberg zweigt eine Straße nach Westen zum Packsattel (1166 m) ab, die dann nach Graz führt. Nach Norden geht es weiter der Lavant entlang über Bad St. Leonhard und Reichenfels zum Obdacher Sattel (954 m), der schon jenseits der Grenze zur Steiermark liegt.

Der Ortsname *Twimberg* ist abgeleitet von Zwingburg, und tatsächlich fungierte die Burg, deren grün-bewachsene Ruine wir über dem Ort sehen, als Sperrfeste an dieser Straßengabelung. Die Burg hat 1245 schon bestanden und gelangte 1326 in den Besitz der Bischöfe von Lavant, die sie von 1480 bis 1490 den Ungarn überlassen mußten, welche hier 1484 den Bischof Mathias Scheit von Seckau gefangen hielten. Später wurde die Festung bedeutungslos und begann schon Ende des 17. Jahrhunderts zu verfallen.

Die Straße zum Packsattel

Die landschaftlich schönere Strecke ist ohne Zweifel die zum Packsattel, also die Straße in Richtung Graz. Der Arzt und Reiseschriftsteller Franz Sartori hat in seinem 1811 erschienenen Buch an Kärnten wenig Gutes gelassen und weidlich über nahezu alles geschimpft, was ihm begegnete. »Überall schlechte Postpferde, grobe Posthalter, elende Gasthäuser und indolente Menschen.« Obwohl er nur eine Woche im Lande war, verstieg er sich zu der Schätzung, in Kärnten lebten 12–15 000 Bettler sowie 6 000–8 000 Schwachsinnige. Um so erstaunlicher ist es, daß der alte Grantler sich schließlich doch noch zu einem Lob aufraffte, und zwar war es eben die Straße zum Packsattel, die ihn so beeindruckte:

Es kann nicht leicht einen romantischeren Weg geben. Ruinen, Bergfesten, Eisenhämmer, Schmelzhütten bringen ihm eine Mannigfaltigkeit und eine Abwechslung bei, die man sehen und genießen muß. Die Straße zieht sich einige Stunden in die Höhe; Waldpartien wechseln mit grotesken Felsen; Luftton und Farbe der Umgebung verändern sich augen-

blicklich; mit jedem Schritte wird die Gegend ruhiger, bald hört man das Geläute der Glocken der weidenden Kühe und Ochsen, eine schärfere Luft verrät die Gipfel der hohen Gebirge, und endlich hat man die Höhe erreicht, die Kärnten von Steiermark trennt.

Die von Sartori erwähnten »Eisenhämmer und Schmelzhütten« sind inzwischen großen Sägewerken gewichen, doch sonst hat sich an seinem Stimmungsbild wenig verändert.

Das Dörfchen *Waldenstein* wird von jener Burg überragt, die uns in der traurigen Geschichte des grausamen Pflegers Philipp von Dornbach schon begegnet ist. Die Festung wurde 1255 erstmals erwähnt und gehörte bis 1282 dem Bistum Bamberg. Von da an saß das Geschlecht der Ungnad bis 1638 auf der Burg, und es ist anzunehmen, daß es im 14.Jahrhundert den Eisenbergbau in diesem Gebiet gegründet hat. Der interessanteste Sproß dieser Familie war Hans Ungnad (1493-1564), Landeshauptmann der Steiermark. Er schloß sich mit großer Begeisterung der lutherischen Lehre an, besuchte den Reformator in Wittenberg und gründete in Urach eine Druckerei, wo er die Bibel in slowenischer Sprache herausbrachte. Nach Ungnads Tod wurde die Druckerei nach Waldenstein verlegt und 1580 den Jesuiten in Graz übereignet – einer der in Kärnten sehr häufigen Fälle, daß protestantische Einrichtungen in die Hand der Gegenreformatoren übergingen. Das Schloß kam 1638 wieder an den Bischof von Bamberg und ab 1805 in Privatbesitz. Die Eisengewinnung wurde 1876 eingestellt.

Jetzt steigt die Straße in Serpentinen an, bis bei *Preitenegg* quasi der ›Gipfel‹ erreicht ist. Im Westen verläuft die zackenlose Kette der Saualpe, im Süden erstrecken sich die Ausläufer der Koralpe, den Norden begrenzt die Packalpe, den Osten die Hebalpe. Preitenegg liegt schon auf 1074 Meter Höhe; es weht hier auch im Sommer ein angenehm frisches Gebirgslüfterl. Die Straße führt durch fast unbesiedeltes Gebiet und erreicht nach etwa zehn Kilometer die steierische Grenze. Heute gut ausgebaut und bequem mit dem Auto befahrbar, war das Wegstück zwischen Preitenegg und Waldenstein in früherer Zeit bei den Reisenden gefürchtet.

Der Dichter August Hoffmann von Fallersleben (1798-1874) reiste im Sommer 1834 nach St.Paul, um dort die Klosterbibliothek zu studieren. In seinem Erinnerungsbuch ›Mein Leben‹ beschreibt er die Fahrt über den Packsattel ins Tal.

Stundenlang fuhr ich, dicht in Nebel gehüllt, auf dem Rücken des Gebirgszuges, der die Steiermark von Kärnten scheidet. Zuweilen öffnete sich das Gewölk und eine weite grüne Landschaft lag vor mir im hellen Sonnenschein. Zwischen neun und zehn Uhr ward es heiterer. Wir fuhren nun anderthalb Stunden bergab, ehe wir im Tal anlangten. Der Weg ist beinahe immer sehr abschüssig. Viele Menschen zu Roß und zu Wagen fanden hier schon den Tod, alles zerschmetterte und stürzte in die Tiefe hinab. Die Angehörigen haben oft dergleichen traurige Ereignisse auf Holztafeln abmalen lassen und die Bitte hinzugefügt, für die armen Seelen zu beten.

Die Straße zum Obdacher Sattel

Vor Bad St. Leonhard liegt links von der Straße das Schloß *Wiesenau*. 1814 kam es in den Besitz von Johann Söllner, der die Bleiweißfabrik in Wolfsberg leitete und den Schloßbesitz zu einem landwirtschaftlichen Mustergut ausbaute. Um seine Frau Elisabeth und ihre Schwester Anna Fortschnigg bildete sich ein musischer Kreis, der mit dem in Klagenfurt lebenden Franz von Herbert, einem Brieffreund Wielands und Schillers, in Verbindung stand. 1825 hielt sich der Astronom Johann Tobias Bürg in Wiesenau auf. Der sogenannte ›Wiesenauer Kreis‹ löste sich nach dem Selbstmord Elisabeth Söllners auf.

In einer flachen Talmulde liegt *Bad St. Leonhard*, ein beliebter Höhenluftkurort mit radioaktiven Schwefelquellen. In einer Urkunde Bischof Ottos I. von Bamberg ist von der Gründung einer ›Capella Sancti Leonardi in Gaminare‹ die Rede, wobei ›Gaminare‹ (= Lustigmacher) der mittelalterliche Name für das obere Lavanttal war. 1287 wird eine Burg erwähnt, deren Ruine noch heute den Namen ›Gomarn‹ trägt. Der Bergbau ließ die Siedlung schnell wachsen; 1325 wurde ihr Stadtrecht und Burgfried zuerkannt.

Die aus dieser ›capella‹ gewachsene heutige Stadtpfarrkirche St. Leonhard liegt etwas außerhalb der Stadt und entstand im 14. Jahrhundert. Sie gehört zu den schönsten frühgotischen Kirchen Kärntens, wenn auch leider der völlig unpassende Turmaufsatz von 1930 die Außenarchitektur empfindlich stört. Die ganze Kirche ist mit einer schmiedeeisernen Kette umgeben, wie es ähnlich in Österreich bei vielen Leonhardikirchen üblich ist. Die Kette ist das Attribut des heiligen Leonhard, der durch seine Fürbitte die Ketten der Gefangenen löste. Das Innere der dreischiffigen Basilika ist mit Kreuzrippen eingewölbt; der Chor zeigt ein Höchstmaß an architektonischer Harmonie. Einen besonderen Schatz besitzt die Kirche in ihren frühgotischen Glasgemälden, die sich ursprünglich in den Chorfenstern befanden, später aber in die beiden Seitenschiffe verlegt wurden. Mit 139 Scheiben in neun Fenstern hat St. Leonhard den größten Bestand an Glasgemälden in Österreich. Die ältesten 56 Scheiben aus der Zeit um 1340 befinden sich an den Nordfenstern und zeigen Christus, Maria, Heilige, Verkündigung, Weltgericht und das Stifterpaar Heinrich und Kunigunde Chroph. Die Chrophs entstammten einer reichen Familie aus dem steirischen Judenburg, das durch Erzabbau und Erzhandel hohe wirtschaftliche Bedeutung erlangte. Man nimmt an, daß dieser ältere Teil der Scheiben aus einer Judenburger Werkstatt kommt. Der schönlinige Stil der Zeit ist hier in rustikaler Form artikuliert. Die Glasmalereien im südlichen Seitenschiff sind Ende des 14. Jahrhunderts entstanden und zeigen u. a. Szenen aus dem Leben Christi, die Madonna mit Kind, Heilige und Engel. Die unteren Ornamentscheiben sind ein Werk des 19. Jahrhunderts.

Der monumentale hochbarocke Altar im Geiste des Gurker Hönel-Altars entstand 1638-46, die anmutig-verspielte Rokokokanzel 1779. Der schöne spätgotische Flügelaltar im südlichen Seitenschiff mit einer Schnitzgruppe der Anna Selbdritt wurde 1511 von Lorenz Schwaiger begonnen und 1513 von dem Lavanttaler Maler Melchior vollendet: Seine Schnitzereien sind typisch für die einheimische Schnitzkunst, seine Malereien hingegen weisen auf den vor allem von Multscher ausgegangenen Ulmer Einfluß hin.

Am südlichen Triumphbogenpfeiler steht eine schöne, leider barock gefaßte Madonna aus der Zeit um 1340. Der spätgotische Flügelaltar am südwestlichen Pfeiler mit den Figuren der Heiligen Paulus, Petrus und Christoph wird ebenfalls Lorenz Schwaiger zugeschrieben; von ihm ist nur der Schrein erhalten.

Der runde Karner im Osten der Kirche wurde um 1400 erbaut und enthält einen barocken Altar von 1635.

Die reizvolle um 1300 quadratisch angelegte Stadt hat einen langgestreckten Hauptplatz mit durchwegs zweistöckigen Häusern, die meist nach dem Brand von 1832 erbaut wurden. Unterhalb der Burgruine Gomarn im Südwesten der Stadt liegt die gotische Filialkirche St. Kunigunde mit schönen Barockaltären und einer mit Säulen und Tierkapitellen geschmückten Sakramentsnische des späten 14. Jahrhunderts.

In der Umgebung von St. Leonhard wurde früher Gold abgebaut; die alten Stollen sind bei dem Bergdorf *Kliening* noch zu besichtigen. Von hier aus lassen sich Bergtouren auf den Hohenwart (1820 m) und auf das Klippitzthörl (1642 m) unternehmen.

Reichenfels, der letzte Ort vor der Grenze zur Steiermark, ist im Sommer ein idealer Ausgangspunkt für Wanderungen auf den *Ameringkogel* (2184 m) im Osten, den *Zirbitzkogel* (2397 m) und die *Presseneralpe* (1876 m) im Nordwesten. Im Winter bieten sich für den Skifahrer viele Abfahrtsmöglichkeiten im Gebiet von Pack- und Stubalpe. Der Name Reichenfels weist auf die hier früher gewonnenen Silbererze hin, die vor allem bei dem auf 1358 Meter Höhe im Westen liegenden Dorf Sommerau abgebaut wurden. Seit 1450 wird Reichenfels als Markt genannt, 1480 wurde es von den Türken zerstört.

Auf dem *Rainsberg* (1400 m) oberhalb des Ortes ist ein schönes Skigebiet mit einem Sessellift und drei Schleppliften erschlossen worden. Ein Eislaufplatz, Rodelbahnen und Skiwanderwege machen dieses Gebiet im oberen Lavanttal auch für den sportlichen Winterurlauber attraktiv. Wer noch höher hinaus will, kann sich von vier Schleppliften zur Skialm *Klippitzthörl* hinauf bringen lassen und hat dort insgesamt dreizehn Kilometer Abfahrtsmöglichkeiten mit einem Höhenunterschied von 1460 bis 1818 Meter.

Hinter Reichenfels steigt die Straße steil an und führt auf den Obdacher Sattel (945 m), der schon jenseits der Landesgrenze Kärntens in der Steiermark liegt.

Das untere Lavanttal

Für das untere Lavanttal mit dem bedeutenden Benediktinerstift St.Paul haben wir, wie schon erwähnt, einen gesonderten Ganztagsausflug eingeplant. Bei dieser Gelegenheit wollen wir einen ganz kurzen Abstecher in den Süden, zu den Jauntaler Slowenen, unternehmen. Ausgangspunkt ist wiederum Völkermarkt. Die Straße von hier nach Lavamünd führt durch dichtbewaldetes, nur wenig besiedeltes Hügelland. Im Süden ragt als mächtiger Gebirgsblock die Hochpetzen (2114 m) mit ihrem von Schluchten durchzogenen Kamm auf. Etwa zehn Kilometer vor Lavamünd senkt sich die Straße hinab zur breit und ruhig dahinströmenden Drau. Der Ort Lavamünd hat seinen Namen von der Lavantmündung in die Drau, und hier ist das Lavanttal auch zu Ende. Von dem langen, am Drauufer angelegten Spazierweg kann man beobachten, wie die hier dunkelbraune, mit giftig-weißem Schaum bedeckte Lavant, von den Abwässern der Zellstoffwerke verunreinigt, in das helle milchig-grüne Wasser der Drau strömt.

Im Jahre 1091 wird ein »Hof bei Lavamünd« erwähnt, den Engelbert von Spanheim an das von ihm gegründete Kloster St.Paul übereignete; im 14.Jahrhundert wird die Siedlung als Markt bezeichnet. Ende des 15.Jahrhunderts hatte der Ort schwer unter Türken- und Ungarneinfällen zu leiden. Nach dem Ersten Weltkrieg war Lavamünd bis zur Volksabstimmung im Oktober 1920 von jugoslawischen Truppen besetzt. Die gotische Pfarrkirche ist ebenso wie die Marktkirche mit schönen Barockaltären ausgestattet.

Abstecher nach Bleiburg

Ein interessanter Abstecher bietet sich von Lavamünd aus nach Bleiburg an, dem größten Ort im südöstlichen Landesteil. Er führt über Neuhaus, wo es ein im 16.Jahrhundert auf einer von den Ungarn zerstörten Burg erbautes zweitürmiges Renaissanceschloß mit schönem Arkadenhof zu besichtigen gibt und dann in weitem Bogen um den Kimberngupf (1066 m) über Aich und Einersdorf. Die Grafen von Heunburg, die das Gebiet um Bleiburg im 12. Jahrhundert von den bayerischen Aribonen übernahmen, erbauten eine Burg, bei der sich der Markt Bleiburg entwickelte, der seinen Namen vom Bleibergbau im Gebiet des Petzen herleitet. 1368 wurde der Ort während einer Belagerung niedergebrannt und erhielt nach seinem Wiederaufbau zwei Jahre später das Stadtrecht. Während der Türkeneinfälle erlitt das nur schwach befestigte Städtchen schweren Schaden.

Hoch über der Stadt liegt das wuchtige Schloß, dessen heutige Form aus dem 16. Jahrhundert und einem Umbau im Jahre 1601 stammt. In der gotischen Schloßkapelle ist die 1595 entstandene Bronze-Gedenktafel für den Grafen Wolff von Thurn und seine Familie besonders sehenswert. Im übrigen gehört das Schloß noch jetzt der Familie Thurn-Valsassina.

Die Pfarrkirche St. Peter und Paul ist ein Bau des 15. Jahrhunderts mit Resten von romanischem Mauerwerk und wird äußerlich von ihrem wuchtigen Turm beherrscht. Das Innere ist mit schönen Netz- und Sternrippengewölben ausgestattet. In der 1765 erbauten Bürgerspitalkapelle St. Erasmus ist ein reizvoller Rokokoaltar erwähnenswert.

Diese südöstlichste Stadt Kärntens ist ein Zentrum des slowenischen Volksteils, der im Gerichtsbezirk Bleiburg 38 Prozent (1971) ausmacht und damit den höchsten Anteil an slowenisch sprechender Bevölkerung in Kärnten. Josef Friedrich Perkonig hat in seinem Aufsatz ›Der Kärntner Slowene‹ die Unterschiede zwischen den drei großen Gruppen des slowenischen Volkes in Kärnten, den Gailtaler Slowenen, den Rosentaler Slowenen und den Jauntaler Slowenen, sehr einfühlsam dargetan. Über die Jauntaler Slowenen, mit denen wir es hier zu tun haben, schreibt er:

Eine klare Luft steht um die Dörfer der Jauntaler Slowenen, es ist alles wohltuend sachlich darin, und ein verschwommenes Gefühl hat nirgends eine Heimstatt; die Dinge werden bei ihrem richtigen Namen genannt und nach ihrem tatsächlichen Range geordnet, für eine beschöni-

*gende Einbildung ist auch die Welt der bäuerlichen Enge zu überhell,
nichts ist wehleidig verstellt. Hier, wo auf ebenem oder doch nur hüge-
ligem Lande alles Leben einen weiteren und freieren Atem haben kann,
wo das Gebirge es nicht dämmernd beschattet, vermögen die Menschen
das Ausmaß der ihnen verliehenen Kraft auszuweisen . . . Der Jauntaler
Slowene braucht sie nicht zu scheuen, er hat seinen Anteil genützt, wie
es nur ein zu unablässigem Tagwerk Gerufener vermag, das Land hat
ihm seit jeher gesegnete Frucht getragen, wie er es verdiente, und er ist an
einem Tische, den er mit üppigerem Mahle bedecken könnte, bescheiden
geblieben; die gute Nachrede, die der puritanischen Tugend des Kärntner
Slowenen gilt, müßte mit einem Loblied auf ihn, der es besser haben
könnte und doch nicht haben will, eingeleitet werden.*

*Antikes Maß hat solche Strenge mit dem eigenen Leben, und antik ist
manches andere an ihm; unter eisernem Dreifuß brennt das Herdfeuer,
heilig wie seit je, Milch und Brot und Sterz sind noch immer ehrwürdige
Mahlzeit wie vor Tausenden von Jahren, Quellwasser, Brunnenwasser
im irdenen Krug zeugen für die karge Einfalt eines ländlichen Glücks. An
manchen Orten und zu gewissen Zeiten, wenn Mäher und Schnitter bei
guter Laune erhalten werden müssen, wird wohl auch Most in ihn gegossen, und wo es Früchte gibt, hat man immer auch Schnaps gebrannt.
Auch der Kärntner Slowene hat an seinen Kesseln dem Teufel ein Rauch-
opfer dargebracht, er ist ihm nicht verfallen, er ließ es mit dem Stückchen
Hölle bewenden, dem sich nach höherem Ratschluß jeder einmal aus-
liefern muß. Er ist wie alle, die es nicht leicht haben, von Natur aus zu
nüchtern, zu wach und aufmerksam, um einem rauschhaften Zustande
Dauer zu verleihen, und auch sein guter Geist, der die Gefahren für ein
kleines, auf sich selbst angewiesenes Volk wohl kennen mag, hat diese
eine von ihm abgewehrt.*

*Um ihn weht noch ein letzter Nachhall der sanften Hirtenflöte; so
viele seinesgleichen auch in Werkstätten und zu Maschinen abgewandert
sein mögen, in Schreibstuben und Pfarrhöfe und Bürgerhäuser, dort ihrer
frühen Herkunft, ihres Blutes vergessend, ihm wohl auch durch unwider-
stehliche Mächte abspenstig gemacht, es blieben ihrem Leben ferne von
heimatlichen Feldern und Wäldern ein paar letzte bäuerliche Penaten erhalten, die treuesten der Hausgötter verblieben bei dem Namen, wenn er
sich auch von seiner ursprünglichen Gestalt getrennt hat.*

Legende und Geschichte. Auf einem Hügel über dem Lavanttal, eingerahmt von den Bergen der Kor- und Saualpe, thront das Benediktinerstift St. Paul, mit vollem Recht ›Perle des Lavanttales‹ genannt. Die immer wache Phantasie des Kärntner Volkes hat der Gründung von St. Paul eine romantische Hero- und Leander-Sage zugrundegelegt. Das ganze Lavanttal – so wird erzählt – war in alten Zeiten ein einziger großer See, an dessen Ufern auf steiler Höhe die Burgen Hartneidstein und Rabenstein standen. Sohn und Tochter aus beiden Geschlechtern waren einander versprochen, und der verliebte Junker von Hartneidstein fuhr täglich nach Einbruch der Dämmerung mit seinem Kahn über den See, sicher geleitet vom Flackerlicht einer großen Kerze, die seine Geliebte allabendlich an ihr Fenster stellte. In einer stürmischen Nacht war das Mädchen eingeschlafen, ohne die Kerze entzündet zu haben und der Jüngling kam in den Wellen um. Vergeblich suchten die Knechte am anderen Morgen den See und die Ufer ab; nur der umgestürzte Kahn wurde gefunden. In ihrem Schmerz setzte das Fräulein von Rabenstein dem Vater solange zu, bis er eine mächtige Felswand, die den See dämmte, durchbrechen ließ. Als das Wasser sich verlaufen hatte und nur ein Talfluß davon übrig geblieben war, wurde der Leichnam des jungen Ritters auf einem Hügel gefunden. Ihm zu Gedenken erbaute man dort die Kirche St. Paul. Etwas später wurde im Leib eines gefangenen Lavantfisches der Verlobungsring des Ertrunkenen gefunden, und an dieser Stelle entstand das Dorf Fischering.

Die Historie hat für die Gründung von St. Paul eine etwas trockenere Version. Der rheinfränkische Graf Siegfried von Spanheim, der durch König Konrad II. nach Kärnten gekommen war, hatte die bayerische Aribonin Richardis geheiratet und durch sie weite Teile des unteren Lavanttales erworben. Aus seiner Zeit datiert die Burg, in deren Kapelle er begraben wurde, nachdem er 1065 auf dem Rückweg von einer Pilgerfahrt ins Heilige Land gestorben war. Sein frommer, von den Reformgedanken der Zeit erfüllter Sohn, Graf Engelbert I., verwandelte Burg und Kirche in

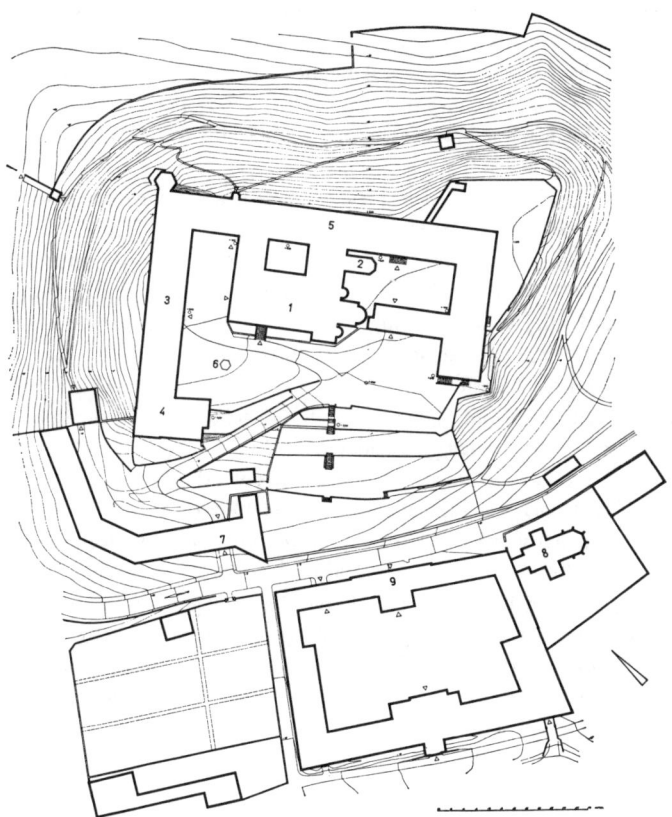

Grundriß der Gesamtanlage von Stift St. Paul

1 Die romanische Stiftskirche, spätes 12., frühes 13. Jh.
2 Die gotische Rabensteinerkapelle, spätes 14. Jh.
3 Der Westflügel des Stiftes, 1618 bis 1683
4 Die Prälatur, 2. H. 16. Jh., 1618 bis 1683

5 Der Nordflügel des Stiftes, 1637 und 1640–1661
6 Der Paulusbrunnen, 1719
7 Das Stiftstor, 1631–1633
8 Die Erhardikirche, um 1400
9 Der Meierhof, bald nach 1840
10 Der Stiftsgarten mit den beiden Stöckeln, 1815/16

eine Klosterstiftung, die er samt dem zu Füßen des Hügels gelegenen Meierhof und weiteren Gütern in Kärnten, Friaul und Steiermark den Benediktinern übereignete. Dessen Sohn, Engelbert II.,
reiste selbst nach Hirsau, dem Ausgangspunkt der cluniazensischen
Reform des Benediktinerordens auf deutschem Boden, um Mönche
nach St. Paul zu holen. Die neuerbaute Klosterkirche St. Paul wurde
1093 geweiht.

St. Paul entwickelte sich zum bedeutendsten Benediktinerstift
Kärntens. Seine erste große Blüte dauerte bis ins 15. Jahrhundert
hinein. Dann setzte eine Zeit des Niedergangs ein, bedingt durch
Pest, Kriege, Türkeneinfälle, häufige Zwistigkeiten zwischen den
Äbten, ständige Geldforderungen der Landesfürsten, die ja die Ab-
wehr der Türken aus derartigen Quellen finanzieren mußten. Unter Abt Ulrich Pfinzing (1515-1530) kam St. Paul wirtschaftlich an
den Rand des Ruins. Dieser Sproß der bekannten Nürnberger
Patrizierfamilie Pfinzing, Bruder von Melchior Pfinzing, dem
Endredaktor des Versepos ›Theuerdank‹ von Maximilian I., war,
wie sein Bruder, ein Günstling des Kaisers. Obzwar Laie, wurde er
den Mönchen von St. Paul als Abt aufgezwungen und sah fürder-
hin das Kloster als bequeme Geldquelle für seine verschwenderische Lebenshaltung an. Erst unter der strengen Führung des
schwäbischen Abtes Hieronymus Marchstaller (1616-1638) kehrte
wieder Ordnung ein. Die heutige Gestalt des Klosterbaues geht
hauptsächlich auf Marchstallers Bautätigkeit zurück. Im Stifter-
altar in der Stiftskirche ist die Idealansicht des Stiftes dargestellt,
wie der Abt sie konzipiert hatte: nämlich nach dem Vorbild des
Escorial. Aus Mangel an Mitteln konnte er diese Konzeption allerdings nur zu Teilen verwirklichen.

Wiewohl Ansehen und Einflußbereich des Stiftes seither wieder
gewachsen waren, wurde die Schuldenlast nicht geringer. Im Jahre
1782 verfügte Kaiser Joseph II. die Aufhebung des Stiftes. Zu dieser
Zeit war Anselm von Edling (1778-1787) Abt, er gehörte zum
Kreis der in Klagenfurt lebenden Schwester Josephs II., Erzherzogin
Maria Anna, und wurde auch durch Dramen und Gedichte bekannt. Eins seiner Gedichte könnte zu jener Zeit entstanden sein,
als das Ende von St. Paul unabwendbar war:

> Auch Unfäll dieser Erde
> sind nie zu groß für mich.
> Mein Herz fühlt die Beschwerde,
> stutzt und versammelt sich –
> ich tracht nicht, mich zu heben:
> kein Glück ist mir zu klein –
> ich wünsch' nicht lang zu leben
> auch nicht bald tod zu seyn.

1787 mußten die Mönche ihr Heim endgültig verlassen. Kloster und Kirche begannen zu verfallen und es wäre wohl, wie bei so vielen säkularisierten Klöstern, wenig davon übriggeblieben, wenn sich nicht neue Hausherren gefunden hätten. 1806 wurde das große Benediktinerstift St. Blasien im Schwarzwald aufgehoben. Um sich dessen Mönche als Lehrkräfte zu sichern, stellte Joseph II. ihnen zunächst das ebenfalls aufgelassene Kloster Spital in Oberösterreich zur Verfügung. Doch schon 1809 zogen sie nach St. Paul um, wo sie nun ihre endgültige Heimstätte gefunden hatten. Sie brachten nicht nur die Bibliothek und die Preziosen aus Spital mit, sondern die noch wertvolleren Handschriften, Bücher und Kunstschätze aus St. Blasien, die wir beim Besuch der Stiftssammlungen noch bestaunen werden. Die Benediktiner aus dem Schwarzwald gründeten ein Gymnasium, das bis heute mit Internat besteht, und machten St. Paul bald zum Mittelpunkt der Geisteswissenschaften in Kärnten, vor allem der Geschichtsforschung, was um so wichtiger war, als Kärnten ja keine Landesuniversität hat.

Das Kirchenbauwerk. Die Klosterkirche in ihrer heutigen Form ist im ausgehenden 12. und beginnenden 13. Jahrhundert entstanden, zur selben Zeit wie der Gurker Dom, an den sie spontan erinnert. Die alte, 1093 geweihte St. Paulskirche mußte dem Neubau fast zur Gänze weichen. Da Steinmetzzeichen hier fehlen, nimmt man an, daß ›fratres barbati‹, also Laienbrüder, als Werkmeister tätig waren. Auffallend ist, daß hier weitgehend mit der strengen Hirsauer Bautradition gebrochen wurde, vorbildhaft haben vielmehr, außer Gurk, der Dom zu Salzburg, das Chorherrenstift Seckau, auch das Benediktinerstift Millstatt gewirkt. Die dreischiffige Pfeilerbasilika hat zwei hohe Westtürme – im oberen Teil gotisch erneuert – und ein stark vorspringendes östliches Querhaus mit drei Halbkreisapsiden. Wie es der kirchlichen Bedeutung entspricht, sind die Türme als Elemente der Wehr fast schmucklos gestaltet, während das Langhaus, vor allem aber die Apsiden mit Rundbögen-, Zickzack- und Schachbrettfriesen reich geschmückt sind. Dieser Zierat unterliegt genauen Bedeutungsvorstellungen: Der Rundbogenfries hat heiligende Wirkung, das Zickzackband ist als Dämonenabwehr gemeint. An Chorhaus und Querhaus treiben sich hoch oben Kobolde, Drachen, Schlangen, Meerweibchen, Greifen oder Löwen umher.

Das Südportal, ursprünglich kleiner, wurde durch Abt Marchstaller 1617/18 aus hoch- und spätromanischen Werkstücken des späten 12. und frühen 13. Jahrhunderts zusammengefügt. Das Bogenfeldrelief stellt auf hellblauem Grund die thronende Muttergottes mit dem übergroßen gekrönten Kind in ihrem Schoß dar, umgeben von den Heiligen Drei Königen, dem Nährvater Josef sowie Engel und Stern. Derselbe Meister, nimmt man an, schuf auch das Bogenfeldrelief des Westportals, das den segnenden Christus zeigt, zu dessen Füßen der hl. Paulus und ein Abt des Klosters kauern, über beiden fliegen Engel. Indes das Relief noch vom Geist der Romanik geprägt ist, weist das Gewände des dreistufigen Trichtertors frühgotische Elemente auf.

Das Kircheninnere. Gotische Umbauten haben im Inneren den romanischen Raumcharakter beeinträchtigt. So wurden nach einem großen Brand von 1367 im Chorus minor (dem Raum vor dem Querhaus, der für Nichtsänger bestimmt war), im Querhaus und Altarhaus Kreuzrippengewölbe, 1468 um Langhaus Netz-, Stern- und Springrippengewölbe eingezogen. Die romanischen Glanzstücke sind hier die Kapitelle. Mit ihren Rosetten, Palmetten, Spiralranken, Rillenblättern, Maulbeerblättern und Knospen aller Art machen sie die ganze Vielfalt der Kapitellplastik des 12. und frühen 13. Jahrhunderts deutlich. Der Aufmerksamkeit nicht minder wert sind die gotischen Konsolfiguren und Schlußsteine.

Die lange Zeit wenig beachteten figürlichen und ornamentalen

Fresken in den Vierpässen der Gewölbekappen und an den Schluß-
steinen im Langhaus stammen von niemandem geringeren als
Friedrich und Michael Pacher aus Bruneck. Die sehr lebendigen
Darstellungen von Heiligen, Engeln, Wappen und Evangelisten-
symbolen, um 1468 entstanden, sind Meisterwerke der Brüder.
Man nimmt an, daß die vier Kirchenväter, der hl. Andreas und der
hl. Petrus von Friedrich, die übrigen Figuren von Michael Pacher
stammen.

Eine andere Kostbarkeit aus gotischer Zeit ist das große Fresko
an der Nordwand und dessen Anschluß an der Ostwand des Quer-
hauses. Meister Thomas von Villach, dessen Name hier bereits einige Male erwähnt wurde und von dessen Leben wir ausführlicher im
Kapitel über die Stadt Villach erzählen werden, schuf das Fresko
1493 im Auftrag des Abtes Sigismund Jöbstl von Jöbstlberg zum
Gedenken an die Stifter des Klosters, Graf Engelbert I. und seine
Gemahlin. Der Klagenfurter Kunsthistoriker Richard Milesi
schreibt über das Alterswerk des Meisters:

*Abt Jöbstl von Jöbstlberg erscheint als Stifterfigur im Fresko der Quer-
haus-Nordwand. Um die Ecke zum Chor hingezogen erscheinen die Kirchenpatrone Petrus und Paulus und im breiten Akanthusrahmen das la-
chende Selbstporträt des Meisters. Die Hauptdarstellung spielt in einer
flachen spätgotischen Halle und wird durch ein schmales Dienstbündel in
zwei Hälften geteilt: links eine heraldische und rechts eine figurale mit
dem knienden betenden Stifterpaar des Klosters, Hedwig und Engelbert
von Spanheim, von der hl. Katharina und dem hl. Benedikt empfohlen.
Die Konsolen, der Eselsrückenbogen betonen das nimbierte Haupt der
Katharina, machen ihrem Rad-Attribut Platz oder der dekorativen Krüm-
mung des Pedums in der Hand des Benedikt. Noch einmal der reiche, weite
Faltenauffall des Mantels der Stifterin, die bildparallel gegeben ist, gegenüber dem aus dem Bildgrund sich mit seiner Betergebärde ins Frontale wen-
dende Gemahl, der geharnischt über seinem Grab wie die Figur eines Epi-
taphs erscheint. Dem dekorativen Sinn des Malers waren die Wappen der
linken Hälfte des Freskos gelegen. Hier in diesem heraldischen Feld ist die
Teilung und Aufteilung nach allen Richtungen durchgespielt. In der unteren Zone wird das Wappen des hl. Benedikt von den kleineren des Abtes
und jenem des Malers flankiert. Die beiden Hauptwappen werden von den*

Hallenbogen überspannt. Links das von St. Paul übernommene Spanhei-
mer Wappen mit der Pfauenfeder-Helmzier, die durch den Dienst und den
Gewölbefächer der Hallenarchitektur geteilt wird. Rechts das Wappen
Kärntens mit dem goldenen Hörnerzimier, das vasenförmig den entspre-
chenden Wanddienst und den Gewölbefächer umfaßt. Dieses Fresko mit
der reichen Architektur, dem breiten Akanthusrahmen und dem glänzend
erhaltenen Gold kann als reichste und schönste Wandmalerei der Gotik in
Kärnten bezeichnet werden.

Auch ein Jugendwerk Thomas von Villachs aus den sechziger
Jahren ist in St. Paul zu sehen: Das Tafelbild des hl. Andreas und der
hl. Dorothea auf dem gotischen Blockaltar gegenüber der Kanzel.
Das Triptychon darüber stellt den hl. Erhard mit der hl. Barbara
links, den Gnadenstuhl in der Mitte und den hl. Johannes den Täufer mit der hl. Katharina rechts dar – der Meister dieser ausgezeichneten Werke ist noch nicht sicher ermittelt. Hochaltar, Altäre
und Kanzel sind Werke des Spätbarock und Rokoko.

Unter den hochinteressanten Grabmälern sei nur jenes von Abt
Ulrich Pfinzing hervorgehoben, das an der südlichen Querhaus-
wand eingemauert ist. Der Stein stammt von dem bedeutenden
Bildhauer Loy Hering aus Eichstätt und ist bereits zwischen 1515
und 1519 entstanden, also lange Jahre bevor der verschwenderische
Abt gleich nach seiner Zwangsabdankung 1530 in Haimburg starb
und in Völkermarkt begraben wurde. Als Freund des Kaisers konnte es sich der Nürnberger Patrizier leisten, einen Bildhauer aus seiner Heimat mit dem Auftrag zu betrauen. Der Grabstein ist nur ein
Teil einer Prunkgrabanlage, die geplant war, aber dann nicht zu
Ende geführt wurde, weil der kaiserliche Gönner 1519 starb. Loy
Hering hat in dieser großartigen Renaissancearbeit das herrische,
hochfahrende Wesen des Abtes eindringlich dargestellt. Ebenfalls
im südlichen Querschiff befindet sich ein Grabdenkmal für vierzehn
Habsburgerherrscher des 13. und 14. Jahrhunderts, die im 18. Jahrhundert im vorderösterreichischen St. Blasien geruht hatten. Bei
der Übersiedlung nach St. Paul hatten die Mönche die Gebeine mit-
genommen und in einer Tumba beigesetzt, deren Stirnseite jetzt
den Sockel des Grabdenkmals bildet. Seit 1936 liegen die Gebeine
in der Gruft unter dem Hochaltar.

Das Stift und seine Kunstsammlungen. Dem weitläufigen Komplex des 1618 begonnenen, 1683 abgeschlossenen und im 19.Jahrhundert wieder fortgesetzten Stiftsgebäudes mußten alle früheren Bauten weichen, von denen übrigens weder eine Abbildung noch eine Beschreibung erhalten ist. Leider konnte der geplante Bau nicht abgeschlossen werden, so daß dem architektonischen Bild die Einheitlichkeit fehlt. Ost-, West- und Nordflügel öffnen sich zur Kirche hin in breiten Arkadengängen und beeindrucken durch ihre großangelegte Weiträumigkeit. Die reiche und gediegene Barockausstattung der Innenräume kann man bei der Besichtigung der Kunstsammlungen bewundern.

Die Sammlungen von St.Paul – von deren Herkunft aus St. Blasien und Spital schon die Rede war – stehen in Reichtum und Vielfalt an der Spitze der vergleichbaren Sammlungen in Kärnten. Sie beinhalten Kunsthandwerk, Münzen und Medaillen, Gemälde, Graphik und eine Bibliothek.

Die kunsthandwerklichen Schätze reichen von Elfenbeinreliefs über Alabaster-, Porzellan- und Edelmetallarbeiten bis zu liturgischen Gewändern. Nur drei Prunkstücke seien hier hervorgehoben: ein kostbares Reliquienkreuz der Königin Adelheid von Ungarn des späten 11.Jahrhunderts, das mit Edelsteinen, antiken Gemmen und ägyptischen Skarabäen besetzt ist; ein Elfenbeinrelief mit der Darstellung von Christi Himmelfahrt und Herrlichkeit, das etwa um 900 in Metz entstand; ein silbervergoldeter, kunstvoll gearbeiteter Buchdeckel des 13.Jahrhunderts aus einer Pariser Werkstatt, auf dem in Hochrelief die Krönung Mariens, Maria mit dem Kind sowie vier Äbte und Heilige dargestellt sind: die wundervollen, in gotische Architekturformen eingefaßten Silberfigürchen sind von einer filigranzarten Bordüre aus Ahornranken und Fruchtkränzen eingefaßt.

Das Münzkabinett mit seinen rund 10000 Stücken ist, wie Fritz Dworschak schreibt, »ein Dokument der Geisteshaltung des 18. Jahrhunderts auf numismatischem Gebiet und ein wichtiges Zeugnis für die wissenschaftlichen Bestrebungen eines Hauses, das durch seine Stellung als Grabstätte älterer Habsburger zu diesen in besonders enger Beziehung stand«.

Bei der Gemäldesammlung liegt der Schwerpunkt auf der süddeutschen Malerei des 17. Jahrhunderts, den Niederländern und der österreichischen Malerei des 18. Jahrhunderts. Als eines der kostbarsten Werke gilt die Ölskizze einer ›Anbetung der Hirten‹ von Peter Paul Rubens. Nach dieser 1618 entstandenen Skizze schufen die Schüler des großen Niederländers das Altarbild in der Kathedrale von Soissons. Einen besonderen Schatz hütet das Kloster in den fünfzehn Ölgemälden des österreichischen Spätbarockmeisters Johann Martin Schmidt, genannt ›Kremserschmidt‹ (1718-1801). Der Maler schuf die ursprünglich sechzehn Bilder – eines ist inzwischen verschollen – in den sechziger und siebziger Jahren des 18. Jahrhunderts für das Augustinerstift Spital am Pyhrn. Die in ihrer Hell-Dunkel-Behandlung an Rembrandt geschulten, in Farbe und Form aber auch italienische Einflüsse verratenden Gemälde mit biblischen Szenen gehören zu den besten Arbeiten des sehr fruchtbaren Malers, der in Krems zur Welt kam, sich 1749 in Stein an der Donau niederließ und dort ein halbes Jahrhundert lang tätig war.

In der graphischen Sammlung liegen die Akzente auf Stichreproduktionen der klassischen italienischen Malerei, auf den idealen Landschaften des 17. und 18. Jahrhunderts sowie der Topographie des 18. und 19. Jahrhunderts.

Die Bibliothek besitzt berühmte Palimpseste, einzigartige Codices und Handschriften der Spätantike, des alpinen und des oberrheinischen Kulturkreises, Westeuropas und Italiens, darunter Inkunabeln und Frühdrucke von höchstem Wert. Auch eines der zwölf bekannten Pergamentexemplare der Gutenberg-Bibel war bis in unser Jahrhundert im Besitz von St. Paul – jetzt befindet es sich in der Kongreßbibliothek von Washington.

Der Markt St. Paul unterhalb des Stifts ist mit seinen kleinen alten Häusern, dem plätschernden Flüßchen und der schattigen Kastanienallee eine Spitzwegidylle. Die gotische Filialkirche St. Erhard am Fuße des Klosterberges mutet nach dem vorher Gesehenen etwas bescheiden an, doch hat sie eine gediegene Barockausstattung.

Die nüchternen Zahlen vorweg: Kärntens größter See ist rund 17 Kilometer lang und bis zu eineinhalb Kilometer breit, seine maximale Tiefe beträgt etwa 85 Meter. Der See erstreckt sich in sanft geschwungener Form von West nach Ost. Da ihn der gebirgige Norden vor rauhen Winden schützt und außerdem seine Zu- und Abflüsse gering sind, ist er von den großen Kärntner Seen der wärmste – mit einer mittleren Temperatur von 23 Grad Celsius in den Monaten Juli und August. So reicht die Badesaison an seinen grünen sonnigen Ufern bis spät in den Herbst hinein, was den See allerdings nicht daran hindert, im Winter teilweise, manchmal sogar ganz zuzufrieren. Diese Gegensätze sind typisch für das Binnenklima des Klagenfurter Beckens, wo auf lange heiße Sommer regelmäßig frostklirrende Winter folgen.

›Österreichs Riviera‹ wird der Wörther See gerne genannt. So abgedroschen diese Bezeichnung inzwischen auch sein mag – sie stimmt. Gilt die Riviera als schönster Teil des Mittelmeeres, so gebührt dem Wörther See unter den vielen Kärntner Seen die Palme. Nicht weniger lebhaft als an der Riviera geht es im Sommer an seinen Ufern zu; wer stilles Behagen sucht, ist hier freilich fehl am Platz. Doch wird es Mitte September wieder ruhiger, und im sonnigen Spätherbst entfaltet der See seinen ganzen betörenden Zauber. Wer sich in ihn verlieben, wer in aller Ruhe seine grünen Ufer mit den schönen gepflegten Orten erleben will, der sollte Ende September hierherkommen. Sogar baden kann man noch zu dieser Zeit – zumindest vom späten Vormittag bis zum frühen Nachmittag ist es im Freien warm genug, und der See speichert seine Sommerwärme bis in den Oktober hinein.

Auch das soll mit Nachdruck gesagt sein: Zwei Dinge unterscheiden den Wörther See inzwischen wohltuend von der Küste,
mit der er verglichen wird: Sein Wasser ist einigermaßen sauber
geblieben und man wird in Zukunft alles tun, es sauber zu halten;
denn der Tourismus ist Kärntens größtes Kapital. Auch wurde hier
nicht der Fehler begangen, die lieblichen Ufer mit häßlichen vielstöckigen Hotelkästen zu verbauen. Ansätze zu solchen Plänen waren freilich vorhanden, doch Vernunft und Heimatliebe haben bis
jetzt obsiegt. Die Orte sind größer, aber sie sind nicht häßlicher geworden, und die Autobahn von Klagenfurt nach Villach oberhalb
des Nordufers wurde so geschickt in die Landschaft gefügt, daß sie
kaum stört. Sie hat die Uferstraße wesentlich entlastet, da ja früher
der ganze Ost-West-Verkehr durch das dicht besiedelte Klagenfurter Becken über die im Sommer ohnehin schon überlastete Uferstraße flutete. Ich möchte an dieser Stelle für die Fremdenverkehrsplanung in Kärnten – trotzdem es natürlich auch da einige Negativa gibt – eine Lanze brechen. Stufenweise Einschränkung und teilweise völliges Verbot von Motorschiffen auf den Seen, Verbot von
Kofferradios in den öffentlichen Bädern, mit wenigen Ausnahmen
vernünftiges landschaftsgerechtes Bauen und die in kleineren Orten
und an kleineren Seen noch immer sehr günstigen Preise heben sich
angenehm ab von den unguten Verhältnissen in vielen anderen
Fremdenverkehrsgebieten.

Zurück zum Wörther See, dessen Entstehung die sagenfrohen
Kärntner natürlich nicht in schmelzenden Eiszeitgletschern sehen.
In uralten Zeiten erstreckte sich anstelle des heutigen Sees ein weites fruchtbares Tal mit einer großen reichen Stadt, deren Einwohner immer übermütiger wurden und die christlichen Gebräuche
kaum noch achteten. So wurde an einem Heiligen Abend wieder
einmal getrunken und getanzt, anstatt der Geburt des Herrn zu gedenken. Da trat ein winziges Männlein mit einem Fäßchen auf dem
Rücken mitten unter die lärmenden Zecher und mahnte zu Einkehr
und Mäßigung, sonst würde es sein Fäßchen öffnen. Diese Drohung
wurde mit schallendem Gelächter quittiert, und als das Männchen
den Hahn des Fasses öffnete, lachten die Übermütigen noch immer.
Das Wasser lief und lief, füllte den festlichen Saal, drang ins Freie –

alles Bitten und Flehen half nichts, die Stadt versank, und am nächsten Morgen bedeckte ein blinkender Seespiegel das einst so fruchtbare Tal. Bei ruhigem Wetter, so heißt es, hört man in der Tiefe
noch heute die Glocken von den versunkenen Kirchtürmen im
Schlag der Wellen leise klingen.

Dem Volksmund soll noch das Wort eines Dichters folgen. Der
durch düstere, schicksalhafte Romane bekanntgewordene Schle-
sier Hermann Stehr (1864-1940) hat in wenigen Zeilen ein recht
farbiges Bild unseres Sees gezeichnet:

*Hier in diesem See und seiner Umgebung findet sich alles, was der
Kärntner ist und liebt. Denn von Velden bis Klagenfurt in dem langen
gewundenen Bogen schimmert er im gleichen Glanze seiner grünen Wasser ohne Drohen und finstere Überraschungen, tief und still. Die heiteren,
vielgestaltigen Ufer mit den grün eingekuschelten Dörfern, den lieblichen
Waldbergen scheinen sein Werk. Seine Einsamkeit bedrückt nie, und er
braucht keinen Schirokko, weil er nicht schrecken will, und keine Bora,
um bedeutend zu sein. Fernab im Süden reißen sich die Karawanken grau
und zerzaust in den Himmel. Der See duldet, daß sie zu ihm hereinsehen,
als stete Mahner, zur Wachsamkeit und Entschlossenheit der Kärntner.
Am Abend aber, in der tiefen Dämmerung überläßt sich der See seinem
tiefsten Traum. Blau und geheimnisvoll dunkelt er in die Nacht, und man
meint, er schwimme in der Ferne in den Himmel hinauf.*

Velden

Beginnen wir unsere Rundfahrt am Westende des Sees, wo bei
Rosegg die Drau ihm so nahe kommt, als habe sie eigentlich beab-
sichtigt, schon hier ihren Lauf im weiten Seebecken zu beenden.

Über Velden gäbe es viel zu sagen, wollte man erzählen von den
zahllosen Möglichkeiten, hier sein Geld los zu werden, von den
Luxushotels, den Bars und Nachtlokalen, den teuren Geschäften,
den mit Villen übersäten Hängen. Wenig hingegen gibt es zu berichten von Veldens Kunstschätzen oder seiner Geschichte.

Mit Sicherheit ist der Ort erst seit 1263 nachzuweisen, vielleicht
aber lag hier der urkundlich genannte Besitz des Grafen Heimo,
Mundschenk Arnulfs von Kärnten. 903 kam der Besitz an Maria

Wörth und damit an das Bistum Freising. Velden wurde um 1545 –
wie so vieles in Kärnten – ein Eigentum der Familie Khevenhüller.
Jahrhunderte hindurch war Velden ein bescheidenes Fischerdorf,
bis es sich wegen seiner wundervollen Lage zu dem heutigen Ferienort entwickelte, der jetzt zwar nur über 2000 Einwohner zählt,
aber doch das ganze Westufer bedeckt.

Freilich hat Velden als Erholungs- und Badeort bereits eine gewisse Tradition aufzuweisen. Schon im 17. Jahrhundert besuchten
die Bürger Villachs und Klagenfurts gerne die von den Fischern ge-
führten Tavernen, doch der eigentliche Aufschwung begann erst
mit der Eröffnung der Bahnlinie Villach-Klagenfurt im Jahre 1864.
Ein Jahr darauf wurde das erste öffentliche Strandbad eingeweiht,
und bald hatte die europäische Gesellschaft ein neues Sommerziel.
›Man‹ fuhr an den Wörther See.

Von der das ganze Westufer umspannenden Strandpromenade
sehen wir nur eine knappe Hälfte des Sees, da die Pörtschach vor-
gelagerte Halbinsel den Blick auf sein östliches Ende versperrt.
Rechts erhebt sich der dicht bewaldete Pyramidenkogel, dessen
Aussichtsturm man irrtümlich für ein Gipfelkreuz halten könnte.
Links sehen wir das grüne Ufer vom hellen Band der Autobahn
Villach-Klagenfurt durchschnitten. Am nördlichen Ende der Uferpromenade steht das *Schloß Velden*, 1603 von Bartlmä Khevenhüller (1539-1613) »zum gemütlichen Kurzweil im Alter« errichtet.
Jetzt ist ein nobles Hotel daraus geworden. Einige Umbauten
haben den ursprünglichen Renaissancebau inzwischen verändert.
Die schöne Parkanlage hinter dem Hotel ist ein kleiner botani-
scher Garten, nur für Gäste zugänglich.

In Velden gibt es übrigens noch eine wesentlich radikalere Art,
sein Geld loszuwerden, als in Hotels oder Nachtclubs – nämlich im
Spielkasino. Gleich daneben ist der Eingang zum öffentlichen
Strandbad, eine sehr gepflegte, im Hochsommer leider viel zu klei-
ne Anlage mit herrlichem Blick auf die Karawanken, über deren
Kette der pyramidenförmige Mittagskogel (2143 m) mächtig sein
Haupt erhebt.

Eine Reihe schöner Wanderziele ist in der näheren Umgebung
bequem zu erreichen. Vom Ortsteil Unterwinklern steigt man in

ungefähr anderthalb Stunden durch die Römerschlucht hinauf zu
dem still und einsam gelegenen *Forstsee*, wo man auch baden kann.

Etwas länger dauert der Weg über Fahrendorf zum *Groß-Stern-
berg* (733 m), einem der schönsten Aussichtspunkte dieser Gegend.
Hier steht die kleine gotische St. Georgs-Kirche mit kelto-romanischen Reliefsteinen in der südlichen Außenmauer. Von der einstmals so gewaltigen Burg der Grafen von Sternberg sind nur noch
die spärlichen Reste des Bergfrieds zu sehen.

Wer diese Tour zu einer Tageswanderung ausweiten will, kann
von hier aus durch den Wald nach *Köstenberg* gehen, dort links ab-
biegen und den Höhenweg zum Obersarkopanik nehmen. Von
hier aus wandern wir am Rabenkogel (1061 m) vorbei nach *Ossiach,*
wo man sich bei einer Brettljause im Stiftshotel erholen kann. Wer
den Rückweg zu Fuß scheut, kann mit dem Schiff nach Bodensdorf
übersetzen und von dort mit der Bahn nach Velden zurückfahren.

Dem Bergfreund möchte ich die *Karawankentour* empfehlen.
Wir fahren mit dem Auto über Rosegg und am Faaker See vorbei
nach *Ledenitzen*. Wer die Benzinkutsche einmal stehenlassen will,
nimmt die Bahn über Villach nach Ledenitzen. Von dort steigen
wir in rund drei Stunden hinauf zur Mittagskogelhütte (früher
Bertahütte), die den Sommer über bewirtschaftet ist. Auf den Gipfel des *Mittagskogel* (2143 m) führen zwei gut markierte Wanderwege, wofür man nochmals etwa zwei Stunden rechnen muß.

Pörtschach

Wir wenden uns zum Nordufer und fahren in Richtung Osten.
Eine endlose Kette von Villen und Hotels begleitet uns auf dem
Weg nach Pörtschach. Ein kurzes Stück läuft die Bahnlinie neben
der Straße her, und wo wir sie überqueren, beginnt Pörtschach. Der
aus dem Slowenischen stammende Ortsname bedeutet etwa ›Bei
den Leuten am Bach‹.

Von der Hauptstraße aus gesehen ähnelt der Ort in seiner ganzen
Aufmachung dem etwas kleineren Velden, doch auf dem Weg zum
Seeufer spürt man den Unterschied. Pörtschach ist grüner, liebli-
cher und wirkt weniger hektisch. Schmale schattige Alleen durch-

ziehen den Ort und säumen reizende, oft südländisch anmutende
Villen und Pensionen im Stil der Jahrhundertwende. Diese Häuser
sind durchwegs in gepflegte Parks gebettet, in denen fast das ganze
Jahr hindurch irgendetwas grünt und blüht und duftet. Auch Pört-
schachs Lage kann sich mit der von Velden messen. Der Ort
schmiegt sich in eine Bucht zwischen dem Nordufer und einer weit
in den See ragenden Halbinsel, die jetzt mit der pappelbestandenen
Schlangeninsel durch eine Brücke verbunden ist. Dieses Inselchen
gehört zum Teil der Gemeinde und ist vom Strandbad aus zugänglich.

Über dem See erhebt sich im Süden der Pyramidenkogel, während der weißbestäubte Mittagskogel jetzt weiter nach Südwesten
gerückt ist. Dieses gewaltige Panorama können wir von der Uferpromenade aus genießen, die wie ein exotischer Garten mit vielerlei
Blumen, Büschen und Bäumen bepflanzt, für Autos gesperrt und
ungepflastert ist. Man kann zugunsten eines Steinpflasters sagen,
was man will, in eine solch anmutige, von Bergen, See und üppiger
Vegetation geprägte Umgebung fügt sich der natürliche Boden
weit besser ein. Wenn ich wie Paris unter den Schönen an den Ge-
staden des Wörther Sees zu wählen hätte, ich würde spontan Pörtschach den Apfel reichen.

Schon Johannes Brahms hat während seiner Sommerferien in
den Jahren 1877-1879 dieses Gebiet in sein Herz geschlossen, vielleicht weil ihm das Schaffen hier besonders leicht fiel. In einem
Brief schwärmt er: *Ja, der Wörther See ist ein jungfräulicher Boden, da
fliegen die Melodien, daß man sich hüten muß, keine zu treten.* Heute
fliegen freilich andere Melodien aus den Türen der Amüsierlokale
und jungfräulich ist dieser Boden längst nicht mehr. Schön ist es
aber hier noch immer.

Hinter dem Strandbad ist ein schattiger Park mit hohen alten
Laub- und Nadelbäumen angelegt. Hier überqueren wir die Halbinsel und haben jetzt ein Stück der östlichen Seehälfte vor uns, wo
im Südosten am anderen Ufer die Häuser von Maria Wörth sich
ganz eng um das alte Kirchlein scharen. Ein Blick auf das Ostende
des Sees ist auch jetzt noch nicht möglich, weil diesmal die Halbinsel von Pritschitz unsere Sicht versperrt. Genau gegenüber, un-

terhalb des Pyramidenkogels, ist die von Schilf wie mit einem Stachelgürtel gesäumte Kapuzinerinsel zu sehen, das zweite der beiden kleinen Eilande im Wörther See. Zur Gemeinde Pörtschach gehören auch die östlich am Seeufer liegenden kleinen Orte Winklern, Goritschach, Sallach, Pritschitz und im Westen das schon ganz mit Pörtschach verwachsene Windischberg.

Der Spaziergang läßt sich übrigens um die ganze Halbinsel ausdehnen und zählt zu den schönsten Wegen, die ich am Wörther See kenne. Wer den lauten Rummel mit Wasserskibetrieb und pausenlos rasenden und knatternden Motorbooten nicht liebt, wird im Mai und ab Mitte September ein recht erholsames Pörtschach vorfinden und wird sich vielleicht ein bißchen in diesen zauberhaften Ort verlieben, der aus Gastgewerbe und Naturschönheit das Beste gemacht hat.

Oberhalb Pörtschach liegt die *Burgruine Leonstein,* als deren ältester Besitzer ein Dietrich von Leonstein (1166-94) erscheint. Eine traurige Mär berichtet vom Untergang dieses Geschlechts. Der letzte Herr auf Leonstein war jung und glücklich verheiratet. Als er eines Abends heimkehrte, sah er seine Gemahlin mit einem fremden jungen Mann Arm in Arm im Park spazierengehen. Besinnungslos vor Zorn und Eifersucht stach der Burgherr den Fremden nieder und wollte schon Hand an seine junge Frau legen, als diese sich mit den Worten »Mein Bruder, mein armer Bruder!« über die Leiche warf. Entsetzt über seine Untat floh der Herr von Leonstein aus dem Land, pilgerte nach Rom und kehrte schließlich als unbekannter Mönch in seine Heimat zurück, wo er sich auf der Schlangeninsel als büßender Einsiedler niederließ. Drüben auf der Burg lebte seine Gemahlin in frommer Zurückgezogenheit und als Wohltäterin der Armen weithin verehrt. Tag um Tag, Jahr um Jahr hauste nun der frühere Burgherr auf seiner verwilderten Insel und büßte seine Untat auf die schrecklichste Weise, da er die geliebte Frau so nahe wußte, ohne sie jemals zu sehen. Eines Tages hörte er das Sterbeglöcklein von der Burgkapelle herüberklingen, und so machte er sich auf den Weg hinauf zu der Burg seiner Ahnen, reihte sich geduldig in die Menge des klagenden Volkes, das von

seiner verehrten Herrin Abschied nahm. Als er sich über die Hände
seines toten Weibes beugte, um sie ein letztes Mal zu küssen, sank
er sterbend über der Bahre zusammen. Als man den Leichnam des
Einsiedlers wegbringen wollte, fand man an seiner Hand den Wap-
penring der Leonsteiner und wußte jetzt, wer der von allen mit
Scheu betrachtete Büßer war. So wurde der Letzte seines Geschlechts in die Gruft neben sein Weib gebettet.

Krumpendorf

Im Gebiet von Krumpendorf wurden viele vorgeschichtliche
und römerzeitliche Funde gemacht; wahrscheinlich befand sich
hier die kleine Römersiedlung Solaca. Das Schloß gehörte Ende des
16. Jahrhunderts den Khevenhüller, in seiner heutigen Form stammt
es aus der Zeit um 1820.

Der Ort hat einen reizenden kleinen mit Büschen und Blumen
bestandenen Uferpark, aber keine Strandpromenade. Dafür gibt es
vier öffentliche Strandbäder, auch viele der Hotels besitzen ein
eigenes Uferstück. Vom Uferpark überblicken wir nun endlich das
östliche Ende des Sees mit der weiten Anlage des Strandbades von
Klagenfurt. Rechts daneben erkennen wir auf seiner Halbinsel das
Schloß Maria Loretto, dann die Häuser der kleinen Orte Maiernigg
und Sekirn zu Füßen der bewaldeten Friedl-Höhe. Im Südwesten
schmiegt sich Reifnitz in seine geschwungene Bucht, darüber die
mächtigen Zacken von Vertatscha (2181 m) und Hochstuhl (2238 m).

Im Hinterland von Krumpendorf können wir uns die Schlösser
Drasing, Hornstein und *Hallegg* erwandern oder die kleine romanische Kirche des Dorfes *Pirk* besuchen.

Maiernigg

Wir umfahren nun das flache, zum Gemeindebereich Klagenfurt gehörende Ostende des Sees und kommen auf die schmale
Straße des bescheideneren Südufers. Die Nordsicht an diesem Ufer
und die damit verbundene geringere und kürzere Sonnenbestrah-
lung hat begreiflicherweise die Entwicklung des Fremdenverkehrs

hier etwas gebremst. Gerade deshalb werden wir dieses Ufer jedem ausdrücklich ans Herz legen, der stillere Aufenthalte und unberührtere Natur vorzieht, ganz abgesehen von den auf der gegenüberliegenden ›Riviera‹ fehlenden kunsthistorischen Stätten.

Durch die kleinen, ruhigen Badeorte Maiernigg und Sekirn fahren wir auf der meist unmittelbar am Ufer entlangführenden Straße auf die uralte Siedlung Reifnitz zu. Es ist wenig bekannt, daß sich in der kleinen Ufersiedlung Maiernigg große Musikgeschichte abgespielt hat. Hier erwarb der Komponist und Dirigent Gustav Mahler 1899 ein Grundstück, auf dem er sich wenig später eine Ferienvilla erbaute. Hier entstand im Sommer 1900 der Entwurf zur 4. Symphonie, die dann im Winter vollendet wurde. Mit ihrer klangvollen, melodischen Tonsprache ist sie wohl Mahlers ›populärste‹ Symphonie geworden, dem Musikverständnis leichter zugänglich als die anderen. Es mußte ja fast ein halbes Jahrhundert nach dem frühen Tod dieses Komponisten vergehen, ehe sein Werk ins Repertoire der Konzertsäle einging. Vielleicht hat dazu die Einsicht beigetragen, daß Mahler eben nicht nur der letzte und genialste Spätromantiker war, sondern, wie seine Frau Alma (die spätere Frau Franz Werfels) es formulierte: »*Er war – und das ist sicher – der Brückenbauer zur Musik der Zukunft.*«

Mahlers Tätigkeit als Direktor der Wiener Oper ließ wenig Zeit für das eigene Werk, und so wurde er zwangsläufig zu einem ›Ferienkomponisten‹. Im Sommer 1901 begann er in Maiernigg seine 5. Symphonie zu entwerfen, deren Adagietto, wie wir uns erinnern, leitmotivisch in Viscontis Film ›Tod in Venedig‹ verwendet wird. Im Sommer 1906 kam Mahler nach einer anstrengenden Konzertreise völlig erschöpft in Maiernigg an, doch gönnte er sich keine Ruhe, sondern befaßte sich mit seiner 8. Symphonie, die er später für sein bedeutendstes Werk hielt. Alma Mahler berichtet davon in ihren Erinnerungen: *Er arbeitete in diesem Sommer übermenschlich, spielte mir damals oft aus dem neuen Werk vor, war unerhört glücklich und erhoben.* Schon am 18. August konnte Mahler an einen Freund berichten: *Ich habe eben meine Achte vollendet – es ist das Größte, was ich bis jetzt gemacht. Und so eigenartig in Inhalt und Form, daß sich darüber gar nicht schreiben läßt. Denken Sie sich, daß das Uni-*

versum zu tönen und zu klingen beginnt. Es sind nicht mehr menschliche Stimmen, sondern Planeten und Sonnen, welche kreisen.

Als Mahlers Töchterchen Maria Anna 1907 in Maiernigg an Scharlach-Diphtherie starb, brachte es der zutiefst getroffene Künstler nicht mehr übers Herz, dort seine Ferien weiterhin zu verleben und verkaufte die Villa. Gustav Mahler konnte damals nicht ahnen, daß er sein geliebtes Kind nur um vier Jahre überleben würde. Er feierte Triumphe als Dirigent an der Met in New York, vollendete seine 9. Symphonie und arbeitete an einer zehnten, als er am 18. Mai 1911, erst einundfünfzigjährig, einem Herzleiden erlag.

Von Reifnitz zum Keutschacher See

In einer Urkunde von 888 wird *Reifnitz* als ›Viscaha‹ bezeichnet, sein jetziger slowenischer Name bedeutet ›Fischbach‹. 977 schenkte Kaiser Otto die Siedlung dem Bistum Brixen, später wechselten dann mehrmals die Besitzer, bis es 1659 die gräfliche Familie Rosenberg erwarb. Hoch über dem Ort thronte einst eine der gewaltigsten Burgen Kärntens, die – in romanischer Zeit gegründet und später erweitert – schon im 15. Jahrhundert verfiel.

Von Reifnitz aus überschauen wir den ganzen östlichen Teil des Sees, während er im Westen durch eine weit vorstoßende Landzunge, die ein romantisches Schlößchen trägt, wie abgeriegelt erscheint.

Nur wenige Kilometer führen von hier zum stillen kleinen *Keutschacher See*, der am Südufer nur etwas und am Nordufer fast gar nicht besiedelt ist. Der See schmiegt sich an die Nordhänge des Pyramidenkogels, dessen Aussichtsturm fast im ganzen Bereich des Wörther Sees sichtbar ist. Im Süden erstrecken sich die Berge der Sattnitzhöhe. Im Keutschacher See wurden Reste von Pfahlbauten aus der Jungsteinzeit entdeckt, also aus der Zeit etwa zwischen 3000 und 1800 v. Chr. Eine primitive Burganlage südlich des Sees stammt vermutlich aus der Völkerwanderungszeit.

Ein Sproß des hier seit Mitte des 15. Jahrhunderts ansässigen Geschlechtes der Keutschach war der Salzburger Fürsterzbischof Leonhard von Keutschach (1495-1519), ein echter Renaissancefürst, der unbedenklich alle Machtmittel einsetzte und eine glänzende Bautätigkeit entfaltete, die vor allem dem Ausbau der Festung Hohensalzburg galt.

Der kleine, ländlich-behagliche Badeort *Keutschach* liegt mit seinem Hauptteil im Nordosten oberhalb des Sees. Die schon 1242 genannte Pfarrkirche St.Georg – eine romanische Basilika mit kreuzrippengewölbtem gotischem Chor und barocker Stukkatur und Ausstattung – trägt an der Außenwand einen bemerkenswerten Marmorstein, wie sie ähnlich auch andernorts in Kärnten gefunden und in den Zeitraum zwischen dem 7. und 10.Jahrhundert datiert wurden. In den Stein ist eine primitive Darstellung des stehenden Heiland – nach anderen Deutungen ist es der Tod – eingeritzt: ein Gerippe mit gesichtslosem Kopf, dem lediglich ein Kreuz eingeschrieben ist. Ein zweiter Marmorstein, der aus dem 13.Jahrhundert stammt, trägt die Inschrift WILVERUS und ein Kreuz im Kreis. Das Barockschloß Keutschach – der Bau stammt aus dem 17., die Pilastergliederung der Fassade aus dem 18.Jahrhundert – gehörte bis 1926 dem Grafen Orsini-Rosenberg.

Den Keutschacher See umgibt ein Kranz kleinerer Gewässer, deren namhafteste im Osten der Rauschelesee und im Westen Hafner- und Penkensee sind. Vom Nordufer des Keutschacher Sees führt eine Autostraße hinauf zum *Pyramidenkogel* (846 m). Wer beim ersten Bildstock hält, erreicht von hier aus in etwa fünfzehn Minuten auf einem verwunschenen Waldweg die Kapelle St.Margareten. Das Kirchlein steht mitten in den Ruinen der ehemals so mächtigen Burg Reifnitz, von der noch einige Mauern und der Sockel eines Turmes zu sehen sind. St.Margareten wurde 1532 geweiht, der schöne frühbarocke Hochaltar entstand 1639. Im Wald unterhalb der Burgruine befindet sich der sogenannte Hexenstein. Der etwa eineinhalb Meter hohe Stein hat oben eine runde Vertiefung, was die Vermutung nahelegt, daß hier eine heidnische Opferstätte gewesen ist.

Auf dem Pyramidenkogel angelangt, bleibt selbst dem Bequemsten nichts anderes übrig, als den Turm hochzufahren, denn unterhalb des Betonmonsters verstellen hohe Bäume jede Aussicht. Doch es lohnt sich: Die Aussicht ist unvergleichlich, nach allen Seiten völlig frei. An sehr klaren Tagen umfaßt der Rundblick von hier aus mehr als die Hälfte von ganz Kärnten. Im Süden überschauen wir den ganzen Karawankenzug von Ost bis West; davor der von Wald umschlossene Keutschacher See. Auch der blaue Wörther See im Norden ist mit einer einzigen Drehung des Kopfes zu übersehen. Direkt zu unseren Füßen liegt die Halbinsel von Pörtschach mit Schlangen- und Kapuzinerinsel, darüber die vielfach gestuften Höhenzüge der Tauern. Das flache Land am östlichen Seeufer ist ganz von dem breit hingelagerten Klagenfurt bedeckt. Maria Wörth im Nordosten sieht aus wie ein lustiges Spielzeugdorf. Den Westen verstellt der gewaltige Block des Großglockner, dessen schnee- und eisbedecktes Haupt aber nur an klaren Tagen sichtbar ist. Von hier oben aus ist hervorragend zu erkennen, mit welchem Waldreichtum Kärnten gesegnet ist. Die dunklen Flächen des Nadelwaldes mit dem eingesprenkelten helleren Grün der Laubbäume bedecken gut zwei Drittel des umliegenden Landes.

Mein tiefverwurzeltes Mißtrauen gegenüber technischen Wunderleistungen wie diesem vierundfünfzig Meter hohen Aussichtsturm wird wieder einmal bestätigt. Als die Besuchergruppe sich an dem gewaltigen Panorama sattgesehen hat und vom steifen Höhenwind durchfroren wieder hinunterfahren will, funktionierte der Lift des stolzen Turmes nicht mehr. Eine gute halbe Stunde müssen wir im frischen Wind ausharren, bis der arme Liftführer zu Fuß die Nottreppe heraufkeucht und den Lift von der oben befindlichen Relaisstation aus, quasi per Hand, wieder in Bewegung setzt.

Maria Wörth

Die jetzige Halbinsel Maria Wörth war früher eine Insel, wovon auch der Name Wörther See (›Wert‹ bedeutet Insel) abgeleitet wurde. Vor 1770 senkte sich der Wasserspiegel so stark, daß eine Brücke zum Festland entstand. Schon seit dem 9. Jahrhundert gehörte das ganze Gebiet dem Bistum Freising, dessen Kloster Innichen in Tirol wahrscheinlich noch vor 900 hier eine Kirche errichtete. Diese unter Bischof Waldo (884-906) entstandene Gründung wurde zu einem Zentrum der Rechristianisierung.

21 *Eisenkette an der Pfarrkirche von St. Leonhard im Lavanttal: Attribut des hl. Leonhard, der durch seine Fürbitte die Ketten der Gefangenen löste*

22 Hl. Johannes aus der Ölberg-Darstellung in
St. Martin in Obervellach, spätes 15. Jh.

23 *Maria aus dem Mittelschrein des Flügelaltars
in der Pfarrkirche in Maria Gail, frühes 16. Jh.*

24 Bildstock an der Straße nach St. Walburgen mit Fresken, um 1430

25 *Gotischer Karner mit Lichtsäule in Maria Saal*

27 *Musizierender Engel, Gewölbefresko in der Kirche*
St. Leonhard und St. Katharina in Dornbach, um 1460

26
Gewölbedetail von Meister Bartlmä Viertaler in
der Pfarrkirche von Kötschach, frühes 16 Jh.

*28 Eines der Schlußsteinfresken von Michael und Friedrich Pacher
in St. Paul im Lavanttal, 1468*

Bischof Otto I. von Freising, berühmt als Geschichtsschreiber, gründete zwischen 1141 und 1151 hier ein Kollegiatkapitel, dem bald eine Propsteikirche errichtet wurde. Beide Kirchen, die Stifts- und die Propsteikirche, brannten 1399 ab, 1478 fielen die Türken raubend und brandschatzend ins Land, konnten aber der befestigten Maria Wörth nichts anhaben. Um 1500 amtierte Mattäus Lang, der spätere Fürsterzbischof von Salzburg, hier als Propst. 1529 kam der gesamte Besitz an den St. Georgs-Ritterorden in Millstatt und wurde 1598 zusammen mit diesem von den Jesuiten übernommen. Seit 1809 steht er unter dem Patronat des Klosters St. Paul.

Die ehemalige Stifts- und jetzige *Pfarrkirche St. Primus und Feli-cian* erhebt sich in malerischer Lage über dem kleinen Ort Maria Wörth. Ein gedeckter Treppenaufgang führt hinauf zu ihrem romanischen Trichterportal. Die Westwand der Kirche schmückt ein barockes Christophorus-Fresko von 1682; das unbedeutende spätgotische Ölbergfresko an der Südseite ist zwar 1521 datiert, dürfte aber mehrmals erneuert worden sein.

In ihrer heutigen Bauform ist die Kirche eine Schöpfung der Spätgotik. Die beiden Chöre des zweischiffigen Innenraums sind mit Stern- und Netzrippen eingewölbt. In dem prunkvollen, 1658 datierten Hochaltar steht eine spätgotische Muttergottes aus der Zeit um 1460, eine hervorragende Kärntner Schnitzarbeit, die vermutlich aus einem früheren Flügelaltar an dieser Stelle stammt. Zu beiden Seiten flankieren die Madonna die Statuen der Kirchenpatrone Primus und Felician, die unter Diocletian das Martyrium erlitten. An der linken Chorwand hängt ein Madonnenbild im Stil des sienesischen Trecento, das 1469 Propst Vorchtenauer stiftete. Die zwei guten spätgotischen Tafelgemälde neben dem Marienbild stammen von einem Flügelaltar und stellen die Kirchenväter Hieronymus und Gregor dar.

Eine besonders schöne Rokokoarbeit ist die 1761 datierte Kanzel mit ihren versilberten Reliefschnitzereien und dem reichen Skulpturenschmuck. Daneben an der Nordwand erhebt sich der um 1740 entstandene spätbarocke Kreuzaltar mit einem überlebensgroßen gotischen Kruzifix aus der Zeit um 1500. Gleichzeitig mit der Kanzel dürfte der Altar in der Turmkapelle entstanden sein.

Unter dem erhöhten Hauptchor befindet sich die im Kern noch romanische, später barock umgestaltete Krypta, deren Eingang ein schönes schmiedeeisernes Gitter des 17.Jahrhunderts schmückt. Der kleine runde Karner mit spitzem Kegeldach im Friedhof neben der Kirche wurde vor 1278 erbaut.

Wir gehen hinüber zur benachbarten *Liebfrauen- oder Winter-kirche*, ein im Kern vielleicht noch karolingischer Saalbau mit quadratischem Chor, gotischem Westportal mit Vorhalle und Kreuzgratgewölbe im Innern. Nach dem Brand von 1399 erhielt die Winterkirche gotische Fenster, später entstand das schöne spitzbogige Westportal.

Von großer Bedeutung für die europäische Wandmalerei der Romanik sind die 1895 freigelegten Fresken im Chor, die leider durch spätere Einbauten von Fenster und Kreuzgratgewölbe schwer gelitten haben. Die Malereien stellen, der Apsis entsprechend, eine Majestas Domini (zerstört) mit den zwölf Aposteln dar. Die an romanische Buchmalerei erinnernden, mehr das graphische Gefüge als die Farbe betonenden Fresken entstanden vermutlich im späten 11.Jahrhundert, worauf die verspielten Details innerhalb der derben Malweise schließen lassen. Sie stehen ohne Zweifel unter bayerischem Einfluß, was bei der klerikalen Abhängigkeit Maria Wörths von Freising ja nahe liegt.

Eine vorzügliche Arbeit ist das frühgotische Glasfenster im Chor mit einer in Form und Farbe sehr ansprechenden Madonna im typischen weichen Stil der Zeit um 1420. Die farbig gefaßte spätgotische Schnitzgruppe einer ›Beweinung Christi‹ ist eine einfache, bäuerlich anmutende, aber recht eindrucksvolle Arbeit aus der Zeit um 1500. Weniger schön sind die drei schwarzgoldenen Barockaltäre mit ihren bunt bemalten Skulpturen, die für den kleinen Raum zu laut wirken.

Der kleine Ort Maria Wörth ist heute Ziel unendlicher Touristenströme, die aus Autos und Bussen quellen und die Halbinsel überfluten. Still und friedlich wird es erst am Abend, wenn die Besucher sich verlaufen haben und die Andenkenläden ihre Tore schließen. Nur die Gäste der wenigen Hotels sitzen dann noch auf der Seeterrasse und genießen die frische Abendluft.

Mit einem Gedicht von Urban Paumgartner wollen wir uns von
dem altehrwürdigen Maria Wörth verabschieden. Dieser über-
zeugte Protestant lebte von 1588-1600 als Lehrer in Klagenfurt,
dann bis 1616 in Lauingen, von wo ihn die Gegenreformation wieder vertrieb. Nach einem dreijährigen Aufenthalt in Linz mußte er
auch dort der jesuitischen Protestantenverfolgung weichen und
starb 1630 in Preßburg. Seine etwas steifen, antiken Vorbildern
nachempfundenen, im Original lateinischen Hexameter schildern
Maria Wörths Lage am See recht originell:

> Deinen Sitz Galatea, nunmehr
> und was Nereus hervorbringt,
> sing ich, nämlich den See,
> nach dem Halbeilande Maria
> Wörth benannt; es ruht in
> Mitte der flutenden Fläche
> von beweglichen Wellen umspielt
> und wankendem Schilfrohr
> tausend Schritte gegen den frostig
> sausenden Nordwest,
> oder um wenig mehr
> entfernt von den Mauern der Hauptstadt
> dehnet der See sich aus
> in zwei geräumige Becken.

Nach Maria Wörth folgt *Dellach*, ein kleiner Badeort, der sich noch
das Aussehen eines Fischerdorfes bewahrt hat und von urwüchsigen
Bauernwiesen umgeben ist. Vielleicht wird hier in zehn Jahren ein
Grandhotel stehen mit Park und englischem Rasen. Wenig später
beginnt schon der Gemeindebereich von Velden, wo unsere Fahrt
um den Wörther See begonnen hat.

Villach

Stadtgeschichte

Villach, mit etwa 30000 Einwohnern zweitgrößte Stadt Kärntens, ist keine planmäßige Gründung des siedlungsfreudigen 13. Jahrhunderts wie etwa Klagenfurt, sondern wurde wegen seiner verkehrsgünstigen Lage im Drautal schon in frühester Zeit besiedelt. Auf der Napoleonswiese südlich von Warmbad-Villach wurden Hügelgräber aus der Hallstattzeit gefunden. Vorrömische Wagenspuren haben bewiesen, daß der Weg vom Drauübergang, vermutlich bei St. Martin, über den Federauner Sattel zum Unteren Gailtal schon in der Jungsteinzeit benutzt wurde. Die Römer aber verschmähten die in vorgeschichtlichen Zeiten übliche Flußüberquerung durch eine Furt und schlugen eine Brücke über die Drau, die sich, den Funden nach zu schließen, im Bereich der heutigen Villacher Draubrücke befunden haben muß. Über diese Brücke führte die römische Reichsstraße Aquileia – Virunum – Ovilava (Wels)–Lauriacum (Lorch), und um sie herum entwickelte sich der schon aus einer Keltensiedlung hervorgegangene Ort Santicum.

Wie alle Römergründungen in Kärnten ging auch diese Siedlung in den Stürmen der Völkerwanderung zugrunde, und ihr Name wurde vergessen. Erst in einer Urkunde König Karlmanns von 878 ist von einer »pons Uillah« (Villach-Brücke) die Rede, und damit taucht der heutige Stadtname – vermutlich aus dem römisch-keltischen ›Bilachium‹ – zum ersten Mal auf. Dieses Bilachium oder auch Bilachinum dürfte eine Zollstation in der Nähe des Wurzenpasses gewesen sein. 976 verlieh Kaiser Otto II. ein Hofgut Villach an Herzog Heinrich I. Ein solches Hofgut darf man allerdings nicht mit einem heutigen Bauernhof vergleichen, denn damals gehörten zu einem derartigen Hof noch eine Menge anderer Besitz und eine

Reihe gewisser Rechte. So werden in der Urkunde des Kaisers Otto
mit der Übertragung des »curtis Fillac« eine Burg, eine Kirche, riesige Ländereien, die warmen Heilquellen, Weingärten, Brücken
und vieles andere genannt.

Im Schutz dieser Burg begann Villach sich zu einem lebhaften
Umschlags- und Handelsplatz zu entwickeln. Im Jahre 1007 gelangte der Ort in den Besitz des Bistums Bamberg, und 1060 verlieh
ihm Kaiser Heinrich IV. das Marktrecht. Diese Abhängigkeit von
Bamberg dauerte bis 1759 und war für Villach gewiß kein Nachteil. Im 12. Jahrhundert begann in dem von Handelsleuten be-
herrschten Markt auch das Handwerk eine Rolle zu spielen. Das in
dieser Zeit reich und mächtig werdende Venedig trug nicht wenig
zum Aufblühen Villachs bei, denn der lebhafte Fernhandel von der
Serenissima nach Salzburg, Passau, Regensburg, Nürnberg, Wien,
etc. lief über Villach und seine Draubrücke. 1233 war der Markt
schon befestigt, seit 1240 wird Villach als Stadt genannt. Nach der
Regel, daß man eine Kuh, die man melken will, auch pflegen soll,
unternahm das Bistum Bamberg allerlei, um die Stadt in möglichst
großer Sicherheit wachsen und gedeihen zu lassen. So wurden Burgen entlang der Straße nach Villach angelegt und der Stadt wichtige Sonderrechte, Maut, Straßenzwang und Niederlagsrechte für
Handelsgüter, eingeräumt.

Die reiche und lebhaft prosperierende Stadt war natürlich den
Kärntner Herzögen ein Dorn im Auge, da ja nicht sie, sondern
Bamberg den Gewinn abschöpfte. Der Versuch Herzog Bernhards,
in den Jahren 1211-33 Villach in seine Gewalt zu bringen, schlug
fehl. Ein schweres Erdbeben im Jahre 1348 aber vernichtete die auf-
strebende Stadt so gründlich, daß der Bischof von Bamberg noch
drei Jahre später jedem völlige Steuerfreiheit zusagte, der sich am
Wiederaufbau und an der Neubesiedelung beteiligte. 1425 belager-
te Graf Hermann von Cilli Villach, doch das mächtige Bamberg
ließ sich diese reiche Pfründe nicht entreißen. Eisenindustrie und
Bleigewinnung brachten im 15. Jahrhundert eine Blüte. Villacher
Kaufmannsgeschlechter wie die Leininger, Seenuss, Neumann,
Weitmoser und andere wurden durch den Bergbau reich und
mächtig; auch die Fugger waren daran beteiligt.

In dieser Zeit war Villach auch ein Zentrum der Künste. Hier bestand die im ganzen 15.Jahrhundert führende Malschule Kärntens, begründet von Friedrich von Villach, deren berühmtester Schüler Thomas von Villach wurde. Dessen Nachfolge trat wiederum Meister Urban Görtschacher aus Villach an. Die meisterhaften Altäre der Älteren und Jüngeren Villacher Schnitzwerkstatt, von deren Mitarbeitern namentlich nur Lukas Tausmann und Meister Heinrich bekannt sind, gingen in alle österreichischen Länder.

Mit dem längeren Aufenthalt Kaiser Karls v. im Jahre 1552 – er hielt sich im Hause des oben genannten Kaufmanns Wilhelm Neumann am Hauptplatz auf – durchzog ein Hauch von Weltgeschichte die alten Mauern der Stadt. Der zweiundfünfzigjährige Kaiser befand sich damals in einer sehr verzwickten Lage und war mehr ein gedemütigter und verfolgter Flüchtling als der Herr des christlichen Abendlandes. Nach der Unterwerfung der protestantischen Fürsten und der Vernichtung des Schmalkaldischen Bundes hätte Karl eigentlich aufatmen und auf friedlichere Jahre hoffen können. Sein Fehler aber war, daß er gleich darauf den Kurfürsten seinen Sohn Philipp als künftigen Kaiser aufdrängen wollte, was die protestantischen Fürsten gewaltig aufbrachte, sie in eine neue Koalition trieb, und Moritz von Sachsen sogar bewog, sich von Kaiser und Reich loszusagen und ein Bündnis mit Frankreich einzugehen –, eine für den Kaiser gefährliche Situation. Moritz von Sachsen fiel mit einem großen Heer in Tirol ein und besetzte am 23.Mai 1552 Innsbruck. Der Kaiser floh mit seinem gesamten Hofstaat aus der Stadt, zog über den Brenner, durchs Eisacktal ins obere Drautal und erreichte am 27.Mai Villach. Hier war er zunächst einmal in Sicherheit und sandte Eilboten in alle Himmelsrichtungen, um sich die Mittel für einen Krieg zu beschaffen. Anton Fugger lieh 400000 Dukaten, aus Neapel kamen 200000. Jetzt begann der Kaiser zu rüsten, doch zum Krieg kam es nicht, weil der Passauer Vertrag zähneknirschende Einigung brachte, wodurch auch Johann Friedrich von Sachsen, der geächtete und abgesetzte frühere Kurfürst, ein Vetter von Moritz, wieder frei wurde. Kaiser Karl hatte ihn nach der Schlacht bei Mühlberg zum Tode verurteilt und dann auf seiner Flucht nach Villach gefangen mit sich geführt. Der fette und trunksüchtige

Kurfürst war ein so standfester Charakter, daß ihn weder Todes-
urteil noch Drohungen und harte Gefangenschaft von seiner protestantischen Überzeugung abbringen konnten, was ihm den Beinamen ›der Großmütige‹ eintrug. Karls Bruder, König Ferdinand,
war der eigentliche Vermittler des Passauer Vertrages und mußte
zweimal von Passau nach Villach und zurück reiten, da Karl nicht
aus Kärnten wegzubewegen war. Erst als es zur endgültigen Einigung gekommen war, reiste der Kaiser Ende Juli 1552 wieder ab.
Im Grunde war keine dauerhafte Einigung erzielt worden, denn der
Passauer Vertrag schob alles auf den künftigen Reichstag, den der
kampflustige Moritz nicht mehr erlebte, da er in einer Schlacht gegen den Kurfürsten von Brandenburg fiel. Krank und müde dankte
Kaiser Karl vier Jahre danach ab und überließ seine spanischen
Erblande der Regierung seines Sohnes Philipp II., während die deut-
schen Erblande bereits seit 1552 unter der Regentschaft seines
Bruders Ferdinand standen.

Auch für Villach waren die besten Zeiten vorbei. Durch die
Gegenreformation gezwungen, wanderten nach 1600 viele der protestantischen Kaufleute und Adeligen ab. Neue Handelswege nach
Venedig, ein Erdbeben von 1690 und schwere Kriegslasten setzten
der Stadt so sehr zu, daß sie im 18. Jahrhundert nur noch ein Schatten ihrer selbst war. 1759 kam Villach durch Verkauf aller bambergischen Besitzungen in Kärnten an Österreich. Mit dem Bau der
Eisenbahnlinien von 1864 an begann ein neuer Aufschwung.

Villach ist heute durch seine Lage im Brennpunkt des Fremdenverkehrs zur lebhaftesten Stadt Kärntens geworden. Sie ist bunt
und quirlig mit dem heiteren Auf und Ab ihrer gewundenen Gassen, und sie besitzt mit ihrem dreisprachigen Durcheinander, der
abwechslungsreichen Koexistenz von Österreichischem, Italieni-
schem und Slowenischem, mehr Urbanität als Klagenfurt. Villach
ist – sagen wir es mit einem Schlagwort – Kärntens heimliche
Hauptstadt.

Der Kärntner Mundartdichter Primus Lessiak (1878-1937) hat
dies schon vor dem letzten Krieg prophetisch ausgesprochen:

Und ringsum drei Hauptstädt	Dö neue is Klagenfurt
dö seint wia drei Stern,	dö alte St. Veit,
an neue, an alte	dö dritte is Villach
und ane kunnts wern.	wia das wachst, is a Freud!

Die Stadt

Zentrum der Stadt ist der belebte *Hauptplatz*, eine breite Straße,
die von der Draubrücke nach Süden zur Stadtpfarrkirche ansteigt.
Viele der schönen alten Häuser fielen den Bomben des letzten
Krieges zum Opfer. Übriggeblieben aus den Tagen alten Glanzes
sind das vor 1525 erbaute jetzige ›Hotel zur Post‹ mit seinem schönen Renaissanceerker (Nr. 26) und das Haus Nr. 7 mit Renaissancefassade. Das Hirscheggerhaus (Nr. 20) besitzt einen schönen Laubenhof; von dem einst so prächtigen Khevenhüllerhaus, dem heutigen Rathaus, hat der Krieg nur das alte Portal verschont.

Hoch über dem Verkehrsgewühl thront die mächtige gotische
Hauptstadtpfarrkirche St. Jakob, eine Gründung des 10. Jahrhunderts
auf altbesiedeltem Boden, denn an dieser Stelle wurden zahlreiche
römische Funde des 2. und 3. Jahrhunderts gemacht. In ihrer heutigen Gestalt wurde die Kirche nach dem Erdbeben von 1348 errichtet. Der schlichte, aber wuchtige Bau wird von dem 95 Meter
hohen Turm beherrscht, der im oberen Teil erneuert wurde, unten
aber noch romanisch ist. Ursprünglich getrennt von der Kirche
stehend, wurde der Turm erst später durch einen Arkadenbau mit
ihr verbunden. Der weiträumige dreischiffige Innenraum ist mit
einem Netzrippengewölbe überdacht, der gesamte Chorraum wurde barock umgestaltet, auch das Kreuzrippengewölbe ist stuckiert
und bemalt. Den spätbarocken Hochaltar überwölbt ein filigran
und federleicht wirkender, auf vier Säulen ruhender Baldachin.
Ein riesiges Christophorus-Fresko vom Anfang des 15. Jahrhunderts
bedeckt die südliche Chorwand. Ein besonders originelles, schon
zum Manierismus des späten 16. Jahrhunderts weisendes Werk ist
die 1555 in der protestantischen Epoche Villachs von Gallus Seli-
ger geschaffene Steinkanzel mit der Reliefdarstellung der Wurzel
Jesse. Sehenswert sind auch die vielen reliefgeschmückten Grab-

steine des 15., 16. und 17. Jahrhunderts, darunter an der Ost-Wand des südlichen Seitenschiffes das Grabmal des 1484 verstorbenen Ritters Balthasar von Weißpriach aus rotem Marmor, ein Jugendwerk des Salzburger Bildhauers Hans Valkenauer.

Unterhalb der Kirche führt vom Hauptplatz die Seilergasse zum *Paracelsushof*, wo der Stadtarzt Wilhelm Bombastus von Hohenheim von 1502 bis zu seinem Tod 1534 wirkte. Er war der Vater des später weltberühmten Philippus Aureolus Theophrastus Bombastus von Hohenheim, genannt Paracelsus. Der große Arzt und Naturforscher wurde 1493 in Maria Einsiedeln geboren und kam mit seinem Vater, dessen Schüler er anfangs war, 1502 nach Villach und wurde später in St. Paul im Lavanttal ausgebildet. Schon in jungen Jahren experimentierte er mit Metallen, deren chemische Verbindungen er für die Medizin entdeckte. Er besuchte die Universitäten von Wien und Ferrara, reiste kreuz und quer durch Europa und wurde überall seiner Heilerfolge wegen von den Patienten geschätzt und von den Kollegen gehaßt. Sein Prinzip, bei der Wundbehandlung größte Sauberkeit walten zu lassen, erregte das Hohngelächter der damaligen Ärzte, die größere Wunden nicht selten mit gepichtem Schusterzwirn zusammennähten; wenn dann der Patient an Wundbrand starb, sprachen sie gelehrt von »schlechten Säften« und schoben alles auf den Willen Gottes. 1526 wurde Paracelsus Stadtarzt und Hochschullehrer in Basel. Seine Beliebtheit bei Patienten und Studenten erregte bald den Neid der Herren Kollegen, seine Reformideen, die mit der überkommenen Dogmatik der Büchermedizin brachen und für eine praktische Erfahrungsmedizin eintraten, entflammten ihren Zorn. Nach zweijährigem Wirken wurde er aus Basel hinausintrigiert. Nun folgte wieder ein unstetes Wanderleben durch ganz Europa, auch in Villach tauchte er noch mehrmals auf. 1541 ist er in Salzburg arm und vergessen gestorben. Unter seinen zahlreichen medizinischen und naturphilosophischen Schriften – sie wurden erst 1955 (!) als ›Kärntner Schriften‹ erstmals ediert, wiewohl die Stände Paracelsus die Drucklegung schon zu Lebzeiten versprochen hatten – befindet sich auch eine Beschreibung Kärntens, das er als sein »ander Vaterland« bezeichnete.

Das Paracelsus-Haus hat eine schöne zweistöckige Säulengalerie und gehört jetzt einer Bank. In der Wand sind die Reliefmedaillons von Paracelsus und seinem Vater eingelassen.

Wir wenden uns nach Westen und stoßen auf die Widmanngasse, wo wir das reichhaltige und sehr sehenswerte *Museum* der Stadt finden. Dieses 1873 gegründete Heimatmuseum war 1944 im Bombenhagel obdachlos geworden und hat seit 1960 in diesem vorzüglich renovierten Bürgerhaus des 16. Jahrhunderts eine bleibende Stätte gefunden. Seine Sammlungen gehören zu den reichhaltigsten und bestgepflegten in ganz Kärnten und bieten eine gründliche Information über die Geschichte des Villacher Raumes von der Urzeit bis ins 19. Jahrhundert.

Im Hof des Museums sind römische Funde ausgestellt, doch die besser erhaltenen Stücke finden wir in den Parterre-Räumen, darunter einen römischen Kindersarkophag, dessen Inschrift die Zollstation ›Bilachinium‹ nennt, wovon Villach seinen Namen abgeleitet hat. In der ›Renaissancehalle‹ des ersten Stockes sehen wir den prachtvoll geschnitzten Totenschild des 1557 verstorbenen Kärntner Landeshauptmanns Christoph Khevenhüller und ein Porträt Lothar Franz von Schönborns, der als Fürstbischof von Bamberg auch Stadtherr von Villach war.

In Raum 1 sind unter den ausgestellten Münzfunden die langobardischen Nachprägungen byzantinischer Solidi interessant. Von dem berühmten ›Villacher Goldmünzenfund‹ des Jahres 1955, bestehend aus 162 Stücken, sind 16 Exemplare aus der Kaiserzeit von Nero bis Septimius Severus zu sehen. Raum 2 zeigt die typischen Bleifiguren aus den Hallstattgräbern bei Frög, außerdem Werkzeuge, Waffen und Gebrauchsgegenstände von der Stein- bis zur Hallstattzeit. Die Räume 3 bis 6 befassen sich mit der Stadtgeschichte, in Raum 5 liegen frühe Buchausgaben von Schriften des Paracelsus auf.

Das zweite Stockwerk ist hauptsächlich der Kunst gewidmet. In Raum 7 geben uns die Gemälde ›Maria mit vier Heiligen‹ von Friedrich von Villach und ›Die heilige Kunigunde mit fünf Heiligen‹ von Thomas von Villach Gelegenheit, uns ein wenig näher mit diesen bedeutenden Villacher Malern zu befassen. Friedrich von Villach (erwähnt 1415-52) für die erste Jahrhunderthälfte der Kärntner Malerei bedeutsam, hat u. a. Altar- und Tafelbilder in Millstatt, Rangersdorf, Mariapfarr im Lungau sowie Fresken in Liemburg und Feistritz a. d. Drau hinterlassen – teilweise zusammen mit seinem Sohn Johannes gemalt – als deren Charakteristikum eine »unräumlich-körperliche Vortragsweise«, spürbar eine Spätstufe des Weichen Stils, gilt. Sein Schüler Thomas von Villach, der sich, vermutlich nach seinem Familiennamen, ›Artula‹ nannte, ist um die Mitte des 15. Jahrhunderts wahrscheinlich in Thörl geboren und starb um 1530/31 in Villach, wo seine Nachkommen bis 1636 urkundlich nachzuweisen sind. Paolo Santonino aus Udine, der den Bischof von Caorle als Sekretär 1485-87 auf einer Inspektionsreise durch Kärnten begleitete, hat den Meister vermutlich kennengelernt. Obwohl Santoninos Reisebericht überwiegend in der detailtreuen Beschreibung der jeweils aufgetischten Speisefolgen besteht, hat er doch auch seine Eindrücke von Villach und von Meister Thomas kurz geschildert:

Die Stadt Villach, welche der weltlichen Herrschaft des ehrwürdigen Bischofs von Bamberg untersteht, liegt an einem zumeist ebenen, anmutigen und offenen Platze; ringsherum hat sie eine wohlbebaute Ackerfläche. Geht man vom höher gelegenen Teile der Stadt nach Norden bis zur Mitte, so schützt sie der Draufluß mit seinem nahen und tiefen Wasser und verschönert sie.

Thomas von Villach nennt er begeistert »*einen bedeutenden und einzigartigen Maler. Rüstig schaffend ist er allmählich alt geworden. Er ist klein von Wuchs, hat gefällige Gesichtszüge und ist ein rechtschaffener Mann. Er lebt in bescheidenen Verhältnissen, weil er seine Arbeit oft ohne Entgelt abliefert.*«

Thomas von Villach, zuerst Tafelmaler, wurde im Laufe der Zeit ein großer, recht eigentlich der letzte bedeutende Freskant Kärntens. Vielen seiner Freskenwerke sind wir bei unserer bisherigen Reise schon begegnet – eine der Hauptarbeiten steht uns in Thörl noch bevor. Ihnen allen ist, bei souveräner Beherrschung der Mittel, das Festhalten an der Tradition gemein. Thomas hält noch am Ende des Jahrhunderts an jenem Weichen Stil fest, der am Anfang des Jahrhunderts galt, und wie bezeichnend dieser Konservativismus für Kärntens Malerei ist, zeigt sich an seinem Nachfolger

Görtschacher, bei dem immer noch Nachklänge des Weichen Stils zu sehen sind, während anderwärts der Einfluß der Donauschule schon mächtig wirkte, die übrigens an Kärnten spurlos vorüberging.

Raum 8 ist vor allem religiöser Kunst und Volkskunst gewidmet. Raum 9 macht uns mit Kärntner Landschaftsmalern des 19. Jahrhunderts bekannt. Die Räume 10 und 11 sind den in Villach geborenen Brüdern Josef und Ludwig Willroider gewidmet, die zu den bedeutendsten Landschaftsmalern der Münchner Schule des 19. Jahrhunderts gehören. Josef Willroider, ursprünglich Tischler, (1838-1915) begann als Autodidakt mit steifen biedermeierlichen Veduten und gelangte zu einer zarten und lichten Landschaftsmalerei. Er studierte 1860-66 in München bei Eduard Schleich, Carl Rottmann und Christian Morgenstern, lebte bis 1889 in Düsseldorf und dann bis zu seinem Tod 1915 in München. Der von manchen höher eingeschätzte Ludwig Willroider (1845-1910) arbeitete in intuitiver skizzenhafter Manier und gehört mit seinen an Courbet und Corot erinnernden Gemälden schon dem Vorimpressionismus an. Er genoß die erste künstlerische Ausbildung bei seinem Bruder Josef und studierte dann bei Adolf Lier und Eduard Schleich in München, wo er sich 1868 niederließ, Professor an der Akademie wurde und 1910 starb. Die Räume 12 und 13 dokumentieren den für Villachs Entwicklung so wichtigen Bleibergbau.

Nach dem Museumsbesuch kann ein Spaziergang nicht schaden, und so gehen wir hinunter zur Draubrücke. Ein Viertelstundenspaziergang am südlichen Drauufer entlang führt uns zur wohl bedeutendsten unter den wenigen Barockkirchen Kärntens, *der Stadtpfarrkirche St. Peter in Perau*, deren höchst eindrucksvolle Fassade mit den beiden schönen, durch Pilaster gegliederten Türmen mit zierlichen Zwiebelhelmen uns sofort gefangennimmt. An das schmale, etwas zurückschwingende Mittelstück der Fassade ist ein Portikus angebaut. Das Innere der nach einem Entwurf von Hans Eder 1726-1744 erbauten Kirche bildet ein achteckiger Zentralraum, an dem Querschiffarme in Form von Dreiviertelkreisen liegen: eine originelle Raumlösung. Die Altäre und die Kanzel stam-

men aus der Erbauungszeit der Kirche, die damit innen wie außen
eine spätbarocke Stilharmonie präsentiert.

Ehe wir einige Ausflüge in die Umgebung Villachs unternehmen, soll ein Dichter zu Wort kommen, der dieses Gebiet zum
Schauplatz einiger Romanszenen gemacht hat. In Hugo von Hof-
mannsthals Romanfragment ›Andreas‹ unternimmt ein junger
deutscher Adeliger – Andreas von Ferschengelder – eine Reise nach
Venedig, wobei er Kärnten durchquert. Im Villacher Gasthof ›Zum
Schwert‹ hat er übernachtet, und nun geht es weiter: »*Andreas hatte
wollen auf Spittal und dann durchs Tirol hinabreiten, der Bediente aber
ihn beschwätzt, links abzubiegen und im Kärntnerischen zu bleiben. Da
seien die Straßen weit besser und die Unterkünfte gar ohne Vergleich,
auch mit den Leuten ein ganz anderes Leben als mit den Tiroler Schädeln.
Die kärntnerischen Wirtstöchter und Müllerinnen seien apart, die runde-
sten, festesten Busen von ganz Deutschland seien ihre . . .*«

So reiten sie durchs untere Drautal und nehmen dann den Weg
zum Loiblpaß, doch ein lahmer Gaul und das schlechte Wetter
zwingen sie zur Quartiersuche. Sie werden in einem stattlichen
Bauernhof als Gäste aufgenommen und Andreas verliebt sich in
die Bauerntochter Romana, die ihm erzählt, daß das Wappen ihres
Geschlechts im ›Kärntnerischen Ehrenspiegel‹ abgebildet sei. Durch
seinen schurkischen Bedienten gibt es allerlei Verwirrungen, und
Andreas reist nach drei Tagen ab. Das Romanfragment endet inmitten neuer Abenteuer in Venedig, doch Andreas hat die schöne
Kärntnerin Romana nicht vergessen, und es ist anzunehmen, daß
der Dichter an eine nochmalige Begegnung gedacht hat. So hat
Hugo von Hofmannsthal im ›Andreas‹ Villach und auch Kärnten
ein literarisches Denkmal gesetzt.

Der Oswaldiberg

Villachs Hausberg und beliebtes Ausflugsziel ist der nördlich gelegene Oswaldiberg (980 m). Auch hier wurde früher Gold gefunden, doch der frevelhafte Übermut schnell reichgewordener Knappen ließ – wie die Sage berichtet – den goldenen Quell plötzlich versiegen. Als betrunkene Goldgräber eines Sonntags die einzige Kuh einer armen Bäuerin umbrachten, ihr die Haut abzogen und sie mit Stroh ausgestopft in den Stall stellten, sann die alte Frau auf Rache. Am nächsten Morgen erschien sie mit einem Korb im Stollen des Goldbergwerkes. Schweigend öffnete sie den Korb, nahm eine eiserne Henne und eiserne Eier heraus und rief den entsetzten Knappen zu: »Eh diese Henne ihre Eier nicht ausgebrütet hat, soll hier kein Gold mehr gefunden werden!« Schon am nächsten Tag erfüllte sich der Fluch: Die Knappen brachten trotz härtester Arbeit nur mehr taubes Gestein zutage.

Der dicht bewaldete Oswaldiberg ist mit dem Auto bis zur Berggaststätte befahrbar. Seinen Namen hat er von einem sagenhaften Dänen, Oswald genannt, der mit drei Brüdern von Byzanz über Kärnten in die Heimat zurückkehren wollte. Die Vier sollen sich an der Drau getrennt haben, doch keiner von ihnen erreichte die Heimat. Einer liegt der Sage nach als namenloser ›Heiliger Mann‹ in der Pfarrkirche von Pusarnitz, ein zweiter, ebenfalls namenlos, in Kötschach, ein dritter namens Briccius in Heiligenblut. Oswald soll als Einsiedler auf dem Berg eine Kapelle errichtet haben.

Die heutige Bergkirche ist gotischen Ursprungs. Sie wird erst seit 1769 Oswaldikirche genannt. Von ihrem als Aussichtspunkt zugänglichen Turm sieht man nach allen Richtungen weit ins Land.

Im Süden liegt das ständig wachsende Villach, das die kleinen Dörfer an seinem Rand nach und nach aufschluckt. Über dem tiefliegen-
genden Rosental, das etwa beim Faaker See beginnt, erheben sich
die Karawanken, Drau und Gail umwinden das grüne Land zu
unseren Füßen wie silberne Bänder. Kanzelhöhe und Gerlitzen säumen das lange schmale Becken des Ossiacher Sees, dahinter ver-
schwimmen im fernen Dunst die Zacken der Nockberge.

Schloß Wernberg

Wenige Kilometer östlich von Villach liegt Schloß Wernberg,
auf der Klagenfurter Autobahn zu erreichen. Einst eine Burg im
herzoglichen Besitz, die durch viele Hände ging – von den Türken
erobert, wurde sie 1476 Ausgangspunkt einer ihrer schlimmsten
Raubzüge –, gehörte Wernberg zwischen 1519 und 1629 den reichbegüterten Khevenhüller. Um 1575 wurde die Burg vom Landeshauptmann Georg Khevenhüller – gleichzeitig mit Hochosterwitz
– zum prunkvollen Renaissanceschloß ausgebaut. Diese Gestalt hat
sie bis heute bewahrt.

Drei dreistöckige Flügel umschließen einen nach Süden offenen
Laubenhof, an dessen Ecken vier wuchtige Türme aufragen. Besonders schön ist das Renaissanceportal an der Nordwand, darüber
die Reliefbüsten Georgs von Khevenhüller mit seinen beiden Gattin-
nen und ein gekuppeltes Doppelfenster.

Seit 1672 gehörte das Schloß dann dem Stift Ossiach, dessen
musischer und hochgebildeter Abt Virgilius Gleißenberger um
1730 die Katharinenkapelle errichten ließ. Neben wundervollem
Stuck schmückt das Joseph Ferdinand Fromiller zugeschriebene
Gewölbefresko ›Himmelfahrt Mariens‹ den lichten heiteren Innenraum. Heute gehört das Schloß einem Schwesternorden und dient
auch als Fremdenpension.

Maria Gail

Auf dem Weg zu dem südöstlich von Villach gelegenen Faaker
See berühren wir das Dorf Maria Gail. Dieser kleine, nahe der Gail-
mündung in die Drau gelegene Ort besitzt in der Pfarr- und Wall-

fahrtskirche ›Zu Unserer Lieben Frau an der Gail‹ einen der größten Kunstschätze des Landes.

Schon in langobardischer Zeit hat hier eine Kirche gestanden, 1090 wurde sie erstmals genannt, der heutige Bau erhielt 1486 eine neue Weihe, nachdem die von den Türken verursachten Zerstörungen wieder beseitigt waren. Aus romanischer Zeit stammen noch die Mauern des Schiffs und der Turm. Romanische Freskenfragmente aus der Zeit um 1300 sind an den beiden Innenwänden zu sehen, rechts das Jüngste Gericht, links die Noli me tangere-Szene, darunter das Begräbnis Mariens und der ungläubige Thomas.

Der Chorraum mit seinem Sternrippengewölbe wurde erst Anfang des 15. Jahrhunderts angefügt, Kanzel und Altäre sind barock. Die Ende des 15. Jahrhunderts entstandene Empore mit ihren orientalisch anmutenden Kielbögen wird von zwei Schraubensäulen gestützt, die auf romanisch wirkenden, aber erst in späterer Zeit entstandenen Steinlöwen ruhen.

Das vorhin erwähnte Kleinod dieser Kirche ist eines der schönsten Schnitzwerke Kärntens: der um 1510 in der St. Veiter Werkstätte entstandene Flügelaltar an der Nordwand, als dessen Schöpfer ein 1510 genannter Meister Lukas vermutet wird. Im Schrein ist die Krönung Mariens dargestellt. Die Gottesmutter hebt in zarter, ergebener Verwunderung beide Hände, während Christus und Gottvater im Königsornat mit sanfter Gebärde eine Krone über ihr Haupt halten. Die Reliefs des linken Flügels stellen Christi Geburt und die Ausgießung des heiligen Geistes, die des rechten die Anbetung der Könige und den Tod Mariens dar. In der Anbetung küßt Josef die Hand des Knaben; Maria sieht mit sanfter Traurigkeit zu: Diese Szene ist von einer so ergreifenden Zartheit und Innigkeit, daß man vergessen möchte, wie ungeheuer grausam diese Umbruchszeit am Anfang des 16. Jahrhunderts auch sein konnte. Die Hochreliefs der Predella zeigen Anna Selbdritt und die Heilige Sippe. Die Außenseiten der Flügel sind mit Verkündigung, Heimsuchung, Darstellung im Tempel und Auferstehung bemalt. Die beiden Schreinwächter St. Georg und St. Florian, bezaubernde Statuetten, stehen jetzt in Nischen an der Emporenwand. Das in einem

Kunstführer von 1889 noch erwähnte Gesprenge des Flügelaltars mit Christus am Kreuz zwischen Maria und Johannes ist spurlos verschollen. Gemessen an dem Rankenwerk in der Predella und am Schrein muß es eine wundervolle Arbeit gewesen sein.

Die steinernen Bildwerke an der südlichen Außenwand, darunter eine Madonna, entstammen dem 14. Jahrhundert.

Faaker See

Der stille, einst so idyllische Faaker See ist lange Zeit im Schatten des Kärntner Fremdenverkehrs gestanden: Wörther und Ossiacher See sind ja auch mächtige Konkurrenten! Nun scheint man endlich den Anschluß gefunden zu haben. In dem reizenden *Egg* gibt es jetzt ein großes Hotel und etliche Souvenirläden, am bisher unberührten Strand zwischen Egg und Faak schießen als ›Café‹ bezeichnete Bretterhütten aus dem Boden, auch der obligate Minigolfplatz darf nicht fehlen. Kühl und unberührt schaut der Mittagskogel auf das sommerliche Ferienleben herunter; vielleicht weiß er, daß man wenigstens ihm kein Hotel verpassen wird.

Faak, von dem der See seinen Namen hat, (oder hat der Ort seinen Namen vom See?) erstreckt sich am flacheren Südwest-Ufer. Zumindest der alte Ortskern hat das Aussehen eines Fischerdorfes noch ein wenig behalten. An der Südwand der etwas höher gelegenen Filialkirche St. Georg ist ein verwittertes spätgotisches Christophorus-Fresko zu erkennen. Die von den Türken zerstörte Kirche wurde wiederhergestellt und 1486 neu geweiht. Die Netzrippengewölbe im Schiff sind in den Dreipässen mit Halbfiguren von Heiligen bemalt, die schönen Altäre stammen aus der Barockzeit.

Bei der Fahrt um den See berührt man im Norden *Drobollach*, das nur aus locker über Wiesen und Hänge verstreuten Hotels und Pensionen zu bestehen scheint. Die große bewaldete Insel im Faaker See sieht man von keinem der umliegenden Orte in ihrer ganzen Gestalt, so daß man sie für ein Uferstück hält. Sie gehört einem Hotelbetrieb, man kann dort wohnen, baden, Tennis spielen.

Im Süden oberhalb des Sees liegt das Dorf *Latschach*, das schon 1147 als ›Lonzakh‹, d. h. ›an der Sumpfwiese‹ erwähnt wurde und dessen Kirche eine Filiale von Maria Gail war. 1752–62 ließ der Pfarrer Johann Latschacher die heutige Barockkirche errichten und bezahlte den Bau aus eigener Tasche. Niemand konnte sich erklären, woher der bescheiden auftretende Pfarrer so viel Geld hatte, und bald liefen die wildesten Gerüchte um. Die meisten vermuteten, daß der Pfarrer eine Goldader an den Hängen des Mittagskogels entdeckt habe, und so soll es tatsächlich gewesen sein. Später wurde erzählt, ein Italiener sei von einem einheimischen Bauern beim Transport des geschürften Goldes beobachtet und gezwungen worden, die Fundstelle zu verraten. Der Bauer berichtete dies dem Pfarrer und sie beuteten gemeinsam die Fundstelle aus. Als der Pfarrer auch noch eine Schule und ein neues Pfarrhaus baute, wurde er von Neidern denunziert und vor Gericht gestellt. Doch weder er, noch sein Kumpan verrieten ihr Geheimnis. Als das Gericht den Pfarrer zum Tod verurteilte, rief er in seiner letzten Predigt der Gemeinde zu: »Ihr wißt, wozu ich mein Geld verwendet habe! Waren es schlechte Taten, so soll mein Leichnam verwesen, wie jeder andere. Habe ich das Gold aber zu guten Zwecken gebraucht, so wird mein Leichnam noch nach hundert Jahren unverwest im Grabe liegen.« Danach fiel der Pfarrer beim Lesen der Messe tot zu Boden; auch der mitwissende Bauer starb kurze Zeit später. Hundert Jahre nach des Pfarrers Tod wurde die Gruft geöffnet und man fand den Leichnam unversehrt.

Das Grabmal des ›Goldpfarrers‹ mit seinem Porträtkopf finden wir an der Südwand des Chores der von ihm erbauten Dorfkirche.

Nach neueren Forschungen soll der Pfarrer nicht Gold, sondern ein reichhaltiges Kupferlager entdeckt, das Erz ausgeschmolzen und nach Italien verkauft haben.

Rosegg

Einige Kilometer östlich vom Faaker See liegt in einer Drauschleife Rosegg, dessen Name, wie auch der des Rosentals, von der alten Gebietsbezeichnung ›Ras‹ herrührt, die schon in einer Urkunde des 9. Jahrhunderts auftaucht. Der Standort einer 1171 genannten Burg ›Ras‹ ist nicht mit Sicherheit festzustellen, das Ge-

schlecht der Herren von Ras – sie waren Lehensmänner des Bistums
Bamberg – erlosch um 1315. Die über dem Ort gelegene Burg Rosegg war ebenfalls im Besitz der Herren von Ras. Sie wechselte nach
deren Aussterben oft den Besitzer, bis sie im 17./18.Jahrhundert
verfiel.

Südlich des Ortes, nahe an der Drau, erbauten die Fürsten Orsini-Rosenberg im 18.Jahrhundert ein neues Schloß Rosegg, das
heute den Fürsten Liechtenstein gehört. Im 19.Jahrhundert bewohnte es ein Freiherr von Born, der sich als erfolgreicher Geld-
fälscher einen berüchtigten Namen machte und einen Teil seines
selbstgemachten Kapitals dazu verwendete, den sogenannten ›Tier-
garten‹ bei der Burgruine mit einer Mauer einzufrieden.

In der Pfarrkirche von Rosegg fallen auf einer Gedenktafel für
die Geistlichen, die früher hier amtierten, viele slowenische Namen
auf. Wir sind hier in einem stark von Slowenen durchdrungenen
Gebiet. Josef Friedrich Perkonig, von dem wir weiter vorne eine
schöne Charakteristik der Jauntaler Slowenen zitierten, hat auch
die Mentalität der Rosentaler Slowenen treffend umrissen:

*Auch dem Rosentaler Slowenen ging das Leben in die Sprache und in
die Seele nach, sein fruchtbares Tal wird nicht von verwilderten Berg-
wässern heimgesucht, sie haben ihre breiten Schotterbetten, die man auch
von fernen Gipfeln sieht, in sie hat der gute Geist dieser Zone die Dämonen des Elements verwiesen, alles andere Land ist vor ihnen behütet. Und
so geordnet, Dunkles von Hellem geschieden, sozusagen Menschlich-
Teuflisches vom bewahrten Anteil, hat er auch sein Wesen, er ruht und
bewegt sich in einer natürlichen Harmonie, er verweilt nicht in Tiefen und
Höhen, obwohl sein Pendel nach beiden hin schlägt, er strebt zur Mitte,
zum Ausgleich, er liebt nur den Pendelschlag an sich, die stete Bewegung,
das Lebendige, das Gärende. Freundliche Vilen saßen an der Wiege des
Rosentaler Slowenen und lösten ihm die Zunge, seine Mundart klingt
nicht so hart wie die des Gailtalers, etwas von einem verheimlichten Ge-
sang schwebt in ihr, wahrscheinlich aber weiß er selber nicht einmal darum, er ist ein unbefangener, singerischer Mensch, er hemmt sich nicht selber durch Erwägung und Vorbehalt.*

In der Nähe von Rosegg, bei *Frög*, wurde die größte vorgeschichtliche Nekropole Kärntens gefunden. Aus den rund dreihun-

dert Urnengräbern der Hallstattzeit, die als ältere Stufe der mittel-
europäischen Eisenzeit gilt, kamen seltsame Bleifigürchen zutage,
die ursprünglich an den Urnen befestigt waren. Sie stammen aus
der Epoche zwischen 800 bis 200 v. Chr. Da dieses Blei wahrscheinlich vom nahegelegenen Rudnik, mit Sicherheit aber aus Kärnten
kommt, müssen die Bleifiguren auch hier angefertigt worden sein.
Sie stellen in primitiver Manier Menschen, Tiere und Sonnenräder
dar; auch ein vierrädriger Wagen mit zwölf Zugpferden wurde gefunden, der möglicherweise einen Totenwagen darstellen soll.

Abstecher ins westliche Rosental

Von Rosegg drauabwärts erstreckt sich das Rosental, das zwar
weder landschaftlich noch kunstgeschichtlich so bedeutsam ist, daß
man ihm eine eigene Fahrt widmen müßte, in das wir aber, nun
schon unterwegs, doch wenigstens einen Abstecher machen wollen,
zumal es durchaus auch seinen Reiz hat, den Windungen der Drau
nach Osten zu folgen, die hier, eingebettet in die Vorberge der
Karawanken, träge dahinströmt. Auf jeden Fall ist die Wallfahrtskirche in *Maria Elend* einen Besuch wert. Ihr spätgotischer Flügelaltar im südlichen Seitenchor entstand gegen 1520 in einer Villacher
Werkstatt: Die liebliche Madonnenfigur im Schrein ist von den
Heiligen Rochus und Sebastian flankiert, die Reliefs an den Flügeln
stellen die Vierzehn Nothelfer dar, die Predella zeigt das Martyrium
des hl. Achatius. Das von Stichkappen eingefaßte Chorgewölbe ist
mit zartem Stuck überzogen, im spätbarocken Hochaltar von 1730
thront eine spätgotische Madonna, die Rokokokanzel ist eine erle-
sene Arbeit aus dem Jahre 1745.

Das benachbarte *Feistritz im Rosental* darf nicht mit den beiden
gleichnamigen Orten Feistritz an der Drau und Feistritz an der Gail
verwechselt werden. Hier entstanden schon vor 1500 Schmieden
und Eisenhämmer, 1840 wurde in Feistritz das erste Drahtwalzwerk
Österreichs errichtet. Während der Napoleonkriege fand 1813 hier
das größte Gefecht auf Kärntner Boden statt. Die Franzosen griffen
von Westen her an und überrannten die zurückweichenden Österreicher. Napoleons Stiefsohn, Eugen Beauharnais, befehligte da-

mals die französischen Truppen: Er wird zu jener Zeit wohl kaum
geahnt haben, daß ihm einst an der Seite der Bayernprinzessin
Amalia Auguste als Herzog von Leuchtenberg ein behagliches
Rentnerdasein in München beschieden sein würde.

Bei Feistritz weitet sich die Drau zu einem Stausee. Früher spuk-
te in ihren sumpfigen Niederungen ein Wassermann, den viele
Fischer und Holzfäller gesehen haben wollen. Es war bekannt, daß
er auf einem bestimmten Felsen gerne Rast hielt und einmal näherte
sich ihm ein Waldarbeiter aus Neugierde und Übermut. Als aber
dann der Wassermann mit silberglänzender schuppiger Haut und
unheimlich starren Fischaugen auf ihn zutrat, rief der zu Tode er-
schrockene Mann die heilige Maria um Hilfe an, worauf der Wassermann verschwand und nie mehr gesehen ward.

Grenzwärts nach Arnoldstein

Den bequemsten Übergang nach Italien hat Villach quasi vor seiner Tür. Man muß dabei keinen Paß überwinden, sollte aber einen
in der Tasche haben. Der Ausflug der Kärntner Urlauber über die
Grenze ins Nachbarland gilt in der Regel dem Marktort Tarvisio, wo man recht preiswert und auch an Sonntagen einkaufen
kann.

Die Autofahrt von 27 Kilometern bis Tarvisio führt über Arnoldstein, dessen Gebiet schon in der Antike besiedelt war. Eine um
1090 genannte Burg Arnoldstein wurde vom Bamberger Bischof
Otto I. zerstört und durch ein *Benediktinerkloster* ersetzt, dessen
Mönche das umliegende Gebiet urbar machen sollten. Bei dem gewaltigen Bergsturz des Dobratsch 1348 wurde der Ort schwer beschädigt; 1476/78 hatten die Einwohner unter den marodierenden
Türken zu leiden. Das Benediktinerkloster war schon im 16. Jahrhundert kaum noch lebensfähig und wurde gegen 1595 nur noch
von zwei Mönchen bewohnt. 1783 wurde es endgültig aufgehoben
und 1883 brannte es aus, so daß wir heute auf dem Felsen über dem
Ort nur noch Reste davon finden.

Von diesem Kloster erzählt man sich eine seltsame Legende. In
alten Zeiten nämlich soll jeder Mönch, den Gott abberufen wollte,

vorher eine weiße Rose auf seinem Chorstuhl gefunden haben. Die frommen Benediktiner gewöhnten sich schließlich so an dieses Zeichen, daß sie es hinnahmen wie ein besonderes Vorrecht. Eines Tages wurde vor der Klosterpforte eine sterbende Frau gefunden, die mit ihren letzten Worten den herbeigeeilten Mönchen ihr Büblein ans Herz legte. Der kleine Johannes wurde im Kloster aufgezogen und besonders vom Bruder Pförtner wie sein eigenes Kind gehalten. Als Johannes achtzehn war, fand sein Pflegevater die weiße Rose auf dem Chorstuhl und verschied am Tag darauf. Johannes war so traurig, daß er von Gott auch für sich das Todeszeichen erbat, doch da dies nur den zum Priester geweihten Mönchen zuteil wurde, bat Johannes den Abt um die Weihe. Am Johannestag im Juni sollte er nun seine erste Messe lesen und viel Volk strömte herbei, denn die Primiz des neugeweihten Priesters hat eine besondere Segenskraft. Unter den andächtig Knienden, die nach der Messe auf seinen Segen warteten, war auch ein schönes junges Mädchen, dessen Anblick Johannes fast die Sinne raubte. Wie betäubt nahm er die Glückwünsche seiner Mitbrüder entgegen, geistesabwesend und ohne einen Bissen zu sich zu nehmen, saß er beim Festmahl. Schließlich verkroch er sich in seine Zelle und als er auch da keine Ruhe fand, ging er zur Kirche hinüber, um zu beten. Auf seinem Chorstuhl aber lag die weiße Rose. Johannes fiel flehend auf die Knie: »Oh Herr, warum soll ich so jung sterben, verschone mich, nimm einen Alten, Kranken . . .«. Da hörte er die Glocke zur Hora läuten. Schnell entschlossen nahm Johannes die Rose und legte sie auf den Platz des neunzigjährigen Bruders Vinzenz, der Gott täglich um sein Ende bat. Als die Mönche zum Gebet kamen, hörte man Vinzenz laut den Herrn preisen, der ihn endlich zu den Seligen rief. Johannes aber machte sich die schwersten Vorwürfe, und er hätte wohl vor aller Augen seine sündhafte Tat bekannt, wenn ihn der Prior nicht zum Einsegnen einer Verstorbenen gerufen hätte. Der Anblick der Toten traf Johannes wie ein Keulenschlag. Es war das junge Mädchen, das er gesegnet und das ihm die Ruhe seiner Seele geraubt hatte. Johannes verstand den himmlischen Wink und verbrachte fortan ein Leben in schwerer Buße und im Dienst an seinen Mitmenschen. Pest und Kriegszeiten kamen übers Land; im

Kloster lagen fast täglich weiße Rosen auf den Chorstühlen, nur Johannes fand keine. Er wurde vom Volk wie ein Heiliger verehrt und wäre wohl zum Abt geweiht worden, hätte er es nicht bescheiden abgelehnt. So wurde er neunzig Jahre alt, bis man ihn eines Tages tot am Grab des Bruders Vinzenz fand. Lächelnd hielt er eine weiße Rose an die Brust gedrückt. Von diesem Tag an erlosch das Rosenwunder im Kloster Arnoldstein.

In *St. Lambert*, der gotischen Pfarrkirche von Arnoldstein gibt es einige schöne Reliefgrabsteine des 15. und 16. Jahrhunderts zu bewundern, die aus der verfallenen Klosterkirche hierhergebracht wurden. Sehenswert ist auch die über einem Bach erbaute *Heilig-Kreuzkapelle* mit interessanten Votivmalereien an den Außenwänden.

Thörl

Kurz vor der Grenze berühren wir Thörl, wo auf freiem Feld die Kirche St. Andrä steht, deretwegen allein sich unsere Fahrt grenzwärts schon lohnen würde. Thörl ist übrigens ein sehr bezeichnender Ortsname; denn das schmale Gailitztal ist tatsächlich nur ein kleines Tor, also im Dialekt ein ›Törl‹, durch das wir nach Italien kommen. Schon in einer Urkunde des 13. Jahrhunderts wird der Ort mit dem lateinischen Namen »Porta« bezeichnet; Ulrich von Liechtenstein erwähnt ihn in seinem ›Frauendienst‹ als »Tor«, eben hier hat ihm 1227 bei seiner Venusfahrt Herzog Bernhard den Willkommensgruß entboten.

Aus der ehemaligen Römersiedlung Meclaria wurde das heutige Maglern; jetzt zur Gemeinde Thörl-Maglern vereint. Auf dem über Maglern aufragenden Berg erbaute Bischof Heinrich I. von Bamberg gegen 1250 eine feste Burg, deren Besatzung ein wachsames Auge auf die Südstraße zu richten hatte. Diese Burg, ›Straßfried‹, wechselte vielfach den Besitzer, doch wurde sie niemals erobert, auch nicht von den Türken, die sie im Sommer 1478 vergeblich belagerten. Die durch das Kanaltal nach Kärnten eindringenden Truppen Napoleons brannten die Festung 1797 nieder, und heute überragen die Bäume auf dem Berg schon die Reste der einst so wichtigen Straßenburg.

Die Kirche *St. Andrä* wird erstmals in einer Urkunde von 1169 genannt, als der Patriarch Ulrich von Aquileia die»Capella St. Andree« dem Kloster Arnoldstein übereignete. Zwischen 1476–78 wurde sie von den Türken zerstört, danach wieder aufgebaut und 1482 neu geweiht.

Der kreuzrippengewölbte Chor hatte die Zerstörung wohl überstanden, während das Schiff neu erbaut und 1503–17 mit Sternrippen eingewölbt wurde; auch der wuchtige Turm stammt aus dieser Epoche. In den darauffolgenden ruhigeren Zeiten wurde die Kirche ein beliebtes Wallfahrtsziel und ist es bis heute geblieben, freilich mit veränderten Vorzeichen, denn heute sind es Kunstfreunde aus aller Welt, die hierher pilgern. Der Grund: Meister Thomas von Villach hat das Kircheninnere um 1480 mit wundervollen Fresken geschmückt. Wie mit großer Wahrscheinlichkeit angenommen wird, war Thörl sein Geburtsort oder zumindest der Sitz seiner Familie – um so erfreulicher und verständlicher, hier auch ein Hauptwerk von ihm zu finden.

Der Freskenzyklus bedeckt die Nordwand des Chores und wird durch Malereien im Gewölbe und an der Innenseite des Triumphbogens ergänzt. Die linke Seite der Nordwand schildert in zwanzig Feldern den Lebensweg Christi vom Einzug in Jerusalem – neben diese Szene hat der Meister seinen Namen ›thomas‹ gesetzt – bis zur Himmelfahrt. Den rechten Teil der Nordwand bedeckt ein gemaltes Sakramentshäuschen mit den leider weniger gut erhaltenen Bildern der Verkündigung sowie den alttestamentarischen Szenen Abraham und Melchisedek, Opferung Isaaks, Mannalese, Quellwunder des Moses, Speisung des Elias, Daniel in der Löwengrube. Im Gewölbe sind die Evangelistensymbole, vier Kirchenväter, Maria mit Kind, das Schweißtuch der Veronika und wundervoll zarte, musizierende Engel dargestellt. An der Innenseite des Triumphbogens malte Meister Artula das Weltgericht, wobei unter den Höllen-Kandidaten zwei Päpste, ein Bischof und mehrere gekrönte Häupter zu sehen sind. Diese Kritik an der höchsten geistlichen und weltlichen Macht verrät bereits das renaissancehafte Selbstbewußtsein des Künstlers dieser Zeit, der in Papst und Fürst nicht mehr nahezu überirdische, allein von göttlichen Impulsen geleitete Wesen sieht, sondern fehlbare, sündhafte Menschen, die ihre Taten vor Gott genauso zu verantworten haben wie Bauer oder Bürgersmann. Gerechterweise hat Thomas aber auch in die Schar der Seligen Päpste und Fürsten gemalt. Es ist kaum zu glauben, daß alle diese einzigartigen Malereien in klassizistischer Zeit übermalt worden sind. Sie wurden zwischen 1886–1939 nach und nach freigelegt.

Das Langhaus ist von einem bemalten Sternrippengewölbe überdacht, am Triumphbogen hängt eine geschnitzte Rosenkranzmadonna des 17.Jahrhunderts; der frühbarocke Hochaltar ist 1613 datiert.

Falls die italienischen Zöllner nicht gerade streiken oder die Autos der Reisenden sich in langer Schlange vor der Grenze stauen, sind wir schon eine Viertelstunde später in Tarvisio, das eigentlich nur aus zwei langen Straßenzügen besteht. Im unteren Ortsteil findet sonntags wie werktags ein lebhafter Markt statt, wo teueres Obst und billige Lederwaren verkauft werden. Auf der oberen Straße werden hauptsächlich Spirituosen gehandelt; die Auswahl ist groß; die Preise sind vergleichsweise günstig.

Einige Kilometer nördlich von Villach erstreckt sich in einer Nord-ost-Achse der Ossiacher See. Der elf Kilometer lange und bis zu anderthalb Kilometer breite See ist tief in bewaldete Berge einge-bettet, deren höchster, die *Gerlitzen* (1909 m), schon fast zu den Zweitausendern gezählt werden kann. Diese steil aufragende Hü-gelkette gibt dem See ein ernstes Gesicht, das aber während der sonnenreichen Kärntner Sommer auch recht heitere Züge trägt.

Die Südwest-Spitze des Sees wird von der gewaltigen *Burgruine Landskron* beherrscht, die so geschickt und mit enormen Kosten in eine gastliche Stätte mit Restaurant, Weinstube und Turm-Bar ver-wandelt wurde, daß sie aus der Ferne weiterhin wie eine Ruine wirkt. Das Gebiet auf und um den Burghügel ist nachweislich vom neunten vorchristlichen bis ins fünfte nachchristliche Jahrhundert besiedelt gewesen. Die Kirche in Gratschach zu Füßen der Burg ist mit aller Wahrscheinlichkeit eine Gründung des 9. Jahrhunderts und dürfte also zu den ersten Gotteshäusern zählen, die während der Rechristianisierung errichtet wurden.

Die im Mittelalter wenig bedeutende Festung wurde 1542 als Brandruine von dem Kärntner Landeshauptmann und königlichen Kämmerer Christoph Khevenhüller erworben. Dieser hochgebil-dete und vielbegabte Mann baute sie mächtig und prunkvoll wie-der auf; er durfte 1552 Kaiser Karl v. als illustren Gast beherbergen. Christophs Sohn Bartlmä stattete diesen Lieblingssitz der Kheven-hüller prächtig aus. Als dessen Erbe, Hans Khevenhüller, wegen seines evangelischen Glaubens auswandern mußte, wurde der schö-ne Besitz vom Hause Habsburg beschlagnahmt und 1639 an den Grafen Dietrichstein verkauft. Die im 18. Jahrhundert nur noch von

Verwaltern bewohnte Burg brannte 1812 durch Blitzschlag ab und
verfiel seitdem. Sind auch ihre heutigen Reste noch gewaltig genug, so geben sie doch kaum eine Vorstellung vom Glanz und
Prunk des einstigen Renaissanceschlosses. Was noch vorhanden ist,
bleibt durch den Umbau in eine Gaststätte wohlerhalten. Nicht allein, um hier stilvoll zu speisen, sondern auch wegen des schönen
Blicks auf den See und das umliegende Land sollte man die Ruine
Landskron besuchen.

Leider ist das Gebiet am Südwest-Ende des Sees inzwischen auf
solch gründliche Weise durch Hotels, Restaurants und einer riesen-
großen Anlage mit Ferienwohnungen ›urbanisiert‹ worden, daß
man Hotelbewohner, Wohnungseigentümer oder Restaurantbesu-
cher sein muß, um vom Wasser überhaupt etwas zu sehen.

Ossiach

Einziger nennenswerter Ort am breiten und flachen Südufer des
Sees ist Ossiach, dessen Name sich vom slowenischen ›osoje‹ (Die
auf der Schattenseite) herleitet. Ossiach war bereits durch das schon
vor 1028 von dem bayerischen Grafen Ozi und dessen Frau Glismod gestiftete Benediktinerkloster der Hauptort am See. Die ersten
Mönche sollen aus dem bayerischen Kloster Niederaltaich gekommen sein. Die Gräfin Glismod stammte übrigens aus dem Geschlecht des heidnischen Sachsenfürsten Widukind, der von Karl
dem Großen besiegt und nicht ohne sanften Druck zum Christen
gemacht wurde. Poppo, der Sohn des Stifterpaares, wurde Patriarch von Aquileia und machte Ossiach zum Eigenkloster seines
Bistums.

Im Laufe der Jahrhunderte erwarb das Kloster reichen Grund-
besitz; 1484 wurde es von den Türken niedergebrannt und später
als Wehrkloster wiederaufgebaut. 1552 war Kaiser Karl V. während
seines Aufenthalts in Villach auch im Kloster zu Gast. Der 1685 in
Salzburg geborene Barockdichter Virgilius Gleißenberger, von
1725-37 Abt des Klosters, verfaßte hier sein lateinisches Gedicht-
epos ›Boleslaus II.‹. Darin schildert er die Legende um König Boleslaus II. von Polen, der hier im Stift mehrere Jahre unerkannt als

stummer Büßer gelebt haben und 1099 gestorben sein soll. Ge-
schichtliche Tatsache ist, daß der Polenkönig 1079 den Bischof Stanislaus von Krakau ermordete, weil dieser ihn auf Befehl des Pap-
stes mit dem Kirchenbann belegt hatte. Als Volk und Adel seines
Landes sich deshalb gegen ihn empörten, floh er nach Ungarn, wo
er 1081 starb. Hier setzt nun die Legende ein und berichtet, daß
Boleslaus sich reuevoll nach Rom wandte, um vom Papst Ver-
zeihung zu erlangen. Auf seiner Reise in den Süden kam er 1082
nach Ossiach und faßte den spontanen Entschluß, hier als stummer
Knecht seine Schuld abzubüßen. Auf dem Sterbelager soll er dann
den Mönchen sein Geheimnis verraten und dem Abt seinen Siegel-
ring überreicht haben, worauf er fürstlich bestattet wurde. Sein
Grabstein an der nördlichen Außenwand der Stiftskirche ist ein römisches Marmorrelief, das ein gesatteltes Pferd darstellt und die
lateinische Inschrift trägt: »Rex Boleslaus Poloniae occisor Sti. Sta-
nislai Episcopi Cracoviensis« (König Boleslaus von Polen, Mörder
des heiligen Stanislaus, Bischof von Krakau).

Die Boleslaus-Legende ist erst seit 1521 nachweisbar; die angeb-
liche Grabinschrift entstand noch später und enthält weder das übliche »hier ruht«, noch irgendwelche Daten. Auch Lexika und Geschichtswerke berichten über Boleslaus II. nur Spärliches. Fest steht,
daß er dem hohen Adel angehörte und sich in Polen eine Art Primus inter pares-Stellung errang. Er stärkte sein Land durch geschickte Bündnispolitik und versuchte, die kostspielige Bindung an
das Heilige Römische Reich zu lösen. 1076 setzte er sich die polnische Königskrone aufs Haupt. Boleslaus war im Grunde nicht
kirchenfeindlich eingestellt; denn er unterstützte im Investiturstreit
den Papst gegen Kaiser Heinrich IV., gründete auch ein Bistum und
zwei Benediktinerklöster. Das Volk verlieh ihm die Beinamen ›der
Kühne‹ und ›der Freigebige‹.

Von 1079 an, da Boleslaus nach Ungarn floh, widersprechen sich
sämtliche Geschichtswerke, auch polnische und ungarische. Das
Todesjahr schwankt von 1081–87, als Ort werden abwechslungs-
weise Ungarn, Ossiach oder auch nur Kärnten genannt. Da Boleslaus zwei Benediktinerklöster in Polen gegründet hatte, muß man
zuletzt auch in Erwägung ziehen, ob er nicht bei dem ihm wohl-

gesonnenen Orden Zuflucht suchte und seinen Tod in Ungarn nur fingierte, um sich jeder Verfolgung zu entziehen. Diese Vermutung hat einiges für sich, da ja Ossiach sonst kaum in irgendeine Beziehung zu Polen und dessen königlichem Meuchelmörder zu bringen ist. Möglich wäre auch, daß Boleslaus während seiner Flucht bei dem ihrem Gönner verpflichteten Orden Station machte und sich den Mönchen – die ja verfolgten Missetätern an heiliger Stätte Obdach gewähren durften – zu erkennen gab. Es gibt nicht wenige Beispiele dafür, daß aus dem kurzen Besuch einer fürstlichen Person später gleich ein ganzer Legendenkranz gewoben wurde. Abt Virgilius hat sich jedenfalls den Stoff nicht entgehen lassen und die Legende in vorzüglichen lateinischen Hexametern literaturwürdig gemacht.

Ein halbes Jahrhundert nach dem Tod des Dichter-Abtes, 1783, wurde das Kloster aufgehoben, 1816 große Teile davon abgetragen. Die Reste des *Stiftsgebäudes* sind jetzt ein Hotelbetrieb und werden auf diese Weise vorzüglich erhalten und gepflegt. Der mittlere Teil des Südflügels prunkt mit einer reich mit Stuck verzierten Rokokofassade aus der Zeit um 1745. Dahinter befindet sich ein schönes, während des Umbaus 1741-49 entstandenes Treppenhaus, das zum Benediktussaal hinaufführt, dessen herrlichen Freskenschmuck in perspektivischer Malerei die Glorie des hl. Benedikt darstellt und 1749 von Joseph Ferdinand Fromiller vollendet wurde. Der jetzt als Speiseraum für Hotelgäste benutzte Fürstensaal im Westflügel wurde 1749 ebenfalls von Fromiller ausgemalt. Die Wandfresken stellen in gemalten Muschelnischen vierzehn prächtig gekleidete Herrscher des Hauses Habsburg dar, die auf ihren Podesten nicht etwa nur stehen, sondern in barockem Pathos wie Schauspieler posieren. Das Deckengemälde zeigt die Erbhuldigung der Kärntner Stände vor Kaiser Karl VI., von polychromem Stuck prächtig eingerahmt. Wo man früher ohne triftigen Grund kaum Zugang hatte, kann heute jedermann mit Blick auf See und Fromiller-Fresken speisen. So etwas gehört ohne Zweifel zu den Vorzügen unserer Zeit.

Der östliche Durchgang führt vom Innenhof zur ehemaligen Stifts- und jetzigen *Pfarrkirche Mariae Himmelfahrt*. Die wahrscheinlich schon kurz nach dem Jahr 1000 errichtete Kirche ist in ihrer

heutigen Form eine dreischiffige romanische Pfeilerbasilika mit
drei Halbkreisapsiden und einer 1937 wiederentdeckten, leider
nicht zugänglichen Krypta. Die kostbare spätbarocke Innenausstattung erhielt die Kirche in den Jahren 1737-44, wobei die Ar-
kadenbögen der Pfeiler erhöht und in die ursprünglich flache Decke
ein Gewölbe mit Stichkappen eingezogen wurde. Diese Kirche
bietet den seltenen Fall von barockisierter Romanik; denn aus gotischer Zeit stammen nur die beiden Seitenkapellen. Das Experi-
ment ist glänzend gelungen. Der barocke Zierrat wirkt wie eine
kostbare Decke, die man über die ehrwürdige romanische Gestalt
gebreitet hat, und zwar so, daß die alte Form noch sichtbar durch-
scheint.

Gewölbe und Bogenlaibungen sind mit einem zarten Geflecht
farbig gefaßten Stucks überzogen, den bayerische Meister aus dem
Benediktinerkloster Wessobrunn schufen. Der fleißige Joseph Ferdinand Fromiller malte auch hier die zahlreichen Fresken und tat
auf einer Inschrift im Chorbogen kund, daß seine Arbeiten 1744
vollendet waren. Hochaltar und Orgel entstanden um 1700, die
reichgeschmückte Kanzel ist 1725 datiert.

In der nordwestlichen Seitenkapelle steht ein um 1510 in St. Veit
entstandener und Meister Lukas zugeschriebener geschnitzter Flügelaltar, der innerhalb der Barockpracht der Kirche einen mit zwei
gotischen Spitzfenstern, Rosette und bemaltem Kreuzrippengewölbe geschmückten Raum als stilgemäßen Rahmen für sich hat. Im
Schrein steht eine liebliche rotwangige Muttergottes mit Kind
zwischen den Heiligen Katharina und Margarethe. Die Reliefs der
zwölf Apostel sind auf die beiden Flügel verteilt, deren meisterhafte rückseitige Bemalung Verkündigung, Christi Geburt, Tod
Mariens und nur im Fragment die Auferstehung darstellt. In der
Predella sieht man die Büsten der hl. Agathe und Scholastika und
die einer barocken hl. Apollonia. An der Kapellenwestwand ist der
prächtige Grabstein des 1555 verstorbenen Abtes Andreas Hasen-
perger eingelassen.

Es wäre noch zu vermerken, daß sich Karl May im Sommer des
Jahres 1905 hier aufhielt und dabei an seinem ›Blauroten Methusa-
lem‹ arbeitete. Wie der sächsische Vielschreiber ja für alles Öster-

reichisch-Bayrische ein Faible hatte – sogar zu einem kuriosen Roman über König Ludwig II. hat er sich verstiegen – so gefiel es ihm auch hier so gut, daß er der Klosterkirche ein farbiges Glasfenster stiftete, mit der Inschrift »Gestiftet von Karl May, Radebeul«. Das Fenster ist allerdings nur vom Oratorium aus sichtbar. Zwei Jahre später, Mitte September 1907, machte auch der rastlose Sigmund Freud hier für einige Tage Urlaub.

Das kleine Ossiach hat sich mittlerweile einen großen Namen mit seinen Musikfestwochen gemacht, die hier alljährlich unter dem Namen ›Carinthischer Sommer‹ in den Monaten Juli und August stattfinden.

Helmut Wobisch, früher Geschäftsführer der Wiener Philharmoniker und seit 1919 am Ossiacher See ansässig, gründete 1969 – angeregt von dem Pianisten Friedrich Gulda – diese Sommerfestspiele. Wobisch meinte bei einem Interview, er wolle kein ›Touristenfestival‹ veranstalten, sondern ein kulturelles Zentrum in Kärnten schaffen. Schon 1969 konnte ein so berühmter Pianist wie Wilhelm Backhaus gewonnen werden, leider sollte dieser Auftakt für Ossiach das Ende für den großen Klaviervirtuosen werden. Nach einem kaum noch durchgestandenen Konzert in der Stiftskirche verließen den 85-jährigen die Kräfte und er mußte sofort in eine Villacher Klinik gebracht werden, wo er eine Woche später starb. In den folgenden Jahren kam eine stets wachsende Zahl klingender Namen aus dem Musik- und Theaterleben mit einem von Jahr zu Jahr erweiterten Programm nach Ossiach. So wirkten als Solisten David Oistrach, Mstislav Rostropowitsch, Emil Gilels und Friedrich Gulda; Kompositionsseminare hielten György Ligeti, Werner Egk und Krzysztof Penderecki. Die ersten Orchester spielten, die besten Kräfte sangen, und in den letzten Jahren wurden auch Literatur, Theater und Ballett mit einbezogen. In einem Artikel zum Sechsten Carinthischen Sommer des Jahres 1974 zog die Wiener ›Presse‹ respektvoll Fazit:

Helmut Wobischs ›Carinthischer Sommer‹ befindet sich weiterhin im so überaus sympathischen Pionierzeitalter. Noch gastieren Künstler der Weltspitze aus Freude an der Sache, aus Liebe zur Landschaft oder aus Freundschaft zum Veranstalter, jedenfalls nicht primär aus Gründen des

›Geschäftes‹. *Er selbst, der sich mit sanfter Selbstironie als ›Intendant mit Umbauverpflichtung‹ bezeichnet, legt am Nachmittag der Premiere noch Hand an die Montage des Rundhorizonts, und hernach vereint ein zauberhafter Abend Künstler, Kritiker und prominente Gäste im Hause des Chefs: Ein Festival, dessen Atmosphäre sich noch den ursprünglichen Hauch von Spontaneität und Intimität bewahrt hat.*

Feldkirchen

Nicht weit ist es nach Feldkirchen, einem Städtchen von über 3000 Einwohnern nördlich von Ossiach, das eingebettet in die südöstlichen Ausläufer des Nockgebietes liegt und umgeben ist von einem Kranz idyllischer kleiner Seen.

Als ›Veldchiricha‹ wurde der Ort bereits 888 in einer Urkunde Arnulfs von Kärnten genannt, doch war das Gebiet um die Stadt schon in vorgeschichtlicher und römischer Zeit besiedelt. Als erste Besitzer sind die Eppensteiner nachgewiesen; 1166 kam es an das Bistum Bamberg und blieb bis zum Verkauf aller bambergischen Güter in Kärnten 1759 in dessen Besitz. 1311 wird der Ort als Markt bezeichnet, 1476 wurde er von den Türken geplündert und in Brand gesteckt. Weniger Mühe machten sich die 1480 einfallenden Ungarn; sie drohten nur mit Brandschatzung und trieben dafür bei den Bauern eine ›Brandsteuer‹ ein. Sie kamen bis 1490 noch einige Male wieder, mit jeweils unterschiedlichen Anliegen. Einmal stahlen sie fünfzig Wagenladungen Hausrat und Vieh zusammen, ein anderes Mal zwangen sie die Feldkirchner zur Huldigung für den Ungarnkönig Matthias. Das letzte Drittel des 15. Jahrhunderts war ja überhaupt eine Plage für ganz Kärnten durch die ständigen Überfälle der Türken und Ungarn. Zu richtigem Wohlstand kam der Markt auch in den folgenden Jahrhunderten nie. Abgaben und Steuern sogen den Bürgern das Mark aus den Knochen, dazu kam noch Anfang des 18. Jahrhunderts der Bau der Loiblpaß-Straße, die den alten Handelsweg, der über Feldkirchen führte, überflüssig machte. In den Akten des Steueramtes wird 1741 vermerkt:

Durch hiesigen Ort passiert die St. Veiter Straße nach Welschland und Tirol, welche, seitdem die neue Straße übern Loibl nach Triest und Fiume

gerichtet worden, fast ganz völlig abgekommen ist. Indem von Venedig
niemand hier eintrifft, sondern alles über Laibach nach Gratz und Öster-
reich geht.

Zum Ausgleich dafür zog etwas später nun doch ein bescheide-
ner Wohlstand ein durch die um Feldkirchen entstehenden Eisen-
und Kupferschmieden, welche die angelieferten Rohmetalle zu
Draht, Nägeln, Werkzeugen u. a. verarbeiteten. Doch war es ab
Mitte des 19.Jahrhunderts auch damit vorbei, denn mit den auf-
kommenden Großindustrien konnten die Kleinbetriebe nicht kon-
kurrieren. Dieses ständige Auf und Ab ging dann mit dem Bau der
für Feldkirchen sehr vorteilhaften Bahnlinie St.Veit–Villach weiter, denn diese Verbindung verlor durch den Bau der Schnellzug-
strecke über den Wörther See wieder ihren Wert.

Fremdenverkehr und intensiv betriebene Holzindustrie brachten
nach dem zweiten Weltkrieg einen neuen Aufschwung, der – wir
wünschen es der liebenswerten kleinen Stadt von Herzen – nun
ewig anhalten möge. Ich sagte ›Stadt‹, denn zur Zehnjahresfeier der
Kärntner Volksabstimmung, 1930, ist Feldkirchen zur Stadt erhoben worden.

Den kleinstädtisch-gemütlichen *Hauptplatz* mit seinen biedermeierlichen Bürgerhäusern ziert ein reizender, von Kastanien ge-
säumter Delphinenbrunnen des 16.Jahrhunderts und eine barocke
Mariensäule von 1760. Im Norden des Platzes führt die Amthof-
gasse zum ehemaligen *Amthof* der Bamberger Bischöfe. Das aus
dem 15. und 16.Jahrhundert stammende, doch später mehrmals
veränderte burgartige Gebäude besitzt noch zwei wuchtige Rundtürme.

Wer die in einigen Führern noch unverdrossen erwähnte Spittal-
kirche sucht, tut es vergeblich: Sie ist längst abgerissen. Besuchens-
wert ist jedoch die am nördlichen Stadtrand gelegene *Pfarrkirche*
Maria im Dorn. Sie wird zwar erst seit 1313 erwähnt, ist aber ihrem
Ursprung nach wesentlich älter. Die dreischiffige romanische Pfeilerbasilika erhielt im 14.Jahrhundert einen kreuzrippengewölbten
Chor, die Schiffe wurden im 15.Jahrhundert mit Netzrippen eingewölbt. Romanische Freskenreste aus der Zeit um 1170–80 wurden am Gewölbe des Turmquadrats freigelegt; an der Südwand des

Chores ist ein Reiterzug-Fresko der hl. drei Könige aus dem 14. Jahrhundert zu sehen. Im linken Seitenschiff steht ein schöner gotischer Flügelaltar der jüngeren Villacher Werkstätte um 1515. Im Schrein sehen wir die Statuen der Heiligen Stephan und Martin, die bemalten Flügel zeigen innen die Heiligen Felizian und Primus, außen eine Verkündigung. Der elegante viersäulige Hochaltar entstand 1738, die Kanzel dürfte etwa aus derselben Zeit stammen. Dem Meister der St. Veiter Kreuzgruppe wird das eindrucksvolle gotische Kruzifix am Triumphbogen zugeschrieben. Bei dem hübschen Rokokoaltar im südlichen Seitenschiff ist ein römisches Statuenfragment eingemauert. Der runde Karner neben der Kirche stammt aus dem 13. Jahrhundert und ist jetzt eine Kriegergedenkstätte.

Die hügelige Umgebung Feldkirchens ist ein Paradies für Wanderer. Wälder, Wiesen und Seen mit eingesprenkelten kleinen Dörfern wirken wie eine Bilderbuchlandschaft, wenn man sich Feldkirchen zum Beispiel von dem 800 Meter hohen *Krahkogel* beschaut, der sich über dem *Flatschacher See* erhebt und in etwa einer Stunde vom Städtchen aus erstiegen werden kann.

Da wir nun schon einen der kleinen Seen erwähnt haben, dürfen wir auch seine Nachbarn nicht vergessen. Östlich von Feldkirchen liegt der winzige *Dietrichsteiner See*, etwas weiter der *Urbansee*, ein paar Kilometer südlich davon der *Maltschacher See*. Es sind stille, saubere Badeseen, allesamt von Feldkirchen aus schnell zu erreichen. Wer dem Trubel am Ossiacher See entgehen will, ohne dabei auf Badefreuden zu verzichten, der findet hier einen erholsamen Ferienplatz.

Zuletzt möchte ich noch von einem originellen Faschingsbrauch berichten, der in den Dörfern um Feldkirchen zu Hause ist. Am Morgen des Faschingsdienstags streift ein als zottiger Bär verkleideter kräftiger junger Bursche durchs Dorf und fällt jeden an, der ihm in den Weg kommt. Schließlich rotten sich alle im Dorf, verkleidet als Narren und als Hunde, zusammen und jagen den von Versteck zu Versteck fliehenden Bären, der seinen Verfolgern immer wieder entkommt und sich schließlich in seine ›Höhle‹, eine im Dorf schon vorher errichtete Strohhütte, verkriecht. Dort wird er von Narren

und Hunden umringt, die nun mit allen Mitteln versuchen, den
Meister Petz herauszulocken. Da dies nicht gelingt, wird die Strohhütte in Brand gesteckt, der Bär stürzt brüllend heraus und wird
erschlagen. Unter Freudengeschrei schleppen jetzt die Narren ihre
Beute auf einen Schlitten und ziehen damit unter Musikbegleitung
durchs Dorf zum Wirtshaus, wo der ›Bär‹ recht schnell wieder
munter wird und mit den anderen einträchtig bei Bier und Brotzeit
den Faschingsausklang feiert.

Von unserem Ausflug kehren wir zurück an den Ossiacher See,
dessen stärker besiedelte Westseite den Nachteil hat, von Schnell-
straße und Eisenbahn gesäumt zu sein. Von Bodensdorf führt eine
Mautstraße hinauf zur *Gerlitzen* (1909 m), von wo wir das ganze
Klagenfurter Becken mit seinen Seen überschauen können. Kaum
weniger umfassend ist der Blick von der etwas niedrigeren viel besuchten *Kanzelhöhe* (1489 m), die man von St. Annenheim aus in
zehn Minuten mit der Seilbahn erreicht.

Auf den Hängen zwischen *Kanzelhöhe* und *Gerlitzen* ist ein recht
beachtliches Wintersportgebiet entstanden, das mit einem Pisten-
umfang von rund achtzehn Kilometern, sowie einem Doppelsessel-
lift, zwei Sesselliften und sechs Schleppliften allerhand Abfahrtsmöglichkeiten bietet. Daneben gibt es noch eine schöne Langlaufloipe, Ski- und Skibobschule, dazu einen Skikindergarten.

Eine Sage erzählt von dem weißen Rehbock, der in alten Zeiten
in den dichten Wäldern an den Hängen der Gerlitzen gelebt haben
soll. Ein in der Nähe des Sees ansässiger jagdlustiger Graf begegnete
dem seltsamen Wild, konnte es aber nicht erlegen. Das Jagdfieber
ließ dem Grafen nun keine Ruhe mehr und er erbaute sich über
dem See eine Burg, um den weißen Rehbock einmal zur Strecke zu
bringen, doch bekam er ihn vorerst nicht zu sehen. Inzwischen
hatte der Graf eine Frau genommen, und als ihm sein erster Sohn
geboren wurde, erschien St. Hubertus an der Wiege und sprach:
»Diese Burg bleibt so lange bestehen, bis du den weißen Rehbock
wieder gesehen hast.« Der Graf pirschte jedoch weiterhin vergeblich durch die Wälder. Sein Sohn wuchs heran und begleitete ihn
auf seinen Zügen. Eines Tages beschloß der Graf, ein großes Jagd-
fest zu veranstalten, zu dem er zahlreiche Gäste lud, die ihm helfen

sollten, den Rehbock aufzuspüren, was tatsächlich nach vielen Stunden gelang. Den Grafen packte ein solches Jagdfieber, daß er dem fliehenden Wild nachsetzte und dabei immer tiefer in dichte, einsame Wälder geriet. Da, plötzlich stand der weiße Rehbock vor ihm und der Graf schleuderte blitzschnell den Spieß, doch seine Beute verschwand wie weggezaubert. Jetzt erst merkte der Graf, daß ihm die Gegend fremd war, und er sich verirrt hatte. Als er endlich in später Nacht müde und zornig zur Burg zurückgefunden hatte, wurde ihm gemeldet, daß sein Sohn während der Jagd zu Tode gestürzt und seine Frau darüber vor Schreck gestorben war. Der Graf wurde durch dieses Unglück wahnsinnig, und am nächsten Tag versank seine Burg mit ihm in den Boden, als hätte es sie nie gegeben. Noch lange Zeit später sahen die Bewohner des Dorfes Tschörau am Jahrestag der unseligen Jagd den Grafen nachts hinter dem weißen Rehbock herjagen. Wer davon erzählte, mußte noch im selben Jahr sterben, doch scheint man das nicht gescheut zu haben, wie sonst wäre die Sage auf uns gekommen!? Die Autostraße über Tschörau hinauf zur Gerlitzen hat freilich den Spuk endgültig vertrieben, da Technik und Geisterwelt einander bekanntlich meiden.

Die hochaufragende Gerlitzen mit ihrem dichten dunklen Waldgürtel ist so recht eine Landschaft der gruseligen Begebenheiten, die das Volk am See denn auch die Jahrhunderte hindurch erzählte und immer mehr ausschmückte. So wird berichtet, es habe hier früher derart viele Schlangen gegeben, daß man nicht mehr wußte, wie man ihnen beikommen sollte. Ein um Rat gebetener, weiser alter Mann fragte, ob auch eine weiße Schlange darunter sei, doch niemand wollte sie gesehen haben. So ließ der alte Mann auf dem Gipfel der Gerlitzen Holz und Reisig aufhäufen und in Brand setzen. Dann pfiff er auf einer Zauberpfeife und zahlreiche Schlangen krochen herbei und liefen ins Feuer. Auf seinen zweiten Pfiff kamen noch mehr, beim dritten aber erschien eine riesige weiße Schlange, die ihren Kopf ins Feuer steckte und dabei so fürchterlich mit ihrem Schwanz um sich schlug, daß sie den alten Mann tödlich traf und er ins Feuer stürzte, wo er mit dem Gewürm verbrannte. Die Bauern aber waren seitdem von der Plage befreit.

Die Fahrt durch das weite flache Unterdrautal bietet wenig land-
schaftliche Reize und eignet sich wegen des starken Durchgangs-
verkehrs auch kaum zu einem längeren Aufenthalt. Doch notieren
wir auf unserem Weg von Villach nach Spittal einige erwähnens-
werte Details über die Orte rechts und links der Autostraßen. Übrigens ist der Name ›Unterdrautal‹ für das Gebiet zwischen Villach
und Spittal recht irreführend, denn es handelt sich doch eigentlich
um das Mittelstück des Flußlaufes.

Die Burgruine *Kellerberg* wird schon 1251 genannt; sie fiel dem
vernichtenden Erdbeben von 1348 zum Opfer. Später wieder aufgebaut, kam sie 1494 an die Herren von Kellerberg, die Anfang des
16. Jahrhunderts auch das Schloß beim Ort erbauten. Der bei Kellerberg seit 1362 nachgewiesene Bleibergbau wurde 1897 eingestellt.

Das Gebiet um *Weißenstein* war vermutlich schon vor 1100 im
Besitz des Bistums Brixen, das die Burg – jetzt Ruine – 1283 an die
Grafen von Ortenburg als Lehen vergab.

Feistritz an der Drau

Feistritz – eine der drei Kärntner Ortschaften dieses Namens, der
aus dem slowenischen ›Bistrica‹ kommt und ›Wildbad‹ bedeutet –
ist ein altbesiedeltes Gebiet, wie Funde von der Bronze- bis in die
Völkerwanderungszeit bezeugen. Wallanlagen aus der späten Latènezeit, vor allem aber die Fliehburg auf dem Hügel von Duel,
belegen die strategische Bedeutung dieser frühen Siedlungen. Lange
ehe die Grabungen auf dem Hügel von Duel bei Nikelsdorf began-

nen, erzählte man sich von einem ›Heidenschloß‹ tief im Hügel, wo
ein gewaltiger Schatz verborgen liege. Es ist immer wieder er-
staunlich, wie lange das Volksgedächtnis solche Erinnerungen aufbewahrt und wie dann oft solche ›Sagen‹ von der Wissenschaft zumindest in Details als historische Wahrheit bestätigt werden.

Es wurden zwar schon im 19. Jahrhundert auf dem Hügel Spuren einer antiken Besiedlung entdeckt, doch systematische Grabungen gab es erst seit 1928. Es erwies sich dann, daß die Römer etwa
um 400 auf dem 240 Meter langen und 120 Meter breiten Plateau
eine gewaltige, von drei Meter hohen Mauern umgebene Fliehburg
errichtet hatten. Diese diente den in der Umgebung lebenden
Menschen als Zuflucht bei den immer häufiger werdenden Ein-
fällen der aus dem Norden herandrängenden Germanen. Die schon
überwiegend christlich gewordene kelto-romanische Bevölkerung
hatte sich dort auch eine Kirche erbaut, in deren Nachbarschaft
man die Reste eines Pfarrhauses, einer Taufkapelle und eines Bade-
oder Krankenhauses fand. In den Slawenstürmen am Beginn des
7. Jahrhunderts ging die Fliehburg – wie nahezu alles aus kelto-
romanischer Zeit – dann unter. Hätte sich nicht jene sagenhafte Erinnerung vom ›Heidenschloß‹ bewahrt, so würde der dicht bewaldete Hügel von Duel sein Geheimnis vielleicht noch heute hüten.
Begleiten wir den Kärntner Schriftsteller Herbert Strutz auf seinem
Spaziergang zur Ausgrabungsstätte und zur Kapelle Maria am
Bichl, den er in dem Buch ›Kärnten, wie es wenige kennen‹ beschrieben hat:

Wilder Wein klettert unterwegs in die den Bach begleitenden Weiden
und hängt im Herbst rote Blätterbüschel in ihr Silberlaub. Dann folgt
Wald und ein wunderbarer Blick über die Felder talauf und talab, auf
Weißenstein mit seinem Spitzturm, auf den Fresachberg und Mirnock,
auf die Hangsiedlung Laas und die Millstätter Alpe. Und dann erreicht
man – nach einem kurzen, von knorrigen Wurzeln durchflochtenen Steig
bergan – das von Fichten und Föhren umdunkelte Plateau und sieht, was
hier von 1928 bis 1931 ausgegraben wurde. Geglätteter Felsgrund bildet
den Boden der Kirche, und ein für die Reliquien im Felsen ausgehöhlter
Trog zeigt die Stelle des Altars an. Hier also hausten ehemals Kelten,
kamen die Römer nach, siedelten langobardische Grenzer und besiegelte

der Einbruch der Slawen und Awaren das Schicksal der Burg, mit der auch die Kirche unterging. Doch nur der Wissende versteht die Rede der Steine, jedem anderen ist hier lediglich der Wald ringsum Sprecher oder Sänger, zu dessen Stimme sich das Klirren und Rauschen des Bachs gesellt, der zu Füßen des Dueler Hügels eine kleine Schlucht durchbraust.

Will man in Feistritz Bilder eines im ganzen Land bekannten Meisters und einer Meisterwerkstätte sehen, muß man den Hügel zur Kapelle Maria am Bichl hinaufsteigen. Schon durch die Bäume und überspielt von tanzenden Blätterschatten, die mitunter ein wahres Lichtgeriesel über die Mauern flirren lassen, leuchtet ein Christophorusgemälde von der südlichen Außenwand des Kapellenchors. Es wird dem bedeutenden Villacher Maler Urban Görtschacher, einem Künstler des Übergangs von der Gotik zur Renaissance, zugeschrieben und dürfte um 1525 entstanden sein. Und im Chor selbst bietet sich einem eine wahre Galerie von Bildern in harten, reizvoll harmonierenden Farbtönen an, die Begebenheiten aus der Mariengeschichte, der Kindheit Jesu und Passion Christi darstellen. Die in die spitzbogigen Schildfelder komponierten Fresken folgen einander nahtlos und zeigen im ersten Joch der Nordwand Joachim und Anna sowie die Begegnung unter der goldenen Pforte; darunter die Ährenmadonna und Verkündigung; daneben die Krippe mit den anbetenden Hirten, dem knienden geistlichen Stifter sowie die aus drei Schluchten zwischen burgengekrönten Bergen herausreitenden Züge der Heiligen Drei Könige; vorne eine vieltürmige Stadt an einem Fluß mit Fischern und Jagdszenen und daneben die Anbetung durch die Könige; darüber in der Schildfläche des zweiten Jochs die Krönung, den Tod und das Begräbnis Mariens. Und die Südwand zeigt oben Christus auf dem Ölberg, darunter Christus vor Pilatus, die Entkleidung und Geißelung Christi; und wiederum darunter die Kreuzigung, Beweinung und Grablegung. Es sind figuren- und bewegungsreiche Zyklen voll gedrängter Handlung, deren stilistische Merkmale auf die Werkstatt des Meisters Friedrich von Villach hinweisen. Vermutlich entstanden sie um 1440.

Geheimnis und Offenbarung strahlen von ihnen aus und begleitet besonders die aus den klaffenden Gebirgsschlünden hervordrängenden, schmuck- und eisenschimmernden Ritter, Knechte und Könige, die aus Enge und Düsternis dem in Christus verkörperten Licht zustreben. Ob der Künstler, der diese Komposition entwarf, den Ritt durch die Schluchten

*so allegorisch meinte – wer wagt dergleichen mit Sicherheit zu behaupten?
Aber der Einfall fasziniert und beschäftigt einen noch, wenn man längst
die Kapelle verlassen hat und der Blick über die angrenzenden Felder
zwischen der Pöllaner Höhe und dem Kellerberg auf die Hachelschneid
und den sich dahinter wogenhaft aufbäumenden Steinkoloß des Dobratsch
trifft, auf dem der über 100 m hohe Turm des Rundfunksenders einem
Griffel gleicht, einer feinen Nadel, die in Strahlen aufgelöste Bilder und
Gleichnisse, poetische und realistische Texte in den Äther funkt.*

Von Feistritz führt ein nicht unbeschwerlicher Fußweg hinauf
zu dem Bergdörfchen *Rubland*, das man aber auch über einen
schmalen Fahrweg von Kellerberg aus mit dem Auto erreichen
kann. Dieses in den Hügeln der östlichen Gailtaler Alpen versteckte
Dörfchen verdankt – der Sage nach – seine Gründung zwei liebes-
tollen Riesen, die sich beide in dasselbe Riesenmädchen verliebt
hatten. Die Schöne erklärte, sie werde nur demjenigen ihrer beiden
Freier die Hand reichen, der die größte aller Rüben aus dem Acker
ziehen könne. Das Ungetüm war bald gefunden, aber keiner der
beiden konnte es aus der Erde ziehen. Da bog der Schlauere der
beiden eine Fichte zu Boden und band ihren Wipfel ans Kraut der
Riesenrübe. Losgelassen, schnellte der Baum zurück, riß die Rübe
aus dem Boden und schleuderte sie über Feistritz hinweg ins Hügelland. Wo sie niederfiel, entstand später das Dorf Rubland.

Vom länderhungrigen Kaiser der Franzosen wird berichtet, daß
er nach all dem übrigen Europa auch Rubland haben wollte, das er
nicht für ein Dorf, sondern, wegen des Namens, für ein Land hielt.
Obwohl ein Verräter dem Kaiser die Richtung wies und Napoleon
schon auf der ›Hackelschneid‹ südöstlich des Dorfes stand, konnte
er Rubland nicht finden – so wohl versteckt liegt es hinter Hügeln
und Wäldern.

Bei *Paternion*, das Feistritz auf der Autostraße folgt, wurden
Reste eines Mithrasheiligtums gefunden. Der Mithraskult, d. h. die
Verehrung des Lichtgottes Mithras, verbreitete sich von Persien
über Kleinasien nach Rom und durch die römischen Soldaten in die
auswärtigen Provinzen, so auch nach Kärnten. Paracelsus erwähnt,
daß bei dem seit 1296 genannten Ort im 15. Jahrhundert Gold gefunden wurde. Viel bedeutender aber war die seit dem 14. Jahrhun-

dert nachgewiesene Blei- und Eisengewinnung. Die lutherische Lehre fiel im Gebiet zwischen Feistritz und Paternion auf sehr fruchtbaren Boden und behauptete sich trotz Gegenreformation und mancherlei Verfolgung bis heute.

Über Ferndorf erreichen wir *Molzbichl*, ein schon um 1170 erwähntes Dorf in sehr sonniger Lage. Nordwestlich des Ortes wurde 1939 eine keltische Industriesiedlung mit Tempel, Schmelzofen und Lagerhäusern entdeckt. Die 1889 hier gefundenen karolingischen Flechtwerksteine stammen vielleicht von einem im 11. Jahrhundert gegründeten Kloster, das aber nicht lange bestanden hat.

Spittal an der Drau

Am Zusammenfluß von Drau und Lieser, im Zentrum des Oberkärntner Berg- und Seenlandes, liegt Spittal. Wer über Radstätter Tauern und Katschberg einreist, für den ist Spittal so etwas wie ein Tor nach Kärnten, das man passieren muß, ob man nun nach Südosten ins Klagenfurter Becken weiterreist oder nach Westen ins Möll-, Drau-, Gail- oder Lesachtal.

Obwohl das Gebiet um Spittal schon von der Jungsteinzeit an besiedelt war, entwickelte sich der Ort erst im Mittelalter aus einem 1191 von den Grafen von Ortenburg gegründeten Hospital, das dem Zisterzienserstift Neuberg unterstand. 1242 erscheint der Ort als Markt, der sich so lebhaft entwickelte, daß bereits 1403 drei Jahrmärkte und ein Wochenmarkt bestanden. 1478 wurde Spittal von den Türken gebrandschatzt. Kurz darauf entstand hier unter Führung von Peter Wunderlich der erste Kärntner Bauernbund. 1524 belehnte Erzherzog Ferdinand, später Kaiser Ferdinand I., seinen Generalschatzmeister, Kanzler und Vertrauensmann, den spanischen Grafen Gabriel von Salamanca, mit der Grafschaft Ortenburg – das gleichnamige Geschlecht war schon 1418 erloschen –, wozu auch Spittal gehörte. Salamanca begründete die neue Linie der Grafen Ortenburg, die Salamanca-Ortenburg. Dem Prunkliebenden behagte die alte, zugige Ortenburg bei Spittal auf die Dauer nicht, er erbaute sich im Ort ein prächtiges Schloß, das heute nicht seinen Namen trägt, sondern den der Fürsten Porcia, an die das Schloß nach Aussterben der Salamanca-Ortenburg und einem kurzen Zwischenbesitz von Villacher Kaufleuten 1662 gekommen und bei denen es bis 1918 verblieben war.

Die hier schon im Mittelalter entstandene Eisenindustrie wurde seit 1709 durch einen ›modernen‹ Hochofen intensiviert. Im 19. Jahrhundert nahm die Holzindustrie einen immer größeren Aufschwung, während die Eisenverarbeitung zurückging. Die 1909 fertiggestellte Tauernbahn war für Spittal von großer Bedeutung, da sie den Güterverkehr beträchtlich erleichterte. Während der Kärntner Freiheitskämpfe siedelte die Landesregierung aus dem bedrohten Klagenfurt vom 30. Mai bis 1. September 1919 nach Spittal über. Zur Erinnerung daran wurden Spittal 1930 die Stadtrechte verliehen. Als bedeutender Verkehrsknotenpunkt und Fremdenverkehrsort gehört die Stadt heute zu den wichtigsten Zentren des Landes und ist auf etwa 10000 Einwohner angewachsen.

Stolz und Ruhm Spittals ist das *Schloß Porcia* am Westende des Hauptplatzes. Wer es eilig hat, wer sich Spittal selbst nicht ansehen kann, weil er zum Wörther See oder nach Jugoslawien fährt, wer also gerade nur Zeit hat, sich hier für eine halbe Stunde die Füße zu vertreten, der sollte dies beim Schloß Porcia tun, das zu den schönsten Renaissancebauten Österreichs zählt und im deutschen Sprachraum eines der frühesten Beispiele dieser Stilepoche darstellt.

Daß die transalpine Aneignung der Renaissance-Architektur keineswegs immer nur künstlerische, sondern oft weit mehr religionspolitische Gründe hatte, legt Renate Wagner-Rieger am Beispiel dieses Schlosses überzeugend dar:

Für das Verhältnis des Bauherrn Gabriel von Salamanca zur Renaissance-Architektur war es offenbar von entscheidender Bedeutung, daß er voll und ganz auf der Linie des Katholizismus stand und jede Verbindung mit den Protestanten ablehnte. E. Guldan hat darauf hingewiesen, daß gerade im fraglichen Zeitraum die Kunst zum Politikum wurde, wobei die romtreuen katholischen Bauherren das aus dem Süden übernommene, daher dem römisch-päpstlichen Machtanspruch adäquat erscheinende Repertoire italienischer Renaissanceformen bevorzugten, als dessen geschickte Interpreten sich überdies die reichlich zuströmenden oberitalienischen Wanderkünstler anboten, während die Protestanten sowohl die südlichen

Formen wie auch die italienischen Meister ablehnten. So fügt sich auch das Schloß zu Spittal mit seiner aus dem Süden übernommenen Formensprache in die Reihe der von katholischen Bauherrn aufgeführten Schlösser (Neuburg am Inn, Landshut, Prag), bei denen die Entscheidung hinsichtlich der Stilformen aus einem außerkünstlerischen, politischen Programm resultiert. Wenn sich bei der unter Ferdinand I. in Österreich herrschenden Bautätigkeit italienische Renaissanceformen klar durchgesetzt haben, wird man dies sicherlich nicht allein dem Gabriel von Salamanca anzurechnen haben, immerhin wäre es aber nicht ausgeschlossen, daß der Einfluß des sehr real denkenden und praktisch orientierten Mannes auf den Herrscher mit eine wesentliche Ursache dafür war, daß mit den Befestigungswerken, die damals in Wien und an den Grenzorten gegen die Türken entstanden, den italienischen Maurern und Steinmetzen ein weites Tätigkeitsfeld eröffnet wurde, in dem sie ihre Überlegenheit im Befestigungswesen bewähren konnten.

Gabriel von Salamanca baute das Haus als Stammschloß seines Geschlechts und als Wohn- und Witwensitz für seine Gemahlin. Der Name des entwerfenden und des ausführenden Künstlers ist unbekannt geblieben. Außer Frage aber steht, daß der Modellmeister ein italienischer Architekt von Originalität gewesen ist, wahrscheinlich ein Lombarde, der danach an den Hof Ferdinands nach Prag weiterzog. Der Bau wurde um 1533 begonnen. Ausgeführt oder beaufsichtigt wurde er von einem in Salamancas Testament erwähnten Baumeister Philipp. Die an verschiedenen Stellen eingemeißelten Jahreszahlen 1542, 1551 und 1597 machen deutlich, daß noch lange nach dem Tod des Bauherrn am Schloß gearbeitet wurde. Gabriel von Salamanca starb 1539 und trug in seinem Testament Sorge für die Weiterführung der Arbeiten: ». . . *mein Haus zu Spittal, welches, so es nit auspauet, fürderlich nach dem Modell, so ich zu Ortenburg gelassen, auspaut und vollendet soll werden.*«

Gabriels Söhne erfüllten dieses Vermächtnis und führten den etwa zu zwei Drittel gediehenen Bau mit dem 1597 datierten Treppenstuck zu Ende. Ab 1549 war ein anderer oberitalienischer Meister am Werk, dem die mehrteiligen Fenster- und Balkongruppen sowie das Hauptportal zugeschrieben werden. Nach 1570 dürfte eine neue Bauwerkstatt die Arbeiten mit dem obersten Arkadengeschoß, dessen Treppe, den Türmen und den Portalen weitergeführt haben. Die Barockzeit setzte mit der prunkvollen Wappenkartusche Florian Pittners am Hauptportal 1702 den Schlußpunkt hinter dieses großartige Bauwerk.

Der quadratische Vierflügelbau ist an der Nordwest- und Südostecke von zwei Rundtürmen flankiert. Die nördliche Straßenfront hat eine noble, durch Gesimsbänder und Pilaster gegliederte Fassade. Über dem edlen Renaissanceportal mit seinen beiden von Pflanzen- und Tierornamenten verzierten Säulen hat der Stukkateur Florian Pittner sein pompös-barockes Porcia-Wappen angebracht, das aber die Fassade nicht unbedingt bereichert. Durch eine Vorhalle gelangen wir in den Innenhof, der auf den Unvorbereiteten wie eine Offenbarung wirken muß: Wir sind wie durch ein Zauberportal in die Toskana des Cinquecento gelangt. Der Hof ist an drei Seiten von dreigeschossigen Lauben umgeben, die mit Reliefs von antikisierenden Bildnismedaillons, Fabelwesen und Göttergestalten geschmückt sind. Toskanische Arkadenhöfe der Frührenaissance sind Vorbild des Hofes, die schmuckfreudige Baudekoration leitet sich von der Lombardei her. Eine auffallende architektonische Lösung bildet die nordwestliche Treppe: Eigentlich wie eine Freitreppe angelegt, wirkt sie innerhalb der Arkadenanlage unorganisch, und doch bringt gerade ihre Vertikalverbindung zwischen den Geschossen ein ungemein reizvolles Element in den Laubenhof. Die Südwand ist von vier Zwillingsfenstern belebt, zwischen denen das bemalte und vergoldete Porcia-Wappen mit dem Fürstenhut vom Glanz dieses Geschlechts kündet.

Es wäre fast verwunderlich, wenn dieses große prächtige Schloß keinen Hausgeist hätte – natürlich hat es einen. Jetzt hat man sie ja schon lange nicht mehr gesehen, die nächtlich als Spuk wandelnde Gräfin Salamanca, aber früher wurde ihr Erscheinen oftmals bezeugt. Während einer großen Festlichkeit übernachteten auch viele Gäste im Schloß. Einem der edlen Herrn löschte ein Windzug die Kerze aus, so daß er auf den Gang hinaustrat, um sie an der dort aufgestellten Lampe wieder zu entzünden. Da kam lautlos eine hohe Frauengestalt mit wachsbleichem Gesicht auf ihn zu und wies wortlos auf die Laterne in ihrer Hand. Der Kavalier entzündete daran

seine Kerze, bedankte sich, worauf die Frau stumm weiterschritt.
Am nächsten Tag fragte er den Gastgeber, warum er die alte Haus-
herrin – für die er seine nächtliche Begegnung hielt – nicht kennengelernt habe, doch dieser führte ihn nur schweigend vor ein Gemälde im Ahnensaal. Hier erkannte er auf dem Porträt die Dame
sofort wieder, es war eine längst verstorbene Gräfin Salamanca.
Beim abendlichen Festmahl kam das Erlebnis zur Sprache, worauf
ein übermütiger junger Kavalier den Plan faßte, sich als nächtlicher
Spuk zu verkleiden, um die anderen zu erschrecken. Dergleichen
Spott ließ sich aber der Originalgeist nicht gefallen. Die echte Spuk-
gräfin schleuderte den übermütigen Junker mit solcher Wucht zu
Boden, daß er bis zum Morgen bewußtlos liegen blieb.

In einem Teil des Palastes – der seit 1931 Eigentum der Stadt-
gemeinde ist – ist das außerordentlich reichhaltige, 1958 gegründete
Bezirksheimatmuseum untergebracht. Die Fülle des hier Gebote-
nen reicht vom einfachen bäuerlichen Arbeitsgerät bis zu einem
vergoldeten Renaissanceprunkbett mit späterer Rokokoverzierung,
das im ›Fürstenzimmer‹ steht, und so erlauchte Schläfer wie die Kaiserin Maria Theresia mit ihrem Gemahl Franz, Kaiser Napoleon
und die Kaiserin von Mexico beherbergte.

Den sehr ausführlichen, wenn auch wegen seiner unnumerierten
Aufzählung der Gegenstände nicht allzu hilfreichen Katalog sollte
man sich schon wegen des anhängenden Textteils beschaffen; denn
hier sind mit subtiler Kenntnis alte Kärntner Bräuche geschildert
und viel ehrwürdiger bäuerlicher Hausrat abgebildet. Nicht im
Führer erwähnt sind die erst später dazugekommenen gruseligen
Perchtenmasken in Saal 8. Hier kann man ihre verschiedenen Va-
rianten ›Habergeis‹, ›Perchten‹ oder ›Bartl‹ studieren. Mit ihren
weit heraushängenden roten Zungen, riesigen Nasen und gefletsch-
ten Zähnen erinnern sie in ihrer natürlichen Wildheit an den alten
Dämonenglauben unserer Vorfahren.

Ein besonders markantes Beispiel frühester bäuerlicher Sakralkunst begegnet uns in der Holzskulptur ›Gottvater und Gottsohn‹
aus dem Jahre 1292. Wenn auch Gottvater wie ein bärtiges Wickel-
kind aussieht, so ist doch die tiefe naive Frömmigkeit zu spüren, aus
der solche Bildwerke wuchsen.

Die Räume 12 bis 15a sind dem Kärntner Maler Karl Truppe (1887-1959) gewidmet. Als Sohn eines Lehrers in Radsberg geboren, zeigte der junge Karl Truppe schon früh eine Doppelbegabung für Musik und Malerei. Schließlich entschied er sich für die bildende Kunst, die er an der Wiener Akademie studierte. 1914 wurde der junge Maler mit dem Rompreis ausgezeichnet, später wirkte er als Lehrer in Dresden und München. Nach dem Zweiten Weltkrieg kehrte er in seine Heimat zurück, wo er in Viktring bis zu seinem Tod lebte. Seine etwas steif-monumentale Ölmalerei mag heute weniger interessieren, als Zeichner und Aquarellist aber leistete er Beachtliches.

Der vom Verkehrslärm umbrandete Schloßpark ist mit schönen alten Bäumen bestanden; manchmal ist sogar das Plätschern des hochaufschießenden Wasserstrahls im weiten Becken des Brunnens zu vernehmen. Am Westende des Parks steht das 1687 errichtete ›Parkschlößl‹, in dem von Juli bis September wechselnde Ausstellungen stattfinden.

Von besonderem Interesse ist das 1972 gegründete Kellermuseum, wo Erzeugnisse der früheren Waldglashütte in Stockenboi zu sehen sind. Die Hütte Tscherniheim bei Stockenboi in der Nähe des Weißensees bestand 1624 bis 1879. Aus ihr stammte das damals berühmte Kärntner Waldglas, dessen Formen vom raffiniert geschliffenen Zierglas bis zum einfachen Gebrauchsglas reichten. Bei einer Ausstellung in Klagenfurt 1838 wurde besonders das Tscherniheimer Fadenglas bewundert. Reste dieser völlig in Vergessenheit geratenen Glashütte wurden vor einiger Zeit ausgegraben und sind – wie etwa ein alter Glasschmelzofen – jetzt hier ausgestellt. Von dem in seiner Blütezeit etwa vierzig Hütten zählenden Dorf Tscherniheim war 1910 noch ein unbewohntes Haus übrig; inzwischen ist der Ort spurlos untergegangen.

Dieses Kellermuseum hat außerdem noch etwas wenig Bekanntes zu bieten, nämlich Geräte von der früher auf der Millstätter Alpe lebhaft betriebenen Granatgewinnung, etwa eine Granatmühle, in der das die roten Granaten enthaltende Muttergestein zerkleinert wurde oder einen Rüttelsortierer, der die Edelsteine der Größe nach aufteilte. Vor dem Parkschlössel ist ein ›Mugelrad‹ auf-

gestellt, eine Erfindung der granatschürfenden Bergbauern, die allerhand Arbeit ersparte. Die oberhalb Radenthein an den Hängen der
Millstätter Alpe gewonnenen Granate wurden zum Schleifen nach
Böhmen geschickt, woraus übrigens die irreführende Bezeichnung
›böhmischer Granat‹ entstand. Da die böhmischen Schleifer aber
nur saubere, sichtklare Steine annahmen, die gewonnenen, bis zu
haselnuß-großen Granate aber außen trüb waren, diente das Mugelrad zum Klarschleifen. Dieses vom Wasser der Bergbäche betriebene Holzrad enthält eine Kammer, in die man die Granate lose
einschloß. Durch das ständige Drehen schliffen sich nun die Steine
kräftig aneinander ab. Danach wurde jeder einzelne Stein noch
einer Sichtprobe vor einem Kerzenlicht unterzogen. Bei unserem
Aufenthalt am Millstätter See werden wir uns noch näher mit dem
Granatabbau befassen.

Der Nordseite des Porciaschlosses gegenüber steht das 1537 errichtete *Vizedomgebäude* mit schöner Renaissancefassade. Seit der
Stadterhebung 1930 dient es als Rathaus. Einen reizvollen Renaissancebau von 1595 mit durchgehendem Erker finden wir im Haus
Nr. 3 am Hauptplatz. Die vor 1191 gegründete *Stadtpfarrkirche Mariae Verkündigung* wurde 1966 weitgehend modernisiert, doch sind
das kreuzrippengewölbte Mittelschiff von 1307 und die beiden
tonnengewölbten Seitenschiffe von 1584 erhalten geblieben.

Nach diesem Rundgang gönnen wir uns in der originellen ›Alt-
deutschen Weinstube‹ eine Brettljause. Diese von einem früheren
Besitzer mit allerlei alten Gemälden, Skulpturen und Möbeln ein-
gerichtete Gaststätte sollte man unbedingt besuchen. Der freundliche Wirt erklärt jedem interessierten Gast gerne, woher die einzelnen Stücke stammen.

Das Goldeck

Das sagenumwobene Goldeck, der 2142 Meter hohe Spittaler
Hausberg, ist jetzt mit einer Seilbahn schnell zu erreichen, doch es
führt auch ein bequemer Wanderweg vom Ortsteil Schwaig auf
den Gipfel des Berges. Fast senkrecht ragt das Bergmassiv aus dem
flachen Drautal in den oft so seidig-blauen Kärntner Himmel. Wie
schon der Name verrät, wurde auch hier das begehrte gelbe Metall

geschürft, doch fand man auch Silber. Besonders im Quarzgestein gab es reiche Funde. Der seit dem Mittelalter betriebene Goldberg-bau schlief im 17.Jahrhundert ein, wurde aber vom Anfang des 18. Jahrhunderts bis 1859 wieder aufgenommen. Das kostbare Metall scheint auch hier die Volksphantasie kräftig angeregt zu haben; denn man erzählt sich einige wunderbare Geschichten vom Gold-eck.

So entdeckten drei schafhütende Hirtenbuben eines Tages am Nordhang des Berges eine Felsspalte. Als sie nähertraten, erblickten sie eine weiße Bergfee, die einen Schlüsselbund in der Hand trug. Sie winkte den Buben, ihr zu folgen und führte sie durch einen dunklen Stollen ins Innere des Berges, bis sie eine weite Halle er-reichten, in der sich Gold und Edelsteine zu Haufen türmten. Die Buben durften sich ihre Taschen mit Schätzen füllen, mußten aber strengstes Schweigen geloben. Eine Zeitlang hielten sie es auch durch, aber dann wurde doch einmal einer der drei beim Wein ge-schwätzig und erzählte von dem wunderbaren Erlebnis. Sofort ver-wandelten sich die Schätze der drei Hirten in wertloses Gestein; auch die Felsspalte fanden sie nicht wieder. Seit jener Zeit nannte man diesen Felsen die ›Goldwand‹.

Millstätter See

Drei der Kärntner Hauptorte haben ihren ›Haus-See‹ gewisser-
maßen vor der Tür: Klagenfurt den Wörther, Villach den Ossiacher, und Spittal den Millstätter See. Die Spittaler fahren lediglich
um den Wolfsberg (798 m) herum, überqueren die Lieserbrücke
und erreichen bei Seeboden das Westende des Sees. Der zwölf Kilometer lange und bis anderthalb Kilometer breite Millstätter See
verläuft in einer etwas schrägen Ost-West-Achse. Er ist der nördlichste der großen Kärntner Seen; er ähnelt dem Wörther See stark,
ja, er wirkt an vielen Stellen wie dessen kleinere, bescheidenere
Ausgabe. Sein nördliches Ufer überragen Tschiernock (2082 m)
und Millstätter Alpe (2086 m); sein Südufer verläuft parallel zum
Drautal, von dem ihn die dicht bewaldeten Bergzüge von Wolfsberg (798 m), Hochgosch (866 m), Lug ins Land (842 m) und Ins-
berg (920 m) trennen. Trotz seiner gebirgigen Nordlage und seiner
Maximaltiefe von 141 Metern erwärmt sich der Millstätter See
Sommer für Sommer bis auf 26 Grad Celsius, und die Badesaison
reicht, wie bei seinen südlicheren Genossen, von Mitte Mai bis in
den Oktober hinein.

Gerade der Millstätter See ist berühmt für seine klimatische
Standhaftigkeit, die manchmal recht kuriose Formen annimmt, besonders bei dem vom Volksmund ›Loch im Himmel‹ getauften
Phänomen. Dabei geschieht folgendes: Wenn vom Westen über
die Hohen Tauern und das Mölltal schwarze Gewitterwolken auf-
ziehen oder sich vom Süden über die Karawanken eine drohende
Wolkenwand nähert und man schon ein fernes Grollen hört, erwartet jeder ein gewaltiges Unwetter mit Blitz, Donner und Re-
genguß. Freilich, der Regen bleibt nicht aus, aber er fällt meistens

nur auf das Hügelland rings um den See. Über der schimmernden Fläche des Sees hingegen tut sich dann häufig das berühmte ›Loch im Himmel‹ auf, begünstigt durch den vom erwärmten Wasser gebildeten Luftsog, der sich über dem wie in einem tiefen Topf liegenden See bildet und die Wolkendecke durch starke Aufwinde zerreißt. Stammgäste sind natürlich mit diesem Wunder längst vertraut und weiden sich am Staunen der Uneingeweihten, die schon Regenmantel und Schirm hervorgeholt haben.

Die Gemeinde *Seeboden* umfaßt heute einundzwanzig Ortschaften, doch ist der Name alt, denn bereits um 1060 wurde der bayerische Adelige Werner, in »Seepoden« erwähnt. Funde aus der Jungstein-, Hallstatt- und Römerzeit belegen die uralte Besiedlung dieses Gebiets, das im Mittelalter zum großen Teil dem Bistum Brixen gehörte. Zur Reformationszeit fiel auch hier der lutherische Glaube auf einen fruchtbaren Boden; die von den Jesuiten oft recht gewaltsam vorangetriebene Rekatholisierung war so wenig erfolgreich, daß sich der Protestantismus in Teilen der Bevölkerung bis heute gehalten hat.

Seeboden ist ein reiner Ferienort und bietet alles, was der erholungssuchende Gast sich nur wünschen mag, vor allem aber eine Fülle gepflegter Wanderwege hinauf in die vielen kleinen Dörfer an den Hängen des Tschiernock. Von Seeboden nach Millstatt sind es auf bequemer Uferstraße nur wenige Kilometer, doch finde ich persönlich eine Fahrt durch das bergige Hinterland weit reizvoller und möchte sie deshalb meinen Lesern hier vorschlagen.

Vom Ortszentrum biegen wir links nach *Treffling* ab und fahren die schmale asphaltierte Straße hinauf, wo bald zur Rechten die *Burgruine Sommereck* auftaucht. Die 1237 als »Sumereke« erstmals genannte Burg war bis 1419 Besitz der Ortenburger und kam, nach mehrmaligem Besitzwechsel, 1550 an den Landeshauptmann Christoph Khevenhüller. Dessen Nachkomme, Paul Khevenhüller, verkaufte 1628 die ein weites Gebiet umfassende Herrschaft Sommereck (häufig auch ›Sommeregg‹ geschrieben) für 100000 Gulden an den reichen Villacher Handelsherrn Johann Widmann. Von 1651 bis 1934 war die Burg im Besitz der Grafen Lodron, die sie noch bis

Ende des 19.Jahrhunderts bewohnten. 1933 deckte ein verheerender Sturmwind das Dach der schon baufälligen Burg zum Teil ab; den Rest besorgte zwei Jahre später ein anderer Gewittersturm. Heute entzückt Sommereck das Auge als malerische Ruine, deren Besitzer das benachbarte ›Schlößl‹, ein ehemaliges Jägerhaus der Grafen Lodron, bewohnen.

Unterhalb der Burg nehmen wir rechts die Abzweigung nach Tangern und gelangen auf zum Teil unbefestigter Straße nach *Laubendorf*. Wir durchqueren dabei eine liebliche, altbesiedelte Landschaft, wo romantische kleine Dörfer mit vielfach noch sehr alten Häusern anmutig zwischen Wälder und hügelige Wiesen gebettet sind. In vielen der Bauernhäuser kann man einfache Zimmer zu günstigen Preisen mieten und man mag sich gern dazu verlocken lassen, einige Tage in diesem ländlichen Idyll hoch über dem Millstätter See zu verbringen. In Laubendorf machen wir Halt und steigen die schmale Straße rechts vom Jagerwirt etwa 100 Meter bergan, wo wir dann links die Fundamente einer frühchristlichen Kirche des 5.Jahrhunderts sehen. Die Wissenschaftler vermuten, daß es sich um eine Fliehkirche des Bischofs von Teurnia gehandelt hat. Im Chor ist links ein römischer Gedenkstein eingemauert.

Hinter Laubendorf führt eine Serpentinenstraße hinab nach Millstatt, dessen Klostertürme mit den dicken Zwiebelhelmen schon bald auftauchen.

Millstatt

Der von der Millstätter Alpe herabstürzende Riegenbach hat in vielen Jahrtausenden durch das mitgerissene Geröll eine Landzunge gebildet, die ungefähr in der Mitte des Sees liegt. Das Gebiet der schon in vorgeschichtlicher Zeit besiedelten sonnigen Hänge der Millstätter Alpe war auch den Römern so angenehm, daß sie auf der kleinen Halbinsel eine Siedlung gründeten, die wohl Jahrhunderte hindurch als einfaches Bauern- und Fischerdorf bestand, bis die Gründung eines Klosters einen historischen Ort daraus machte. Ehe wir dessen Geschichte nachgehen, hören wir, was die Sage über die Entstehung von Millstatt zu berichten weiß.

In alten Zeiten stand auf dem Hochgosch – am gegenüberliegenden Ufer – ein Schloß des heidnischen Fürsten Domitian, der sich taufen ließ, als seine Frau durch Anrufung des Christengottes von schwerer Krankheit genas. Eines Tages unternahm Domitian mit seinem Sohn eine Fahrt über den See, wobei das Kind ins Wasser fiel und ertrank. Um die Leiche seines Sohnes zu finden, ließ der Fürst einen tiefen Abflußgraben ziehen, wodurch der See auf seine jetzige Höhe sank. Beim heutigen Millstatt wurde das Kind dann unterhalb eines heidnischen Tempels gefunden. Dieser Tempel war aus tausend Säulen gebaut, auf denen tausend Götzenbilder standen. Von diesen ›mille statuae‹ soll der spätere Ort auch seinen Namen haben. Domitian ließ den Tempel zerstören und erbaute dort eine christliche Kirche, wo er später mit seiner Frau begraben wurde und bis heute – ohne jemals selig- oder heiliggesprochen worden zu sein – als Patron des Millstätter Sees verehrt wird.

Geschichte des Klosters. Die datierbare Geschichte von Millstadt setzt 1086/88 mit der Gründung eines Benediktinerklosters durch die baierischen Adeligen Aribo und Poppo ein. Es wird freilich vermutet, daß schon im 9. Jahrhundert ein wendischer Herzog dort eine Kirche gründete. Die aufgefundenen karolingischen Flechtwerksteine könnten von diesem Bau stammen, der zwischen 1060 und 1088 als Eigenkirche des späteren Klostergründers Aribo und seiner Gattin Luitkard erwähnt wird. Der erste dem Namen nach überlieferte Abt war der zwischen 1091 und 1105 eingesetzte Abt Gaudentius aus Hirsau. Bereits unter seinen Nachfolgern begann das mit päpstlichen Schutzbriefen ausgestattete Kloster aufzublühen.

Im 12. Jahrhundert entwickelte sich hier eine Bildhauerwerkstatt sowie eine Schreib- und Malschule von Rang. In den Klöstern entstand ja ein großer Teil der gesamten frühmittelhochdeutschen geistlichen Dichtung. Eine der fünf großen Sammelhandschriften dieser Literatur ist die berühmte ›Millstätter Genesis‹, ein mit Federzeichnungen bebilderter Codex des 12. Jahrhunderts mit Texten der Schöpfungsgeschichte, des Physiologus (eine Naturdeutung und -symbolik), des Exodus der Israeliten, einer Sündenklage, des Paternoster, des himmlischen Jerusalem u. a. Ob diese Handschrift im

Kloster Millstatt selbst geschaffen wurde, ist unsicher, doch ist sie schon seit dem 12. Jahrhundert dort nachgewiesen. Heute befindet sie sich im Landesmuseum in Klagenfurt.

Schon Ende des 13. Jahrhunderts setzte ein wirtschaftlicher Niedergang ein, zum Teil verursacht durch die Wiederherstellungskosten des inzwischen abgebrannten Klosters. Kaiser Friedrich III. – er war seit 1460 Schutzherr des Stiftes – erwirkte 1469 beim Papst dessen Aufhebung und übereignete es dem von ihm als Schutztruppe gegen die Türken gegründeten St. Georg-Ritter-Orden, der freilich nicht einmal verhindern konnte, daß die Türken das eigene Kloster heimsuchten. Trotz der später übereigneten reichen Pfründe, trotz Förderung durch Friedrich III. und Maximilian I. vermochte der Orden nicht, sich zu entfalten und wurde 1598 aufgelöst. Die Grazer Jesuiten, die die Nachfolge antraten, setzten in der Umgebung die Gegenreformation ebenso energisch durch wie sie die Abgaben der Bauern eintrieben: Die Folge war der blutig niedergeschlagene letzte Bauernaufstand in Kärnten von 1737. Nach Aufhebung ihres Ordens durch Papst Clemens XIV. mußten die Jesuiten 1773 das Stift verlassen. Heute gehören die ehemaligen Klosterbauten den Staatsforsten. Das von den St. Georg-Rittern erbaute Hochmeisterschloß ist 1901 in ein Hotel umgewandelt worden.

Die ehemalige Klosterkirche. Leider sind keinerlei Daten zur Baugeschichte überliefert, doch wurde die ehemalige Stiftskirche, jetzt Pfarrkirche St. Salvator und Allerheiligen, wahrscheinlich gleich nach der Klostergründung, also um 1090, als dreischiffige, flachgedeckte Pfeilerbasilika errichtet. Das Äußere der Kirche wird von den beiden um 1170 entstandenen quadratischen Türmen beherrscht, die, weil sie niedrig sind, um so wuchtiger wirken.

Wir betreten die Kirche durch eine Vorhalle und stehen vor dem inneren *Westportal,* das lombardische Einflüsse verrät und gewiß nach dem Entwurf oder unter Mitwirkung oberitalienischer Baumeister um 1170 entstand. Am eindrucksvollsten ist das Tympanon mit einem wuchtig-primitiven Christus, der den Abt Heinrich II. – er trägt ein Modell der Kirche – segnet. Christus als Herr des Universums ist von Sonne, Mond und Sternen umgeben. Der

Schöpfer dieser großartigen Skulpturen hat sich mit den eingemeißelten Worten »Rudger me fecit« (Rudger hat mich gemacht)
verewigt. Ungemein ausdrucksstark wirken die vielen in die Por-
talsäulen eingemeißelten Menschen- und Tiergesichter, mit denen
der alte heidnische Brauch der Dämonenabwehr an den Türen zum
Haus oder zum Heiligtum im christlichen Sinn weitergeführt wurde. Hier sind die Dämonen durch den Einschluß in das Kirchen-
portal bereits gebannt und damit unschädlich gemacht. Auch diese
großartigen Steinmetzarbeiten hat Meister Rudger ausgeführt.

   Das *Innere* der Kirche wird von drei Stilepochen beherrscht.
Ursprünglich romanisch flachgedeckt, wurden um 1516 nach einem
Brand Chor und Schiff der Basilika mit Sternrippen eingewölbt,
sowie zwei Grabkapellen für die Hochmeister Siebenhirter und
Geumann angebaut. Die Innenausstattung entstammt der Jesuiten-
zeit und gehört somit dem Barock und Rokoko an. So entstanden
der Hochaltar 1648, die beiden Kapellenaltäre 1650, die Pfeileraltäre
1662, die Rokokoaltäre in den Seitenchören um 1770, die Kanzel
1773.

   Der noch ganz im Geist der Renaissance konzipierte Hochaltar
von 1648 gehört mit seinem Dekor schon dem Frühbarock an; sein
Tabernakel ist etwa ein Jahrhundert älter. Die lebensgroßen Leuch-
terengel zu beiden Seiten tragen mit barocker Grazie ihre beiden
wie Hörner gebildeten Kerzenhalter. Vorzügliche gotische, leider
barock gefaßte Statuen von Johannes dem Täufer, Maria mit Kind,
Christus und einem ganz barocken Joseph mit Jesusknaben zieren
die Chorpfeiler. Das Tafelbild einer hl. Katharina in der Sakristei
stammt vom früheren Hochaltar. Es wird Friedrich von Villach
zugeschrieben und entstand etwa um 1430. Dieses schöne Werk
läßt ahnen, wie prächtig der gotische Hochaltar gewesen sein muß.
Die Barockzeit hat ihn vermutlich zu Kleinholz gemacht.

   Die Grabplatten der beiden Hochmeister des St. Georgs-Ordens
Johann Geumann (gest. 1533) und Johann Siebenhirter (gest. 1508)
in ihren jeweiligen Seitenkapellen sind prachtvolle Arbeiten der
Spätgotik in rotem und weißem Marmor.

   In der gotischen Domitianskapelle sehen wir am barocken Altar
die Särge des sagenhaften Herzogs und seiner Gemahlin. Sogar ein

gotischer, von 1449 stammender Grabstein des christlich gewordenen Heidenfürsten mit bemaltem Bildnisrelief ist vorhanden. Sein ehemaliger, heute unbekannter Standort müßte das Originalgrab Domitians bezeichnet haben. Da es einen Heidenfürsten dieses Namens aller Wahrscheinlichkeit nach nicht gegeben hat, wäre recht interessant zu wissen, wer in den beiden Särgen liegt. Die von den Jesuiten betriebene Heiligsprechung des rätselhaften Gebietspatrons konnte trotz Unterstützung durch Kaiserin Maria Theresia beim Papst nicht durchgesetzt werden.

An der Südwand des rechten Seitenchors wurde 1963 das vom linken Turm stammende Weltgerichtsfresko des Villacher Meisters Urban Görtschacher angebracht – ein leider schlecht erhaltenes, doch eindrucksvolles Renaissance-Werk in der Nachfolge Thomas von Villachs.

Das *Südportal* – eine romanische Kostbarkeit wie das Westportal – mündet in den Kreuzgang des Klosterhofs. Das reich gekehlte Gewände des in der ersten Hälfte des 12. Jahrhunderts entstandenen rechteckigen Portals zieren die Reliefplastiken des Apostels Paulus und des Erzengels Michael. An den Basen der beiden freistehenden Säulen sehen wir links die durch eine Frauengestalt symbolisierte Kirche, welche einen zungenbleckenden Mann – das Heidentum – mit einer Kette fesselt und festhält. Rechts finden wir ein ähnliches Symbol, nur hat Mutter Kirche das Heidentum diesmal fest am Schnurrbart gepackt. Reich mit Skulpturen verziert sind auch die Säulen im *Kreuzgang*. Besonders interessant ist die Basis einer Doppelsäule an der Ostseite, rechts von dem lieblichen Marienfresko. Sie besteht aus originell miteinander verschlungenen Menschen- und Tierleibern. Von hier aus sieht man auch noch ein Stück der alten Wehrmauer des Stifts.

Im Zentrum des benachbarten Stiftshofs steht eine ehrwürdige ›tausendjährige‹ Linde. Mächtige alte Eichen und Linden scheinen im ganzen deutschen Sprachraum immer tausend Jahre alt zu sein. Die schmucken Laubengänge gehören zu den frühesten Beispielen der Renaissance in Kärnten und entstanden um 1530. Das Hochmeisterschloß wurde 1499 unter dem ersten Ordens-Hochmeister Johann Siebenhirter erbaut.

Von hier führt eine steile Straße hinauf nach *Obermillstatt*, dem reizenden hochgelegenen Schwesterort der größeren Siedlung am Seeufer, der noch einige der dunkelgebeizten alten Holzhäuser besitzt. Wir gehen bergab nach Süden und kommen zum *Rathaus*, wo die Kurverwaltung ihren Sitz hat. Den oberen Teil des Rathausplatzes schmückt ein reizender, grünpatinierter Brunnen in gußeiserner Neurenaissance. Mit Seeboden und Döbriach gehört Millstatt zu den Schwerpunkten des Fremdenverkehrs am Millstätter See. Für mich ist es der reizvollste Platz, denn man spürt noch die alte Tradition eines behaglichen Ferienortes. Die mächtigen alten Hotels strahlen eine Gastlichkeit aus, wie dies einem modernen Betonklotz einfach nicht gelingen kann. Geräumige Terrassen laden zu langem Verweilen in warmen Sommernächten bei einem spritzigen Kremser oder feurigen Burgenländer. Kaum anderswo am See kann man so gut und stilvoll essen, wie in den alten Strandhotels zu beiden Seiten der schönen Uferpromenade. Von hier aus sieht man hinüber auf das dichtbewaldete und fast unbesiedelte Südufer, wo es keine Autostraße, aber die schönsten Wanderwege gibt.

Wandern kann man natürlich auch von Millstatt aus, und zwar auf 50 Kilometer markierten Wegen kreuz und quer an den Hängen der Millstätter Alpe (2086 m), deren Gipfel für den Bergsteiger – neben Tschiernock (2082 m) und Langennock (2104 m) sich als lohnendes Ziel empfehlen.

Die Kurverwaltung von Millstatt hat allerdings neben Wandern, Segeln und Wasserski noch einige ausgefallenere Programme in petto, wie etwa einen Kurs in Kupfertreibarbeiten und die Edelsteinsuche auf der Millstätter Alpe. Das letztgenannte Programm möchte ich dem Leser besonders ans Herz legen, weil hier auf originelle Weise ein gesunder Wandertag mit lehrreicher Mineralienkunde und dem prickelnden Reiz der Schatzsuche verbunden wird. Ich habe mich einer solchen Führung angeschlossen und werde am Ende dieses Kapitels von meinen Erlebnissen berichten.

Hinter Millstatt durchqueren wir die kleinen Badeorte *Pesenthein* und *Dellach*, wo behagliche Familienpensionen mit großen schattigen Gärten und ein schöner Strand zum Aufenthalt laden. Bei

Dellach erreicht der See seine maximale Breite von anderthalb Kilometern. Das Ufer ist jetzt recht steil geworden, und man kann hinter Dellach den See von der hochgelegenen Straße aus fast in seiner gesamten Länge überschauen. Einen noch schöneren Blick hat man von dem Bergdorf *Sappl*, das wir in wenigen Autominuten auf der links abzweigenden Straße erreichen. Etwa in Höhe der Pension Seeblick machen wir Halt und sehen nach Westen zu nahezu den ganzen See anmutig in das grüne Becken der ihn umgebenden bewaldeten Hügelkette gebettet. Gegenüber liegt das unbesiedelte Südufer mit den höhergelegenen Dörfern Kleinegg, Großegg und Winkl. Am Nordufer sehen wir die Landzungen von Pesenthein und Millstatt, am Ostende des Sees die Häuserhaufen von Seeboden, darüber die gezackten Kämme von Kreuzeck- und Reisseckgruppe. Noch ein Stückchen bergan und wir sind im Zentrum des hübschen Bergortes Sappl, der mit vielen kleinen Pensionen und Gasthöfen zu einem beliebten Ferienaufenthalt geworden ist. Von hier führt eine Höhenstraße über Lammersdorf nach Obermillstatt.

Palmsonntag in Döbriach

Am Ostende des Sees liegt Döbriach, dessen Ortskern etwa ein Kilometer vom flachen Ufer entfernt ist. Döbriach ist mit mehreren Campingplätzen und einem schönen großen Strandbad ganz auf den Ferienbetrieb eingestellt. Hier lebt der Kärntner Heimatschriftsteller Matthias Maierbrugger, der in seinem Buch ›Heimliches Kärnten‹ von den in Döbriach noch recht lebendigen Palmsonntagsbräuchen berichtet.

Am Vorabend des Palmsonntag richtet der Bauer für seinen ältesten Jungen – und nur, wo dieser fehlt, tut es auch ein Dirndl – den Palmbuschen her. An das dünnere Ende einer langen Haselgerte bindet er ein oder auch in kleinen Abständen mehrere Bündel blühender Palmzweige, in die er auch Wacholderzweige oder grünen Buchsbaum steckt. Zwei, drei, ja sogar vier und fünf Meter hoch droben thronen diese Buschen, und jeder Vater betrachtet es als eine große Ehre, den Burschen des Nachbarn an Höhe, Umfang und Schönheit zu übertreffen. Um die Palmzweige bindet die Bäuerin noch bunte Bänder, meist ›Krösenbandlan‹, welche das

Taufkleidchen der Kinder zierten. Auch rotwangige Äpfel, Orangen, Bockshörndln, Brezeln und manchmal ein kleines Säckchen, gefüllt mit Körnern aller Getreidearten, hängt die Bäuerin an den Palmbuschen.

Mit diesem ursprünglich heidnischen ›Lebensbaum‹ ziehen nun die Kinder zur Kirche, wo er geweiht und als ›Weichabuschen‹ nachher wieder vorsichtig nach Hause getragen wird. Dieser Palmbuschen spielt nun im Jahresablauf eine vielseitige Rolle als Patentmedizin und Hüter des Hauses, wie uns der kundige Heimatforscher erzählt:

Geweihte Palmzweige verwehren fremden Geistern sowie tückischen Krankheiten und Blitzschlägen den Zutritt in das Haus, behauptet man in den entlegenen Tälern noch gegenwärtig. Darum trägt der Bub, wenn er heimkommt, seinen Palmbuschen dreimal um Haus und Hof. Dann erst tritt er mit dem ›Weichabuschen‹ in die Küche. Hier legt die Bäuerin nun den Buschen in kleine Sträußlein. Einige Zweige steckt sie hinter das Kreuz im Herrgottswinkel, andere kommen über die Ehebetten, damit das Bauernpaar vor Krankheiten bewahrt bleibe. Einige Zweige klemmt sie hinter die Sparren des Hausdaches, damit sie den Blitzschlag davon abhalten. Ein anderes Büschel soll den Tieren im Stall Schutz vor Seuchen und Milchzauberern geben. Einen kleinen Buschen bindet sie wieder an die Haselgerte. Damit wartet der älteste Bub am Karsamstag am Rande des grünen Roggenackers, bis die Glocken wieder das erstemal erklingen. Dann rennt er dreimal um den Acker und pflanzt ihn endlich in dessen Mitte auf, damit der Roggen gut gedeihe und nach Möglichkeit die Höhe des Palmbuschens erreiche. In manchen Gegenden steckt man auch an drei Ecken der neugepflügten Äcker solche Palmzweiglein in die Erde, dann muß ein drohendes Gewitter über das vierte freie Eck abziehen. Ab und zu erhält ein solches Reis sogar Würzlein und treibt kleine Zweige aus. Auf unseren Berghöfen herrschte früher der Glaube, daß jener Schnitterin das Glück hold sei, die solche grüne Zweiglein finde. Wer aber beim Schnitt zwischen den Halmen ein verdorrtes Palmzweiglein antreffe, werde noch im selben Jahr vom Tod ereilt. Ängstliche Mädchen legen geweihte Palmzweige unter das Kopfende des Bettes, um so vor unliebsamen, nächtlichen Besuchern sicher zu sein, und dort, wo es nach der Überlieferung der Ahnen gerne spukt, werden solche Zweige auf Zäunen und Torsäulen befestigt, um den Geistern jede Gewalt zu nehmen.

Das ist freilich noch lange nicht alles: Drei Palmkätzchen, am Morgen des Ostersonntags nüchtern geschluckt, bewahren das ganze Jahr vor Halsweh, und die am Sylvester- und Dreikönigsabend auf glühende Kohle gelegten Palmzweige vertreiben die Kopfschmerzen. In die Wiege gelegt, behüten sie den Säugling vor dem bösen Blick, dem Bräutigam von der Mutter heimlich in die Rocktasche gesteckt, garantieren sie eine glückliche Ehe, dem Toten in den Sarg gelegt, eine friedliche Ruhe. Diese aus dem Heidentum stammende Schutzmagie hat auch das Christentum nicht ausrotten können, und so wurde sie einfach mit den Festen des Kirchenjahres verquickt.

Am steilen, dichtbewaldeten und fast unbesiedelten Südufer gibt es keine Autostraße, doch führt ein schöner Wanderweg am Ufer entlang bis nach Seeboden, wobei man unterwegs jederzeit ein erfrischendes Bad nehmen kann. Ich will hoffen, daß der Leser dies bereits in einem von der hartnäckigen Rotalge befreiten Wasser tun kann. Während meiner Aufenthalte 1973 und zuvor hat dieses lästige Gewächs nahezu den ganzen See bedeckt und das Wasser schokoladebraun gefärbt. Die bei Sonnenschein an die Wasseroberfläche steigenden Algen sind zwar völlig unschädlich, können einem aber das Badevergnügen gründlich verleiden.

Großegg oberhalb des Südufers ist mit dem Auto von Döbriach aus nur über eine schmale Höhenstraße zu erreichen, ebenso wie der am Ufer liegende *Gasthof Schloßvilla*, westlich von Großegg, ein beliebtes Ausflugsziel.

Wenn es auch unmittelbar am Südufer keine Autostraße gibt, so kann man doch auf schmalen, asphaltierten Wegen von Döbriach aus eine reizvolle Höhenfahrt durch Wälder und winzige Dörfer unternehmen. Wir nehmen von Döbriach aus die Glanzer Straße und halten uns dann nach rechts in Richtung Ferndorf. Bei *St. Jakob*, das ganz aus alten, locker über die Hänge verstreuten Bauernhäusern besteht, führt eine schmale Straße zum Schloß Rothenthurn, doch geht man sie besser zu Fuß. Mit dem Auto müssen wir den kleinen Umweg über Ferndorf machen, das schon unten im Drautal liegt.

Das etwas verfallene, aber noch von privaten Besitzern bewohnte *Schloß Rothenthurn* stammt in seiner heutigen Form aus dem 16. Jahrhundert. Möglicherweise war es Anfang des 16. Jahrhunderts im Besitz eines Kammerdieners von Wallenstein, woraus die Legende entstand, der große Feldherr habe sich in Kärnten aufgehalten. So ganz scheint dies aber auch nicht von der Hand zu weisen zu sein, da Wallenstein den Grafen von Ortenburg, Georg von Salamanca, angeblich kannte und diesen vielleicht in seinem schönen Schloß zu Spittal besucht haben mochte. Von Rothenthurn aus führt die Straße zur schon erwähnten Ausfluggaststätte Schloßvilla am Südufer.

In dem östlich des Millstätter Sees gelegenen Gebiet um den Fresachberg waren früher die ›Störschuster‹ zu Hause. ›Auf die Stör gehen‹, ob als Schneider oder Schuster, heißt ja bekanntlich, sein Gewerbe wandernd ausüben. So zog der Meister also in der Frühe des Montags mit Lehrbub und Geselle los, wobei jeder an den vielen Schusterutensilien gewaltig zu schleppen hatte. Bei den Bauersleuten wurde ihnen dann meist in der Kuchl eine helle Arbeitsecke freigemacht, wo sich alsbald die auszubessernden, aber auch die ganz unbrauchbar gewordenen Schuhe häuften, Natürlich wurde auch für Herr und Gesinde je nach Bedarf neues Schuhwerk angefertigt, das alte zerrissene fand als Zwischenleder noch gute Verwendung.

Solange die Störschuster im Haus waren, gehörten sie dazu wie Knecht und Magd, standen mit diesen auf und nahmen an allen Mahlzeiten teil. Von fünf Uhr in der Frühe bis acht Uhr abends, also rund fünfzehn Stunden, dauerte die übliche Arbeitszeit, unterbrochen durch fünf Mahlzeiten. Im Winter brauchte wegen des schlechteren Lichtes nur von sechs bis sechs gearbeitet werden, immerhin noch zwölf Stunden. Milch und Kartoffelsterz gab es meistens zum Frühstück, Speck, kaltes Fleisch oder Wurst, Butter und Käse zu den Jausen vormittags und nachmittags. Bei Mittag- und Abendessen wurde natürlich besonders kräftig zugelangt. Von unserer heutigen ängstlichen Kalorienzählerei war man damals noch weit entfernt. Freilich wurde auch viel länger und härter gearbeitet. Die Störschuster waren nicht schlecht bezahlt. Vor dem Ersten Weltkrieg verlangten sie für ein Paar Sonntagsschuhe zwei Kronen und siebzig Heller, womit man damals eine Menge kaufen konnte. Dafür hielten diese Schuhe aber auch ein halbes Leben und brauchten nur von Zeit zu Zeit etwas ausgebessert zu werden, woran der Störschuster wieder verdiente.

Edelsteinsuche in der Millstätter Alpe

Als besondere Attraktion bietet die Kurverwaltung Millstatt ihren Gästen die Möglichkeit, im Gebiet der Millstätter Alpe unter fachkundiger Führung eines Mineralogen Halbedelsteine zu suchen. Angelockt durch das Wort ›Edelstein‹, wenn auch skeptisch wegen des Wortes ›Suche‹, das die Möglichkeit des Findens offen läßt, meldeten wir uns zu dieser Exkursion an. Zu der für Urlaubstage schmerzlich frühen Morgenstunde um acht Uhr waren wir mit dem eigenen Auto zur Stelle, und noch ein halbes Dutzend hoffnungsfroher Sucher gesellten sich dazu. Professor Stöckl, der Mineraloge, erläuterte uns in einer freundlich-aufmunternden Ansprache das bevorstehende Unternehmen und versicherte mehrmals geduldig und ausdrücklich, daß wir mit absoluter Sicherheit mit dem Fund von ›Piropen‹, d. h. schleifbaren Granaten, rechnen könnten. So zog die Autoprozession los, an der Spitze der Herr Professor.

Über Döbriach am östlichen Ende des Sees fuhren wir nach Radenthein und von da hinauf in die Berge. Die schmale asphaltierte Straße wandelte sich bald in einen steinigen und immer steiler werdenden Feldweg, womit anscheinend die beiden vor mir fahrenden Damen in ihrem fürs Gebirge etwas zu großen Auto nicht gerechnet hatten, denn ich sah, wie sich der Nacken der Fahrerin merklich versteifte und ihr Blick manchmal ins Tal glitt, wo die Bauernhöfe wie Streichholzschachteln über die grünen Matten verstreut lagen. Ein Ende schien noch nicht abzusehen, Kehre um Kehre wanden wir uns die steile Straße hinauf, bis dann endlich, endlich bei dem höchstgelegenen Bergbauernhof dieses Gebiets das Ziel erreicht war. Nach komplizierten Parkmanövern auf schmalen Steigen durften wir schließlich aussteigen und uns um den Herrn Professor scharen, der zu weiteren Erklärungen ansetzte, dabei jedoch von dem unentwegt kläffenden Pudel einer Teilnehmerin empfindlich gestört, aber nicht aus der Ruhe gebracht wurde. Das Tier schien nach der langen Autofahrt so froh, wieder herumtollen zu können, daß es unentwegt japsend und jaulend um uns umhersprang. Ein mehrmals weitgeschleuderter Stecken brachte endlich die gebotene Ruhe.

Wir erfuhren, daß wir uns im Gebiet des vorderen Laufenbergs am Ostende der Millstätter Alpe befanden. Fundstätten wurden verheißen am Unteren Friesenig, wo ein gleichnamiger Bauernhof noch alte Schürfrechte besitzt, und im Lucknergraben, wo sich die alten Stollen des früher hier sehr lebhaften Granatabbaus befinden. Ich möchte in diesem Zusammenhang auf meine Beschreibung des Bergbau-Museums im Parkschlössel von Spittal hinweisen, wo die alten Geräte für die Granatgewinnung aufbewahrt werden. Eine ganz einfache und bequeme Fundmöglichkeit verriet uns Professor Stöckl noch, nämlich unmittelbar auf und neben der Straße unterhalb des Friesenig-Hofes. Dieser von Bauern mit Traktoren oder auch von Touristen befahrene Bergweg wird regelmäßig mit granathaltigen Bruchsteinen aufgeschottert: Dabei wird der weiche Glimmerschiefer von den Gummireifen zermahlen, während die weit härteren Granate herausgebrochen werden und ziemlich unversehrt auf und neben der Straße landen. Tatsächlich fanden wir auch schon nach wenigen Schritten haselnußgroße Stücke des von außen meist grau und unscheinbar wirkenden Minerals. Längere Übung schärfte bald den Blick, und was ein Unkundiger hätte liegenlassen, sammelten wir nun eifrig. Die alte Mineraliensammler-Regel: Je unzugänglicher, je fündiger, scheint hier nicht zu gelten.

Während unserer Wanderung stießen wir auch auf ein altes Pulvermagazin, wo die Bauern ihren zum intensiven Abbau benötigten Sprengstoff aufbewahrten. Auch dieser Bau bestand aus granathaltigem Schiefergestein, man sah das edle Mineral an den Bruchstellen rot hervorleuchten. Weniger ergiebig war die Suche im Bachbett des Lucknergrabens und auch wesentlich mühsamer, da dort der Bergfluß recht steil über sehr lockeres Gestein in die Tiefe springt.

Ausdrücklich möchte ich den interessierten Leser auf den Bergbauern Alfred Dorfer hinweisen, der sich eine eigene Mineraliensammlung zugelegt hat und gerne andere Mineralien gegen schöne Granate eintauscht, bzw. aus seinem Granatvorrat gute Stücke – auch geschliffene – verkauft. Herr Dorfer war während meines Besuchs gerade dabei, einen neuen Bau oberhalb seines 300-jährigen alten Holzhauses zu errichten, der als kleine Jausenstation dienen soll. Eine herrliche saure Milch war aber schon jetzt zu haben und schmeckte uns allen so gut, daß schließlich kein Tropfen davon übrigblieb. Man sollte sich bei diesem Genuß aber etwas zurückhalten und den alten Kärntner Almenspruch bedenken: »*Rührmilch aus'n Kübl/heilt alle neun Übel/aber wenn's a Weil steaht/nocha schaug, wia's da geaht.*«

Die hier oben gefundenen Piropen sind dunkelrot, oft mit einem Stich ins Violette, und eignen sich vorzüglich zum Schleifen, was man in Millstatt bei dem Uhrengeschäft Pleikner besorgen lassen kann. Abgesehen von der unterhaltsamen Möglichkeit der Edelsteinsuche und auch des sicheren Findens ist dieses Gebiet am vorderen Laufenberg ideal für leichte Bergwanderungen, und wer bisweilen das Auge vom granathaltigen Boden hebt, hat einen märchenhaften Blick ins Tal bis zum Feldsee, auch Brennsee genannt, von dem das Nordende zu sehen ist. Man hat erwogen, den Granatabbau am Laufenberg wieder systematisch zu betreiben, da dieser schöne Stein sich einer zunehmenden Beliebtheit erfreut. So bleibt nur zu hoffen, daß der von meinem Bericht angeregte Leser noch unangefochten dort oben fündig wird und sich den selbstgefundenen Granat geschliffen und gefaßt an den Finger stecken oder ihn der Frau Gemahlin um den Hals hängen kann.

Im Gebiet der Nockberge

Zwischen Radenthein und Villach

Für den Feriengast, der am Millstätter See wohnt und ausflugslustig ist, empfehlen sich vielerlei Tagesfahrten in die Umgebung. Eine relativ wenig befahrene Straße führt vom Millstätter See über Döbriach und Radenthein nach Villach.

Das 1177 erstmals erwähnte *Radenthein* steht ganz im Zeichen des Bergbaus. Schon nach 1759 wurde hier das aus dem Nockgebiet stammende Eisenerz ausgeschmolzen, 1781 kam noch ein Hammerwerk hinzu. Mitte des 19.Jahrhunderts ging die Eisenindustrie wieder ein, doch wurde 1906 ein Magnesitwerk gegründet, das heute zu den bedeutendsten in Österreich zählt und seine Rohstoffe auf der Millstätter Alpe im Tagbau gewinnt. Für Touren auf die nördlich des Ortes gelegenen Berge Klommnock (2326 m), Rosennock (2434 m) und Pfannock (2247 m) ist Radenthein der beste Ausgangspunkt.

Feld am See ist ein netter kleiner Ferienort mit einigen Strandbädern am Brenn- oder Feldsee. Der Sage nach soll dieser mit dem benachbarten Afritzer See einmal verbunden gewesen sein. Auf dem Grund dieses Sees lebte eine wunderschöne Nixe, die sich in einen jungen Fischer verliebt hatte und mit ihm jeden Tag in seinem Boot ein Weilchen spazierenfuhr. Dies erregte die glühende Eifersucht eines auf dem Mirnock lebenden Drachen, der – natürlich ganz aussichtslos – ebenfalls in die schöne Wassermaid verliebt war. Als das greuliche Schuppentier eines Tages wieder einmal den Fischer mit der Nixe scherzen und kosen sah, geriet es in einen solchen Zorn, daß sein gewaltiger Schwanz weithin ausschlug und dabei die Spitze des Mirnocks traf. Diese brach ab und das herabstürzende Geröll häufte sich in der Mitte des Sees so hoch auf, daß eine Landbrücke entstand und es von da an zwei Seen gab.

Afritz, am gleichnamigen See gelegen, ist ebenfalls Ausgangspunkt für Bergtouren in das Nockgebiet, vor allem auf den Pal-
nock (1896 m), den Mirnock (2104 m) und den Wöllaner Nock
(2139 m). Im Reicherhaus, das früher einer Familie Ueli gehörte,
hauste in alten Zeiten ein gefährlicher Poltergeist, der jedes Lebe-
wesen, das sich nachts in der Küche aufhielt, in Stücke riß. Eines
Tages bat ein Wanderer, der einen zahmen Löwen mit sich führte,
um Aufnahme für eine Nacht. Da er mit seiner Riesenkatze in der
Küche schlafen wollte, warnte ihn der Hausherr vor dem Poltergeist, doch der Gast wies nur auf seinen Löwen und sagte, er fürchte
nichts. Nachts gab es dann einen fürchterlichen Lärm, und am Morgen hatte der Löwe vom Kampf mit dem Geist etliche Kratzer am
Kopf. Als der Uelibauer kurz darauf draußen über die Felder ging,
rief eine Stimme: Ueli, hast du dei böse Katz noch? Geistesgegen-
wärtig rief der Ueli zurück: Freili, die liegt daheim hinterm Ofen!
Von da an ließ sich der Geist nicht mehr blicken.

Treffen, der letzte Ort vor Villach, wird schon 878 in einer Urkunde König Karlmanns als ›curtis ad Trebinam‹ erwähnt. Diesen
Hof schenkte Karlmann dem bayerischen Kloster Ötting. Anfang
des 10. Jahrhunderts kam das Hofgut Trebina an das Bistum Passau,
1007 an König Heinrich II.; später wechselte es noch sehr oft den
Besitzer. Zur Reformationszeit gewann die lutherische Lehre hier
viele Anhänger, die trotz Verfolgung und Gegenreformation an
ihrem Glauben festhielten, so daß es noch heute in diesem Gebiet
eine beträchtliche Anzahl Protestanten gibt.

Die etwa zwei Kilometer nordwestlich gelegene Burg Alttreffen
wurde unter Kaiser Arnulf erbaut und blieb seit ihrer Zerstörung
um 1490 Ruine. Im Ort selbst steht das stattliche Schloß Treffen,
1691 vom Grafen von Grottenegg errichtet. Die heutige, im Kern
gotische Pfarrkirche St. Maximilian muß eine zwischen 878 und
906 vom Kloster Ötting errichtete romanische Vorgängerin gehabt
haben, doch ist von ihr nichts erhalten. Den Umbauten des 17.
Jahrhunderts folgten 1812 weitere Veränderungen. Die schönen
Gemälde über den Altären schuf 1784-86 der Bozener Maler Joseph
Anton Cusetti.

Ein anderer Tagesausflug führt von Radenthein über Bad Klein-kirchheim zur Turracher Höhe.

Wir fahren den Tiefenbach entlang in westlicher Richtung und erreichen *Bad Kleinkirchheim*. Dem in den letzten Jahren stark gewachsenen und vorwiegend aus neueren und neuesten Bauten bestehenden Ort ist nichts mehr davon anzumerken, daß er zu den ältesten Heilbädern Österreichs gehört. In einer Urkunde von 1166 wird er als ›Chirchaim‹ erstmals erwähnt, doch ist anzunehmen, daß bereits ein Jahrhundert früher, unter den baierischen Aribonen, die ersten Siedler in das liebliche Tal kamen. Der Aribone Poto – wir sind ihm und seinem Bruder Aribo als Gründer des Stiftes Millstatt begegnet – wird von der Legende als der sagenhafte Entdecker der Heilquelle genannt. Das Brüderpaar war nämlich 1055 in eine Verschwörung gegen Kaiser Heinrich III. verwickelt und mußte, als diese scheiterte, geächtet die Flucht ergreifen. Sie zogen sich auf ihre abgelegenen Kärntner Besitzungen zurück und Poto, auf den die kaiserlichen Häscher besonders scharf waren, versteckte sich im sumpfigen Kirchheimer Tal bei einem Jäger. Während eines Streifzugs durch die damals unwegsame, von Wölfen und Bären bewohnte Wildnis, ließ sich Poto an einer Quelle nieder, um zu trinken. Verwundert bemerkte er, daß dieses Wasser lauwarm aus dem Boden kam, und so badete er seinen von den überstandenen Kämpfen noch mit halbverheilten Wunden bedeckten Leib in dem behaglich warmen Wasser. Danach fühlte er sich so wunderbar erfrischt, daß er die Quelle öfter aufsuchte und auch bald von seinen Verletzungen geheilt war.

Nach der Gründung des Klosters Millstatt sandten die Benediktiner Siedler in das abgelegene Tal; vielleicht hatte Poto ihnen den Hinweis dazu gegeben. Die Siedler rodeten die Wälder, trieben Ackerbau und Viehzucht und nutzten wohl auch ihre wohltätige Quelle, die erstmals 1434 als Heilquelle genannt wird. Weil man damals und lange Zeit danach heilkräftige Quellen für ein himmlisches Wunder hielt, wurde sie in Kleinkirchheim der hl. Katharina geweiht, der an Ort und Stelle, etwa 1492/93, auch eine Kirche erbaut wurde. Trotzdem geriet das Bad schon Mitte des 19.Jahrhunderts in Vergessenheit, das alte, viel zu kleine Badehaus war schon halb verfallen und lockte kaum noch Gäste. Erst ein 1908-10 erbautes prächtiges Kurhaus brachte neuen Aufschwung, der bis heute anhält und aus dem Ort ein modernes Heilbad mit ganzjähriger Saison gemacht hat. Die 25 Grad Celsius warme Katharinenquelle wird bei Magen- und Frauenleiden, Allergien, Gicht und Kreislaufstörungen innerlich und äußerlich angewandt. Das neue Thermalschwimmbad hoch über dem Ort gehört wohl zu den eindrucksvollsten Freibadeanlagen dieser Art.

Bad Kleinkirchheim liegt im Herzen der Kärntner Nockberge und ist der ideale Ausgangspunkt für Bergtouren aller Art und jeden Anspruchs. Bequeme und gut markierte Wege über sanfte Hänge laden zu gemütlichen Spaziergängen, während der Wöllaner Nock im Süden sowie Moschelitzen (2305 m), Klommnock (2326 m) und Pfannock (2247 m) im Norden den Bergsteiger zum Gipfelsturm locken.

Die Hänge der Nockberge um Bad Kleinkirchheim haben sich als so ideal für den Wintersport erwiesen, daß dieses Gebiet in den letzten Jahren zum bedeutendsten Skizentrum Kärntens geworden ist. Nüchterne Zahlen mögen dies verdeutlichen: Zwei Doppelsessellifte, ein Sessellift und dreizehn Schlepplifte können pro Stunde rund elftausend Personen auf die Pisten befördern. Die Abfahrten einschließlich der Übungshänge umfassen rund 190 Kilometer, wozu noch Langlaufloipen sowie Eis- und Rodelbahnen kommen. Eine Skischule mit speziellen Anfängerkursen und ein Ski-Kindergarten erweitern die Möglichkeiten des weißen Sports, der hier bis in 2000 Meter Höhe betrieben werden kann.

In dem jetzt zum Hotel gewordenen altansässigen Gasthaus ›Trattlerhof‹ kehrte 1737 der Wiener Advokat Paul Zopf ein, der beim Bauernaufstand gegen die Millstätter Jesuiten die Kasse hatte mitgehen lassen. Er wurde aber vom Trattlerwirt erkannt und dem Richter ausgeliefert, was ihn Kasse und Kopf kostete. Auf einem Gemälde in der Gaststube sind diese Ereignisse dargestellt.

Die Wallfahrtskirche St.Katharina im Bade wurde um 1493 auf einer gewölbten Halle über der Heilquelle errichtet. Chor und

Schiff sind netzrippengewölbt; im Schrein des spätgotischen Flügelaltars steht St. Katharina zwischen den Heiligen Vinzenz und
Barbara. Die Flügel sind mit Szenen aus dem Leben Christi bemalt,
im Gespreng sehen wir ein Kruzifix mit den Figuren von Maria
und Johannes; die Malereien an der Predella zeigen die heilige Sippe. Auf die Rückseite hat 1573 Johannes Schmeller den Abschied
Christi von Maria und die heiligen Rochus und Sebastian gemalt.
Den im einzelnen vorzüglichen Mal- und Schnitzwerken ist doch
anzusehen, daß sie – zumindest in der Thematik – nicht recht zu-
einander passen. Es ist tatsächlich überliefert, daß bei der Kirchen-
weihe 1493 drei Altäre vorhanden waren. So vermutet man, daß
aus zweien davon später der jetzt vorhandene gemacht wurde. Die
geschnitzte und bemalte Sängerempore ist eine köstliche Arbeit der
spätesten Gotik, deren Dekor schon zur Renaissance weist.

In der Mitte des Ortes liegt die Pfarrkirche St. Ulrich, ein jetzt
barocker, über gotischem Mauerwerk errichteter, aber schon 1166
genannter Bau mit Chorfresken von 1747 und einem recht plastisch
wirkenden Riesengemälde im Schiff, das Jonas Ranter um 1920
schuf, und das die Schlacht auf dem Lechfeld von 955 darstellt.

Einige Kilometer östlich von Bad Kleinkirchheim zweigt nach
Norden die Straße zur Turracher Höhe ab. Die Bergdörfer dieses
landschaftlich sehr reizvollen Gebiets sind unter dem Gemeinde-
namen Reichenau zusammengeschlossen. Dazu gehört auch das
östlich der Straße auf 1472 Meter Höhe gelegene *St. Lorenzen*, das
höchste Pfarrdorf von ganz Kärnten.

Die zum Teil recht steile Bergstraße verläuft am Ostrand des
Nockgebiets und führt uns durch die Gurktaler Alpen zur *Turracher
Höhe* (1783 m), die im Winter wegen ihrer Schneesicherheit zu
einem beliebten Skigebiet geworden ist und im Sommer als Luft-
kurort und Ausgangspunkt für Bergtouren nicht weniger frequentiert wird. Hier stehen wir an der Grenze zur Steiermark; etwas
westlich davon, beim Großen Königsstuhl (2336 m) verläuft nach
Norden die Grenze zum Land Salzburg. Trotz dieses ›Dreiländer-
ecks‹ befinden wir uns doch auf kultur- und stammesgeschichtlich
bairischem Boden, der ja einstmals mit dem heutigen Altbayern
ein riesiges Herzogtum umfaßte.

Im Maltatal

Im Ausflugsbereich des Millstätter Sees liegt auch das romantische Maltatal. Es gibt viele Kärntner Täler, die einander recht ähnlich sind, das Maltatal aber gleicht keinem. Ältere Reiseführer nennen es gar nicht oder tun es mit einer mageren Zeile ab, aber auch die neuere Literatur behandelt es recht stiefmütterlich. Dabei zählt es zu den schönsten und eigenartigsten Gebirgstälern Kärntens und ist mit seinen zahlreichen Wasserfällen, deretwegen es von dem Schweizer Schriftsteller Gustav Reinker ›Tal der stürzenden Wasser‹ genannt wurde, in seiner Art einmalig. Vom Millstätter See kommend, ist Gmünd unsere Pforte zum Maltatal.

Gmünd

Der Ort wird zwar erst seit 1252 genannt, doch ist mit Sicherheit anzunehmen, daß dieses Gebiet schon ab Mitte des 12. Jahrhunderts vom Erzbistum Salzburg besiedelt wurde. Die ursprünglich wohl sehr kleine Siedlung gewann durch den zunehmenden Nord-Süd-Verkehr über den Katschberg immer mehr an Bedeutung und wurde im 13. Jahrhundert systematisch zu einem befestigten Markt ausgebaut. Schon 1292 wird es – zusammen mit seiner Burg – als Stadt genannt. Weitere wichtige Markt- und Handelsrechte kamen im 14. und 15. Jahrhundert dazu, so daß Gmünd sich lebhaft entwikkelte.

Seit dem 14. Jahrhundert profitierte die Stadt von dem im Kremsgebiet betriebenen Eisenabbau, der damals allein in den Händen von Gmünder Bürgern war. Neben gutem Gewinn brachten die Bergwerke der Krems aber auch einigen Ärger, denn die gutverdienenden Knappen wurden immer selbstherrlicher. Sie wußten, was ihre Arbeit wert war, trugen Waffen und maßten sich allerlei Sonderrechte an, was zu Beschwerden beim Salzburger Erzbischof führte. Durch einen verheerenden Brand im Jahre 1504, der auch die Stadt vernichtete, kam der Berbgau zum Erliegen, bis ihn 1536 auswärtige Geldgeber wieder in Gang brachten. Bei unserem späteren Abstecher nach Kremsbrücke und Eisentratten werden wir noch mehr vom Erzabbau im Gebiet der Innerkrems hören.

1502 wurden Stadt und Herrschaft Gmünd von Kaiser Maximilian an den Erzbischof von Salzburg verkauft. Danach an verschiedene Herren verpfändet, kam es 1594 als Pfand an Siegmund Khevenhüller, der den Protestantismus förderte und ihm viele Anhänger gewann. Seit 1600 gewaltsam rekatholisiert, bekam es wenig später Graf Hans Rudolf von Raitenau, Bruder des eigenwilligen, baulustigen und oft auch gewalttätigen Erzbischofs Wolf Dietrich von Salzburg. Als Hans Rudolf 1633 starb, verkaufte das Bistum Salzburg die Stadt 1639 an die Grafen Lodron, die bis ins 19. Jahrhundert ihre Besitzer waren.

Graf Christoph Lodron ließ 1651-54 am Hauptplatz das Neue Schloß erbauen, das 1792 zusammen mit großen Teilen der Stadt abbrannte. 1886 brannte die über der Stadt thronende Alte Burg aus und blieb, im Gegensatz zum Neuen Schloß, bis heute Ruine.

Das reizvolle alte Stadtbild hat sich in Gmünd weitgehend erhalten. Zwei enge Stadttore schließen den Hauptplatz nach West und Ost ab. Im Südosten des Platzes erhebt sich das vom Baumeister Anton Riebeler 1651-54 errichtete *Neue Schloß*, dessen fünfter Stock erst 1950 aufgesetzt wurde. Das stilistisch an die Kanonikerhöfe in Salzburg angelehnte dreiflügelige Gebäude umschließt einen rechteckigen Innenhof, der sich auf den Schloßpark öffnet. Die Dreifaltigkeitssäule im Osten und der Johann-Nepomuk-Brunnen im Westen des Hauptplatzes sind Werke des Barock.

Auf dem Weg zu der am nordwestlichen Stadtrand gelegenen Pfarrkirche durchqueren wir schmale Gassen mit zum Teil recht alten Häusern. Oberhalb des Kirchplatzes erhebt sich die Brandruine des *Alten Schlosses*, dessen noch aus romanischer Zeit stammender quadratischer Bergfried von hier aus nicht sichtbar ist. Die im Mittelalter als reiner Zweckbau errichtete und wohl eher bescheidene Festung ließ der Salzburger Erzbischof Leonhard von Keutschach – er gab auch der Hohensalzburg ihre heutige Gestalt – zum Schloß ausbauen. Weitere Umbauten im Renaissancestil wurden 1607-15 ausgeführt.

Wenden wir uns jetzt zur *Stadtpfarrkirche Maria Himmelfahrt*, deren gotischer Turm sich an die 1491 ausgebaute Stadtmauer lehnt. Der älteste Teil der dreischiffigen Hallenkirche ist der 1339 kreuzrippengewölbte Chor; das prachtvolle Langhaus mit seinem von achteckigen Pfeilern getragenen Netzrippengewölbe scheint der Stadt so große Kosten verursacht zu haben, daß 1499 deshalb ein Ablaß ausgeschrieben wurde. 1513 konnte schließlich der fertige Bau geweiht werden. Die schöne Barockausstattung mit Kanzel, Haupt- und Seitenaltären wirkt etwas fremd und wie aufgeklebt in dieser sonst rein gotischen Kirche. Neben dem rechten Seitenaltar ist das aus rotbraunem Salzburger Marmor gefertigte Grabmal des 1572 verstorbenen Ritters Philipp von Leobenegkh mit ganzfigurigem Reliefbildnis besonders bemerkenswert. Das Grabmal beim linken Seitenaltar ist Hans Rudolf von Raitenau gewidmet, von dem vorhin schon die Rede war.

Der gotische Karner östlich der Kirche wurde im 14. Jahrhundert errichtet und enthält nicht unbedeutende, doch leider schlecht erhaltene Fresken eines Weltgerichts aus der Zeit um 1400.

Dornbach

Wir fahren unter der mächtigen Burgruine von Gmünd vorbei nach Nordwesten ins Maltatal. Dichte Mischwälder begleiten uns durch das hier noch weite und freundliche Tal der Malta, deren so römisch klingender Name illyrischen Ursprungs ist und ›Steingegend‹ bedeutet.

Bei Fischertratten biegen wir ab und fahren links auf schmaler gewundener Straße nach Dornbach, wo, eingezwängt zwischen alten Bauernhäusern, das Kirchlein *St. Leonhard* steht. Den Schlüssel dazu bekommen wir im Bauernhof nebenan. Die kleine unscheinbare, den Heiligen Leonhard und Katharina geweihte Kirche birgt

beachtliche Kunstschätze. Sie wurden 1461 von Andreas von Weißpriach gestiftet und zwei Jahre später geweiht. Ihr Inneres besteht
aus einem flachgedeckten Schiff und einem schmalen Chor mit
Sternrippengewölbe, das mit zarten Fresken musizierender Engel
bemalt ist. Schlußsteine und Konsolen zeigen die Wappen des Stifters. Derselbe, vermutlich aus Salzburg stammende, unbekannte
Meister schuf die Fresken an den Chorwänden mit einer Verkündigung und zwei Episoden aus dem Leben der hl. Katharina, sowie
das in den barocken Hochaltar eingefügte Tafelbild ›Vermählung
der hl. Katharina‹, eine innige, auf Goldgrund gemalte Darstellung.
Am Triumphbogen stehen die meisterhaften, vielleicht ebenfalls
salzburgischen Skulpturen der Heiligen Rupert und Burkart im
Bischofsgewand, in den Physiognomien ungemein realistisch aufgefaßt. An der äußeren Westseite der Kirche sind noch Reste des Pfarrhauses zu sehen, das bei einem Erdrutsch im 17. Jahrhundert zerstört wurde.

Rechts von der Kirche führt ein Wanderweg zum *Wasserschloß*
Dornbach, das am Fuße eines bewaldeten Hügels inmitten eines
idyllischen Teiches – dem früheren Wassergraben – liegt und bis
heute bewohnt wird. Ein schattiger Spazierweg führt am Wassergraben entlang um das restaurierte und sehr gepflegte Schloß herum. Es wird seit dem 13. Jahrhundert genannt, erhielt aber seine
heutige Gestalt hauptsächlich Mitte des 15. Jahrhunderts unter Andreas von Weißpriach. Im 16. und 17. Jahrhundert wurde es nochmals umgebaut und etwas vergrößert. Von diesem romantischen
Platz können wir zu Fuß nach Malta weitergehen; wer aber zu seinem Auto nach Dornbach zurück muß, erreicht den Hauptort des
Tales auf der Hauptstraße.

Malta

Ein Fund aus der Jungsteinzeit zeigt, daß dieses Gebiet schon sehr
früh besiedelt war; der Ort wird im 10. Jahrhundert als ›Malontina‹
erstmals genannt und gehörte damals dem Bistum Freising. Seit
dem 11. Jahrhundert ist ein Geschlecht der Herren von Malta nachweisbar. Der zwischen 1129 und 1170 genannte Walther von Malta
nahm 1147 an einem Kreuzzug teil und erscheint 1154 im Gefolge

des Kaisers Friedrich Barbarossa bei dessen Romfahrt. Durch Erb-
schaft gelangte Malta dann an die Grafen von Heunburg, deren hier
ansässiger Zweig sich ›von Malta‹ bezeichnete und im 18.Jahrhun-
dert ausstarb. Diese Herren saßen auf einer oberhalb Malta gelegenen Burg, die jedoch schon im 14.Jahrhundert verfiel.

Alt wie der Ort ist auch seine *Pfarrkirche Maria Hilf,* die schon im
11.Jahrhundert genannt wurde und ihre heutige Gestalt Ende des
15.Jahrhunderts erhielt. Hauptschiff und nördliches Seitenschiff
sind mit Netzrippen eingewölbt, deren Felder mit Heiligenfresken
in seltsamen Vierpässen, spitzen Zwickeln und Kreisen bemalt sind.
Im frühgotischen Chor des 14.Jahrhunderts befinden sich in
den Kreuzrippengewölben Fresken der Evangelistensymbole. Die
schlecht erhaltenen frühgotischen Fresken an den Chorwänden zeigen links die Anbetung der Könige, rechts die sehr seltene Darstellung ›Mariae Schwangerschaft‹, daneben eine Verkündigung. Altäre und Kanzel sind gute barocke Arbeiten. Das Gemälde im linken Nebenaltar, ›Christus am Ölberg‹, schuf der später in München
als Landschafter berühmt gewordene Villacher Ludwig Willroider
1864 im Auftrag eines bäuerlichen Stifters. Das älteste Fresko der
Kirche an der südlichen Außenwand stammt aus dem späten 13.
Jahrhundert und zeigt die hl. Dorothea mit dem Jesusknaben: eine
im Mittelalter beliebte Darstellung, die hier auf eine reizvolle Weise ungelenk ausgeführt ist. Daneben ist ein römischer Schriftstein
eingemauert. Der spätromanische runde Karner St.Michael besitzt
in der Apsiskuppel ein Kreuzigungsfresko des 13.Jahrhunderts.

Malta ist ein schöngelegener und beschaulicher Ort und der
ideale Ausgangspunkt für Wanderungen talaufwärts zu den Wasserfällen oder zu den Maltaberger Almhütten (2038 m), über die
man den Gipfel des Stubeck (2370 m) erreicht.

Bei den Wasserfällen

Hinter Malta werden die Talwände steil und felsig; rechts sehen
wir den *Fallbach-Wasserfall* wie Silbergeäder über den grauen Fels
strömen. 1902 wanderte Peter Rosegger durchs Maltatal und be-
schrieb den Fallbach:

Hoch oben springt er aus dem Rinnsal der Zinne etwa 50 Meter in einer geschlossenen weißen Masse nieder, dann zerschellt er an einem Felsenvorsprung und geht in einem breiten dichten Schleier wieder 50 Meter nieder, der sich dann zerfranst und in weißen Raketen herabzischt, um schließlich in einer Nebelmasse zu zersprühen. Schwer, feierlich und langsam fällt er. Schon auf eine Entfernung von hundert Schritten schlägt einem der Regen und eiskalter Wind entgegen, ein Sausen, Brausen und Donnern betäubt das Ohr. Es ist ein Lied von ewigen Dingen, jede Strophe anders seit undenklichen Zeiten – immer und immer braust das Lied von der Felswand nieder, dort weit oben im Kärntnerland.

Links führt eine Abzweigung ins Gösstal, wo hinter der Gaststätte ›Pflüglhof‹ der Wanderweg zu den *Gössfällen* beginnt. Noch vor dieser Abzweigung wurde links von der Straße ein Wildpark angelegt, wo wir Hirsche, Steinböcke, Gemsen, Wildschweine, Wölfe, Affen und – zwei Berberlöwen »besichtigen« können. Ob es besonders geschmackvoll und notwendig ist, Löwen in ein Gebirgstal zu verpflanzen, mag jeder Besucher selbst entscheiden.

Nach knapp halbstündiger Wanderung auf steilem und steinigem Weg erreichen wir eine Schlucht, wo die Gössfälle weißgischtend über Felsterrassen ins Tal stürzen und dabei immer wieder grünschäumende Wasserbecken bilden, die, überlaufend, wieder ein neues Becken füllen, bis sich die Wasser tosend einen Weg durch die steinige Klamm bahnen.

Steigen wir noch etwas höher, so treffen wir auf den *Zwillingsfall*, wo zwei Wasserfälle dicht nebeneinander in die Tiefe stürzen, links die Göss, rechts der schmälere aber aus viel größerer Höhe kommende Plattenbrandbachfall. Bergwanderer steigen vielleicht weiter hinauf zur *Giessener Hütte* (2270 m) und erklettern von dort die *Hochalmspitze* (3360 m).

Die Sage berichtet, daß im Gösstal die Wiege des Kärntner Volksliedes stand. Eine gütige Bergfee nämlich verdingte sich als Magd beim Gössbauern und brachte den ernsten, von harter Arbeit gezeichneten Menschen das Singen bei, worauf sie wieder verschwand. Von hier breitete sich dann das Kärntnerlied über Berg und Tal aus und machte die Menschen bei der Arbeit und in den Feierstunden froh.

Die Talstraße endet dann bald bei vier Parkplätzen. Von hier aus kann man zu Fuß weitergehen, doch würde ich dem Tagesausflügler zu einer Fahrt mit den hier eingesetzten Kleinbussen raten, die einen Pendelverkehr zur Gmünder Hütte unterhalten, wo die schönsten Wasserfälle zu sehen sind. Zu Fuß müßte man etwa anderthalb bis zwei Stunden dafür ansetzen. Der *Schleierfall* ist vom Parkplatz Nr. 4 aus schnell zu erreichen.

Während unserer Busfahrt sehen wir rechts den Melnik-Fall, der über sanfte Felsbuckel zu Tal gleitet. An mehreren kleinen Fällen vorbei – ob sie zu sehen sind, hängt auch von der Jahreszeit ab – erreichen wir nach etwa zehnminütiger Fahrt die *Gmünder Hütte.* Jetzt gehen wir zu Fuß weiter, und bald ist die Luft von einem gewaltigen Brausen erfüllt, das – je näher man kommt – das Rauschen der grünschäumenden Malta übertönt. Über eine steile Felswand donnert der *Klammfall,* von Wassernebeln umhüllt, in die Tiefe, wo er wild gischtend auf den Fels trifft, um dann als Bergbach über die Steine springend, sich mit der Malta zu vereinigen, die hier am Fuße einer steilen, fast überhängenden Bergwand verläuft. Sie zwängt sich dabei tosend durch eine enge Schlucht und bildet neben dem Klammfall den *Blauen Tumpf,* ein rundes Becken mit jadegrünem Wasser, so daß man diesen Tumpf recht eigentlich als grün bezeichnen müßte.

Noch anderthalb Stunden Fußweg sind es von hier zur *Almrausch-Hütte,* wo man essen und übernachten kann. Wer von dort den Lauf der Malta weiter verfolgt, kommt zu der auf 2022 m Höhe gelegenen Osnabrücker Hütte, in deren Nähe der Bergfluß zwischen Karlspitze (2936 m) und Ankogel (3245 m) aus mehreren Quellen entspringt. Dieses herrliche Gebiet zwischen Reisseck- und Ankogelgruppe mit seinen zahlreichen Wasserfällen steht unter strengem Naturschutz und gehört zu den schönsten und abwechslungsreichsten Landschaften der Kärntner Berge. Um so unverständlicher muß es erscheinen, daß man im oberen Maltatal ein Stauwerk errichtet, dessen Baufahrzeuge den Wanderer auf der sonst für den Autoverkehr gesperrten Straße nicht gerade erfreuen.

Da wir nun schon im Liesertal bis Gmünd vorgedrungen sind, wollen wir auch noch den Rest der Strecke abwandern, nämlich von Eisentratten bis zum Katschberg, wo Kärntens Nordgrenze zum Land Salzburg verläuft.

Bei *Eisentratten* sagt schon der Name, welches Gewerbe hier betrieben wurde. 1566 wurde hier der zweitälteste Hoch- bzw. Floßofen in Österreich errichtet, und zwar von dem Werkmann Jakob Türk. Schmelzhütten und Eisenhämmer folgten nach. Schon 1574 wurde dieser frühe Industriepionier als Türk von Eisentratten geadelt. Der reich gewordene Bergwerksbesitzer baute sich in Eisentratten ein schönes Haus, das heute leider ziemlich verfallen aussieht. Die Witwe Jakob Türks verkaufte 1596 einen Teil des Besitzes an die Khevenhüller, während dem Sohn und Erben vor allem das einträgliche Schmelzwerk in Eisentratten blieb. Seinem Vater noch hatten die Knappen aus allen Winkeln des Liesertales neben dem Eisen auch Gold, Silber, Blei und Arsen geliefert. Der Reichtum kam also nicht nur vom Eisen allein. Im 19. Jahrhundert besaßen die Grafen Lodron die ganze Eisentrattener Industrie, errichteten neue Hochöfen und 1871 ein großes Hammerwerk. In diesem Jahr wurden etwa vierzigtausend Zentner Roheisen erzeugt, doch schon Ende der achtziger Jahre mußte alles stillgelegt werden. Der letzte Versuch, die Eisenindustrie wieder anzukurbeln, scheiterte 1890 am Problem des Transportes. Sowohl die Erzgruben, wie auch die Hochöfen waren von der Bahnlinie zu weit entfernt. Der 1964 restaurierte alte Hochofen ist am Nordende von Eisentratten noch immer zu sehen und steht dort als Denkmal für ein halbes Jahrtausend Eisengewinnung und -verarbeitung zwischen Krems und Lieser.

In Eisentratten wurde 1817 Hans Gasser, einer der bedeutendsten Bildhauer Österreichs, geboren. Schon als junger Bursch war er bekannt für seine meisterhaft geschnitzten Krippenfiguren. Um sein Talent weiter auszubilden, ging er 1838 an die Wiener Akademie, später nach München, wo er bei Schwanthaler studierte. 1847 nach Wien zurückgekehrt, wurde er mit Aufträgen überhäuft und

als Lehrer an die Akademie berufen, wo er aber nur drei Jahre
wirkte. Im öffentlichen Auftrag schuf er plastischen Gebäude-
schmuck, Denkmäler und allegorische Figuren, daneben Grab-
mäler, Porträtbüsten und Kleinplastik. Die reizvolle Figur des
Donauweibchens im Wiener Stadtpark gehört zu seinen besten
und bekanntesten Arbeiten. Hans Gasser starb 1868 fern seiner
Kärntner Heimat in Budapest. Sein in Tirol geborener Bruder
Joseph Gasser (1816-1900) war als Bildhauer nicht weniger erfolgreich und machte sich vor allem einen Namen als Schöpfer von
Denkmals- und Kirchenplastik.

Über Leoben geht es weiter nach *Kremsbrücke*, wo die Straße
nach Innerkrems abzweigt. Kremsbrücke war seit 1554 eine wichtige habsburgische Zollstation, doch spielte der Ort schon vorher
beim Erzabbau eine bedeutende Rolle. 1541 wurde hier der erste
Floßofen Österreichs errichtet. Dieser Vorgänger unserer heutigen
Hochöfen löste die bis dahin benützten Stuköfen ab, die wesentlich primitiver und weit weniger ergiebig waren. Der im Gebiet
der Innerkrems seit Anfang des 14. Jahrhunderts nachgewiesene
Erzabbau hat seinen sagenhaften Ursprung im Erlebnis eines Jägers,
dem auf der Kremsalpe ein kleines dürres Männchen begegnete,
das ihn ansprach:»Bleib stehen, denn ich trage dein Glück!« Dann
griff das Männchen in die Tasche und zog drei Dinge hervor, die
es dem Jäger zeigte. »Gold für kurze Zeit, Eisen in Ewigkeit, oder
das Kreuz in der Nuß«. Dem Jäger imponierte das Wort ›Ewigkeit‹
und er wählte das Eisen. Seine Wahl erwies sich als vortrefflich,
denn der in der Krems gefundene Brauneisenstein besaß einen Erz-
gehalt von 65 Prozent. Die seit dem 18. Jahrhundert zurückgehende
Eisenproduktion wurde erst in den achtziger Jahren des 19. Jahrhunderts ganz eingestellt.

Als neuentdecktes Skigebiet mit vorzüglichen Bedingungen erlebt das kleine Innerkrems zur Zeit einen neuen Aufschwung, und
wer den Grünleitennock (2160 m) nicht zu Fuß ersteigen will, kann
dies jetzt mit dem bequemen Sessellift tun.

Vor Rennweg grüßt von einer Anhöhe zur Rechten die Burgruine *Rauchenkatsch*, eine seit 1123 erwähnte Veste, deren Herren
so lange Wegzoll auf der Paßstraße forderten, bis sie sich um 1140

ERICH HECKEL (1883-1970)
Wörther See und Karawanken
Aquarell, 1940
Kärntner Landesgalerie, Klagenfurt

dem Bischof von Salzburg unterwarfen, dem an der Kontrolle dieser wichtigen Paßstraße viel gelegen war. 1605 verkaufte Erzbischof Wolf Dietrich die Burg an seinen Bruder Rudolf von Raitenau; 1639 kam sie mit Gmünd an die Grafen von Lodron.

Wer vom Norden über die Radstätter Tauern nach Kärnten
einreist, muß eigentlich zwei Pässe überwinden. Zuerst geht es über
die Tauernpaßhöhe (1739 m) und dann hinab ins weite flache Taur-
achtal. Nach Mauterndorf beginnt dann die Straße wieder zu steigen bis die Katschberghöhe (1641 m) erreicht ist, wo auch die
Grenze nach Kärnten verläuft. Die Straße führt dann hinab ins Tal
der Lieser, die unterhalb des Großen Hafner (3076 m) entspringt,
bei Rennweg einen Bogen nach Süden einschlägt, um sich bei
Spittal mit der Drau zu vereinigen.

Das Oberdrautal

St. Peter im Holz

Die Straße von Spittal nach Lienz verläuft, der Drau folgend, zunächst ein Stück in nordwestlicher Richtung. Bei dem unscheinbaren Dörfchen St. Peter im Holz (nicht mit dem St. Peter südöstlich von Spittal zu verwechseln!) sind wir mitten in der frühesten
Kärntner Landesgeschichte, denn auf dem bewaldeten Hügel über
der Drau lag die keltisch-römische Stadt Teurnia. Mit dem ganzen
norischen Königreich wurde auch diese Keltensiedlung im Jahre
15 v. Chr. dem römischen Vielvölkerstaat eingegliedert; zuerst als
›municipium‹, später als ›colonia‹. Nach römischem Brauch war
der Stadtbezirk sehr weit ausgedehnt und umfaßte ungefähr das
heutige Oberkärnten. Die Colonia Teurina wurde mehrmals von
den Römern befestigt. 473 wurde die Stadt von den Ostgoten
belagert und mußte sich loskaufen. Die überwiegend keltische
Bevölkerung schloß sich seit dem 4. Jahrhundert mehr und mehr
dem christlichen Glauben an; wohl schon in der ersten Hälfte
des 5. Jahrhunderts wurde die Stadt Sitz eines Bischofs, der dem
Patriarchen von Aquileia unterstand. Ende des 5. Jahrhunderts war
Teurnia die ›metropolis Norici‹ und damit Sitz eines römischen
Statthalters. Nach dem Untergang des weströmischen Reiches blieb
sie, jetzt ›Tiburnia‹ genannt, der nördlichste Distrikt des Patriarchats von Aquileia. Wie alle christlich-antiken Zentren des Landes,
ging auch Tiburnia in den darauffolgenden Slawenstürmen unter.
Aus der spätantiken Stadt wurde in der Zeit der Rechristianisierung
eine bescheidene Bauernsiedlung, die 891 als Schenkung an das Bistum Freising kam und dann ›Liburnia‹ genannt wurde, wovon sich
auch der Name ›Lurnfeld‹ ableitet, den das Gebiet zwischen Spittal
und Möllbrücke bis heute trägt.

Die Ausgrabungen der Jahre 1910-15 brachten von der einstmaligen Keltensiedlung nichts zutage, doch wurde römisches Mauerwerk freigelegt, vor allem von den Befestigungsanlagen.

Von der Straße aus nicht sichtbar hinter dem Siedlungshügel der antiken Stadt versteckt, liegt die *Dorfkirche St. Peter* mit ihrem Friedhof. Hier befanden sich früher die Bischofskirche und das Zentrum des antiken Teurnia. Anstelle der um 600 von den Slawen zerstörten Bischofskirche wurde im 8. Jahrhundert ein neuer Bau errichtet, den der aus Salzburg entsandte Missionsbischof Modestus weihte.

Die heutige Kirche ist ein Bau der Spätgotik, doch werden im Mauerwerk des Schiffes karolingische und romanische Reste vermutet. An der äußeren Westwand über und neben dem Portal sind Fresken des 15. Jahrhunderts zu sehen, darunter ein Christophorus und eine Maria mit vier Heiligen. Das Netzrippengewölbe ist in den Feldern mit Fresken von Blumenbüscheln geschmückt – eine eigenartige und sehr seltene Form des Gewölbeschmucks. An der inneren Nordwand finden wir Freskenreste des 13./14. Jahrhunderts in der Art einer ›biblia pauperum‹ mit naiv anmutenden Darstellungen aus der Dorotheenlegende und der Passion Christi. Im linken, zerstörten Teil des Freskenfeldes ist eine spätgotische Pietà angebracht, ein schlichtes, aber eindrucksvolles Schnitzwerk aus der Zeit um 1520. Ein schlecht erhaltenes Barockfresko vom Jüngsten Gericht bedeckt den rechten Teil der Nordwand. Die übrige Innenausstattung ist einfaches Barock.

In dem kleinen Bauernhaus bei der Kirche wurde 1859 Paul Oberlercher, der Meister des im Klagenfurter Museum gezeigten Großglocknerreliefs geboren.

Die ländliche, reizvoll verträumte Umgebung der Kirche mit Wiesen, Äckern und Wäldern verrät nichts von ihrer antiken Vergangenheit. So bleibt es unserer Phantasie überlassen, die gewiß recht bescheidenen Wohnhäuser der kleinen antiken Stadt wieder auferstehen zu lassen und sie mit Menschen in keltisch-römischer Kleidung zu bevölkern. Die meisten von ihnen werden sich wohl noch der alten Landessprache bedient haben, doch die hier ansässigen Römer, die Priester und wohl eine gebildete Oberschicht hat sich in Latein, der damaligen Weltsprache, unterhalten.

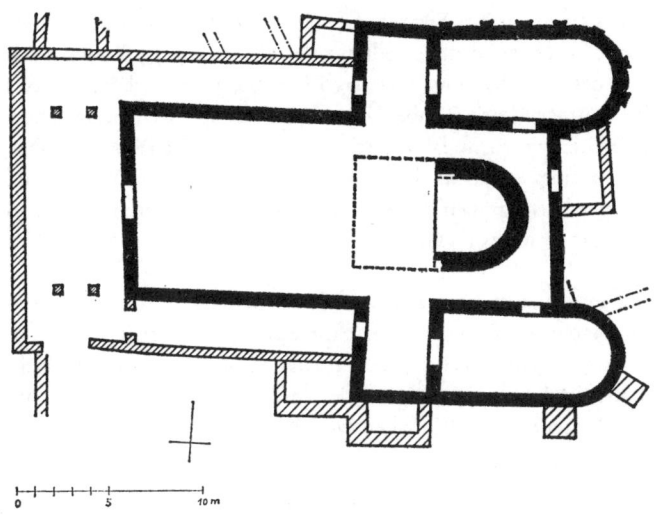

Friedhofskirche von Teurnia: Grundriß

Sollte wirklich nicht mehr aus jener Zeit vorhanden sein als der
Name und die Erinnerung? Von der Stadt der Lebenden ist tatsächlich nichts mehr zu sehen. Um so deutlichere Spuren aber hat
die Totenstadt, nämlich der im frühen 5. Jahrhundert angelegte
christliche Friedhof, hinterlassen. Am Ortsende von St. Peter zweigen wir links ab und stehen vor den 1910 ausgegrabenen Funda-
menten der *frühchristlichen Friedhofskirche*. Die Grundmauern zeigen, daß es sich um eine rechteckige Saalkirche gehandelt hat.
Interessant ist, daß die Ostapside als halbkreisförmige, kaum brust-
hohe Mauer in die Kirche eingebaut war. Die Gläubigen konnten
also den Tischaltar, der in der Apside stand, umwandeln. Der heilige Ort war so durch die Halbkreismauer herausgehoben, aber
den Gläubigen nicht entrückt. Nördlich und südlich befinden sich
zwei ebenfalls halbkreisförmig geschlossene Kapellen, die zur Ein-
kleidung der Priester und Aufbewahrung der Altargeräte dienten.
In der südlichen Kapelle wurde ein wundervolles Bodenmosaik

ausgegraben, dessen Entstehungszeit ins letzte Viertel des 5.Jahrhunderts datiert wird. Es stellt in zwölf Feldern durch Symbole den Sieg des Christentums über das Böse dar, jenes verkörpert etwa durch Adler, Kelch, Taube, Lebensbaum, dieses durch die Schlange. Eine Stifterinschrift lautet: »Ursus und seine Frau Ursina haben wegen eines Gelübdes dieses machen lassen.« Die bei Kirche und Friedhof ausgegrabenen, bescheidenen Funde sind in dem kleinen Museum untergebracht.

Wir fahren weiter nach *Lendorf*, dessen Kirche St.Jakob zwar erst seit 1329 erwähnt wird, aber schon aus romanischer Zeit stammt, wovon noch der wuchtige Turm zeugt. Außer gediegenen Barockaltären im Innern, ist außen an der Apsismauer ein Römerstein mit dem Relief einer Keltin sehenswert.

Möllbrücke

Bei Möllbrücke zweigt die Straße über Mallnitz zum Tauerntunnel ab, und hier mündet die von Nordwesten kommende Möll in die Drau, deren Lauf wir weiter folgen werden. Sie macht um die Ausläufer der Kreuzeckgruppe herum einen scharfen Knick nach Norden, während unser Weg, da wir ja flußaufwärts fahren, sich jetzt nach Süden wendet. Hier beginnt die abenteuerlichste Strecke der Tauernbahn, deren Schienenstrang bis Mallnitz an den Steilhängen der Reisseckgruppe entlang verläuft.

Möllbrücke wurde 1253 erstmals genannt. Der im Mittelalter unbedeutende Ort begann sich erst durch die 1599 gegründete Messingfabrik stärker zu entwickeln. 1809 fanden an der Möllbrücke mehrmals Kämpfe zwischen Franzosen und Österreichern statt. Eine weit bedeutendere Schlacht soll es der Sage nach auf dem Lurnfeld östlich von Möllbrücke im Jahre 772 zwischen Slawen und Baiern gegeben haben. Anlaß war die von den Baiern eifrig betriebene Rechristianisierung, der sich nicht alle Slawen so ohne weiteres beugen wollten. So berichtet die Sage von einem Aufstand des slawischen Bevölkerungsteils, der am alten Götterglauben weiter festhalten wollte, was aber Herzog Tassilo III. nicht duldete. Er sandte bairische Truppen, die sich mit dem Heer der Aufständischen in einen solch blutigen Kampf verbissen, daß sich drei Bodenmulden mit Blut und Leichen füllten. Die mehr und mehr zurückweichenden Slawen scharten sich schließlich um ihren alten, von Linden umstandenen Opferaltar und flehten ihre Götter um Hilfe an. Da diese sich wieder einmal taub stellten, ergriff ein heidnischer Priester das Wort und tat eine schreckliche Prophezeiung, die den Mut der Geschlagenen wiederaufrichten sollte. Er weissagte eine neue Entscheidungsschlacht, die stattfinden sollte, wenn die Linden um den Opferstein sich zum dritten Mal erneuert hätten. Dann aber würden die Slawen den endgültigen Sieg davontragen.

Diesmal jedenfalls hatten die Baiern gesiegt, und es soll so viel erbeutete Waffen gegeben haben, daß man sie an der Kampfstätte vergrub. Anstelle des Heidenaltars wurde eine St. Magdalenen-Kapelle errichtet, die noch heute steht und bis in die neuere Zeit von drei Linden beschattet war. Zwei davon fielen in diesem Jahrhundert dem Feuer zum Opfer, die dritte aber grünt und blüht wie eh und je. Die Erinnerung an den blutigen Kampf blieb im Volk durch die Jahrhunderte so lebendig, daß noch 1737 aufständische Bauern die angeblich hier vergrabenen Waffen hervorholen und ihre Zwingherren damit erschlagen wollten. Viel werden sie nicht mehr gefunden haben. Dem Volksglauben nach setzt sich niemals ein Vogel auf die Magdalenenkapelle, es soll auch nie einer darüberfliegen. Da während meines Besuchs gerade die Dämmerung hereinbrach, konnte ich diese Behauptung nicht weiter nachprüfen – vielleicht hat der geneigte Leser dazu Lust und läßt es mich dann wissen.

Die seit 1425 erwähnte *Pfarrkirche St. Leonhard* wurde während der Türkenkriege wehrhaft befestigt. An das sternrippengewölbte Schiff schließt sich der um 1400 entstandene kreuzrippengewölbte Chor an. Hier steht ein wundervoller Flügelaltar aus der Zeit um 1520. Im Schrein sehen wir die Skulptur des heiligen Leonhard zwischen Sebastian und Rochus. St. Leonhard wird bekanntlich im ganzen bairischen Kulturraum als Schutzherr von Ackerbau und Viehzucht verehrt, wovon noch heute die in zahlreichen Orten abgehaltenen Leonhardifahrten oder -ritte Zeugnis ablegen. Auf den

Flügeln sind im Relief links St. Erasmus und rechts St. Rupert dargestellt. Im Gespreng sehen wir Christus zwischen Maria und Johannes. Sehenswert ist auch die bemalte Rückseite des Altars mit St. Christophorus zwischen den Heiligen Lorenz und Stephan. Die meisterhaften Malereien weisen in die Richtung der Dürerschule, während die vorzüglichen Schnitzarbeiten einem unbekannten Salzburger Meister zugeschrieben werden.

Über die Draubrücke kommen wir jetzt in den Nachbarort *Sachsenburg*, dessen Gebiet schon zur Römerzeit wegen seiner straßenstrategischen Bedeutung besiedelt war, da hier die Straße zwischen Aguntum (Lienz) und Teurnia (St. Peter) verlief. Sachsenburg liegt in der Drauschleife wie in einem Trichter und ist rings von steil aufragenden Bergen gesäumt.

Ort und Burg werden 1213 erstmals erwähnt, seit 1359 als Markt. Durch Bergbau und Frachtschiffahrt wurde Sachsenburg zu einem wichtigen Umschlagplatz und dabei im 14. und 15. Jahrhundert so wohlhabend, daß sich die Bürger voll Stolz eine Goldmulter ins Wappen setzten. Mit dem Niedergang des Bergbaues sank die Bedeutung des Ortes beträchtlich. Während der Franzosenkriege war Sachsenburg ein wichtiger militärischer Standort, der zum Ausgangspunkt der Befreiung Kärntens genommen werden sollte, dann beim Waffenstillstand den Franzosen ausgeliefert, vom Landsturm aber wieder zurückerobert wurde. Auf dem Schloßberg standen damals zwei mächtige, schwer befestigte Burgen. Vor ihrem Abzug schleiften die Franzosen diese gewaltige Wehranlage so gründlich, daß heute fast nichts mehr davon zu sehen ist.

Am Ortsende von Sachsenburg, dessen alte niedrige Häuser einen reizenden Anblick bieten, führt eine Nebenstraße hinauf nach *Obergottesfeld*, einem Dorf mit vielen alten Bauernhäusern und dem romanischen Kirchlein St. Rupprecht. Der so fromm klingende Ortsname hat übrigens mit Gott nichts zu tun, sondern leitet sich vom slawischen ›Tobrochotas*feld*‹ ab. Die 1166 erstmals genannte Kirche hat ein flachgedecktes Schiff und besitzt gotische Chorfresken aus der Zeit um 1420/30. Der spätgotische Flügelaltar ist ein gutes Werk der Älteren Villacher Schnitzwerkstatt vom Anfang des 16.Jahrhunderts. Ursprünglich ein Marienaltar, ist jetzt in den Schrein eine steife St. Rupprecht-Statue eingefügt, während die Flügelreliefs mit Verkündigung und Christi Geburt Grazie und Schwung der Villacher Meister zeigen.

Das Dörfchen ist übrigens auch ein Badeort, dessen Heilquellen nebst Badehaus gleich hinter dem einzigen Gasthof zu finden sind. Das wohltätige Wasser entspringt im Wald oberhalb der Kirche und enthält schwefel- und kohlensaure Kalkerde, Magnesia und Kieselsäure. Es wird besonders gegen Rheuma, Gicht und Nervenleiden angewandt. Die Quelle wird bereits seit 300 Jahren benützt, doch erst um 1800 gab es regelrechten Badebetrieb.

Winzige Haufendörfer zu Füßen der Talwände begleiten uns durch das vielfach gewundene, eng gewordene und nach Kleblach sich wieder weitende Drautal. Rechts zweigt eine schmale Straße nach *Gerlamoos* ab, wo, hoch über dem Ort in waldiger Einsamkeit und nur zu Fuß erreichbar, das wegen der Thomas von Villach-Fresken bekannte Kirchlein St. Georg zwischen hohen Bäumen steht. Doch halt! Ehe wir den knapp halbstündigen Aufstieg zum Kirchlein beginnen, müssen wir uns im Dorf den gut kinderarmlangen Schlüssel besorgen. Die Fresken nehmen die ganze Nordwand des Schiffes ein. Um 1470 entstanden, wurden sie erst 1936 freigelegt. Die ursprünglich gelben Partien der sonst gut erhaltenen Fresken sind zum großen Teil schwarz oxydiert, auch sind manche der Farben verblaßt oder haben ihre Tönung verändert. Trotz alledem beeindruckt dieses großartige Freskenwerk des Villacher Meisters durch seine klare Komposition und elegante Stilisierung. Die oberste Reihe zeigt Szenen aus der Georgslegende; die beiden unteren Reihen zeigen das Leben Christi bis zur Himmelfahrt. Übrigens wurde Thomas von Villach eine Zeitlang nach diesem Werk in der Kunstgeschichte als ›Meister von Gerlamoos‹ bezeichnet. Links unterhalb der Fresken steht die Skulpturengruppe einer ›Heiligen Kümmernis‹ aus der Zeit um 1700. Die Kümmernislegende haben wir schon im Klagenfurter Diözesanmuseum erzählt.

Weiter geht die Fahrt nach *Steinfeld*, das vom 15. bis zum 18.Jahrhundert als Sitz eines Berggerichts von Bedeutung war.

Im Zusammenhang mit der hier früher sehr intensiv betriebenen Edelmetallgewinnung weiß die Sage zu berichten, daß Steinfeld damals Schönfeld hieß und groß wie eine Stadt war. Mit dem Reichtum kam der Übermut, man schoß mit goldenen Kugeln nach silbernen Kegeln und lebte in Saus und Braus. Als eines Tages eine Gruppe Betrunkener einem lebendigen Stier die Haut abzog und das arme Tier noch mit Salz bestreute, flog langsam ein großer fremdartiger Vogel über die Stadt und krächzte drohend: »Heute Schönfeld, morgen Steinfeld.« Noch in derselben Nacht begann ein gewaltiges Unwetter, das den Rotensteinerbach so anschwellen ließ, daß er riesige Steine mitriß und über den Ort schwemmte. Die völlig verschüttete Stadt wurde so zu einem Steinfeld und erst nach langen Zeiten siedelten sich wieder Menschen hier an. Die jetzige Kirche soll genau über der Turmspitze der damals verschütteten stehen.

Von Steinfeld führt eine zum Teil unbefestigte Straße drauab-wärts in das verträumte Dorf *Gajach* mit seiner 1528 vollendeten spätgotischen Kirche St. Andrä, die drei kostbare gotische Schnitz-altäre besitzt: den Hochaltar mit einer hervorragenden Andreas-statue im Schrein (um 1510-20), den linken Seitenaltar von 1621, der die hl. Anna Selbdritt darstellt, und den rechten Georgs-altar aus dem späten 15. Jahrhundert. Die Anna-Statue wurde 1969 gestohlen.

Eine schmale Straße führt von Steinfeld nach Norden ins wild-romantische *Rottensteiner Tal*, das tief eingebettet zwischen den Zweitausendern der Kreuzeckgruppe liegt.

Hinter Steinfeld schaut die Kirche von Radlach aus luftiger Höhe ins Drautal hinab. Den Süden säumt die mächtige Bergkette der Gailtaler Alpen; vorne die Grafenweger Höhe (1438 m), dahin-ter Sattelnock (2033 m) und Reißkofel (2371 m), weiter westlich die Spitze des Torkofels (2275 m).

Greifenburg war schon in keltisch-römischer Zeit besiedelt. Hier etwa lag vermutlich die Kopfstation der Römerstraße nach Gurina. Die seit 1166 erwähnte Burg war ursprünglich salzburgisch, kam aber später – übrigens als einziger Besitz in Oberkärnten – an die Spanheimer. Philipp von Spanheim schlug hier 1252 den Grafen

Meinhard von Görz, den es nach der Kärntner Herzogskrone gelü-
stete. Ort und Burg wechselten noch oft die Besitzer, unter denen
auch 1537-1626 die Grafen von Ortenburg waren. Der seit 1268 als
Markt bezeichnete Ort wurde im Oktober 1809 von den Franzosen
geplündert und war bis 1813 ein Hauptort der kurzlebigen ›Illyrischen Provinzen‹. Greifenburg hat viel von seinem alten Aussehen
bewahrt, besonders in dem unterhalb des Schlosses gelegenen Viertel. Das Schloß gehört heute der Gemeinde, die es zu einer Aus-
flugs- und Raststätte ausbauen will. Sein 1807 vollendeter klassizistischer Baukomplex macht einen recht wackeligen Eindruck,
während die älteren Bauteile noch recht stabil wirken.

Greifenburg ist ein idealer Ausgangspunkt für Bergwanderungen in das Gebiet von Hochtristen (2553 m), Hochkreuz (2708 m)
und Kreuzeck (2702 m). Auch Skifahrer finden hier schöne Abfahrten von der durch Lift und Seilbahn erschlossenen Emberger Alm.

Der Weißensee

Von Greifenburg erreicht man in etwa einer halben Stunde auf
kurvenreicher Straße mit Steigungen bis zu zwanzig Prozent den
Weißensee. Der sehr schmale, elf Kilometer lange, stille See ist von
den Kärntner Badeseen der höchstgelegene. Trotz seiner schon fast
alpinen Lage von 930 Metern Höhe erwärmt sich aber sein Wasser
im Sommer bis auf 24 Grad Celsius. Neuerdings wird auch für
Winterferien am Weißensee geworben, und es ist nicht wenig, was
man zu bieten hat. Schneesicher, nebel- und lawinenfrei sind die
Hänge um den See, der außerdem noch jede Art von Eissport er-
möglicht, da ihn regelmäßig etwa vier Monate lang ein dicker Eis-
panzer bedeckt. Er ist überhaupt ganz anders als die Seen des Klagenfurter Beckens. An ihm ist nichts lieblich oder gar ›südlich‹,
ernst und still und klar erinnert er in seiner nördlichen blau-grauen
Frische an einen Gletschersee, oder besser noch an die norwegischen
Fjorde, die schmal und lang sind wie er und von dichten dunklen
Wäldern gesäumt. Obzwar er nirgends unterbrochen ist, besteht er
doch eigentlich aus zwei Teilen, die reizvoll miteinander kontra-
stieren.

Die westliche Hälfte säumt ein Kranz von kleinen Orten: hier in Praditz, Oberdorf, Gatschach, Techendorf, Neusach und Naggl spielt sich der Fremdenverkehr ab, vor allem am Nordwestufer entlang dehnt sich eine fast geschlossene Kette von Hotels, Pensionen, Gaststätten und Appartementhäusern. An seiner schmalsten Stelle bei *Techendorf* überspannt den Weißensee eine schlanke, 120 Meter lange Brücke, über die man ans Südufer und nach *Naggl* gelangt, von wo jetzt ein Sessellift auf die 1324 Meter hochgelegene Naggler-Alm führt.

Die weitaus größere Osthälfte ist hingegen völlig unberührt. Hier gibt es an beiden Ufern weder Ort noch Straße, nur am schmalen Ostende hat die Gemeinde Stockenboi ein schönes Strandbad angelegt. Wer diesen Teil des Sees kennenlernen will, muß feste Wanderschuhe anziehen und darf es auch nicht eilig haben. Hier schimmert der türkisblaue See zwischen den felsigen bewaldeten Vorbergen der Latschur- (2236 m) und Spitzegelgruppe (2118 m), und nichts trübt oder stört die stillen klaren Wasser, in denen kein Mangel an Zandern, Schleien, Hechten und Forellen ist. Früher scheinen die Anwohner ausschließlich vom Fischfang gelebt zu haben; denn in einer Urkunde des Benediktinerstifts Millstatt, das hier im Mittelalter Besitzungen hatte, wird ausdrücklich vermerkt: »Die Weißenseer geben kein Treid.« Sie zahlten ihre Abgaben also nicht – wie üblich – in Korn, sondern in Fischen.

Beim Strandbad am Ostende des Weißensees breitet sich die sanft ansteigende Gosariwiese aus, die sich im Frühjahr und Sommer mit einem dichten duftenden Blütenkleid bedeckt. Das von hier etwa fünf Kilometer entfernte Stockenboi ist uns schon im Schloßmuseum von Spittal als Heimat des früher so begehrten ›Waldglases‹ begegnet, das in der heute völlig verschwundenen Hütte Tscherniheim von 1624 bis 1879 produziert wurde.

Berg

Zurück auf unserer Route durchs Oberdrautal, zweigen wir hinter Hauzendorf rechts auf eine Straße ab, die uns nach Berg, einem anmutig über die Talwände gebreiteten Feriendorf, führt. Die schon bei Greifenburg erwähnte, bis heute nicht sicher lokalisierte römische Straßenstation Gurina könnte auch, so wird vermutet, im Gebiet von Berg gelegen sein. Jedenfalls gehört Berg zu den ältesten Siedlungen Kärntens, da Spuren einer Burg aus dem 10./11.Jahrhundert festgestellt wurden und hier schon vor 1072 eine sogenannte Urpfarrei bestanden haben muß, wie sie während der Rechristianisierung im 8. und 9.Jahrhundert im ganzen Land errichtet wurden.

Auf einem Schotterhügel hoch über dem Drautal liegt die spitztürmige *Pfarrkirche Maria Geburt*. Sie zählt zu den schönsten und kunsthistorisch bedeutendsten Kirchen Kärntens. Ihre Gründung verliert sich im Dunkel der frühen Landesgeschichte. Im Wesentlichen ein Bau des 13.Jahrhunderts, wurden bei der Restaurierung auch Bauteile des 12.Jahrhunderts gefunden. Während der Türkeneinfälle hat man auch diese Kirche zur Wehrkirche ausgebaut. So entstand eine komplizierte Anlage von Wehrgängen, Schießscharten und Spähfenstern bis hinauf zum Dachgeschoß.

Über dem von vier Säulen gerahmten romanischen Stufenportal ist im Tympanon eine Freskenvorzeichnung von der Muttergottes mit Heiligen und Stifterfiguren vom Ende des 13.Jahrhunderts erhalten geblieben. Den einschiffigen Innenraum überspannt ein zierliches Netzrippengewölbe, dessen Felder mit zarten Blumenranken geschmückt sind, wie wir sie ähnlich schon in St.Peter im Holz gefunden haben. Der Chor, mit breiten Rippen eingewölbt, ist mit hervorragenden romanischen Fresken geschmückt. Die Ornamentik auf den Rippen weist nach Irland, so daß ein des Malens kundiger irischer Wandermönch vielleicht der Meister sein könnte. Sehr eigenartig ist die Auffassung der vier Evangelistensymbole in den Gewölbefeldern. Sie sind nicht wie üblich als Stier, Adler, Löwe und Engel dargestellt, sondern die jeweiligen Köpfe, von Heiligenscheinen umgeben, sitzen auf geflügelten Menschenleibern. Unwillkürlich wird man dabei an ägyptische Gottheiten erinnert, die ja ähnlich dargestellt sind. Diese vereinzelt auch in anderen Kirchen erscheinende Symbolik (z. B. in der Kathedrale von León in Spanien) wird von Hesekiel und der Geheimen Offenbarung abgeleitet. In der Apsis ist der segnende Christus in der Mandorla dargestellt,

zu seinen Füßen die Apostel, wobei einige beim späteren Ausbre-
chen der Chorfenster verlorengingen. Diese Malereien werden ins
letzte Viertel des 13.Jahrhunderts datiert.

Am barocken Hochaltar steht eine wundervolle, farbig gefaßte
Steinguß-Madonna aus der Zeit um 1420. Sie zählt zu den kostbarsten Werken des Weichen Stils und besticht in ihrer betonten S-
Form mit dem schräg gehaltenen, auf das vorgeschobene Becken
gestützten Kind durch zarte Eleganz. Ihr Antlitz ist von einem lieblichen Ernst geprägt. Es wird angenommen, daß diese herrliche
Schöpfung aus einer Salzburger Werkstätte stammt. Das abgelöste
romanische Fresko einer Marienkrönung an der Nordwand befand
sich früher hinter dem rechten Seitenaltar.

Der romanische *Rundkarner* neben der Kirche ist gleichfalls wegen seiner Fresken bemerkenswert. Sie befinden sich in der Kapelle
über dem Beinhaus. Die wohlerhaltenen Malereien bedecken den
ganzen Innenraum. Der Malername Joachim Ferer und das Ent-
stehungsjahr 1428 sind inschriftlich gesichert. Um das auf den
Schlußstein des Gewölbes gemalte Lamm Gottes gruppieren sich
die Fresken auf den Gewölbefeldern, die zyklisch das ganze christliche Heilsgeschehen umfassen.

Es sei nachdrücklich darauf hingewiesen, daß der freundliche
und sehr sachverständige Pfarrer regelmäßig Führungen durch
Kirche und Karner veranstaltet.

Prächtige alte Bauernhöfe zwischen Wiesen und Obstgärten,
nahrhaft-behäbige Gasthäuser, tiefe dunkle Nadelwälder an den
Berghängen bestimmen das Bild dieser Landschaft, die man zu den
schönsten Gebieten des oberen Drautales zählen darf. Fahrten oder
Wanderungen in die oberhalb Bergs gelegenen Dörfer Goppels-
berg, Oberberg, Weinberg und Emberg oder hinauf zur Hoch-
tristen-Hütte (1697 m) bieten eine herrliche Sicht in das Drautal
und auf die Berge der Gailtaler Alpen.

Unterhalb des Ortes, jenseits der Straße, liegt auf freiem Feld die
kleine *St. Athanasius-Kirche*. Der in der Ostkirche hochverehrte,
hier aber kaum bekannte heilige Athanasius soll der Legende nach
auf seinem Weg nach Trier in die Verbannung hier vorbeigekom-
men sein. Der Stein, auf dem er sich zur Rast niederließ, wird in der

Kirche gezeigt. Athanasius war im 4.Jahrhundert Bischof von Ale-
xandria und zählt zu den vier großen Kirchenlehrern. Als Gegner
des vom byzantinischen Kaiser gestützten Irrlehrers Arius wurde
der Bischof zwar fünfmal in die Verbannung geschickt, doch gilt es
als kaum wahrscheinlich, daß er hier vorbeikam. Neuere Forschungen lassen eine Verwechslung mit dem in Freising begrabenen hl.
Nonosius als möglich erscheinen. Wie dem auch sei, die Kirche
stammt zumindest schon aus romanischer Zeit und wurde früher
von zahlreichen Wallfahrern besucht. In ihrer heutigen gotischen
Gestalt besitzt sie ein niedriges Langhaus mit offenem Dachstuhl
und einen prächtigen hochragenden Chorraum mit bemaltem
Netzrippengewölbe, das Lorenz Rieder zugeschrieben wird. Im
Hochaltar von 1666 steht die spätgotische Athanasius- bzw. Nono-
sius-Statue, flankiert von den Barockskulpturen der Heiligen Georg
und Andreas. Die mit Gemälden verzierte Kanzel ist bereits ein
Werk des Rokoko.

Wir erreichen nun *Dellach*, einen freundlichen Ferienort mit
Waldbad, dessen Häuser sich zu beiden Seiten der Straße gruppieren. Die Pfarrkirche St.Margareten ist – hierzulande eine Selten-
heit – ein stilreiner Barockbau. Dellach ist der Ausgangspunkt für
Bergwanderungen auf den Jauken (2275 m) im Süden, wie auch auf
die Berge um Scharnik (2655 m) und Hochkreuz (2708 m) im Norden.

Schloß Stein

Auf dem Weg nach Irschen grüßt schon von weitem das unterhalb
des Jukbühel (1888 m) auf waldigem Steilfelsen thronende Schloß
Stein. Die romanische Zwillingsburg wurde um 1200 erstmals als
Sitz ortenburgischer Ministerialen erwähnt. Später kam sie an die
Grafen von Görz-Tirol, dann, nach oftmaligem Besitzwechsel, an
die Grafen Orsini-Rosenberg, die sie noch heute besitzen.

Die bereits im 13.Jahrhundert angelegte Doppelkapelle wurde
von Meister Bartlmä Viertaler 1505 eingewölbt und von dem
Maler Simon von Taisten mit schönen Freskenmedaillons der Kirchenväter und Evangelisten geschmückt.

Es wäre schon recht verwunderlich, wenn sich um diese in so

steiler, stolzer Höhe gelegene Burg nicht allerhand Sagen spinnen würden. Besonders die Pfleger der oft nicht hier wohnenden Eigentümer schienen es auf die armen Fronbauern abgesehen zu haben. Einer von ihnen ließ unbarmherzig jeden Bauern, der seine Abgaben nicht bis aufs letzte Körnchen bezahlen konnte, in den Hungerturm werfen und dort elend umkommen. Kein Wunder übrigens, denn der grausame Herr verehrte noch die alten Götter, während seine drei Töchter sich schon zum Christentum bekannten. Als der Wüterich die drei Mädchen einmal betend antraf, geriet er in solchen Zorn, daß er sie nacheinander kurzerhand zum Fenster hinauswarf. Doch die drei frommen Jungfrauen schwebten wohlbehalten zu Boden und marschierten betend nach Irschen, wo sie als wohltätige Frauen bald regen Zulauf bekamen.

Der Ritter von Bibernell, ein anderer Burgbesitzer, nannte sich zwar Christ, benahm sich aber auch nicht besser als der vorerwähnte Götzenanbeter. Wer zu ihm auf die Burg befohlen wurde, ging vorher beichten und ließ sich die Absolution erteilen; denn es kam selten einer lebend zurück. Nun war der Herr von Bibernell mit einer wunderschönen Tochter gesegnet, die aber partout keinen Junker, sondern ausgerechnet den Schreiber von Greifenburg heiraten wollte, was natürlich für den adelstolzen Papa gar nicht diskutabel war. So entführte der verliebte Schreiber das Mädchen, floh nach Italien und ließ sich dort trauen. Der Ritter platzte fast vor Wut und sandte sofort Knechte aus, die das Paar nach langem Suchen auch fanden. Herr von Bibernell ließ ausrichten, er verzeihe alles, wenn sie zurückkämen und auf der heimatlichen Burg nochmals Hochzeit hielten. Erfreut zog das junge Paar in die Heimat, und auf Burg Stein wurde zu einem prächtigen Fest gerüstet. Fröhlich aßen und tranken die Festgäste, doch der Wein in den Bechern des Ehepaars war vergiftet. Tot sank die Tochter des Unholds von ihrem Stuhl, während der Schwiegersohn noch sterbend dem grausamen Ritter einen Dolch in die Brust stoßen konnte. Beim Leichenzug hörte man dann ein seltsames Rumpeln im Sarg des Burgherrn und die Last war plötzlich ganz leicht geworden. Als man den Sarg öffnete, war er leer; denn der Teufel hatte sich dieses Ungeheuer gleich mit Leib und Seele geholt.

Jenseits der Drau liegen die Häuser der Gemeinde von *Irschen* verstreut. Der Ortsname wird auf das römische Ursina, also ›Bärengegend‹ zurückgeführt. Auch wurden in der Nähe des Ortes Spuren eines Römerkastells gefunden. Später stand an derselben Stelle eine heute verschwundene Burg, die in einer Urkunde von 1081 erwähnt wird.

Schon von weitem sieht man den nadelspitzen Kirchturm von St. Dionys Martyr in die Höhe ragen. Die seit 1190 erwähnte Kirche wurde im 15. Jahrhundert gotisch umgebaut, doch scheinen ihre Ursprünge noch in die karolingische Zeit zurückzureichen. Auf ungewöhnliche Art ist das Kirchenschiff durch zwei Rundpfeiler, die das Sternrippengewölbe stützen, zweigeteilt. Der schöne spätgotische Flügelaltar im kreuzrippengewölbten Chor zeigt im Schrein die Statue des hl. Dionys zwischen dem Evangelisten Johannes und St. Leonhard. Die Flachreliefs der Heiligen Oswald, rechts, und Andreas, links, zieren die Flügel des rot-blau-gold gefaßten Altars. Im Gespreng sehen wir die neugotischen Skulpturen von Christus, Joseph und Johannes dem Täufer. Sehr schlecht erhaltene spätromanische Fresken bedecken die linke Chorwand; ziemlich deutlich ist noch eine Marienkrönung zu erkennen. Bemerkenswert sind auch die beiden barocken Seitenaltäre mit einer überlebensgroßen Kreuzigungsskulptur, rechts, und einer ganz von Brokat umhüllten Madonna, links. Im Kellergewölbe des Pfarrhauses gegenüber der Kirche ist eine romanische Taufkapelle mit Taufstein und Freskenfragmenten zu sehen.

Von Irschen führen gepflegte Wanderwege in das Gebiet der Griebitsch-Leppener und Weneberger Kammern sowie auf den Scharnik (2655 m).

Oberdrauburg

Oberdrauburg ist der letzte Ort auf unserer Fahrt durch das Drautal. Hier, wo die Straße über den Gailbergsattel nach Süden abzweigt, bildete sich schon zur Keltenzeit ein wichtiger Verkehrsknotenpunkt. Vorgeschichtliche, römerzeitliche und frühmittelalterliche Funde belegen die kontinuierliche Besiedlung dieses Platzes. Der römische, um 530 bei Treviso geborene Dichter Venantius Fortunatus bereiste 565 n. Chr. dieses Gebiet und erwähnt drei Kastelle unterhalb des Gailbergsattels. 1240 wird erstmals ein ›Castrum Traburc‹ genannt. Um diese Burg kam es 1278 zu schweren Kämpfen zwischen den Herren von Tirol und dem Bistum Salzburg, das erst 1292 im Frieden von Oberdrauburg auf seine Ansprüche verzichtete, es aber später doch immer wieder als Lehen an verschiedene Herren vergab. 1325 ist Oberdrauburg als Markt und Landgericht bezeugt, wichtig auch durch seine Stellung als Mautstation, wozu ab Ende des 16. Jahrhunderts noch Eisen- und Kupfervitriolgewinnung kamen.

Der eifrige, hier schon erwähnte Reiseberichterstatter Paolo Santonino beschreibt einen Aufenthalt mit seinem Herrn, dem Bischof von Caorle, in Oberdrauburg. Er schildert kurz die Lage des Orts, erwähnt seine Befestigung und schließt: »*Die Zahl der Häuser beträgt an die vierzig, die Bewohner sind hinreichend anständig.*« Dann aber geht's zum Essen ins beste Gasthaus des Ortes, und jetzt wird Santonino recht ausführlich: »*Daselbst labten sich die unseren an einem Mahle von sieben Gängen. Dabei wurde ein zweifaches Knödelgericht aufgetragen, das eine in Käsesuppe mit Zwiebeln und Gewürz, das zweite mit Öl und schärferem Gewürz bereitet. Wir Italiener haben uns fast alle von dieser Kost enthalten, um nicht Husten zu kriegen oder Gehirnkongestionen oder gar Magenschmerzen. Dagegen hatten wir es eilig mit den Forellen und Äschen . . .*«. Wie arm ist doch die heutige Gasthausküche dagegen geworden! Ich jedenfalls habe während meiner langen Kärntenreisen auf keiner Speisekarte jemals Knödel in Käsesuppe gefunden.

Die von dem römischen Dichter Fortunatus erwähnten drei Kastelle wurden bis ins 17. Jahrhundert immer wieder auf- und ausgebaut, doch 1688 vermeldet eine Ortsbeschreibung: »*Der Markt hatte vorzeitig drey befestigte Schlösser, auf dreyen hohen und spitzigen Felsen, eines von dem andern überhöht, sind aber, wie auch das vierte Schloß in dem Markt nunmehr ganz öd und verlassen.*« Dieses »vierte Schloß« fiel 1945 einem Bombenangriff zum Opfer, wurde aber später als Rathaus wieder aufgebaut.

Der hübsche saubere Ort ist heute vor allem auf gepflegte Gastlichkeit eingerichtet, da er als Ausgangspunkt für Bergtouren, aber auch als Verkehrsknotenpunkt von vielen Reisenden besucht wird. Im oberen Ortsteil liegt die *Pfarrkirche St.Oswald*, die 1805-19 mit den alten gotischen Bauteilen neu errichtet wurde. Die gesamte Inneneinrichtung entstammt der zweiten Hälfte des 19.Jahrhunderts und ist im Stil der Neurenaissance gehalten. Oberhalb der Kirche sieht man auf die Ruine der Burg Rosenberg, auch Hohenburg genannt.

Zwickenberg

Von Oberdrauburg erreichen wir über eine steile, meist unbefestigte Straße nach fünf Kilometern Berg- und Talfahrt das stille Bergdorf Zwickenberg, wo die *Pfarrkirche St.Leonhard* bedeutende Kunstschätze birgt. Die 1334 erstmals genannte Kirche ist im Mauerwerk noch romanisch, das Schiff erhielt im 15.Jahrhundert ein Sternrippengewölbe, den Chor überspannt ein schweres Gurtrippengewölbe des frühen 14.Jahrhunderts, dessen Felder mit 1438 entstandenen Fresken der vier Evangelisten bemalt sind.

Ein herrliches Werk ist der mit sieben Heiligen-Skulpturen geschmückte Flügelaltar, vermutlich die Arbeit eines Tiroler Schnitzers vor dem Ende des 15.Jahrhunderts. Die bemalten und vergoldeten Plastiken stellen dar: Im Schrein St.Leonhard zwischen den Heiligen Erhard und Laurentius, am linken Flügel Katharina und Barbara, rechts Dorothea und Margaretha. Nicht weniger meisterhaft ist die rückseitige Bemalung der Flügel; rechts St.Sebastian, links St.Christophorus. Man zählt diese Bilder zu den schönsten Werken der Spätgotik in Kärnten und schreibt sie wegen ihrer herben Strenge ebenfalls einem Tiroler Meister zu.

Vor dem Triumphbogen hängt eine schöne zartgearbeitete barocke Skulpturengruppe ›Madonna im Rosenkranz‹.

An der südlichen Außenwand befinden sich zum Teil noch gut erhaltene Fresken der Leonhardslegende, die um 1410 entstanden sind und durch Ähnlichkeiten und Gemeinsamkeiten auf eine Südtiroler Werkstatt hinweisen. Das Christophorus-Fresko daneben, um 1460 entstanden, zeigt reizende Darstellungen der höllischen Mächte in Gestalt von allerlei schuppigem, menschengesichtigem Gewürm, das den Fluß belebt, den der Heilige mit seiner kostbaren

Last durchschreitet. Lesenswert sind die vielen Besucherinschriften, deren älteste von 1507 stammt. Gleich daneben ein zweiter, fast verblaßter Christophorus aus der Zeit um 1300.

Nach dem Besuch der Kirche stellt man sich natürlich die Frage, wie ein solch kleines, eher bescheiden anmutendes Bergdorf zu so kostbaren Kirchen-Kunstschätzen kommen konnte. Es gibt dafür eine plausible Erklärung. In Zwickenberg wurde jahrhundertelang Goldbergbau betrieben, wodurch die Gemeinde einst gewiß reicher war als heute. Nach mehreren Versuchen, den Abbau wieder zu beleben, wurde er 1920 endgültig eingestellt, doch Fachleute haben vor kurzem festgestellt, daß die Lager noch lange nicht erschöpft sind und ein rationeller Abbau sich wieder rentieren könnte – angesichts der derzeitigen Goldnotate an der Börse gar nicht so unrealistisch.

Wer die Reste der Goldgräberzeit besichtigen will, findet neben dem Gastwirt Brandstätter eine Tafel mit Hinweisen. Nach einem etwa halbstündigen Fußweg in die Berge müssen wir den schmalen Pfad zur Saubachschlucht hinabsteigen. Hier springt der Bergbach über Felstrümmer und entwurzelte Bäume ins Tal, sein gewaltiges Rauschen erfüllt die ganze Schlucht. Am Ufer sehen wir die Ruinen der Knappenunterkünfte, daneben dunkel gähnende, halb zugeschüttete Stollen. Nicht nur bei schlechtem Wetter muß hier ein hartes Arbeiten gewesen sein, wenn es auch schimmernden Lohn brachte, der den armen Bergbauern für einige Generationen etwas Wohlstand schenkte. Heute ist dies alles fast vergessen und eine wuchernde Wildnis deckt die Schürfstätten in der dunklen Schlucht – vorläufig noch.

In vielen steilen Serpentinen führt uns die Straße hinauf zum Gailberg-Sattel (982 m). Vor uns, im Süden, erhebt sich das Massiv der Karnischen Alpen; wir aber befinden uns inmitten des westlichen Teils der Gailtaler Alpen zwischen Jukbühel (1888 m) im Osten und Schatzbühel (2090 m) im Westen. Dann geht es hinab ins Dörfchen Laas, wo eine der schönsten spätgotischen Kirchen Kärntens steht.

Laas

Die *Filialkirche St. Andreas* in Laas macht uns mit dem Baumeister Bartlmä Viertaler, auch Firtaler, aus Innichen im Pustertal bekannt. Die eigenwilligen Werke dieses großen Südtirolers haben Österreichs Bedeutung als ein Zentrum spätgotischer Kunst in Europa noch bekräftigt. Seine schönsten und auch bedeutendsten Sakralbauten stehen, unmittelbar benachbart, in diesem Landstrich: Laas und Kötschach.

Laas, zwischen 1510 und 1517 erbaut, ist das einzige vollständige seiner Werke. Er hat es übrigens anstelle einer Kirche errichtet, die – wie Quellen besagen – noch keineswegs so baufällig war, als daß es eines Neubaus bedurft hätte. Förderer des Neubaus waren zwei Kärntner Adelsfamilien dieser Gegend, die auch Kötschach gestiftet haben, die Familien Mandorff und Söll, deren Wappen über dem Fenster im östlichen Chorschluß angebracht sind. Schon das Äußere der Kirche mit ihrem schlanken Spitzturm, den figuren- und wappengeschmückten Strebepfeilern wie auch den schönen Maßwerkfensten besticht durch Geschlossenheit und Eleganz.

Viertalers Zauber ist seine Gewölbegestaltung: wie er das graziöse und formenreiche Pflanzen- und Astwerk der Rippen in geometrische Ornamentik zwingt. *Die Strebepfeiler sind aus Säulen mit spitzbogigen Kappen zusammengesetzt, das Tympanon des Südportals mit Maßwerk flächig übersponnen, und auch das Sakristeitor weist dekorative, unorganische Formen auf. Am eigenwilligsten ist die Wölbung der Saalkirche. Der Chor hat eine Sternrosette, die sich von einem dunklen Grund abhebt, so daß die Rippen (wie in Spanien) als Spitzenwerk erscheinen. Die Fresken in den Feldern, Feldblumen, Gräser und Disteln, unterstützen den anmutigen bildhaften Charakter. Noch weiter entwickelt ist die Langhauswölbung, wo Stuckrippen gleich Ranken mit blattartigen Endungen das Gewölbe überziehen und sich zu Ornamenten verschlingen,* schildert Rupert Feuchtmüller in ›Gotik in Österreich‹ die Kirche in Laas.

1535 datierte, doch leider schlecht erhaltene Fresken schmücken die südliche Chorwand. Sie stellen eindrucksvoll einen Gnadenstuhl mit zwei Engeln im Hintergrund dar. Sein Meister schuf vermutlich auch das Bildnis des Baumeisters Viertaler, das einst rechts oberhalb der Sakristeitür angebracht war, aber um 1900 übertüncht worden ist. Es zeigte Viertaler im pelzbesetzten Mantel kniend und betend vor seinem Meisterzeichen, einem rechten Winkel mit einem Kreuz, daneben die Inschrift: »Maister partholome firthaler hat gemacht die kirchen. 1535.« Die Jahreszahl dürfte sich nicht auf die Vollendung des Baues, sondern auf die der Fresken bezogen haben, wobei allerdings unverständlich bleibt, daß diese so wichtige Darstellung um 1900 übertüncht wurde, noch mehr aber, daß man sie nicht längst wieder freigelegt hat. Abgesehen von den drei Barockaltären und der Kanzel ist die Kirche ganz vom Geist einer extravaganten, gewisse Manierismen nicht verleugnenden Spätgotik geprägt.

Kötschach-Mauthen

Schon wenig später, am Ortsbeginn von Kötschach-Mauthen, begegnet uns das zweite große Bauwerk Viertalers in Kärnten: die *Pfarrkirche Unsere Liebe Frau.* Ein 1478 von den Türken teilweise zerstörter früherer Bau wurde hier von Viertaler 1518-27 neu aufgebaut, wobei hier, im Gegensatz zu Laas, das alte Mauerwerk verwendet wurde. Das rechte Seitenschiff ist nur halb so breit wie das linke, was auf die ältere Kirche hinweist, an deren Grundriß sich Viertaler hielt.

Die Gewölbe des weiträumigen Mittelschiffes und die des linken Seitenschiffes sind hier ebenfalls mit einem aus zarten, verschlungenem Rankenwerk bestehenden Rippengewölbe bedeckt. Die Ranken enden in bemalten Pflanzen- und Früchtemotiven. Diese wie ein Netzwerk von Pflanzen das Gewölbe überwuchernden Rippen aus Kunststein bündeln sich über den Pfeilern zu einem dichten Geflecht, als wären sie diesen entsprossen.

Im Chorgewölbe wurden Viertalers Rippen leider entfernt, als 1750/51 Johann Michael Strickner seine barocken Fresken malte. Hinter dem 1842 aufgestellten spätklassizistischen Hochaltar von Josef Stauder sind 1499 datierte gotische Fresken des Lienzer Meisters Nikolaus Kentner zu sehen. Die beschwingte Rokokokanzel und der Schmerzensaltar im linken Seitenschiff sind vorzügliche Arbeiten des Servitenmönches Frater Bruno, der aus dem 1715 angebauten Kloster stammte.

Man erzählt sich, daß einmal französische Soldaten die große Kirchenglocke rauben und einschmelzen wollten. Aber schon am Ortsende kamen die Pferde trotz aller Bemühungen nicht mehr weiter, wobei die Glocke mit dumpfer Stimme rief: »*Maria heiß ich/ Alle Wetter verweis' ich/ alle Wetter vertreib' ich/ Maria in Kötschach bleib' ich.*«Da gaben die Franzosen die Sache auf, und die Kötschacher konnten das Pferdefuhrwerk mühelos wieder in den Ort zurückfahren.

Kötschach, seit 1958 mit dem Nachbarort Mauthen zusammengeschlossen, ist vermutlich nach dem aquileischen Dienstmannengeschlecht de Coza benannt. Im Besitz der Grafen von Görz ist Kötschach seit 1307 bezeugt; später kam es an die Ortenburger. Auf dem nordwestlich bei Laas gelegenen Burghügel von Pittersberg wurden römische und spätantike Funde gemacht; ja sogar eine Anzahl von byzantinischen Münzen des 6.Jahrhunderts kam ans Licht, was auf eine befestigte Anlage schon in der Spätantike hinweist. Die enorme strategische Bedeutung an dieser Kreuzung der Wege über Plöckenpaß, Gailbergsattel und ins östliche Kärnten hatten gewiß schon die Römer erkannt. Eine mittelalterliche Burg ist erst seit 1374 sicher nachzuweisen, hat aber wohl schon lange vorher bestanden.

Der alte Ortskern von Kötschach gruppiert sich um die Pfarrkirche; im übrigen besteht der Ort aus der Tag und Nacht stark frequentierten Straße zum Plöckenpaß.

Das seit 1958 eingemeindete Mauthen liegt am anderen Gailufer zu Füßen des hochaufragenden Polinik (2331 m) und am Beginn der Paßstraße. Hier lag die noch nicht genau lokalisierte Römersiedlung Loncium, doch wurden östlich der kleinen Kirche Maria Schnee die Grundmauern eines Wachtturms entdeckt, der noch von dem antiken Ort stammt.

Der Ortsname Mauthen ist eindeutig, hier wurde seit altersher die Mautgebühr für die Benutzung der Paßstraße erhoben. Mauthen wird seit 1276 genannt; 1489 erhielt es das Recht zur Abhaltung von zwei Jahrmärkten. Man kann solche Marktrechte für die wirtschaftliche Bedeutung einer mittelalterlichen Siedlung gar nicht hoch genug einschätzen. Von 1714 bis ins 19. Jahrhundert pochten in und um Mauthen mehrere Eisenhämmer.

Der Ort hat von seinem alten Gesicht noch viel mehr bewahrt, als das benachbarte Kötschach. Alte niedrige Häuser mit hellen Fassaden säumen die Hauptstraße, von der schmale Gassen mit ländlich anmutenden Häusern und reizenden kleinen Gärten abzweigen. Ein zweistöckiges Haus südwestlich der Kirche ist bemerkenswert; es stammt aus dem 16. Jahrhundert und zeigt mit seinen gemalten Rahmen um Tor und Fenster friaulische Einflüsse.

Die aus romanischer Zeit stammende *Pfarrkirche St. Markus* wurde 1478 von den Türken zerstört und nach ihrem Wiederaufbau 1485 neu geweiht. Das Schiff ist von einem spätgotischen Netzrippengewölbe überdacht, dessen Felder und Schlußsteine floral und figürlich bemalt sind. Der schöne, reich mit Skulpturen geschmückte Hochaltar und die Nebenaltäre sind Werke des Barock und beginnenden Rokoko. An der Südwand ist ein 1631 datiertes Fresko der Schutzmantelmadonna zu sehen.

Ein Fußweg von ca. 15-20 Minuten führt hinauf zur kleinen Kirche Maria Schnee, die aus luftiger Höhe ins Gailtal schaut. Für den rechten Bergwanderer ist das freilich so gut wie nichts, doch gibt es für ihn zahlreiche Möglichkeiten zu Hochgebirgstouren, vor allem auf den *Polinik* (2331 m) und zum eisig-klaren *Wolayer See* (1951 m). Im Südwesten, auf der *Mauthner-Alpe* (1782 m) kann dem Wintersport gefrönt werden. Ein Sessellift und vier Schlepplifte befördern den Skifahrer auf die insgesamt dreizehn Kilometer Abfahrten und Übungshänge. Rodelbahnen, Eislaufplätze und fünfzehn Kilometer Langlaufloipe erweitern noch die Möglichkeiten eines Winterurlaubs in Kötschach-Mauthen.

Plöckenpaß

Herbert Strutz schreibt über den Plöckenpaß:

Die Plöckenstraße – sie ist ein uralter, nun freilich großzügig ausgebauter Bergweg und führt in eine Welt voll alpiner Majestät. Prächtig umlagern sie der Polinik und der Kleine Pal mit dem nach Osten anschließenden Freikofel. Dem Kleinen Pal gegenüber erhebt sich westwärts der wuchtige, rinnengespaltene Block des Cellon oder Frischenkofels mit kühn zum Himmel stoßenden Felsenhöckern. Und daneben ragen die zerklüfteten Steinmauern der Kellerwand, die Felsenriffe und Zinnen des Monte Coglians und anderer Gipfel zur Höhe: es sind Burgen, Festungen, von der Natur geformt, von Stürmen und Wettern ausgelaugt und zu ihrer jetzigen Gestalt geschliffen. Es sind Bergkönige, gigantische Steinschädel über grauen Karen und braungrünen Matten. Man wird nicht müde, sie zu bestaunen und da und dort in ihre stillen Gräben und Almen, in ihre herdenglockenbimmelnden Abgeschiedenheiten zu dringen, an alten Kriegsgräbern und verfallenen Schützengräben vorbei. Sie sind gleichsam die Markierungen der nahen Grenze, an die auch die Heldenkapelle in der Nähe des Plöckenhauses erinnert: Gruft und Mahnmal zugleich. Nur ein kurzes Straßenstück über ihr befindet sich der steil eingeschnittene Paß mit den Grenzhäusern, der 1360 Meter hohe Sattel, dessen Name Plöcken oder Plecken offenbar vom mittelhochdeutschen Blecken herkommt, womit ein großes Pflanzenblatt – möglicherweise das einer Bergblume, gemeint ist. Die Italiener aber nennen den Paß Monte Croce, das heißt Kreuzberg.

Der Plöckenpaß bildet Grenze und Übergang zum italienischen

Friaul. Ein vorkeltischer Paßweg verlief nach Norden über die Missoria (945 m), wo der Historiker Theodor Mommsen 1857 in Felsen eingemeißelte venetische Schriftzeichen fand, die mit dem etruskischen Alphabet verwandt sind und das älteste Schriftdenkmal auf österreichischem Boden darstellen. Inschriften aus der Zeit zwischen 180 und 373 beweisen, daß die Paßstraße zur Römerzeit lebhaft begangen und gut instandgehalten wurde. Der Hauptweg vom Süden verlief von Aquileia über Julium Carnicum (Zuglio) zur Paßhöhe und von dort über Loncium (Mauthen) und den Gailbergsattel nach Aguntum (bei Lienz).

Zu den landschaftlich reizvollsten Gebieten Kärntens gehört das stille romantische Lesachtal, das ja eigentlich nur die Fortsetzung des oberen Gailtales bildet. Die teilweise recht schmale und außerordentlich kurvenreiche Straße verläuft meist hoch über der in ihrem dichtbewaldeten Flußbett oft unsichtbaren Gail. Unser Weg führt an der nördlichen – also der Sonne zugekehrten – Talseite entlang und hat dabei bis zur Tiroler Grenze zweiundsiebzig Gräben zu durchqueren, die von den zahlreichen Bergbächen gebildet wurden.

Woher das Tal seinen Namen hat, da weder sein Fluß noch irgendein Ort die Bezeichnung ›Lesach‹ trägt, konnte ich nicht herausfinden. Mir wurde allerdings mehrmals von Einheimischen gesagt, der vermutlich keltische Name habe etwas mit ›Holz‹ zutun und soll auf den Waldreichtum dieses Gebiets hinweisen. Sprachforscher wollen zwar in einigen der Ortsnamen venetische und keltische Wurzeln festgestellt haben, doch gibt es weder aus der Kelten- noch aus der Römerzeit irgendwelche Funde, die eine Besiedlung dieses damals sehr schwer zugänglichen Tales belegen. Es ist freilich zu vermuten, daß einsame Jäger und Hirten das wald- und wildreiche Gebiet durchstreiften; mit Sicherheit aber ist anzunehmen, daß während der Slaweneinfälle so mancher von Haus und Hof vertriebene Flüchtling sich hier mit seiner Sippe niederließ und so zum Gründer einer Siedlung wurde. Siedlungen werden hier seit dem 12. Jahrhundert in Urkunden erwähnt, und so tritt das Lesachtal eigentlich erst im Mittelalter ins Licht der Geschichte. Abgesehen von Maria Luggau, das den Schlußpunkt unseres Ausflugs bildet, bietet das Lesachtal dem Naturfreund weit mehr als dem Liebhaber kunsthistorischer Stätten. Es führt keine Bahnlinie durch dieses Tal; der Autofahrer sollte sich auf einen vollen Tages- ausflug einrichten oder die Möglichkeit einer Übernachtung mit einplanen. Dieses wildromantische Gebiet verlockt immer wieder zum Anhalten und zu mancherlei Spaziergängen, die unversehens zu längeren Wanderungen werden können. Am besten ist es, sich in Liesing oder Birnbaum ein Quartier zu suchen, und dann von hier aus das Tal nach Ost und West in aller Ruhe zu erkunden.

So fahren wir also von Kötschach-Mauthen in westlicher Rich- tung, wo bei dem schattenseitig gelegenen Dörfchen Wetzmann das Lesachtal beginnt. Eingezwängt zwischen Karnischen und Gail- taler Alpen durchströmt die junge Gail ihr waldiges, vielfach ge- wundenes Bett, und unsere Straße folgt unerbittlich diesen viel- fachen Windungen. Zahlreiche Bergbäche rauschen von den beiden Talwänden herab und nähren den tief unterhalb der Straße dahin- strömenden Fluß.

St. Jakob

Über den Weiler Gentschach erreichen wir als ersten größeren Ort St. Jakob. Kurz zuvor sehen wir rechts an der Straße eine alte Wassermühle stehen, wie wir sie in diesem an Bergbächen so rei- chen Gebiet noch öfters finden werden.

Die spätgotische Pfarrkirche dürfte schon eine ältere Vorgänge- rin gehabt haben, da bereits 1344 ein Pfarrer erwähnt wird. Schiff und Chor sind mit Netzrippen eingewölbt, am leider neugotischen Hochaltar stehen die spätgotischen Skulpturen der Heiligen Andreas und Philipp.

Vom Friedhof weitet sich vor unserem Blick das dünn besiedelte Tal, hoch überragt vom Steinkamm der Karnischen Alpen. Am Berghang gegenüber liegt der Weiler Nischlwitz, von wo die spä- ter in der Steiermark ansässige und tätige Künstlerfamilie Nischl- witzer stammt.

Wenn ich auch dem kenntnisreichen und mit großformatigen Karten bewaffneten Hobbywanderer nicht das Wasser reichen kann, so möchte ich doch gerade hier dem weniger gut ausgestat- teten Leser von Ort zu Ort einige Tips für Ausflüge geben.

Von St.Jakob empfiehlt sich die Wanderung auf den *Röthen* (1308 m), die man über den Gailbergsattel beliebig (bis nach Oberdrauburg) ausdehnen kann. Eine Tageswanderung führt durch das Sittmosertal über die Raimunda-Alm zum *Wolayer See.*

Wer zur kleinen Kirche von *Podlanig,* dem nächsten Ort, hinaufsteigt, sieht im Süden die Spitzen von mindestens drei Zweitausendern, nämlich Plenge (2372 m), Mooskofel (2510 m) und Gamskofel (2526 m). Von dem auf 970 Meter liegenden Podlanig führt ein herrlicher Wanderweg durch den Birnbaumer Graben auf die *Raut-Alm* (1257 m).

Auf dem Weg nach *Birnbaum* sehen wir tief unten das schmale silberne Band der Gail. Von hier hat man eine wundervolle Sicht auf die Karnischen Alpen; im Vordergrund öffnet sich das Wolayer Tal, überragt von der Spitze des Seekopfes (2554 m) und den Wolayer Köpfen (2470 m). Birnbaum scheint ganz aus gemütlichen Gasthöfen zu bestehen, die zu längerem Aufenthalt verlocken. Auch von hier aus führen gute Wanderwege über die Gail zum Wolayer See, wofür man etwa fünf Stunden ansetzen muß. Ein schöner Ausflug ins nördliche Hinterland geht über Kornat auf den *Grifitzbühel* (1860 m) und von dort in nordwestlicher Richtung weiter auf den *Lumkofel* (2286 m), wofür man dreieinhalb bis vier Stunden benötigt. Wer es gemütlicher haben will, nimmt den mühelosen und fast flachen Weg von Kornat durch den Birnbaumer Graben zur Raut-Alm (1257 m) und braucht dazu höchstens anderthalb Stunden.

Wer Unter- und Mittelkärnten schon bereist hat, dem wird bei dieser Fahrt auffallen, daß die kleinen und oft ganz aus Holz gebauten Bauernhäuser keinen Schopfgiebel mehr besitzen und die Wirtschaftsgebäude mit dem Wohnhaus verbunden sind, was schon mehr der Bauweise in Tirol und Bayern entspricht.

Liesing

Über Mattling erreichen wir das wieder etwas größere Liesing mit seiner gedrungenen gotischen *Pfarrkirche St.Nikolaus,* die bereits 1321 genannt wurde. Das Schiff hat ein bemaltes Netzrippengewölbe; im schönen barocken Hochaltar von 1700 sind drei gotische Heiligenskulpturen aufgestellt. An den beiden Chorwänden sehen wir vier geschnitzte spätgotische Flachreliefs mit Szenen aus dem Leben des hl. Nikolaus. Eine gute ausdrucksvolle Schnitzarbeit ist die gotische Pietà an der nördlichen Innenwand.

Mehrere kürzere Wanderwege führen von Liesing über die Gail zu den schattseitig gelegenen Dörfern *Ober- und Niedergail* und auf den *Obergailberg* (1673 m). Von dort kann man die Tour durch das Frohntal über die Ochsneralm zum *Hochweißstein-Haus* ausdehnen, wofür insgesamt etwa vier Stunden anzusetzen sind. In etwa drei Stunden erreicht man über Steinecken-Alm und Bödenhütte den *Kesselkofel* (2251 m). Die schönste Wanderung nach Norden, also in die Gailtaler Alpen, hier auch Lienzer Dolomiten genannt, geht über die Dörfer Klebach und Tscheltsch zum Millnitzer-Sattel (2038 m) und von dort nach Westen über den Kamm auf den Gipfel des *Riebenkofel* (2383 m).

St. Lorenzen

Wundervoll gelegen ist das behaglich ländliche St. Lorenzen, wo man im Südwesten den gezackten Zwölferspitz (2593 m) emporragen sieht. Zwischen Raudenspitz (2507 m) und Sonnstein (2289 m) schimmert das weiße Kalkmassiv des schon jenseits der Grenze aufragenden Monte Peralba (2693 m). Ringsum leuchten die grünen Matten der Bergwiesen mit ihren darüber verstreuten winzigen Almhütten.

Die seit 1308 genannte *Pfarrkirche St. Lorenz* ist ein spätgotischer Bau mit Netzrippen sowie schönen spätgotischen Fresken in Chor und Schiff. Die drei guten Schnitzfiguren der Heiligen Lorenz, Florian und Sebastian im neugotischen Hochaltar entstanden um 1485. Höchst bemerkenswert ist das um 1480 entstandene und dem Villacher Meister Urban Görtschacher zugeschriebene Fresko an der Nordwand. In wundervoll leuchtenden Farben sehen wir das Weltgericht dargestellt. Christus thront als Richter auf einem Regenbogen, seine Füße ruhen auf der Erdkugel. Der Gottessohn ist von Heiligen umgeben, über ihm schweben Engel. An der Himmelspforte werden drei Päpste, drei Kardinäle, zwei Bischöfe und

Kaiser Friedrich III. mit seiner Gemahlin eingelassen, während die armen Verdammten von kleinen Hilfsteufeln in das als Rachen eines Dämons dargestellte Höllentor gezerrt werden, wo sie Satan, angetan mit Krone und Szepter empfängt. Wir ›aufgeklärten‹ Menschen des 20. Jahrhunderts können heute nur noch ahnen, welch ungeheuren Eindruck solche Darstellungen auf die Menschen jener Zeit gemacht haben; denn für sie waren diese Bilder keine verschlüsselte Symbolsprache, sondern entsetzliche Wirklichkeit.

Einige Häuser um die Kirche herum sind mit schönen Fresken verziert, was ein wenig an die bayerischen Gebirgsorte mit ihrer ›Lüftlmalerei‹ erinnert.

Nach St. Lorenzen überspannt eine kühne neue Brücke die Tuffbachschlucht, wohin wir jetzt einen Abstecher machen. Hier im kühlen Grunde steht die 1058 erbaute Radegundenkirche, das älteste Gotteshaus des Lesachtales, ihr gegenüber eine aus unbehauenen Steinen erbaute Mühle, die nun langsam verfällt. Einen seltsamen Kontrast dazu bildet die elegant geschwungene 227 m lange Brücke, die sich hoch oben über die Schlucht spannt. Sie wurde 1964 fertiggestellt und überbrückt den tiefsten der 72 Gräben des Lesachtales, wodurch sie dem Autofahrer die Mühen einer zeitraubenden Berg- und Talfahrt erspart.

Vom Radegundengraben windet sich ein steiler Fußweg auf die Terrasse des Wieser Feldes, wo von dem Weiler Wiesen der alte Weg hinauf ins *Tuffbad* führt, das man aber jetzt auch von St. Lorenzen aus auf einer Autostraße erreicht. Das Tuffbad wurde 1765 von Luggauer Serviten gegründet; seit 1830 gehört es der Gemeinde von Wiesen-Xaveriberg. Das leicht temperierte Wasser enthält vor allem schwefelsaures Natron und schwefelsaure Magnesia.

Von hier aus lassen sich schöne, zum Teil allerdings schwierige Bergtouren in das Gebiet der Lienzer Dolomiten unternehmen, wie etwa auf den *Kreuzkofel* (2694 m) und den *Spitzkofel* (2718 m). Weniger mühsam sind die Ausflüge nach Süden ins Frohntal, wie etwa die Wanderung zum Hochweißsteinhaus (1905 m), Rastpunkt für Gipfelstürmer, die von hier aus den 2693 m hohen Hochweißstein ersteigen, dessen Gipfel schon jenseits der Grenze liegt und bei den Italienern *Monte Peralba* heißt.

Maria Luggau

Der letzte Ort auf unserer Fahrt durchs Lesachtal ist Maria Luggau im äußersten Südwesten Kärntens, an der Grenze zu Osttirol, eingebettet in hügelige Terrassen, umgeben von den Zweitausendern der Karnischen Alpen und der Lienzer Dolomiten. Um diesen Ort ist noch immer ein Hauch von Abgeschiedenheit und naturnaher Stille.

Wo sich jetzt die vielbesuchte Wallfahrtskirche von Maria Luggau erhebt, war früher ein bescheidenes Kornfeld, das der armen Bauersfrau Helena gehörte. An einem heißen Sommertag des Jahres 1513 schlief Helena, von schwerer Arbeit und Hitze müde geworden, hier ein und vernahm im Traum eine Stimme, die ihr befahl, auf dem Acker eine Kirche zu bauen. Als die Bäuerin erwachte, wollte sie prüfen, ob dies wirklich Gottes Wille sei und stellte eine brennende Kerze auf den Boden, die trotz des beginnenden Sturmwetters zu Ende brannte und nicht verlöschte. So kaufte Helena ein kleines Vesperbild und begann nun, bei den Bauern um Geld für die Kirche zu betteln, aber alle lachten sie nur aus. Schließlich wurde sie sogar als Hexe eingekerkert, doch mangels Beweisen bald wieder freigelassen. Ihr unermüdlicher Eifer brachte es dann schließlich zustande, daß eine kleine Holzkapelle errichtet wurde, wo sie gleich ihre Pietà aufstellte. Ein vom Wahnsinn befallener Luggauer wollte das Gnadenbild entführen und wurde bei seiner Berührung plötzlich geheilt. Dieses Wunder war für die Bauern der klare Beweis des Willens Gottes.

Nun ließ der Pfleger von Pittersfeld 1515/16 eine Steinkirche errichten, die aber schon bald für den Andrang der Pilger zu klein war, so daß man dem berühmten Meister Bartlmä Viertaler von Innichen 1520 den Auftrag zu einem Neubau erteilte, der 1544 vollendet war. 1591 berief der Graf von Ortenburg Franziskanermönche, denen 1593-1602 ein Kloster errichtet wurde, das 1635 die Serviten übernahmen. Zweimal brannte das Kloster ab, ohne daß die Kirche einen Schaden davontrug. Der heutige Bau trägt das Gesicht der Renovierung von 1738-41, bei der auch die Kirche barock umgestaltet wurde. Man muß sagen, leider, denn Viertalers

30 *Laubenhof mit Sgraffiti im Rathaus von*
St. Veit an der Glan, Mitte 16. Jh.

31
Treppenaufgang
im Arkadenhof von
Schloß Porcia

29 *Hauptfassade von Schloß Porcia in*
Spittal an der Drau, Mitte 16. Jh.
←

32 Hochaltar von Michael Hönel im Dom zu Gurk. Ausschnitt, 1626–32

33 Hl. Lukas aus dem Hönel-Altar in Gurk, *möglicherweise Selbstbildnis des Meisters*

35 *Pieta von Georg Raphael Donner im Dom zu Gurk. Detail, 1740*

34 *St. Veit an der Glan: Barocke Rathausfassade*
von Marx Josef Pittner, 1754
←

herrliche Ornamentrippen fielen der Barockisierung zum Opfer und sind nur noch im Turmgewölbe erhalten. Dieser fünfstöckige Westturm ist wegen seiner Datierungen interessant. Über dem Portal steht »master partlme viertaller«, darunter die Jahreszahl 1520, also der Baubeginn. Die darüberliegenden vier Stockwerke weisen die Zahlen 1536, 1543, 1547 und 1552 auf, wobei sich die letzte nur auf die Vollendung des Turmes, nicht auf die der bereits 1536 geweihten Kirche bezieht.

Mag man auch die Veränderungswut der barocken Baumeister in diesem Fall bedauern, so ist doch ihr Werk durchaus nicht zu verachten. Viertalers Gewölberippen wurden durch den prächtigen Stuck Franz Pittners ersetzt; die schönen Gewölbefresken schuf der Bozener Franz Delajo. Wenn das Hauptbild am Chorgewölbe, »Die sieben Schmerzen Mariens«, mit 1808 und »Christoph Brandstätter« bezeichnet ist, so dürfte dies nur der Name des Restaurateurs sein. Am Hochaltar, der 1749 entstand und ein Gemälde aus dem 19. Jahrhundert des Venezianers Cosroe Dusi trägt, steht auch das mit Brokat bekleidete hölzerne Gnadenbild, die kleine Pietà der frommen Helena, das aus der Zeit der Kirchenentstehung stammt.

Deutsche, Italiener und Slowenen pilgerten früher in schöner Eintracht zu den Marienfesten hierher; jetzt kommen fast nur noch Oberkärntner und Osttiroler. Wenn zu den Marienfeiertagen im August und September prächtige Umzüge und Prozessionen stattfinden, bietet sich dem Besucher noch das Bild alten unverfälschten religiösen Brauchtums.

Im Kloster wohnen noch einige Servitenmönche, die auch mit der Seelsorge des Pfarrsprengels betraut sind. Seit 1928 wird in unregelmäßigen Abständen ein Weihespiel von der Vision der frommen Helena aufgeführt, dessen Autor, der aus Maria Luggau stammende Thomas Tiefenbacher (1892-1970), auch ein Buch über das Lesachtal und ein anderes über die Entstehung der Wallfahrt verfaßte.

Unter den zahlreichen Wandermöglichkeiten von hier aus möchte ich vor allem die Tour auf den *Eggenkofel* nennen. Ein Weg von viereinhalb bis fünf Stunden führt uns von Luggau durch das Eggental zur Lotteralm und von dort nach Westen durchs Labatal auf den 2590 Meter hohen Mittelgipfel des Eggenkofels. Dieser höchste Berg der westlichen Lienzer Dolomiten bietet einen prachtvollen Rundblick auf die Glockner-, Venediger- und Schobergruppe, auf die Karnischen Alpen und ins Obere Gailtal.

Am westlichen Ortsende von Maria Luggau verläuft die Grenze nach Osttirol, wo das Lesachtal – eigentlich das Tal des Gailflusses – unter dem Namen ›Tilliacher Tal‹ seinen Ausgang nimmt. Die heutige Grenze nach Osttirol entspricht noch ungefähr der schon im 12. Jahrhundert festgelegten zwischen den Bistümern Brixen und Aquileia.

Das Obergailtal

Wie zur Fahrt ins Lesachtal ist Kötschach-Mauthen auch unser Ausgangspunkt, um das Obergailtal kennenzulernen. An Schloß Mainburg vorbei durchqueren wir *St.Daniel*, die Urpfarrei des oberen Gailtales, die vielleicht schon auf das 9. Jahrhundert zurückgeht. Eine Inschrift über der Tür der Pfarrkirche berichtet von dem Türkeneinfall 1478, bei dem die Kirche zerstört und viele Gefangene gemacht wurden. Die dem Patriarchat Aquileia unterstehende Kirche wurde anfänglich von Priestern aus dem Friaul versorgt. Wie wenig wohl sich die Söhne des sonnigen Südens in dieser Wildnis fühlten, zeigt ein Brief des Pfarrers Blaucidius. Er klagt über das sumpfige, von dichten dunklen Wäldern bedeckte Land, vermißt die süßen Feigen und verwünscht den Buchweizen, den er täglich essen muß. Außerdem fühle er sich einsam, verstehe die Sprache der Einheimischen nicht und vermisse das geistreiche Gespräch. Die Kirche prunkt mit einem wunderschönen spätgotischen Netzrippengewölbe mit Rankenmalerei.

Nördlich oberhalb des Ortes liegt die *Burgruine Goldenstein*. Ihre etwas östlicher gelegene Vorgängerin, die Burg Goldberg, gehörte den Grafen von Görz und wurde von Herzog Bernhard 1227 zerstört, weil er die sich ausbreitende Macht des reichen Grafengeschlechts fürchtete. Doch die Görzer Grafen erbauten daneben flugs eine neue Festung, um die es dann viel Streit gab und die ihre Besitzer recht oft und oft recht schnell wechselte. Schon 1640 war Burg Goldenstein Ruine.

Dellach, der nächste Ort, liegt zu Füßen der Jauken-Gruppe und hat sich ganz auf Ferienbetrieb eingestellt. Von hier führen zahlreiche Wanderwege in die Gailtaler Alpen. Von Dellach geht eine

Autostraße am sonst meist nur dünn besiedelten, weil schattigen Südufer über Weidenburg und Würmlach nach Mauthen. Wer ungestörte Urlaubsruhe sucht, findet sie hier in diesen stillen Orten mit Sicherheit.

Jetzt sind auch die Hauptberge der Gailtaler Alpen wieder zu sehen; im Norden die Jauken-Gruppe mit Torkofel (2275 m), östlich davon der Reißkofel (2371 m).

Über Leifling geht es nach Grafendorf, und von hier führt ein Weg von dreieinhalb Kilometern hinauf zu dem seit 1830 bestehenden *Reißkofelbad* in 995 m Höhe. Die geschmackvoll modernisierten Bauten liegen wundervoll an den Ausläufern des Reißkofels. Hier kann man einen ruhigen Urlaub in den Bergen verbringen und außerdem die gegen Ischias, Rheuma und Nervosität wirksame radiumhaltige Quelle gebrauchen. Eine alte Spruchtafel am Haus erklärt die Wirkung in bündigen Versen: »*Dieses Wasser ist für viele Übel guth,/wer es nur recht gebrauchen thut./Heilet Wunden, Sorg und Schmerz,/Tröstet manches betrübte Herz.*

Über Gundersheim kommen wir nach *Reisach*, wo am Ortsanfang ein bemalter Bildstock aus der Zeit um 1500 steht. Die Fresken des frommen und tüchtigen Malers sind an der Südseite mit einer Kreuzigung und an der Ostseite mit einer Madonna im Strahlenkranz noch gut erhalten, auch der Christophorus im oberen Teil an der Nordseite. Unten an der Ostseite ist ein römischer Schriftstein eingemauert. Von der hoch über dem Ort gelegenen Kirche sehen wir einen Bergbach in vielen Wasseradern hinabströmen; im Talgrund steht ein altes hölzernes Mühlenhäuschen. Etwas unterhalb der Kirche wurde ein schöner Campingplatz mit Mineralschwimmbad angelegt. Viele Wanderwege führen von Reisach nach Norden in das Gebiet von Reißkofel und Sattelnock.

In dem am Fuße der Hochwarter Höhe (1682 m) gelegenen *Kirchbach* ist die schöne Barockkirche St. Martin sehenswert. 1719 über den Resten eines seit 1296 genannten früheren Baues errichtet, hat sie sehenswerte Barockaltäre, die mit ihrer schwarzgoldenen Fassung zwar etwas streng wirken, aber sich durch hervorragenden Skulpturenschmuck auszeichnen. Besonders feine Arbeiten sind am Hochaltar links der hl. Sebastian und rechts der hl. Rochus. Das gute Altarbild stellt St. Martin mit dem Bettler dar, ebenso das Dek-kenfresko im Schiff.

Das ehemalige Friedhofstor im Südosten der Kirche ist außen mit gotischen Fresken bemalt. Die um 1470 entstandenen Male-reien zeigen in der Nische St. Martin mit zwei Bettlern, links die Heiligen Achaz und Ursula, rechts Johann Baptist und Rochus. Die meisterhaften Fresken werden der Pacher-Werkstatt zugeschrieben.

Wie sehr der Protestantismus sich in manchen Gegenden Kärn-tens behauptet hat, sehen wir in *Treßdorf*, dem nächsten Ort, wo eine schmucke, ockergelbe Kirche der evangelischen Lehre dient.

Von Waidegg führt ein Wanderweg zur *Hochwarter Höhe* (1682 m); die *Kreuther Höhe* (1441 m) erreicht man auf guten Wan-derwegen von *Jenig*, dem Nachbarort.

Ehe wir Hermagor, den Hauptort und zugleich das Ende des Oberen Gailtales erreichen, machen wir einen kurzen Abstecher nach Süden. Hier geht es auf sehr kurvenreicher und teilweise recht schmaler Straße in Richtung Italien, doch nicht deshalb unterneh-men wir diesen Ausflug – dieses Nachbarland erreichen wir viel schneller und bequemer durch das Gailitztal –, sondern diesmal ist es allein die besondere Schönheit der Bergwelt im Gebiet um den Gartnerkofel, die uns reizt. Nun kommt es hier freilich auf die Jah-reszeit an. Wundervoll ist der Herbst, wenn die rostroten Tupfen der Laubbäume aus dem dunklen Grün der Nadelhölzer leuchten und die Luft so klar ist, daß man von der Sonnenalpe bei Naßfeld Großglockner, Julier und Dolomiten mit einer Kopfdrehung über-schauen kann. Der Pflanzenfreund freilich wird lieber im Früh-sommer anreisen, wenn die blaue Wulfenia blüht, die es nur noch hier und sonst nirgends mehr auf der Welt gibt, weil sie ein zufälli-ges Überbleibsel aus der Zwischeneiszeit ist und somit eine botani-sche Kuriosität ersten Ranges darstellt.

Von der Schönheit, aber auch vom Nutzen der Kärntner Alpen-flora hat der Heimatforscher Mathias Maierbrugger in seinem Buch ›Heimliches Kärnten‹ einen anschaulichen Bericht gegeben:

Über unsere Almen streut der Sommer immer wieder die schönsten Blütenwunder hin. In jedem Kessel lachen uns andere Sonnensterne ent-gegen, und droben, wo die ersten Felsköpfe in den Äther starren, werden die Blumen zwar kleiner, doch ihr Rot ist eindringlicher, und das Weiß des Steinbrechs ist so klar wie flockender Schnee, der manchmal auch in diesen Tagen das Antlitz der höchsten Berge kühlt.

Wir lieben die Alpenflora doppelt, denn in ihren sonnendurchfluteten Körperchen ist gar manche geheimnisvolle Kraft aufgespeichert. Und darnach forscht der kundige heimische Bergwanderer, ehedem und auch noch jetzt.

Dort, wo der Lärchenwald schütterer wird, leuchtet der rote Almrausch, das Rhododendron des Botanikers, von den Berglern fälschlich Buxbaum genannt, zur Sonne und überzieht mit seinem strahlenden Rot manchmal ganze Berghänge. Diese herrlichen Blüten streift die Sennerin gerne ab und gibt an jedem Abend davon eine Handvoll den Kühen, damit ihre Milch kräftiger und fettreicher werde. Drängt plötzlich inmitten des Rot ein Büschel weißer Almrausch zur Sonne, so verrät er dem Kundigen unter seiner Wurzel eine Silberader.

Zu den begehrtesten Blumen unserer Berge zählt der Speik, der auf den höchsten Nocken aus dürftigem Erdreich seine unscheinbaren gelben Blüten treibt. Nicht wegen seiner Blüten bückt sich jeder zu ihm nieder, sondern die Wurzeln verbreiten jenes angenehme Aroma, das, in einen Kleiderschrank gelegt, alle Motten vertreibt. Speik gibt die Bäuerin auch auf die glühenden Kohlen in der Rauchpfanne, wenn sie am Heiligen Abend, am Neujahrsabend und am Dreikönigsabend alle Räume des Gehöftes ausräuchert, damit Unglück jeder Art fernbleibe. In meinen Kindheitstagen zogen noch einige Speikgraber über die Berge, welche die stark duftenden Wurzeln bis in den Orient verschickten, wo sie als begehrte Beigabe zur Bereitung wohlriechender Salben und der Haremsbäder dienten.

Auch die Arnika, Wohlverleih oder Kraftrose genannt, wird wegen ihres herrlichen Aromas und wegen der Heilkräfte, die in ihren orangenen Blütenkörbchen aufgespeichert sind, gerne gesammelt und zur Bereitung heilsamer Bäder verwertet.

Mit besonderer Vorliebe greift der Bergwanderer nach den dunkelroten Kohlröserln oder den Blutströpfchen, wie es der Kärntner wegen seiner zierlichen Form nennt. In ihrem herrlichen Duft haben sie die ganze Zauberkraft der sonnenüberfluteten Bergwelt aufgespeichert, und wer ihren Duft zu begierig in die Nase zieht, den bestraft dafür heftiges Nasenbluten – behaupten die Bergler. Das Blutströpferl hat eine Wurzel von der

Form eines Zahnes. Wer diese Wurzel in Schnaps »ansetzt« und in einen hohlen schmerzenden Zahn steckt, vertreibt damit den Schmerz.

Der Petergstamm, die primula glutinosa des Botanikers, ist der Stolz unserer Bergjugend. Der Bursch trägt die zarten bläulichen Blüten voll des süßen Duftes, wenn er zu seiner Liebsten ans Fenster schleicht, und diesem Blümlein kann kein Mädchen widerstehen, hörte ich einmal behaupten. Und gar der gelbe Petergstamm, der in den Falten von Kalkfelsen blüht! Seine Sternchen sind bei den Mädchen noch begehrter, und sie können auch die sittsamste Jungfrau betören.

Ganz versteckt und selten finden wir auf unseren Almen den Türkenbund, die Lilie unserer Berge. Sie trägt auf einem 60 cm hohen Stengel in einer lockeren Traube die schönen, überhängenden Blüten mit zartrosa, violetten und prupurbraun gefleckten, zurückgerollten Blütenblättern. Nur wenigen gelingt es, die mehrfach zergliederte Zwiebel aus der Erde zu nehmen, denn sie zerteilt sich bei geringem Druck. Die Bergbewohner behaupten, an der Wurzel dieser Zwiebel halte der Teufel fest, darum bringe man sie nie ganz heraus.

In mancher sonnigen Almmulde blüht die kleine Scharniggel. Ihre zarten, weißen Würzelchen werden gesammelt, gedörrt und aufgestoßen. Dieses Pulver soll, zu einer Salbe angerührt oder als Tee genossen, jeden Leistenbruch in kurzer Zeit heilen.

In feuchten Almweiden thronen auf meterhohen Stengeln die weißen Blüten des Germers oder Hemmakrautes, ähnlich den Blüten der Königskerze. Diese stolze Pflanze meiden unsere Rinder, obwohl sie nur bis Jakobi (25. Juli) giftig ist. Nach Jakobi schneidet sie die Sennerin als begehrtes »Viehleck« zusammen. Die Wurzel des Germers enthält nur im Frühjahr oder im Herbst ein starkes Gift, das ein Mittel gegen Viehläuse ist.

Über die mageren Almböden kriecht die graue Graupe, eine Strauchflechte, zwischen den kurzen Gräsern dahin. Dem Laien fallen sie kaum ins Auge, zumal sie nieder sind und keine Blüten tragen. Die Sennerinnen aber reißen sie mit dem kleinen Rechen aus der Erde, binden sie in rupfenen Leintüchern zu großen Bündeln zusammen und tragen sie zu ihren Hütten hinunter. In großen Kesseln sieden sie die Graupen zu bestem Schweinemastfutter. Sie werden ganz schmierig vor lauter Fettgehalt – behauptet die Sennerin. Vor allem die »weißfuaßetn« Graupen, die soge-

*nannten Schmalzgraupen, sind sehr begehrt, während man die »rotfua-
ßetn« Graupen nur sammelt, um daraus einen heilsamen Lungentee zu
bereiten.*

*Die Sennerinnen wissen noch um viele seltene Kräfte unserer Alpen-
blumen. Sie machen oft diese Kräfte ihren anvertrauten Kühen dienstbar.
Sie sammeln von der Meisterwurz Blätter und Wurzeln, weil man behauptet, daß diese Pflanze Mensch und Vieh heile. Die Blätter regen die
Kühe zu höherer Milchleistung an, aus Wurzeln und Fett macht man eine
heilsame Einreibung gegen Kreuzschmerzen. Manche Sennerin sammelt
weitum die »Rahmtocken«, unserem Löwenzahn ähnliche Korbblütler, die
wegen ihrer milchig saftigen Stengel fettreiche Milch erzeugen. Andere
wieder suchen für ihre Kühe nach Arnika, Disteln und »Anhaggn« (Eber-
wurz), damit dicker Rahm die Milch bedecke. Manche Sennerin füttert
ihren Kühen auch »Rührkraut«, kleine, gelbe dem Hahnenfuß ähnliche
Pflanzen, damit beim Butterrühren der Rahm schneller »zamgeht«.*

*Nur auf den Augentrost schimpft jede Sennerin, weil seine nach Jakobi
überall auftauchenden weißlichen Blüten mahnen, daß der Sommer bereits
den Höhepunkt überschritten habe und daß das Futter spärlicher und
schwächer werde. Weil darob die Kühe Tag für Tag etwas weniger melken, führt der bescheidene, kleine Augentrost in unserem Bergreich den
verächtlichen Namen »Milchschelmlan«.*

*Ja, allzukurz, doch voll der Zauber und Geheimnisse ist so ein Alm-
sommer!*

Von diesem so liebevoll geschilderten Almsommer jetzt einen
Sprung in den Winter, der vor allem für den Brettl-Sport auf der
Sonnenalpe Naßfeld einiges zu bieten hat. In einer Höhe von 1500 bis
2200 Meter erwartet den Wintersportler ein schneesicheres Gebiet
mit insgesamt zwanzig Kilometer Abfahrten auf präparierten Pisten, dazu kommt noch eine Langlaufloipe von sieben Kilometern.
Ein Sessellift und zehn Schlepplifte sorgen für schnelle Beförde-
rung, während ein geräumiges Hotel mit Hallenbad, Sauna und
sonstigen Bequemlichkeiten die müden Skifahrer gastlich empfängt.

Das Städtchen liegt an der Einmündung des Gitschtales ins Gailtal und ist seit 1169 urkundlich nachweisbar. Der Ort muß aber schon viel früher besiedelt gewesen sein, weil hier bereits in karolingischer Zeit eine aquileische Urpfarrei bestand. Der Name leitet sich von ›Hermagoras‹ ab, einem frühchristlichen Heiligen, der auch Namenspatron der Pfarrkirche ist. Seit 1288 wird Hermagor als Markt bezeichnet und war im Mittelalter zuerst im Besitz der Grafen von Görz, danach der Grafen von Ortenburg. Verschiedene Marktrechte brachten im 15. und 16. Jahrhundert bescheidenen Wohlstand. Die in der Umgebung Hermagors seit dem 16. Jahrhundert betriebenen Eisenhämmer gingen Anfang des 19. Jahrhunderts ein. 1930 wurde der Markt zur Stadt erhoben, die heute knapp 2000 Einwohner zählt.

Am Hauptplatz erhebt sich die *Pfarrkirche St. Hermagoras und Fortunatus*, eine Gründung des Patriarchats Aquileia im 9. Jahrhundert. Die Kirche wurde nach ihrer Zerstörung durch die Türken als dreischiffige spätgotische Hallenkirche neu erbaut und 1485 geweiht. Ungeschickte Renovierungen nach einem Brand im Jahre 1904 wurden 1963 wieder beseitigt. Die drei Schiffe sind mit Netz- und Kreuzrippen eingewölbt, deren Felder Vierpässe mit Heiligenbildnissen schmücken. In der Mitte des 1749 geschaffenen, spätbarocken Hochaltars steht eine qualitätvolle Skulptur des Kirchenpatrons Hermagoras. In der rechten Seitenkapelle finden wir einen kleinen gotischen Flügelaltar mit einer schönen Madonnenskulptur aus der Älteren Villacher Werkstatt. Auch die übrigen barocken Seitenaltäre sind zum Teil mit vorzüglichen Skulpturen geschmückt.

Unterhalb der Kirche im alten Gasthof ›Kaiser von Österreich‹ ist in der Tordurchfahrt eine Gedenktafel angebracht, die an den Besuch von Kaiser Franz Josef mit seiner Gemahlin Elisabeth im Jahre 1856 erinnert. Das Kaiserpaar hatte hier Quartier genommen, um dann am nächsten Tag »die allerhöchste Reise« nach Klagenfurt fortzusetzen.

Nahe der Brücke über den Gößernig-Bach finden wir das leider ziemlich vernachläßigte *Gailtaler Heimatmuseum*. Kreuz und quer liegen und stehen Heiligenskulpturen, eine Kirchenorgel, alte Stoffdruckplatten, Trachtenkleidung, Möbel und Bilder. In einem Raum ist altes Küchengerät, in einem anderen sind Möbel, Porzellan, Skulpturen, Uhren und vieles andere ausgestellt. Unter der Bücher- und Dokumentensammlung ist die Lutherbibel von 1541 das kostbarste Stück. Viele religiöse Schriften der Protestanten geben Zeugnis von der Verbreitung der evangelischen Lehre in Kärnten. Unter den Funden aus bronzezeitlichen und römischen Gräbern findet sich eine schöne bronzene Isisstatuette. Man würde sich wünschen, daß die Stadt diese Sammlung ordnet und ihr einen würdigeren Rahmen gibt.

Ausflüge von Hermagor aus

Im Gitschtal. Eine schmale Straße, 23 Kilometer lang, führt von Hermagor aus nach Nordwesten durch das Gitschtal zum Weißensee. Durch das weite grüne Tal fahren wir am Gößering-Bach entlang über St. Lorenzen, dessen gelbleuchtende Pfarrkirche aus luftiger Höhe schon von weitem zu sehen ist, nach *Weißbriach*, das wunderschön inmitten der Gailtaler Alpen liegt. Der hübsche Ort bezeichnet sich stolz als ›Kneippalpendorf‹ und besitzt auch wirklich alles, um dem ruhe- und erholungssuchenden Gast den Aufenthalt angenehm zu machen. Trotz seiner Höhenlage von 818 Metern hat Weißbriach ein sehr mildes Klima, was seiner geschützten Lage zu verdanken ist. Daß dies auch die Römer schon erkannt und genutzt hatten, ist durch verschiedene Funde erwiesen.

Zu einiger Bedeutung gelangte der seit 1331 genannte Ort seit dem 16. Jahrhundert durch Gold- und Silberfunde, später durch den Abbau von Eisenerzen. Der evangelische Glaube fand hier besonders bei den Knappen großen Anklang und hielt sich, trotz zeitweiliger Gegenmaßnahmen, bis in die heutige Zeit.

Wo Edelmetalle gefunden werden, gibt es die buntesten Sagen. Da man keine andere Erklärung für das Vorkommen der kostbar gleißenden Metalle inmitten der rauhen Bergwelt fand, glaubte man an Wunder und schmückte die Erzählungen darüber phantasievoll aus. Ausführlich und recht seltsam ist die Geschichte der Berggeister von Weißbriach:

Zwei im Gitschtal ansässige Edelleute, Otto von Steinbach und Kasimir von Werffenstein, kehrten auf ihren Jagdzügen gerne bei einer in der Nähe von Weißbriach gelegenen Mühle ein. Eines Tages erzählte ihnen der Müller, daß in jeder Vollmondnacht aus einer Höhle oberhalb seines Hauses seltsame Wesen herauskämen, die sich auf der Wiese tummelten und gegen Morgen wieder im Berg verschwänden. Sie hätten die Größe von sechsjährigen Kindern, wären aber ganz behaart und ließen sich wegen ihrer Flinkheit nicht fangen. Die beiden Adeligen wollten der Sache auf den Grund gehen und erschienen beim nächsten Vollmond mit fünfzig Knechten, die sich verstecken mußten. So gelang es dann, zwei der Kobolde zu fangen, ein Manndl und ein Weibl, wie sich herausstellte. Baron Kasimir nahm die beiden auf sein Schloß mit und ließ ihnen nach und nach allerlei Nahrung vorsetzen, doch rührten sie nichts davon an. Erst als sie eine Rübe erhielten, stürzten sie sich heißhungrig darauf. Der Baron wollte die seltsamen Wesen dem Kaiser in Wien vorführen, doch nach vier Tagen starben sie plötzlich. Kasimir von Werffenstein ließ sie ausstopfen und schenkte sie der Stadt Klagenfurt, wo sie angeblich bis 1703 im Landhaus zu sehen waren, aber dann von Würmern aufgefressen wurden. Auch ein Bildnis von ihnen soll existiert haben, doch selbst die eifrigsten Heimatforscher konnten es bis jetzt nicht finden.

Die beiden Adeligen aber gaben weiterhin keine Ruhe. In einer der nächsten Vollmondnächte waren sie wieder zur Stelle. Diesmal gab es ein furchtbares Getöse, und ein sensenbewaffneter Riese trat aus der Felskluft. Der Unhold ging auf die Männer los, warf Steine und schlug mit seiner riesigen Sense um sich, bis die Adeligen mit ihren Knechten flohen. Als man sich bei Tageslicht einen der geschleuderten Steine ansah, erkannte man, daß es schimmerndes Golderz war. Während der nächsten Vollmondnacht beobachtete der Müller im Auftrag der beiden Edelleute den Berg, der sich plötzlich mit donnerndem Krachen öffnete. Wieder trat der Riese heraus, und etwa zweitausend der kleinen Wesen folgten ihm. Jedes davon trug in der Hand ein Stück Erz. Sie trippelten hinter dem

Riesen her, hinunter zum Gößeringbach, legten dort ihre Steine auf einen Haufen und verschwanden im Wasser. Der Müller lief aufs Schloß, und während er sein Erlebnis berichtete, stürzte atemlos sein Geselle herein und sagte, die Mühle sei von Hunderten dieser Bergkobolde mit Fackeln in Brand gesetzt worden. Die beiden Edelleute ritten schnell hin, fanden aber nur noch rauchende Trümmer. Dafür stand der Berg weit offen und viele Jahre lang gab er Gold und Silber her.

Der letzte Satz entspricht tatsächlich den Gegebenheiten. Erst um 1700 war der Abbau von Edelerzen im Gitschtal unrentabel und wurde eingestellt.

Von Weißbriach geht es über die Franz-Josefs-Höhe (1077 m) hinunter zum Westende des Weißensees, dessen Besuch wir von Greiffenburg aus beschrieben haben.

Pressegger See. Fünf Kilometer östlich von Hermagor, also noch vor den Toren der Stadt, liegt der idyllische Pressegger See, prächtig eingerahmt von den Felskämmen der Karnischen und Gailtaler Alpen. Er gehört mit dem Klopeiner See zu den wärmsten der kleineren Kärntner Seen. Er erreicht Temperaturen bis zu 28 Grad Celsius.

Eine seltsame Legende berichtet, daß Hiob, der biblische Dulder, einst auf einem Misthaufen am Pressegger See saß und seine Geschwüre kratzte. Da kam ein wandernder Musikant des Wegs und spielte dem Vielgeprüften eine lustige Weise auf, worüber dieser sich herzlich freute. Als der Fiedler dann in Richtung Hermagor weiterwanderte, fand er in seiner immer schwerer werdenden Geige einen Haufen Goldstücke. So lohnte Gott das freundliche Spiel des Musikanten, der sich flugs eine Burg erbaute, in deren Kapelle er seine Geige wie eine Reliquie verwahrte. Wie es mit Hiob wieder aufwärts ging, wissen wir ja aus der Bibel, die allerdings nichts davon erzählt, daß einige seiner Nachkommen sich später am Pressegger See niederließen und dort der St. Rupprecht-Kapelle eine Schnitzgruppe stifteten, die Hiobs Heimkehr darstellt.

Jetzt noch eine Geschichte aus späterer Zeit. Als während der Napoleonkriege die Franzosen Kärnten besetzt hielten, wählten sie das idyllische Dörfchen Paßriach am Südufer des Pressegger Sees zum Versteck für ihre Kriegskasse. Der schwere Eisenkasten sollte vom Nordufer auf einem Boot über den See ans Südufer gebracht werden, wo die Einwohner von Paßriach schon betend auf den Knien lagen, um die Einquartierung und alle damit verbundene Mühsal abzuwenden. Gott erhörte das Gebet und schickte eine gewaltige Sturmbö, die das Boot umwarf, worauf die Soldaten nebst Kasse im See versanken. Nur einer der Franzosen konnte sich mühsam ans Ufer retten, wo ihn ein Bauer aufnahm. Da der Soldat sich ohne Kasse und Kameraden nicht mehr zurücktraute, blieb er bis zu seinem Tod auf dem Hof, wo noch heute sein Gewehr aufbewahrt wird.

Etwas südwestlich liegt, in die Hügel des Gailtales eingebettet, das stille Dörfchen *Egg*. Die seit 1244 genannte Pfarrkirche St. Michael ist ein schmucker gotischer Bau mit Netzrippengewölben in Chor und Schiff. Von einem ländlich-ungeschickten Maler um 1500 stammt das Fresko an der Nordwand, das die Anbetung der Könige darstellt. An dem 1837 entstandenen barocken Hochaltar sehen wir die gold- und silbergefaßte Skulptur eines schwertschwingenden St. Michael und ein Gemälde des Venezianers Cosroe Dusi, dem wir in dieser Gegend bereits begegneten.

In der gotischen Seitenkapelle beim Hochaltar steht der sehenswerte Betstuhl des Gandolf von Kühnburg und seiner Frau Dorothea. An seiner Rückenlehne ist ein Gemälde angebracht, das sich früher in der Schloßkapelle befand und 1491 datiert ist. Auf dem Bild sind 16 Mitglieder der Familie Kühnburg (auch Khuenburg, Kienburg und Kyenburg) dargestellt, elf männliche und fünf weibliche, und nicht, wie eine Tafel in der Kirche behauptet, neun weibliche und sieben männliche. Bei den links im Bild knienden vier langhaarigen Gestalten handelt es sich nämlich um Knaben in Haartracht und Kleidung ihrer Zeit. Tragen ja selbst die drei erwachsenen Männer in Ritterrüstung schulterlanges Haar, während das Haar des rechts abgebildeten Jungfräuleins wesentlich länger und ganz aus der Stirne gekämmt ist. Außerdem ist ihr Kleid – im Gegensatz zu dem der Knaben – um die Hüften gegürtet. Überdies stehen deutlich männliche Namen unter den angeblichen Mädchen.

Über dem Betstuhl sehen wir eine vorzügliche gotische Skulptur des hl. Martin. Die meisterhaften buntleuchtenden Glasgemälde in den beiden Fenstern sind eine salzburgische Arbeit und wurden 1490 von Sigmund von Kühnburg gestiftet.

Neben der Kirche steht in einem schönen Park das Schloß Khün- egg, bis heute im Besitz der Familie. Die 1189 erstmals genannte Burg gehörte zuerst den Grafen von Bogen und kam nach deren Aussterben 1242 an das Bistum Bamberg, das sie an die Familie Khünburg als Lehen weitergab. 1466-69 baute der Villacher Mei- ster Hans Hueber die Burg zu einem »schönen und wohlausgestat- teten Palast« aus, wie der reisende Bischofssekretär Paolo Santonino uns mitteilt. Nach einem Brand von 1586 wurde das Schloß etwas verändert wieder aufgebaut.

Möderndorf. Durch eine idyllische, vom Fremdenverkehr anschei- nend wenig berührte Dorflandschaft – sie erinnert an Biedermeier- Stiche – fahren wir über Micheldorf und Potschach nach Mödern- dorf südlich von Hermagor. Hier interessiert uns die kleine, un- scheinbare Kirche St.Martin wegen eines spätgotischen Flügelaltars mit bemerkenswerten Malereien. Ich wünsche dem Leser freilich mehr Erfolg beim Aufstöbern des Kirchenschlüssels; denn mich schickte man eine Stunde lang von Pontius zu Pilatus, bis sich seine Hüterin endlich fand.

Die Kirche wurde vor 1483 gebaut. Von ihren beiden spätgoti- schen Flügelaltären ist der rechte Seitenaltar interessant, weil seine gemalten Tafeln stark beeinflußt sind vom Stil der Augsburger Frührenaissance der jungen Burgkmair, Breu und Schäufelein. Der Handelsweg Augsburg–Venedig war, wie man hier sieht, auch ein ›Kunstweg‹; ebenso wirkten die Fugger, die in Oberkärnten Gru- ben besaßen, als ›Kunstvermittler‹. Die Tafeln stellen die Heiligen Eustachius und Pantaleon, die Verkündigung, die Heiligen Florian und Sebastian, die Predella stellt die vier Kirchenväter dar.

Kunstwerke ganz anderer Art finden wir am nördlichen Dorf- ende im Haus Nr. 19. Hier wohnt mit seiner Familie der aus Jugoslawien stammende Josef Ilias, der seine Freizeit mit dem Schnitzen und Bemalen phantastischer Skulpturen verbringt. Diese zum Teil aus Baumstämmen herausgearbeiteten Tiere, Gesichter und Köpfe wirken wie magische Totemzeichen eines fremden Volkes und sind mit beachtlicher künstlerischer Kraft und Phantasie gestaltet. Viele dieser Arbeiten sind um das Haus herum aufgestellt und werden nachts beleuchtet, was recht unheimlich wirkt. Josef Ilias, Arbeiter beim Straßenbau, begann sich nach einer Krankheit ohne jede Vorbildung mit der Bildhauerei zu beschäftigen. Seine Arbeiten haben nichts gemeinsam mit den in Kärnten da und dort anzutreffenden harm- und kunstlosen Schnitzereien aus Wurzelholz und Rinde, die meist irgendwelche Waldschrate und Kobolde darstellen, sondern sind Werke der naiven Kunst, die eine starke Ausstrahlung besitzen. Josef Ilias hat es leider in seinem Dorf nicht leicht, man bespöttelt seine Arbeiten und zuckt die Schultern über solche »Verrücktheiten«, statt ihnen Verständnis und ihm Förderung zukommen zu lassen.

Das Untergailtal

Kleine schmucke Haufendörfer beherrschen das Bild des sanft hügeligen Untergailtals. Holzhäuser sind hier kaum noch zu finden. Zwischen hellen freundlichen Häusern ragt schlank und spitz der Kirchturm, ›welsche Hauben‹, Zwiebeltürme, gibt es hier nicht.

Eine besonders anmutige Dorfkirche finden wir in *St. Stefan*. Nach der Überlieferung soll sie schon 893 gegründet worden sein, doch wird sie erst seit 1252 urkundlich erwähnt. Das gotische Sternrippengewölbe des Chores ist mit vielfarbiger Rankenmalerei verziert, Altäre und Kanzel prangen in heiterem Barock. Die meisterhaften spätgotischen Holzreliefs im neubarocken Hochaltar entstanden um 1470/80 und zeigen die Martyrien der Heiligen Stefan und Lorenz in bewegten vielfigurigen Szenen. Die liebliche ›Madonna im Strahlenkranz‹ am linken Seitenaltar stammt aus der Zeit um 1500.

Der Nischenbildstock im Südosten der Kirche ist mit meisterhaften spätgotischen Fresken geschmückt, deren Zuschreibung an Urban Görtschacher allerdings umstritten ist. Von den zum Teil leider schon fast unkenntlich gewordenen Fresken ist die Madonna mit Kind noch am besten erhalten.

Unter den zahlreichen Wandermöglichkeiten gehört der Tagesausflug über die *Windische Höhe* in die Gailtaler Alpen zu den schönsten.

In St. Stefan endet die Straße, die von Paternion im Drautal über die Gailtaler Alpen führt und sich dabei mit Steigungen bis zu zwanzig Prozent durch die Berge windet. Die *Ruine Aichelburg*, wie auch die in der Umgebung von St. Stefan liegenden Schlösser *Greifenstein* und *Bodenhof* waren früher im Besitz der Freiherren von

Aichelburg, deren Geschlecht durch Christoph Viertaller, einem Dienstmann Kaiser Maximilians 1., im Jahre 1500 begründet wurde.

Die kleine gotische Kirche von *St. Paul* hat einen trutzigen romanischen Turm und im Innern schöne Barockaltäre. Auf dem Friedhof begegnen uns wieder Gräber mit slowenischen Namen und Aufschriften, wie es im unteren Gailtal häufiger vorkommt. Auch die Ortsnamen sind hier oft slowenischen Ursprungs.

Bei Nötsch macht die Straße einen scharfen Knick nach Süden, während sie nach Norden ins Gebiet der Bleiberge abzweigt. Drei Orte auf dieser Strecke tragen den Beinamen ›Bleiberg‹, nämlich Bleiberg-Kreuth, Bleiberg-Nötsch und Bleiberg ob Villach. Sie alle beziehen sich auf den an Blei- und Zinkerzen reichen *Bleiberg*, dessen Nutzung seit 1333 urkundlich belegt ist. Seine Blüte erreichte der Bergbau Ende des 15. und im 16. Jahrhundert, er wird noch heute betrieben.

Die Straße ins Bleiberg-Gebiet führt nördlich um den *Dobratsch* (2167 m) herum nach Villach. Der Dobratsch hat in der Kärntner Geschichte eine traurige Rolle gespielt, die in vielen Sagen noch lebendig ist. An einem unseligen Januartag des Jahres 1348 wurde durch ein Erdbeben ein Bergrutsch am Südhang des Dobratsch ausgelöst, der die Gail aufstaute und etwa zehn Dörfer durch Schutt- und Wassermassen vernichtete. Ein weit gewaltigerer Bergsturz am Dobratsch hatte schon einmal am Ende der Eiszeit stattgefunden; er bildete den heute als ›Alte Schütt‹ bezeichneten Hügel.

Nötsch

Zurück ins Gailtal nach Nötsch, das wie ein rechter Bilderbuch-Ferienort aussieht und, mit dem Dorf Saak verbunden, lieblich an die flachen Ausläufer des Dobratsch gebreitet ist. Über die Ortsnamen von Nötsch und Saak, das Schloß Lewenburch und seine illustren Gäste sowie den aus Mähren stammenden Expressionisten Anton Kolig, der in Nötsch lebte und in Saak begraben ist, lassen wir Herbert Strutz erzählen:

Ihre eigenartigen Namen Nötsch – voreinst Netsch – und Saak verdanken beide Dörfer dem aus dem Bleiberger Graben herausdrängenden, von den Abwässern des Bergbaus leider blei- bzw. rauchgrau gefärbten Nötsch-Bach, dessen Bezeichnung im althochdeutschen ›Netzaha‹ wurzelt, das »die Ache, die die Ufer netzt« bedeutet. Im Slowenischen hingegen heißt der Bach Čajna bzw. Čojna Neč, zu deutsch Rauchbach. Daraus wurde dann der slowenische Ortsname Čače und das diesem entlehnte Saak. Beide Dörfer sind urkundlich bereits 1253 als Nezzach und 1238 als Sacch nachweisbar. Und fast zugleich mit ihnen taucht – ihnen benachbart – jene Burg in das Licht der Geschichte, die einst als Ritterfeste von der Terrasse des Schloßberges auf Saak herabsah: die Lewenburch.

Nicht mit ihren vielen Inhabern, aber im Verlauf der Zeiten wechselte die Burg ihren Namen. Als Lewnberch, Lewenburch, Löwenburg, Leonburg und Leumburg scheint sie in alten Urkunden auf; und einige ihrer Besitzer führten denn auch den Löwen in ihrem Wappen. 1638 taucht jedoch in der Chronik des Freiherrn von Valvasor die Bezeichnung ›Wasserlemburg‹ auf, was vermuten ließe, daß es sich dabei um ein ehemaliges Wasserschloß, um ein von einem Wassergraben umzogenes Schloß gehandelt haben könnte. Offenbar stammt der Name Wasserleonburg jedoch von der ›Wasserlahn‹ – einer Wasserlehne – des Dobratsch her. Und in der Tat: nur eine geringe Breite hinter dem Schloßbau steigen bereits steil bewachsene Flächen den Schloßberg hinan; und darüber wächst nackter Fels den Wänden des Dobratsch zu, vor die sich da und dort eine gezackte, an ein Riff gemahnende Steinbarriere schiebt. Von dort oben herab mögen voreinst aus wilden Gräben nach bösen Unwettern wohl wilde Wasser gestürzt sein.

Noch heute bieten diese Hänge, Schründe und Wände dem, der auf doppelter Serpentine vom Nötsch-Bach bergauf dem Plateau mit dem Schloß zustrebt, einen großartigen Anblick. Dichter Baumbestand verdeckt das Schloß dem Tale zu. Gegen Westen hin aber steht es frei da und gemahnt fast an ein vornehmes Renaissance-Landhaus mit edlen Fensterfassungen und geschultertem Rustika-Portal, neben dem ein kuppelbehelmter Kapellenanbau aus der Fassade hervortritt. Eine malerische Gartenterrasse mit hübschem Steinbrunnen und einer Zypressenallee verleiht dem Ganzen fast südländischen Charakter. Den Dachfirst des Schlosses überragt der mit gezackten Zinnen bekränzte klobige Bergfried der alten Löwenburg.

Das Schloß ist fremden Besuchern im allgemeinen nicht zugänglich. Aber wer es betreten darf, gelangt durch das Rustikaportal in einen schmalen, mit Steinplatten belegten Hof mit südseitigem Arkadengang, an dem der Fuß einer Säule einen eingemauerten romanischen Fratzenkopf trägt. Und aus dem Hof erschließt eine kleine Tür trophäengeschmückte Korridore und Treppen, Wohn- und Gästezimmer mit Badekabinetten, Räume mit schönen Kristallglaslüstern und mit – trotz neuer Zentralheizung – offenen alten Marmorkaminen, einen Speisesaal mit wandgroßen Bildern einer südlichen Landschaft, ein Gemach mit alten bemalten Bauernmöbeln, Schlafzimmer mit hohen Betthimmeln, und dann ein großes Kabinett mit dem Porträt der mysteriösen Anna Neumann, die man eine ›Männerverschlingerin‹ genannt hat, die aber bei all ihrem Reichtum doch nur eine von Unglück verfolgte Frau war. Spitz und schmal blickt sie mit ihren unergründlichen Augen aus dem alten Bildrahmen.

Die Zeit hat um sie Legenden gedichtet. Legenden wurden aber auch um einen späteren Bewohner des Schlosses gesponnen: um Eduard VIII. von England, der aus Liebe zur geschiedenen Mrs. Wallis Warfried-Simpson auf den britischen Thron verzichtete, den Titel Herzog von Windsor annahm und hier 1937 mit der Frau, die ihm mehr als die Krone des Empires bedeutete, seine Flitterwochen verbrachte.

Dem Schloßberg schmiegt sich Nötsch mit dem Pfarrdorf Saak an, dessen Kirche mit dem eigenartig geschwungenen niedrigen Pyramidenhelm des Turms dicht an den Fuß des Hanges gerückt ist. Einen besonderen Blickfang bildet das bedauerlicherweise stark beschädigte Grabfresko an der südlichen Außenwand der Kirche, das Anton Kolig 1924 schuf und das der Kunsthistoriker Richard Milesi mit Recht einem Wandbehang verglichen und einen prachtvollen Totenteppich genannt hat. Es stellt die thronende Muttergottes und vier lediglich mit Lendentüchern umhüllte musizierende Engel auf kolossalische Art dar, eine figural kraftvolle Gruppe, über der auf einem tieferen Malgrund das Brustbild des Gekreuzigten mit weit ausgespannten Armen erscheint, dessen Hände kleine kniende Engel halten. Das leider bereits durch Witterungsunbilden arg abgescheuerte Bild ist Farbe gewordene Musik, es nimmt viele Formen und Klänge von Koligs späteren Werken vorweg, die bei allem statuarischen Ausdruck von innerem Leben und magischer Kraft fluten.

Nur wenige Schritte neben diesem Fresko hat der 1950 verstorbene

Meister selbst seine letzte Ruhestätte gefunden, dem Grab eines anderen großen Künstlers aus Nötsch benachbart: des Malers Franz Wiegele. Und da man die Namen dieser beiden liest, mag man sich entsinnen, daß mit ihnen auch der gleichfalls hier beheimatet gewesene Maler Sebastian Isepp den Ruf der Nötscher Malschule – wie sie gelegentlich genannt wird – international bekannt machte. Es gibt Tage, an denen man das Licht ihrer Bilder in der Landschaft um Nötsch entdecken kann: gemischt aus dem Brodem der Äcker, dem Dunkel der Moorerde, den vielschichtigen Schatten der Berge und dem vielerlei Leuchten, das die Sonne aus Wiesen, Getreidegelb und Gärten, aus Hausmauern, buntfarbenen Dächern und blumengesäumten Wasserläufen zaubert; auch wenn der Nötsch-Bach bleigrau geworden ist.

Vor uns liegt nun *Feistritz* mit der hellen spitztürmigen Magdalenenkirche, die auf einem Hügel unterhalb des Bartola-Sattels aus dem dunklen Grün hervorleuchtet. Das gotische Portal trägt die Jahreszahl 1520, doch ist die Kirche romanischen Ursprungs. Wuchtige Sternrippen bedecken das niedrige Gewölbe im Schiff, die Netzrippengewölbe im Chor sind mit fast unkenntlich gewordenen Fresken geschmückt, während die Malereien im Triumphbogen etwas besser erhalten sind. Die Tafeln der Kreuzwegstation an den Wänden sind slowenisch beschriftet, wie auch etwa ein Drittel der Grabsteine auf dem Friedhof. In der Umgebung des 1090 erstmals genannten Ortes wurden römische und keltische Funde gemacht, was auf eine uralte Besiedlung hinweist. Von hier schauen wir in das weite flache Gailtal hinab, wo die Dörfer Feistritz und Nötsch schon fast zusammengewachsen sind.

Ebenfalls aus luftiger Höhe grüßt der gotische Spitzturm der Pfarrkirche von *Dreulach*. Chor und Schiff sind mit Netzrippen eingewölbt, über dem Triumphbogen hängt eine bäuerlich geschnitzte Rosenkranzmadonna. Eine vorzügliche, fast lebensgroße gotische Madonnenfigur steht im barocken Hochaltar, ein gotischer St. Florian im linken Seitenaltar.

Hohenthurn, ein behäbiges Bauerndorf, liegt hoch über der Straße. Schon von weitem sieht man den wuchtigen Turm, der besser zu einer Burg als zu einer Kirche passen würde. Der Überlieferung nach soll das ein römischer Wachtturm gewesen sein. Bei Hohen-

thurn zweigt rechts die Straße durchs Gailitztal nach Tarvisio ab.
Diesen Ausflug mit dem restlichen Gailtal habe ich von Villach aus
beschrieben.

Gailtaler Kufenstechen

Am Ende unserer Reise durchs Gailtal möchte ich noch an einen
alten Brauch erinnern, der sich im unteren Tal bis heute erhalten
hat, während er im Obergailtal schon seit Mitte des 19. Jahrhunderts
nicht mehr geübt wird. Die Rede ist vom ›Kufenstechen‹, das die
Feistritzer am Pfingstmontag, alle anderen Orte aber an ihrem jeweiligen Kirchtag, abhalten.

Die ›Kufe‹ ist ein etwa halbmeterhohes Holzfäßchen, das über
einen Pfahl gestülpt und auf ihm drehbar befestigt wird. Der Pfahl
wird am Dorfplatz aufgestellt, und am frühen Nachmittag geht es
dann los. Auf geschmückten Pferden reiten die Burschen heran,
singen ein Lied und galoppieren dann auf die Kufe los, die ein jeder
mit einer Eisenkeule zu treffen versucht. Dazu spielt die Dorfka-
pelle eine schneidige Musik. Die Sache ist gar nicht so einfach, denn
die Kufe dreht sich ja um ihre Achse. So müssen die Burschen der
Reihenfolge nach mehrere Male vorbeireiten und draufloshauen,
bis das Fäßchen zertrümmert ist. Wer es mit einem letzten kräftigen
Schlag herunter und in Stücke gehauen hat, ist der Sieger. Die herabgefallenen eisernen Faßringe werden dann von einem Mann in
die Höhe gehalten und die Reitenden müssen sie mit ihren Eisen-
stäben auffangen. Dem Sieger überreicht ein Mädchen einen Kranz
aus künstlichen Blumen. Später finden sich dann Burschen und
Mädchen bei der Dorflinde zusammen und tanzen um die Linde
einen Reigen, den der Sieger mit der Kranzspenderin eröffnet.

War dieser Tag ganz der unverheirateten Jugend gewidmet, so
wiederholen am nächsten die Eheleute den Brauch, der früher im
oberen Gailtal noch viel ›echter‹ geübt wurde. Damals wurde nämlich ein mit Wasser gefülltes Schaff an einem Seil aufgehängt. Darunter befand sich ein Holzbrett mit einem Loch, in das der Bursche
zu stechen hatte. Traf er stattdessen das Brett oder das Faß, so kippte
es um und übergoß den Reiter mit Wasser. Der Volkskundler
Georg Graber schreibt dazu:

Der Sinn des Kufenstechens erschließt sich gerade aus diesem Obergail-
taler Brauch. Es ist der mit einem Regenzauber verbundene Ritt um die
Maibraut, ein alter Frühlingsbrauch, der fast in allen deutschen Landen,
von Schleswigs Küste bis in die bayerischen Bergtäler, als Stechen nach
einem Kranz, einem Ring oder Faßreifen, nach einem Faß oder Panzen
bekannt ist. Einst waren es Zauberhandlungen, die den Zweck hatten, die
Neubelebung der Natur im Frühling zu bewirken.

Man braucht nicht unbedingt Freud gelesen zu haben, um die
dahintersteckende Sexualsymbolik zu erkennen. Die vom Dorf
auserwählte Jungfrau reicht dem Sieger, also dem Stärksten in jedem Sinne, ihren Kranz, nämlich ihre Jungfernschaft. Damit ist die
symbolische Hochzeit vollzogen, das Weiterbestehen des Dorfes,
ganz allgemein die Fruchtbarkeit, ist gesichert.

Das Mölltal

Das Mölltal beherrscht das ganze nordwestliche Oberkärnten; es verläuft in einer stark geschwungenen S-förmigen Linie von Heiligenblut bis Möllbrücke zwischen den Massiven der Schober-, Kreuzeck- und Reißeckgruppe. Wer das Tal gründlich erforschen will, allein seine kunsthistorischen Schätze, muß mit einigen Tagen Aufenthalt rechnen. Der Bergwanderer wird sich ohnehin einen festen Standpunkt als Ausgangspunkt seiner Touren suchen.

Wanderungen von Kolbnitz aus

Von Spittal fahren wir zuerst zehn Kilometer der Drau entlang nach Westen und biegen dann bei Möllbrücke nach Norden ab. Hinter Mühldorf, wo ein römisches Wohnhaus gefunden wurde, erreichen wir die Gemeinde Kolbnitz. Dieser am Fuß des altbesiedelten Danielsberges liegende Ort hat sich als Unter- und Oberkolbnitz zu beiden Seiten der Möll ausgebreitet.

Durch drei Bergbahnen, nach Süden auf die Roßwiese (1300 m), nach Norden auf Schoberboden (2239 m) und Reißeckhöhe (2287 m) hat sich der Ort zu einem Zentrum des Fremdenverkehrs entwickelt. Die meisten Reisenden haben eben doch zu wenig Zeit, sich den begehrten Gipfelblick mit mühseligen Halbtagestouren zu erkämpfen. Technisch Interessierte werden sich auch die grandiosen Reißeck-Kreuzeck-Wasserkraftwerke ansehen, deren mächtige Rohre das Wasser von den Speicherseen der Berge im Süden und Norden in die Tiefe leiten, wo das neben der Straße gelegene Kraftwerk den gewaltigen Druck in Elektrizität umsetzt.

Was nun die Fahrt mit den Bergbahnen betrifft, so würde ich allen, denen es nur um die Aussicht zu tun ist, von der langwierigen

Fahrt zu den Speicherseen unterhalb des *Reißecks* (2965 m) abraten. Landschaftlich viel schöner und nicht weniger ›aussichtsreich‹ ist das Gebiet um den *Schoberboden*. Die so vielgepriesenen Speicherseen nördlich der Reißeck-Höhe liegen bereits oberhalb der Pflanzengrenze, so daß man zwischen kahlen Steintrümmern herumstolpert und lediglich die durch Betonwände eingefaßten Mühldorfer Seen ›bewundern‹ kann. Gewiß ist der Rundblick auf die umliegenden Zweitausender wunderschön – falls man ihn hat, denn von unten harmlos wirkende Wolkenbällchen können einem hier restlos den Ausblick verderben. Für Bergwanderer, die über den Großen und Kleinen Mühldorfer See hinaus Tagestouren in die nordwestlich sich erstreckende Seengruppe unternehmen wollen, gelten meine Einwände natürlich nicht, denn diese Wanderroute, die bis zu dem unterhalb des *Säuleck* (3085 m) gelegenen Dösener See führt, gehört wohl zu den schönsten Touren der Reißeckgruppe.

Ein mit vielen markierten Wegen ausgestattetes wunderschönes Wandergebiet finden wir auch südlich von Kolbnitz in den Bergen der Kreuzeckgruppe. Von dem mit der Bergbahn zu erreichenden Speichersee *Roßwiese* führt die Wanderroute über zahlreiche Zweitausender wie *Salzkofel* (2498 m), *Großer Grakofel* (2551 m), *Schroneck* (2549 m), *Seebachhöhe* (2474 m) und *Dechant* (2609 m) zum *Kreuzeck* (2702 m) und von dort über die *Gößnitzer* und *Unterstallerhütten* wieder hinunter ins Mölltal.

Von diesem Höhenflug zurück nach Kolbnitz. Der schon erwähnte Danielsberg erhebt sich nordwestlich des Ortes etwa 350 Meter über dem Tal der Möll und zeigt bereits Siedlungsspuren aus der Jungsteinzeit. Wahrscheinlich hatten auf seinem Gipfel schon die keltischen Taurisker die Kultstätte eines Lokalgottes errichtet; sicher ist jedoch, daß die Römer dort im 1. oder 2. Jahrhundert einen Herkulestempel bauten. Eine Tafel trägt die Worte: »*Dem Genius des römischen Herkules, dem Sohne Jupiters geweiht.*« Diese Inschrift stammt vermutlich vom ersten Tempelbau, der wohl etwas bescheiden ausgefallen war und dem rauhen Kärntner Winterwetter nicht lange standhielt. Eine weitere Inschrift – sie ist an der jetzigen Georgskirche eingemauert – lautet: »*Domitius Rufinus und Valeria Attica mit den ihrigen haben diesen dem unsterblichen Genius Herkules geweihten Tempel, der seines Alters wegen verfallen war, nach einem Gelübde wieder hergestellt.«*

Über diesem Tempel errichteten die Christen dann eine Danielskirche, die später St. Georg geweiht wurde, dessen langwieriges Martyrium auf einem Gemälde in dem Kirchlein dargestellt ist. Die verschiedenen in das Gemäuer eingefügten römischen Relieffragmente könnten recht wohl noch vom alten Tempel stammen. Wie behutsam das Christentum sich die alten Tempel aneignete, beweist die Tatsache, daß dem Volk nach der Verehrung des Herkules kein großes Umdenken abverlangt wurde; denn die kriegerischen Heiligen Daniel und Georg sind dem alten heidnischen Kämpfer sozusagen wesensverwandt. Herkules und Daniel haben ja schon als Löwenbezwinger etwas Gemeinsames.

Ehe wir Kolbnitz verlassen, wollen wir noch der Berggeister gedenken, die früher im Reißeckgebiet hausten, bevor sie der Mensch vertrieb:

Zwölf Bergschrate wohnten im dunklen Berginnern und gruben dort fleißig nach Gold und Edelsteinen. Manchmal traten die Zwölfe mit den Almhirten in Verbindung, und zwar war es immer der ›krumme Reißecker‹, den sie vorschickten. Dieses winzige freundliche Männlein mit seinem eisgrauen bis zum Boden wallenden Bart bat die Hirten und Bergbauern dann um ein paar Zugochsen oder um einen Krug Milch. Diese Bitten wurden immer gerne erfüllt; denn die Ochsen wurden nicht nur gesund und heil zurückgebracht, sondern trugen dann auch einen gediegenen Goldring um die Hörner, und im leeren Milchkrug fand sich jedesmal etwas vom begehrten gelben Metall.

Der Hirt Martin von der Trippalm wurde sogar einmal am Heiligen Abend vom ›krummen Reißecker‹ um den Gefallen gebeten, den zwölf Berggeistern eine Stube seiner Hütte zu überlassen. Da gab es dann nachts ein schweres Gepolter, als die zwölf heranrückten und sich in der Stube niederließen. Martin hörte sie nebenan lebhaft über die Schätze des vergangenen Jahres disputieren. Sie rechneten und stritten über Zahlen und Gewichte, bis der grauende Tag sie plötzlich vertrieb. Martin fand auf dem Tisch ein schönes Häuflein Gold, das er einsteckte, um flugs ins Tal zu seinem

Bauern hinabzusteigen, wo das Festessen auf ihn wartete. Wie erstaunte er aber, als der Bauer ihn fragte, warum er diesmal bis zum Johannistag gewartet habe. Da wurde ihm erst klar, daß er volle drei Tage lang den Bergmännern bei ihrem Streit zugehört hatte.

Stallhofen

Über Penk und Untergratschach erreichen wir Stallhofen, wo das Tal sich weitet und die Berge etwas zurücktreten. Rechts an der Straße steht die seit 1287 erwähnte *Wallfahrtskirche Maria Tax*. Der heutige spätgotische Bau muß aufgrund inschriftlicher Datierungen 1506 vollendet gewesen sein, wobei häufig das Meisterzeichen des in Oberkärnten mit mehreren Kirchenbauten vertretenen Lorenz Rieder erscheint. Ob er nun den gesamten Bau schuf oder nur einzelne Teile sein Werk sind, bleibt umstritten. Chor und Schiff tragen Netzrippengewölbe; die anmutige dreiachsige Sängerempore fällt durch ihre schöne, aus Fischblasenmaßwerk gearbeitete Steinbrüstung auf. Der prachtvolle, 1753 datierte Rokokohochaltar ist mit vielen Skulpturen geschmückt. Das spätbarocke Fresko an der Nordwand des Chores stellt den Stammbaum Christi dar und sollte wohl das durch den Einbau des Fensters zerstörte gotische Fresko desselben Themas ersetzen.

Kostbarster Schatz der Kirche ist die um 1700 von Franz Adam von Stampfer, dem Schloßherrn von Trabuschgen in Obervellach, erbaute Grabkapelle an der Nordseite des Schiffes. Kuppel und Gewölbe des achteckigen Raumes wurden 1717 von Joseph Ferdinand Fromiller mit Fresken ausgemalt und im Südost-Zwickel der Kuppel voll signiert und datiert. Dieses reife, ausgewogene Werk des großen Kärntner Barockmeisters zeigt an der Wand über dem schönen Hochaltar Verkündigung, Anbetung der Hirten, Heilige Drei Könige, Beschneidung, während die Kuppel mit zahlreichen Heiligen und Engeln und allegorischen Figuren geschmückt ist. Die Madonna mit Kind im Altar entstand um 1520.

Eine kleine Wanderung führt uns hinauf zu der über Stallhofen gelegenen *Burgruine Oberfalkenstein* und dem benachbarten *Schloß Unterfalkenstein*, das 1906 restauriert wurde. Der Name Falkenstein geht nicht auf den in der Heraldik so beliebten Raubvogel zurück, sondern leitet sich ab von ›Valchenstein‹. Als Walchen bezeichnete die alte Kärntner Mundart die ›Wallischen‹ oder Welschen. Ein bei Falkenstein urkundlich nachgewiesener Ort Walaha läßt vermuten, daß Reste der kelto-romanischen Bevölkerung sich hier nach den Slaweneinfällen zurückgezogen hatten.

Das wiederhergestellte Unterfalkenstein war ursprünglich nur ein Wehrturm der oberen Burg, die seit 1164 als Sitz eines Ministerialengeschlechts der Grafen von Görz nachgewiesen ist. Oberfalkenstein, die eigentliche Veste, wechselte oftmals den Besitzer und begann schon Anfang des 17. Jahrhunderts zu verfallen.

Es geht die Sage von einer reichen Falkensteiner Burgherrin, die aus Prunksucht von marmornen, silbernen und goldenen Tischen speiste. Ihr Wunsch war es nun, auch noch einen beinernen Tisch zu besitzen. Als einmal ein hungriger Bettler von der hartherzigen Edelfrau abgewiesen wurde, verfluchte er sie und prophezeite ihr Unglück und Armut. Die stolze Frau aber lachte nur, warf einen Ring in den Schloßweiher und sagte: »So gewiß dieser Ring auf ewig dahin ist, so werde ich immer die Reichste im Lande sein.« Als aber der Koch am nächsten Tag einen frischgefangenen Hecht zubereitete, fand er in seinem Magen den Ring. Von da an brach das Unglück über die hartherzige Schloßherrin herein. Krieg und Brand vertrieben sie bald von ihrem stolzen Sitz und sie zog als Bettlerin durchs Land. Die zusammengebettelten Speisen aß sie auf der Straße von ihren Knien, auf diese Weise kam sie zu dem einst so ersehnten ›beinernen Tisch‹.

Obervellach

Hauptort des Mölltales, wichtiger Straßenknotenpunkt und Fremdenverkehrszentrum ist der Markt Obervellach. Der Ort wird schon Ende des 10. Jahrhunderts erstmals im Zusammenhang mit seiner Kirche genannt. Vellach (der Name Obervellach entstand erst im 18. Jahrhundert) wurde 1256 als Markt bezeichnet und war vom Mittelalter bis ins 16. Jahrhundert mit Gericht und Münzmeister ein Zentrum der Bergbauverwaltung. Die in der Umgebung hauptsächlich betriebene Silbergewinnung wurde Ende des 16.Jahrhunderts eingestellt, wodurch der Ort stark an Bedeutung verlor. Einen kleinen Ausgleich brachte der im 17. und 18.Jahrhundert blühende Kupferbergbau, der aber um 1830 wegen Erschöpfung der Lager ebenfalls aufgegeben werden mußte. Hauptabnehmer des hier gewonnenen Kupfers war eine 1599 in Möllbrücke gegründete und bis 1777 tätige Messingfabrik. Das seit 1509 in Obervellach ansässige Oberstbergmeisteramt der niederösterreichischen Länder (Ober- und Niederösterreich, Steiermark, Kärnten und Krain) wurde 1792 nach Klagenfurt verlegt.

Das Zentrum des lebhaften und schmucken Ortes ist der nach Osten sanft abfallende *Hauptplatz* mit schönen, zum Teil noch alten Häusern. Das Haus Nr. 58 prunkt mit einem Renaissancetor und Laubengängen im Hof. Das gegenüberliegende Haus Nr. 18a hat eine schlichte spätbarocke Stuckfassade.

Hoch über dem Marktort thront die prächtige *Pfarrkirche St. Martin.* Sie wird als Eigenkirche zu ›Velah‹ des Pfarrers Ruodhari während der Amtszeit des Bischofs Abraham (957-93) erwähnt und 1072 als Basilika bezeichnet. Später ließ sich das reich gewordene Vellach von Meister Lorenz Rieder 1509-14 einen stattlichen Neubau errichten, den Chor hatte ein anderer Meister, Andre Bühler, schon ungefähr dreißig Jahre früher gebaut.

Der einschiffige mächtige Innenraum und der polygonale Langchor sind mit Netzrippen eingewölbt. Das Fresko an der Nordwand des Schiffes stellt ein monumentales Weltgericht dar. Unterhalb der schlecht erhaltenen und wenig kunstvollen spätgotischen Fresken stehen auf Postamenten drei qualitätvolle spätgotische, leider barock gefaßte Heiligenskulpturen des Dionysius, Sebastian und Jakobus d. Ä.

Der prächtige Rokoko-Hochaltar füllt Apsis und östliche Chorwand zur Gänze aus. Er entstand um 1760 und soll ein Werk des Obervellacher Kunstschreiners Georg Zaderer sein. Die 1509 datierten vorzüglichen Fresken an der nördlichen Chorwand stellen in zwei Reihen die vierzehn Nothelfer dar, darüber eine Kreuzigungsgruppe. Das Chorgewölbe zeigt in den 21 Dreipässen um 1480 entstandene Fresken mit der Darstellung Mariens, der Evangelistensymbole und halbfiguriger Heiliger. Die beiden anmutigen ungefaßten Kirschholzplastiken der Heiligen Margarethe und Barbara stammen vielleicht von dem 1516 geweihten früheren Hochaltar. Gegenüber sehen wir eine reliefgeschnitzte Ölberggruppe des späten 15. Jahrhunderts, eine sehr ausdrucksvolle Arbeit.

Den kostbarsten Schatz dieser Kirche finden wir in der nördlichen Seitenkapelle. Hier steht der 1692 von Christoph Meischl und seinem Weib Eva Rosina gestiftete prunkvolle Barockaltar mit einem dreiteiligen Gemälde des flämischen Meisters Jan van Scorel (1495-1562). Der junge Scorel hatte auf seiner Fahrt nach Italien in Nürnberg Albrecht Dürer, sein hochverehrtes Vorbild, besucht und war dann über Kärnten und Venedig nach Rom gereist. 1524 kehrte er in seine Utrechter Heimat zurück. Während seines Kärntner Aufenthaltes schuf er 1520 dieses Flügelgemälde, das im Mittelstück die hl. Sippe und auf den Flügeln Christophorus und Apollonia zeigt. Sie gelten als sein bedeutendstes Jugendwerk.

Die Rückseite der Mitteltafel trägt die Wappen des kaiserlichen Feldhauptmanns Christoph Frangipani und seiner Frau Apollonia Lang von Wellenburg. Die Tafeln wurden für die Befreiung des Condottiere Frangipani aus venezianischer Gefangenschaft von seinen Anverwandten gestiftet. Das Ehepaar ist vielleicht in den Bildnissen von Anna und Joseph dargestellt. Apollonia Lang war die Schwester von Matthäus Lang (1468-1540), dem einflußreichen Geheimsekretär Kaiser Maximilians I., der Dompropst von Augsburg, Bischof von Gurk und schließlich Kardinal und Erzbischof von Salzburg wurde. Er war übrigens bis zu dem großen Umbruch von 1803 der letzte bürgerlich geborene Salzburger Erzbischof. In den Geschichtswerken wird allerdings kaum davon gesprochen, daß Apollonia Lang (1480-1519) die Geliebte des Kaisers war, was gewiß nicht unwesentlich zu ihres Bruders und ihrer eigenen Karriere beitrug. Sie wurde 1503 die Gemahlin des Grafen Lodron und heiratete nach dessen Tod 1513 den Condottiere Frangipani. Ihn muß sie mit aller Leidenschaft und Hingabe geliebt haben, da sie seine Gefangenschaft in Venedig von 1517-19 freiwillig teilte. Während Frangipani später in Mailand gefangensaß, starb seine treue Gattin 1519 am selben Ort. Der Feldhauptmann überlebte seine

Frau nur um acht Jahre; er starb 1527 bei Varasdin an der Drau.
So erzählt uns dieses schöne Gemälde durch seinen Beziehungs-
reichtum einiges vom abenteuerlich-bewegten Leben der Renaissancezeit. Aber auch das Bild selbst hatte einiges zu erdulden, da
es auf seine heutige, von einem Barockrahmen eingefaßte Form
erst später zurechtgestutzt wurde. Die beiden Flügel gehörten offenbar zu einem anderen Altar, dessen Schrein verloren ist. Sie wurden 1692 verkürzt und mit dem Hauptbild zusammengefügt. Das
Gemälde ›Taufe Christi‹ im oberen Teil des Altars ist ein Werk des
Barock.

Über dem kostbaren Altar sollten wir die gotischen Glasmalereien in den beiden Fenstern nicht übersehen. Sie entstanden 1515
und zeigen die Heiligen Martin und Christoph, sowie das Stifterpaar. Dem Altar gegenüber sehen wir an der Wand ein Fresko mit
dem Pfingstwunder, das laut Inschrift 1586 von Caspar Heyß gestiftet wurde.

Ehe wir die Kirche verlassen, werfen wir noch einen Blick auf
das eiserne Schloß mit Türring, ein prachtvolles Werk spätgotischer Schmiedekunst.

Im oberen Ortsteil, nur ein paar Schritte von der Kirche entfernt, doch gut versteckt, liegt das schöne *Schloß Trabuschgen*, dessen noble Spätbarockfassade fast ganz mit wildem Wein zugewach-
sen ist. Ein seit 1395 ›Dragoschgen‹ genanntes Hofgut kam 1506
als kaiserliches Lehen an die Khünburger, dann nach mehrmaligem
Besitzerwechsel 1694 an Johann Adam Stampfer von Walchenberg,
der mit dem Umbau zu einem Schloß begann. Unter seinen Söhnen Franz Adam und Hans Gottlieb erhielt Trabuschgen dann die
barocke Gestalt mit Säulenportal, Pilastern und Dachgiebel.

Die Deckenfresken des großen Festsaales schuf 1716 der damals
dreiundzwanzigjährige Joseph Ferdinand Fromiller. Trotz der vir-
tuos gemeisterten Perspektive wirkt dieses Jugendwerk – es stellt
gnädig auf die Menschen herabblickende olympische Götter dar –
etwas steif und schwunglos. Die von dem Tiroler Anton Zoller
(1695–1768) geschaffenen Fresken im Treppenhaus und in der kleinen Kapelle können einen höheren Rang beanspruchen. Auch viele
andere Räume des Schlosses sind mit Stuck und Fresken geschmückt.

Diese ganze Herrlichkeit kann übrigens jedermann als Gast genießen; denn der jetzige Besitzer hat Trabuschgen zu einer ›Reiterpension‹ umgestaltet. Die Devise lautet hier »Ferien im Sattel«, und das ist keine Spielerei für Kinder, sondern hier wird der Umgang mit Pferden von Grund auf erlernt. Wer Lust und Liebe dazu hat, kann mit Dressur, Springen und Geländeritt ein passabler Reitersmann werden. Nichtreitende Gäste sind natürlich auch willkommen.

Von Obervellach zweigt die Straße nach *Mallnitz* ab, und dort haben wir die bequemste und schnellste Möglichkeit, die Tauern zu überwinden, indem wir sie durch den achteinhalb Kilometer langen Tauerntunnel mit der Eisenbahn unterqueren, wobei das Auto auf eigens dafür konstruierte Waggons verladen wird. Gleich hinter Obervellach sehen wir links die schon 1254 genannte *Burg Groppenstein*, einen stattlichen Bau des 15. Jahrhunderts. Die benachbarten *Groppensteinfälle* sind von der Straße aus schnell zu erreichen.

Mallnitz hat sich in den letzten Jahren zu einem beachtlichen Skizentrum entwickelt, das mit 25 Kilometer Abfahrten, zwei Rodelbahnen, zwei Langlaufloipen, Ski- und Skibobschule sowie Ski-Kindergarten nicht wenig zu bieten hat. Ein Sessellift und sieben Schlepplifte befördern den Skisportler bis in eine Höhe von 2650 Meter, wo die Bergstation unterhalb der Hütte ›Hannoverhaus‹ (2719 m) liegt. Der obere Teil dieser extrem hochgelegenen Skipiste bietet eine sichere Schneelage bis Ende April.

Zwischen Goldberg- und Kreuzeckgruppe

Weiterhin der Möll folgend, geht es an Söbriach vorbei nach *Flattach*, wo links eine Straße zur *Ragga-Schlucht* abzweigt. Ein Wanderweg von einer dreiviertel Stunde führt hinauf zur Klamm, wo der Ragga-Bach sich durch ein schmales felsiges Bett zwängt. Für die Begehung des Fußweges durch die 800 Meter lange Schlucht wird Eintrittsgeld verlangt. Der Wanderweg führt weiter in die Bergwelt der Kreuzeckgruppe. Über die *Ragga-Alm*, vorbei am kleinen *Poliniksee*, geht es zum Gipfel des *Polinik* (2784 m), dem höchsten Berg der Kreuzeck-Gruppe.

EGON SCHIELE (1890-1918)
Kärntner Landschaft
Bleistift und Aquarell, 1914
Albertina, Wien

Eine wegen ihrer Naturschönheit besonders empfehlenswerte Wanderung führt nordwestlich von Flattach nach *Innerfragant*, das man auf schmaler Straße auch mit dem Auto erreichen kann. Von dort gibt es Wandermöglichkeiten zum kleinen und großen *Oschenik-See* im Osten oder weiter nach Norden, wo auf dem Weg zur *Duisburger Hütte* die zahlreichen eisgrünen Bergseen der südlichen Goldberggruppe besucht werden können.

Das Tal ist jetzt enger geworden; die südlichen Ausläufer der Goldberggruppe mit ihren Zweitausendern säumen es im Norden, den Süden sperren die dicht bewaldeten Vorberge der Kreuzeckgruppe.

Bei *Ausserfragant* wendet sich die Straße nach Süden, im Nordwesten verläuft das kleine, aber landschaftlich sehr reizvolle Fraganttal, wo die befahrbare Straße dann nach Innerfragant am Fuße der Kammspitze (2757 m) endet. Im jetzt dünner besiedelten Mölltal finden wir wieder den Typ des Oberkärntner Bauernhauses, ohne Schopfgiebel, ganz oder teilweise aus Holz und mit angebauter Scheune.

Ein etwas größerer Ort ist das von einem Bergbach durchrauschte *Stall*, dessen Häuser sich steil den Hang hinauf erstrecken. Am obersten Dorfrand steht die spitztürmige gotische Pfarrkirche mit Netzrippengewölbe und neugotischer Ausstattung. Kirche und Ort waren zwischen 977 und 1039 im Besitz des Bistums Freising. 1149 kam Stall an den Erzbischof von Salzburg, dessen Regent, der Erzpriester für Oberkärnten, im 12. Jahrhundert hier seinen Sitz hatte.

Von der Kirche führt ein einstündiger Wanderweg hinauf zur *Burgruine Wildegg*. Die seit 1197 bezeugte Burg war 1278 in die Kämpfe zwischen Salzburg und dem Grafen von Görz verwickelt, wobei sie und ein großer Teil von Stall zerstört wurden. 1292 wieder aufgebaut, wechselte sie im Laufe der Zeit oft den Besitzer. In ihrer Nähe steht das Geburtshaus des Dichters Johann Kleinfercher (1828-1902), der sich Fercher von Steinwand nannte.

In dem kleinen unscheinbaren *Tressdorf* wird alljährlich am Gründonnerstag und Karfreitag ein Passionsspiel aufgeführt. Niemand weiß, aus welcher Zeit dieser Brauch stammt, doch dürfte er schon einige Jahrhunderte alt sein. Früher wurde die ganze Passion als stumme Pantomime dargestellt, seit 1891 wird ein kurzer Text im Mölltaler Dialekt dazu gesprochen. So finden sich denn alljährlich die Spieler beim Wenner-Stadel zusammen, holen die alten Gewänder aus den Truhen und kleiden sich um. Gegen halb fünf steigen dann vier als Christus, Petrus, Johannes und Jakobus gekleidete Männer den ›Ölberg‹ hinauf, das ist der Weg zur hochgelegenen Pfarrkirche von Tressdorf. Das Volk, nämlich die Mölltaler von Stall, Flattach, Obervellach und anderswo, geht schweigend hinter den Männern her. Die vier betreten dann die Kirche, gehen vor bis zum Altar, wo Christus betet, während seine drei Jünger einschlafen. Danach werden sie vom Herrn geweckt, verlassen die Kirche, schreiten langsam um sie herum und treffen am Portal mit den Schergen zusammen, die Christus vor den Thron des Pilatus führen. Nun folgt Verurteilung, Geißelung und Dornenkrönung. Damit ist das Spiel für diesen Tag abgeschlossen. Am Nachmittag des Karfreitag steigt Christus mit dem Kreuz wieder zur Kirche, diesmal nach Golgatha, hinauf, wobei der dreimalige Sturz des Herrn nachvollzogen wird, das letzte Mal in der Kirche. Früher wurde auch die Kreuzigung dargestellt, doch ist dies aus Rücksicht auf den Spieler aufgegeben worden, der dabei stundenlang festgebunden ausharren mußte. Zuletzt wird der unwillige Simon von Cyrene gezwungen, das Kreuz aufzunehmen. Er trägt es ins Dorf zurück.

Dieses einfache und ergreifende Spiel wurde bisher – das schneereiche Ostern 1957 ausgenommen – alljährlich aufgeführt, und zwar nicht als ›Show‹ für zahlende Gäste aus aller Welt, sondern als ein ehrwürdiger Brauch, den die Dörfler mit Ernst und Andacht für sich selbst gestalten und erhalten.

Auf einer sanften Höhe zu Füßen des Zellin-Kogels (2595 m) liegt *Rangersdorf.* Die Pfarrkirche St. Peter und Paul ist in Chor und Schiff kreuzgewölbt, der barocke Altar entstand um 1700. Neben der Kanzel ist ein Freskenrest aus der Zeit um 1500 zu sehen.

Über *Lainach* – der Ort ist zu beiden Uferseiten in ein sogenanntes ›diesseits‹ und ›jenseits‹ aufgeteilt – geht es weiter nach *Winklern,* wo die bisher südwestlich verlaufende Straße eine entschlossene

Wendung nach Norden macht. In Winklern zweigt auch die Straße über den Iselsberg (1111 m) ins Drautal und nach Lienz ab. Der um 1050 erstmals genannte Ort war seit 1325 Mautstation und erlebte während der ›Goldgräberzeit‹ im oberen Mölltal eine besondere Blüte.

Hoch über den Dächern Winklerns steht die spätgotische Pfarrkirche St. Lorenz, die Anfang des 16. Jahrhunderts in ihrer jetzigen Form errichtet und 1521 geweiht wurde. Das 1519 datierte Weltgerichtsfresko bei der Südwand ist leider schon stark verblaßt. Am Rande des hübschen und lebhaften Ortes finden wir einen schon 1317 erwähnten Turm, der zuerst als Görzer, seit 1460 als habsburgisches Lehen oft den Besitzer wechselte und ab 1754 als Getreidespeicher diente.

In *Mörtschach* gibt es noch einige schöne alte Bauernhäuser. Von hier führt ein Weg entlang dem Asten-Bach auf die *Burgstaller-Alm*. Von dort kann man in das Großfraganter Gebiet weiterwandern, aber auch Melenwand (2570 m) oder Makerni-Spitze (2644 m) besteigen.

Döllach

Über Sagritz erreichen wir Döllach, einstmals bedeutendes Zentrum des Goldbergbaus. Römische Funde belegen die frühe Besiedlung des Platzes, der 1458-1523 Sitz des Landgerichts Grosskirchheim war. Diesen Gebietsnamen trägt noch heute das am Ortsrand stehende Renaissanceschloß Großkirchheim mit seinem Heimatmuseum, das ich als das reichhaltigste und gepflegteste Kärntner Privatmuseum bezeichnen möchte. Döllach und sein Schloß sind von der Entwicklung des etwa 1400-1600 blühenden Goldbergbaues im Oberen Mölltal nicht zu trennen. Den stärksten Anteil daran hatte die Gewerkenfamilie Putz, deren Geschichte mit dem unternehmungslustigen Lienhard Putz aus Augsburg begann. Diesen rührigen Schwaben lockte das Gerücht vom Tauerngold nach Döllach. Seit 1485 tauchen die Putzen in den Mutungsbüchern der Knappenschaft auf, doch ihr eigentlicher Aufstieg begann erst mit Melchior Putz, der um 1520 bereits zahlreiche Anteile von Gruben, dazu Pochwerke, Goldmühlen und Schmelzen besaß. Er heiratete eine

Villacher Ratsherrentochter, erbaute sich ein kleines Schloß in Döllach und erwarb 1560 die gesamte Herrschaft Großkirchheim, wozu die Ruine des alten Schlosses gehörte. Den umstrittenen Standort
dieses heute nahezu spurlos verschwundenen alten Schlosses hat der
jetzige Besitzer des neuen Schlosses und Gründer des Heimatmuseums, Josef Lindsberger, einwandfrei lokalisieren können. Melchior
Putz erbaute nämlich 1561 sein neues Schloß neben die Ruine des
alten, dessen Spuren auf der Photographie eines verschollenen Ge-
mäldes des 17. Jahrhunderts deutlich zu erkennen sind. Außerdem
haben sich davon noch geringe Mauerreste auf dem Areal des
Hotels ›Schloßwirt‹ erhalten.

Zurück zu Melchior Putz, der nach seiner zweiten Ehe als ›Putz
von Kirchhambegk‹ in den Adelsstand erhoben wurde. Er starb
1583 und hinterließ fünf Söhne, von denen Ludwig Putz und später
dessen Witwe Sara die kläglichen Reste der untergehenden Berg-
baubetriebe noch bis 1620 weiterführten.

Da Döllach ja nur Umschlagszentrum und Sitz der Gewerken
war, muß man sich fragen, wo eigentlich das Gold lag, wo die
Knappen arbeiteten? Der Kärntner Heimatforscher Matthias Maierbrugger ist der Sache nachgegangen:

*Die meisten Goldzechen befanden sich im Zirknitztal, das sich hinter
einer unheimlichen, tiefen Schlucht gleich ober Döllach nach Norden öffnet und sich weit in das Bergreich der Sonnblickgruppe hineinzieht. Hier
befanden sich an der Westflanke des 2886 Meter hohen Eckkopfes als
reichste Goldkammer die Zechen am Modereck, wo der Bergbau wegen
der ungewöhnlich hochgelegenen Gruben zwischen Weihnachten und
Pfingsten ruhen mußte. – Fast im gleichen Ausmaß arbeiteten die Knappen im Großen und Kleinen Fleißtal, das sich unter Heiligenblut ebenfalls
bis zurück zum Sonnblickgletscher erstreckt. Das Berglehenbuch aus dem
Jahre 1496 erwähnt in der Großen Fleiß allein 123 Gruben, und das
höchste Grubenfeld befand sich in 2900 Meter Höhe, ganz droben am
letzten Ende des Guttales. Weitere Goldzechen gab es bei Zlapp, in der
Gößnitz bei Heiligenblut, wo das ›hochgradigste‹ Gold vorkam, im Leiter-
tal und knapp unter der Pasterze. – Auch im südöstlichen Teil der Herrschaft Großkirchheim gab es Goldzechen, in der Kollnitzen bei Mörtschach,
im Astental am Schobertörl, dem 2355 Meter hohen Übergang von der*

Asten in die Fragant und in der hintersten Fragant. Vom Schobertörl wird berichtet: »Höb einer Erden auf, wo man will, find' man schier überall lediges Gold«.

Der Goldbergbau in Großkirchheim gehörte nicht einem einzelnen Besitzer. Selten sogar befand sich eine einzelne Grube in der Hand eines einzigen Gewerken. Der gesamte Erzbau war zumeist vergesellschaftet. Jede Grube zerfiel in mehrere Anteile, meistens in Neuntel. Jedes Neuntel war wieder in vier Viertel und jedes Viertel in zwei Teile unterteilt. Demnach hatte jedes Bergwerk 72 Anteile. Die Besitzer dieser Anteile hießen Gewerken. Zahlreiche unter ihnen wurden durch die Goldgewinnung in den Hohen Tauern reich. Einige aber, denen das Glück nicht hold war, verbauten ihr ganzes Vermögen in die einsame Gegend, denn nicht alle Gruben brachten das ersehnte Gold.

Für die Gewerken arbeiteten nun die Knappen hoch droben im unwirtlichen Felsenreich der Hohen Tauern, manchmal in Höhen bis zu 3000 Meter über dem Meere. In jener Hochgebirgsregion der Stürme und der Lawinen stellten die Gewerken an ihre Knappen außergewöhnliche Anforderungen. Bereits im Oktober deckte in jenen Höhenlagen der Schnee das Bergreich zu. Die kleinen, steinernen Knappenhütten waren oft tief verschneit, und unbarmherzig war die Kälte, wenn die Stürme den Schnee um die Felsenhäupter peitschten.

Die Knappen aber schafften unermüdlich im dunklen Berg, und eine alte Chronik weiß zu erzählen: »Auf einer Pritsche, der sogenannten Pogratten, schlief unter einer gemeinsamen großen Decke die Belegschaft des Stollens, der meist vom Knappenhaus aus direkt zu erreichen war. Am frühen Morgen wurde mit der Arbeit begonnen und mit einer einstündigen Mittagspause bis ungefähr acht Uhr abends den Bergen das Gold entnommen. Alle drei bis vier Wochen lieferte man im Tal das Erz ab, holte sich gleichzeitig die neuen Lebensmittel und zog fast für einen Monat wieder in die Eiswüste der winterlichen Berge. Trotz aller Mühseligkeiten und Anstrengungen des Berufes aber arbeiteten die Bergknappen im schier endlosen Winter des Hochgebirges, holten immer neues Gold aus den Stollen, die ihnen reichlichen Verdienst gaben«.

Als der Reichtum zu versiegen begann, sah das Volk darin eine Strafe des Himmels, die so mancher arme Bauersmann den reich und übermütig gewordenen Knappen wohl von Herzen gönnte.

An Feiertagen, so hieß es, tranken die Knappen edlen Wein aus goldenen Bechern, die Musik spielte zum Tanz und beim Kegeln wurde mit Butterkugeln nach Kegeln aus Topfen geschoben. Bis dem lieben Gott die Galle halt dann doch überlief. Ein schweres Unwetter schwemmte das ganze Sündenbabel samt Knappen, leichten Mädchen, Hütten und Vieh in die Tiefe. Der darauffolgende scharfe Frost bedeckte dann als Pasterzengletscher die Goldstollen mit ewigem Eis. Dies stimmt ja nun wirklich, doch dauerte viele Jahrzehnte, was die Sage als Strafe des Himmels in einigen Tagen geschehen läßt.

Nun soll noch ein anderer profunder Kenner des Mölltaler Goldbergbaus zu Wort kommen: Josef Lindsberger hat in seinem Büchlein mehr die technischen und wirtschaftlichen Details des Goldbergbaues beleuchtet:

Die Blütezeit des Bergbaues in der Zeit von 1400 bis 1600 dürfte wohl nur im Goldrausch von Kalifornien und Klondike seinesgleichen gefunden haben. Abenteurer aus aller Herren Länder zogen in das rauhe Gebirge, beflügelt von dem Wunsche, in kurzer Zeit reich zu werden. In der Hochblüte sollen bis zu 3000 Knappen, Scheider, Schiener, Pocher, Wäscher und Schmelzer in Arbeit gestanden haben. Neben den Großbetrieben gab es aber auch kleine Familienbetriebe und Einmannbetriebe, welche natürlich gezwungen waren, ihre gehauenen Erze oder Feinschliche dem Großgewerken zu verkaufen, da sie diese nicht selbst aufbereiten konnten.

Zur Zeit der Hochblüte war man technisch in der Aufbereitung mit selbstgebauten Maschinen wohl schon etwas produktiver, jedoch im System war man nicht weiter als die Römer. Abbauwürdig und verarbeitbar waren nur Freigold, d.h. gediegene Goldadern, Goldnester und das Waschgold aus den Seifen, welches nach dem Wasch- und Schlemmverfahren verschmolzen werden konnte. Einfacher war dies mit dem Silber, welches aus dem silberhaltigen Bleiglanz einfach separiert werden konnte und vor der Zeit der peruanischen Silberkonkurrenz einen sehr guten Preis hatte.

Daß Arbeitskräfte in dieser Zeit wenig kosteten, zeigt uns nachstehend angeführter Verpflegssatz:

1 Knapp, so er ein Weib hat, wöchentlich an Nahrungsmitteln: 2 Pfund Schmalz / 2 Pfund Zieger (harter Schafkäse) / 6 Pfund Mehl / 2 Pfund

Fleisch | 10 Laib Brot | 1–2 Pfund Schweinefleisch. Für einen unbeweib-
ten Knappen ungefähr zwei Drittel dieser Ration.

Schon im letzten Jahrzehnt des 16. Jahrhunderts begann es zu kriseln, und bis zur Jahrhundertwende stand der Zusammenbruch des einst so reichen Bergbaues sichtbar bevor. Es gibt unzählige Werke und Schriften, welche die Erforschung der Gründe vom Niedergang des Bergbaues zum Inhalt haben. Einzelne Umstände herausgegriffen, geben kein klares Bild. Um die Umstände zu verstehen, muß man alle Gegebenheiten, welche ineinander verflochten sind und gegenseitige Wirkungen hatten, zusammen studieren.

In erster Linie spielte natürlich die Entdeckung Amerikas, insbesondere Mittelamerikas, mit den reichen Edelmetallschätzen die bedeutendste Rolle. Die von Spaniern und Portugiesen erbeuteten und nach Europa gebrachten Goldschätze stürzten erst einmal den Gold- und Silberpreis. Beim Gold machte sich dies erst nicht so bemerkbar, um so schlimmer drückte der Import des Silbers den Preis, so daß man schlagartig die Erzeugung von Silber einstellen mußte. Aber gerade die Silbergewinnung war der stabile Pol in der Bergbautätigkeit bei den Investitionen in der Suche nach dem Gold.

Die Vermutung, die reichen Goldadern und Nester an den Gletscherrändern oder sogar unter den Eisfeldern zu finden, trieb die Goldsucher immer noch höher hinauf in die unwirtlichen Eisregionen. Unter schrecklichen und ständiger Todesgefahr ausgesetzten Strapazen trieb man Hoffnungsstollen durch den harten Granit, folgte den etwas leichter haubaren Neunern in Quergängen zu den Kiesen, um dann irgendeinem verheißungsvollen Gang zu folgen. Allzulange vermochten Kleingewerken solchen Hoffnungen nicht zu folgen. Wenn der Gang ›goldhoffend‹ zu sein versprach, traten die ›Großen‹ zur Ablöse ein, erst als Beteiligte und Finanziere, später, als man glücklich ›fündig‹ war, drängten sie mit Intrigen und auch mit roher Gewalt den kleinen Partner aus der Compagnie.

Vor der Jahrhundertwende schon glaubte man an das allmähliche Versiegen des Goldsegens. In allen Seitentälern der Möll, der Zirknitz, Gößnitz und an der Pasterze hatte man alle bergmännisch möglichen Klüfte und Gänge untersucht und sondiert und keine nennenswerten neuen Lagerstätten mehr gefunden.

Zu allem Unglück rief zu dieser Zeit der Kaiser die Jesuiten in das

*Land, um diese in der Gegenreformation gegen die Lutheraner einzu-
setzen ... Wenn es auch stimmt, daß die Gegenreformation in Kärnten
keinen direkten Einfluß darauf ausgeübt haben mochte, daß der Bergbau
zusammenbrach, so wurde doch indirekt großer Schaden damit verursacht,
daß Finanziere des Bergbaues, welche unmittelbar vor der Emigration
standen, keine Investitionen mehr in österreichischen Bergwerken riskier-
ten. Glaubenstreue Lutheraner, welche als Fachleute im Bergbau standen,
zogen ebenfalls die Auswanderung der Kapitulation vor den Jesuiten vor.*

*Natürlich brachten die Zeitumstände Aufklärung und somit Unzu-
friedenheit unter die Knappen, so daß trotz der sinkenden Goldpreise und
Einstellung der Silberproduktion höhere Löhne gefordert wurden und der
Unzufriedenheit durch Knappenaufstände Nachdruck verliehen wurde ...
Nicht allein, daß die Gewerken sorglos drauflos lebten, keine Rücklagen
hatten, war es zu dieser Zeit gang und gäbe, von der Landesmünze Vor-
schüsse auf die Jahresproduktion zu erbitten. Soweit diese nicht direkt
von den Landständen bewilligt wurden, setzten sich Geldverleiher mit
Wucherzinsen dazwischen.*

*Zu all diesen Mißständen kam noch die technische Unzulänglichkeit
bei der Aufbereitung der Erze hinzu. Verluste bis zu vierzig Prozent
waren selbstverständlich.*

*Dazu kam noch um 1600 eine neue Beeinträchtigung, diesmal von
der Natur. Lagerstätten über 2500 Meter, welche bisher zumindest im
Sommer schnee- bzw. eisfrei wurden und bearbeitet werden konnten,
wurden auf einmal nicht mehr aper. Man vertröstete sich mit der Erklärung
eines außergewöhnlich harten Winters und kalten Sommers. Bald mußte
man aber erkennen, daß dies ein permanenter Zustand war, ja, daß er sich
von Jahr zu Jahr verschlechterte, daß eben die Gletscher wuchsen. Die
besten Gruben verkeesten und wurden nicht mehr zugänglich.*

*Das war das Ende der großen Zeit des Tales. Die meisten Bergwerks-
besitzer wanderten ab und hinterließen leere, unverkaufbare Häuser. Junge,
ledige Bergknappen und Verhüttungsarbeiter zogen aus dem Tal, dem
Ort verblieben die Fronboten, sieche und invalide Krüppel, Frauen und
Kinder.*

In dieses Elend kam die Kunde von einem neuen Aufbereitungs-
verfahren durch Quecksilberamalgamation, wobei eine neunzig-
prozentige Ausbeute möglich war. Also versuchte man es noch

einmal und verwendete dazu den alten Schutt der aufgelassenen Bergwerke, der immerhin noch acht bis zwanzig Gramm Gold pro Tonne enthielt. Dies brachte aber nur eine bescheidene Nachblüte. Mehrere hoffnungsvolle Geldgeber versuchten noch bis 1876, Geld aus dem Gold zu schlagen, doch es wurde nichts Rechtes mehr daraus. Die Gründung einer staatlichen Zinkhütte Ende des 18. Jahrhunderts war eher eine soziale Tat, die den Döllachern etwas Arbeit, dem Staat aber keinerlei Gewinn verschaffte, weil das Zink aus Ungarn viel billiger war.

Was nun das von Melchior Putz erbaute Neue Schloß betrifft, so wechselte es mit den Schicksalen der Gewerkenfamilien oft die Besitzer. Sogar die Künstlerfamilie Fromiller saß zwischen 1680 bis 1770 auf dem Schloß, das seit Mitte des 19. Jahrhunderts leerstand und auch nicht schöner wurde, als nach dem ersten Weltkrieg seine damaligen Eigentümer Öfen, Täfelung und Tapeten herausrissen. 1953 kaufte Josef Lindsberger den fast schon zur Ruine gewordenen Bau und begann systematisch mit Restaurierung und Neueinrichtung. Zum Aufbau des Museums bemerkt er:

Das Dilemma, aus ehemals von Schwärmern und Idealisten wahllos zusammengetragenen ›Altertumssammlungen‹ zu sichten und auf pietätvolle Gedenken der einstigen Stifter und Spender beim Sortieren Bedacht zu nehmen, blieb diesem Privatmuseum erspart, weil einmal eine solche Sammlung gar nicht vorhanden war und dann einem Privaten eben nichts geschenkt wird. So konnte frei und ohne Ressentiments und Beeinflussung angekauft und zusammengesucht werden, was man als brauchbar, schön und interessant fand.

Ich kann nur wiederholen, daß dieses Museum das Musterbeispiel eines Heimatmuseums darstellt. Was den Goldbergbau im oberen Mölltal betrifft, so ist er in seinem technischen und historischen Zusammenhang lückenlos und übersichtlich dargestellt. Herr Lindsberger führt seine Besucher in kleinen Gruppen selbst und tut dies auf kenntnisreiche und humorige Art. Nebenbei sei noch bemerkt, daß der Goldbergbau nur einen Teil des Museums ausmacht, denn es sind auch bäuerlicher Hausrat, Rüstungen, Waffen, Keramik, Zinn, Wappenscheiben, Gemälde, Skulpturen, herrliche Renaissance- und Barockmöbel und noch vieles andere zu sehen.

Heiligenblut

Als Tor zur Glocknerstraße und Ausgangspunkt für Touren in die Glocknergruppe ist Heiligenblut heute ganz auf den Fremdenverkehr eingestellt. Daß dieses Gebiet schon in der Antike begangen und besiedelt war, beweisen die römischen Funde, darunter der berühmte Herkules, der 1933 bei Bauarbeiten an der Glocknerstraße im Schiefergeröll entdeckt wurde. Dieses Bronzefigürchen stellt einen jugendlichen, bartlosen Herkules dar, der über dem linken Arm das Löwenfell trägt.

Im Mittelalter profitierte auch Heiligenblut vom Gold- und Silberbergbau, der im Gebiet der Pasterze besonders intensiv betrieben wurde, aber schon Ende des 16. Jahrhunderts wieder aufgegeben werden mußte. Daneben aber war Heiligenblut ein vielbesuchter und weithin bekannter Wallfahrtsort.

Diese Wallfahrt hat ihren Ursprung in der Briccius-Legende. Briccius war ein Däne, der mit seinen drei Brüdern als hochangesehener Feldherr am byzantinischen Kaiserhof lebte. Da er der Prinzessin Eudoxia das Leben gerettet hatte, war er ein besonderer Günstling des Kaisers. Was diesen Kaiser angeht, so schwanken die Angaben zwischen Basilius, Leo und Konstantin, die alle drei im Zeitraum von 867-959 nacheinander regierten. Da das ›Blutwunder‹, von dem zu erzählen ist, aber 914 stattgefunden haben soll, kommt dafür nur Konstantin VII. (913-959) in Frage. Dieser Kaiser nahm es mit dem christlichen Glauben nicht recht ernst, bis er durch ein Wunder bekehrt wurde: Ein Jude stach in der Sophienkirche zu Konstantinopel in ein Christusbild, worauf Blut herausfloß, das er schnell in einem Fläschchen auffing. Dadurch wieder auf den Pfad christlicher Tugend gebracht, gewährte der Kaiser Briccius und seinen Brüdern, als sie Abschied nahmen, nur ungern die Bitte, das Blutfläschchen mitnehmen zu dürfen. Kaum waren sie vor den Toren der Stadt, sandte der Kaiser ihnen Häscher nach, die das Fläschchen wieder zurückbringen sollten. Briccius erkannte die Gefahr, schnitt sich schnell eine tiefe Wunde ins Bein, verbarg in ihr das Fläschchen und legte einen Verband darüber. So kam er davon und die Wunde wuchs zu. Die Brüder wanderten über die

Alpen und kamen ins Drautal, wo sie sich trennten. Einer wandte sich nach Kötschach, dem zweiten sind wir als Einsiedler auf dem Oswaldiberg schon begegnet, und der dritte gründete die Siedlung im Niklai, wo er als heiliger Mann verehrt wird. Briccius aber zog möllaufwärts, wo er in einer stürmischen Winternacht am Fuße des Großglockner umkam. Als Bauern um die Weihnachtszeit an diese Stelle kamen, sahen sie drei Kornähren aus dem Schnee wachsen. Sie gruben die Ähren aus, fanden den Leichnam – dem die drei Halme mitten durchs Herz gewachsen waren – und legten ihn auf einen Ochsenkarren, um Gottes Willen zu erkunden. Die Ochsen gingen nach einigem Hin- und Herlaufen nicht mehr von der Stelle, so daß man Briccius an diesem Ort begrub. Da der Leichnam aber dreimal seinen Fuß aus dem Grabhügel streckte, fand man schließlich das Fläschchen mit dem Blut. Der von dem seltsamen Fall unterrichtete Salzburger Bischof erfuhr schließlich aus Konstantinopel, welche Kostbarkeit das Fläschchen enthielt. So errichtete man hier eine Kapelle, die 1273 vergrößert und 1483 durch den heutigen gotischen Kirchenbau ersetzt wurde. Die verschwundenen drei Kornähren wurden übrigens 1729 auf ›wunderbare Weise‹ wiederentdeckt. Sie und das Blutfläschchen sind im Sakramentshäuschen neben dem Altar zu sehen.

Die Wurzel zu dieser mit historischen Details so reichlich ausgestatteten Legende erklärt der Volkskundler Georg Graber mit der uralten Verehrung des aus Dänemark stammenden Erntegottes Fricco oder Freyr. Damit werden gleich drei Dinge plausibel: die beim angeblichen Briccius gefundenen Ähren – ein Symbol des Heidengottes –, die Herkunft des ›Heiligen‹ aus Dänemark, und nicht zuletzt die Tatsache, daß Briccius bis heute bei den Mölltalern als ›Sankt Fritz‹ bezeichnet wird. ›Heiliger Fritz, bewahr uns vor Donner und Blitz‹: Diesen Spruch kann man bis ins Friaulische hören. Aus dem hier von altersher verehrten ›Fritz‹ wurde dann ein latinisierter Briccius, dessen Name auch ein historischer Heiliger, nämlich Briccius, Bischof von Tours (um 397-444) trägt. Die Kirche in Heiligenblut ist übrigens dem hl. Vinzenz geweiht, und der Ortsname ›Ze dem heiligen bluote‹ taucht erst Anfang des 15. Jahrhunderts auf.

Die heutige in Bauetappen vom Ende des 14.Jahrhunderts an entstandene *Pfarrkirche St. Vinzenz* wurde 1491 geweiht. Ihre Lage am Hügel über dem Mölltal, gerahmt von der gewaltigen Bergkulisse der Glocknergruppe, ist einzigartig. Der schmucke, elegante Bau mit seinem schlanken, südlich angebauten, nadelspitzen Turm wirkt von außen kleiner und zierlicher als er in Wirklichkeit ist. Ein schönes gotisches Christophorusfresko ziert die Nordwand und wurde vielleicht vom Meister der Gewölbefresken in Maria Saal geschaffen. Chor und Langhaus des dreischiffigen Innenraums sind netzrippengewölbt, die Schlußsteine mit Heiligenfresken bemalt.

Diese schöngebaute und wundervoll gelegene Kirche birgt den oder zumindest einen der schönsten gotischen Schnitzaltäre Kärntens. Vermutlich noch von Michael Pacher entworfen, führte ihn 1520 Pachers Schüler Wolfgang Aßlinger aus, während die Flügelgemälde von dem hervorragenden Salzburger Marx Reichlich, ebenfalls einem Pacher-Nachfolger, und dem Pustertaler Simon von Taisten geschaffen wurden. Dieses zehneinhalb Meter hohe, vom Boden bis zum Gewölbe reichende Wunderwerk füllt den ganzen Chorraum, ja man kann sagen, die ganze Kirche mit seiner edlen Pracht.

Im Mittelschrein sehen wir unten den liegenden Stammvater Jesse, darüber die Krönung Mariens mit Gottvater und Sohn in vollplastischen prächtig gefaßten Skulpturen. Zu beiden Seiten stehen die Heiligen Vinzenz und Petrus. Die weniger meisterhaft gearbeiteten Flügelreliefs, wohl Schülerarbeiten, zeigen Geburt, Anbetung, Auferstehung und Himmelfahrt Christi. Im Gespreng sehen wir Christus im Elend, flankiert von den Heiligen Stephan und Lorenz, darüber zwei Engel mit den Marterwerkzeugen. Von den vierzehn Nothelfer-Statuetten an der Predella sind fünf entfernt worden, als im 18.Jahrhundert das Tabernakel eingebaut wurde. Die acht Gemälde auf den Rückseiten von Flügeln und Schrein stellen Szenen aus dem Marienleben, Märtyrer, Kirchenväter und Heilige dar.

Das schlanke, hohe Sakramentshäuschen neben dem Altar, wohl das größte und am reichsten geschmückte in Kärnten, entstand 1496. Vorne steht die Figur des sagenhaften Briccius mit seinen drei

Kornähren, deren ›Originale‹ samt dem heiligen Blut hinter den schöngearbeiteten Eisentüren verwahrt sind.

Bei all dieser Pracht sollten wir aber den kleinen spätgotischen Flügelaltar an der Nordwand beim Eingang nicht übersehen. Im Schrein stehen die Hochreliefskulpturen der hl. Veronika mit Petrus und Paulus; die bemalten Flügel zeigen Daniel mit dem Löwen und Briccius; auf den Rückseiten Apollonia und Blasius, im Gespreng die hl. Katharina, an der Predella den Schmerzensmann mit Maria und Johannes. Die Schnitzereien werden dem Villacher Meister Lukas Tausmann zugeschrieben.

Die Kanzel und die Apostelfiguren in Chor und Langhaus sind Werke des Barock. In der zweischiffigen sternrippengewölbten Krypta steht neben dem kleinen Barockaltar das Grabmal des hl. Briccius, der hier bestattet sein soll.

Die ins benachbarte Land Salzburg hinüberführende Großglockner-Hochalpenstraße und seine einmalige Lage am Fuße der höchsten Tauerngipfel hat Heiligenblut zu einem lebhaften Touristenzentrum gemacht. Nicht alle aber haben daran teil; noch immer gibt es ringsherum Bergbauern, die nach alter Art vom Ertrag ihres Bodens und von der Viehzucht leben. Viehzucht aber wäre nicht möglich ohne die gefährliche Arbeit der ›Hazer‹ (Heuzieher). Da nämlich das Heu der Talwiesen als Futter niemals ausreicht, werden im Hochsommer die duftenden Bergwiesen in mühsamer Arbeit gemäht, wozu manchmal wegen des steilen Bodens sogar Steigeisen gebraucht werden. Das als besonders nahrhaft geltende Almheu wird dann bis zum Winter in einfachen Holzhütten untergebracht. Um den Niklaustag herum, wenn kein Schnee liegt, auch später, machen sich die Hazer schon um Mitternacht mit Seilen, Ketten, Stöcken und Steigeisen auf den Weg. Während des Aufstiegs holen sie sich die zum Schlittenbau geeigneten Kufenstecken aus dem Wald. Bis sie oben bei den Heuhütten angelangt sind, dämmert schon der Morgen. Nach einer kräftigen Jause wird das Heu auf die Schlittenkufen geladen, festgetreten und immer höher gepackt, bis etwa vier bis fünf Zentner beieinander sind. Und dann geht's los. Der Schlittenführer steht vorne auf den Kufen und lehnt sich fest an die duftende Last. Es gehört Erfahrung, Mut, Geschick und manchmal auch Glück dazu, sich und den Schlitten heil ins Tal hinunter zu bringen. Ein falscher Griff, eine unrechte Bewegung, eine Sekunde Unachtsamkeit können den Hazer samt Schlitten in eine Schlucht hinabschleudern. Bei den steilsten Strecken klammert sich hinten ein zweiter Mann an, der nur immer kräftig bremsen muß. Zwei bis drei Wochen dauert das Heuziehen, bis alles kostbare Viehfutter sicher in den Scheunen der Bauernhöfe liegt. Wenn kein Unglück geschehen ist, atmen alle auf und freuen sich jetzt erst so richtig auf die Weihnachtsfeiertage.

Glockner-Welt

Nicht weniger gefahrvoll ging es bei den Besteigungen des Großglockner zu. Im August 1799 rüstete sich der unternehmungslustige Fürstbischof von Gurk, Franz Altgraf Salm-Reifferscheidt zur Erstbesteigung des Großglockner. Das Ziel des ersten Tages war die in 2620 Metern Höhe errichtete Salm-Hütte, die der Bischof mit seinen Begleitern wegen des zunehmend schlechten Wetters erst bei Dunkelheit erreichte. Nachts kam dann ein steifer Nordwestwind auf, der jaulend um die primitive Berghütte fegte, und am nächsten Morgen hatte sich der Glocknergipfel hinter tief dahinjagenden Wolken versteckt. Zwei Tage mußten die Männer ausharren, bis sich endlich am Nachmittag des 22. August der Himmel aufklärte. Hastig wurde aufgebrochen, und die Vorhut mit dem schweren Gipfelkreuz überquerte gerade den Leiterkees-Gletscher, als sich plötzlich der Himmel wieder verfinsterte und die Sicht so schlecht wurde, daß der Bischof den Versuch abbrach und weitere drei Tage in der Hütte abwartete. Der Himmel aber ließ sich auch von der Ungeduld seines hohen Dieners nicht umstimmen und so kehrte die Expedition niedergeschlagen ins Tal zurück. Am nächsten Morgen, als wolle der Berg sie narren, leuchtete ein blauer Himmel durch die Fenster der Herberge, und wieder machte sich der Troß eilig auf den Weg. Diesmal schien es zu gelingen, denn um die Mittagsstunde des 25. August konnte der Fürstbischof von der Salm-Hütte aus mit dem Fernglas beobachten, wie seine Männer das Gipfelkreuz aufrichteten. Doch der Triumph war kurz, denn es stellte sich bald heraus, daß man in Wirklichkeit nur den etwas niedrigeren Kleinglockner bezwungen hatte. Wenn es dennoch ein Sieg war, so war es doch nicht der rechte, und Altgraf Salm dachte nicht daran, seinen Plan aufzugeben. Ein Jahr später rüstete er eine neue Expedition aus, der es dann auf Anhieb gelang, am 28. Juli 1800 den höchsten Gipfel der Ostalpen zu bezwingen. Mit vier Bergsteigern errichtete der Pfarrer von Döllach das Gipfelkreuz auf der 3798 Meter hohen Spitze des Großglockner. Der Geograph Stanig ließ es sich nicht nehmen, auf einer eingerammten Stange noch ein paar Meter höher zu klettern, um die 3800 voll zu machen.

Inzwischen haben tausende von Bergfreunden Österreichs höchsten Gipfel erstiegen, wozu man unbedingt bergerfahren und völlig schwindelfrei sein muß; auch geht es nicht ohne Führer. Heute kann man sich allerdings durch die Gletscherstraße einige Zeit und Mühe sparen. Sie führt hinauf zur *Franz-Josefs-Höhe* (2418 m), wo man im Franz-Josefs-Haus ausgezeichnet untergebracht ist und sich einen Führer mieten kann. Neben dem Parkplatz wurde sogar noch eine Hochgarage für neunhundert Autos angelegt.

Oberhalb der Großglockner-Hochalpenstraße, an den weiten Hängen des *Schareck* (2604 m), kann sich der Skifahrer auf Pisten von 30 Kilometer Länge tummeln, wobei drei Sessellifte und sieben Schlepplifte seinem Vergnügen dienlich sind. Die längste Abfahrt erstreckt sich auf sieben Kilometer, was gewiß auch abgebrühte Skihasen noch begeistern kann.

Von der Franz-Josefs-Höhe überschaut man den mächtigsten Gletscher der Ostalpen, den *Pasterzen-Kees* mit seiner Fläche von rund dreißig Quadratkilometern. Fast senkrecht stößt der Großglockner seine beiden Spitzen in den Himmel – ein gewaltiger Wächter an der Grenze Kärntens. Vom Franz-Josefs-Haus auf den *Großglockner-Gipfel* (3797 m) muß man bei gutem Wetter etwa sechs Stunden rechnen. Der Weg führt hinunter zum Pasterzengletscher, dann hinüber zum Glocknerkar und über den Hoffmannsweg zur *Erzherzog-Johann-Hütte*. Von hier geht es zuerst auf den *Kleinglockner* (3783 m), dann hinab zur Glocknerscharte und über den meist nur halbmeterbreiten Firngrat zum höchsten Gipfel, dem Großglockner. Der bei klarer Sicht unvergleichliche Rundblick umfaßt einen weiten Teil der Alpen und reicht nach Norden bis zum Böhmerwald. Im Südosten liegt das Kärntner Land lieblich ausgebreitet. Vielleicht war es dieser Anblick, der den Kärntner Heimatdichter Hugo Moro zu einem glühenden Liebesgedicht an seine Heimat inspirierte. Er nennt es »a karntnerischer Juchzer«.

> Aus'n tiafesten Herz'n und so laut as i's kann
> jauz i's auße, mei Karnt'n, lei dir g'her i's an.
> Lei dir g'her i's an und lei dir g'her i's zua,
> du bist mei Muaterl, i bin dei Bua!
>
> Ja, i bin dei Bua, han di sövlt'r gearn
> und das muaßt ja lei deacht aus mein Juchezer hearn.
> Und i juchaz hellaus und i jauz, was i kann:
> Karntnerland, Hamatland, dir g'her i's an.

ZITATENNACHWEIS

Bachmann, Ingeborg: Das dreißigste Jahr. München 1961
– Simultan. München 1972
Baldass-Buchowiecki-Feuchtmüller-Mrazek: Gotik in Österreich. Wien 1961
Blauensteiner, Kurt: Georg Raphael Donner. Wien 1944
Brown, Edward: Durch Niederland, Teutschland, Hungarn . . . Kärnten . . . gethane, gantz sonderbare Reisen. Nürnberg 1686
Demus, Otto: Romanische Wandmalerei. München 1968
Graber, Georg: Volksleben in Kärnten. Graz 1934
Hoffmann von Fallersleben, August Heinrich: Mein Leben. Hannover 1868
Khevenhüller-Metsch, Georg: Die Burg Hochosterwitz. Klagenfurt o.J.
Lavant, Christine: Gedichte. München 1972
Lindsberger, Josef F.: Großkirchheim. Selbstverlag o.J.
Maierbrugger, Matthias: Heimliches Kärnten. Wien 1966
Megiser: Annales Carinthiae – das ist Chronica des löbl. Erzhertzogthumbs Khärnten. Leipzig 1612
Milesi, Richard: Zu einigen Fresken des Thomas von Villach. In: Die Kunst, Heft 3. München 1973
Mrazek, Wilhelm: siehe Baldass-Buchowiecki-Feuchtmüller-Mrazek
Perkonig, Josef Friedrich: Ausgewählte Werke. Klagenfurt 1965-1968
Santonino, Paolo. Aus: Rudolf Egger, Die Reisetagebücher des Paolo Santonino. Klagenfurt 1947
Sartori, Franz: Neueste Reise durch Österreich ob und unter der Ens, Salzburg, Berchtesgaden, Kärnthen und Steyermark. Wien und Leipzig 1811/12
Strutz, Herbert: Kärnten, wie es wenige kennen. Klagenfurt 1972
Wagner-Rieger, Renate: Das Schloß Spittal an der Drau in Kärnten. Wien 1962

ABBILDUNGSNACHWEIS

Alte Ansichten

1 Schloß Velden am Wörther See, aus: Georg Mooshammer, »Genealogia und Beschreibung aller Khevenhüller und Khevenhüllerin . . .«; datierte Widmung 1625. Museum für angewandte Kunst, Wien

2 Maria Loreto, aus: Johann Weikhard Freiherr von Valvasor, »Topographia Archiducatus Carinthiae modernae . . . hervorgebracht zu Wagensperg in Krain im jahr 1681«. Nürnberg 1688

3 Herzogseinsetzung, aus: Kärnten-Karte im Homann-Atlas, Nürnberg 1747

4 Stappitzer See mit Ankogel. Aquarell von Thomas Ender, 1829 entstanden, aus der Aquarellsammlung des Erzherzogs Johann, jetzt im Besitz des Grafen Meran, Bad Aussee

5 Stein im Oberen Drautal, aus: Markus Pernhart, 197 Bleistiftzeichnungen nach Kärntner Burgen und Schlössern, um 1850 entstanden, jetzt im Besitz des Geschichtsvereins für Kärnten, Klagenfurt

6, 9, 10 Ossiach, Villach und St. Paul. Stahlstiche von Markus Pernhart, aus: »Bilder aus Kärnten«, Stahlstich und Druck der Kunstanstalt des österreichischen Lloyd in Triest, erschienen bei Leon in Klagenfurt, 1863-1868

7 Klagenfurt, Lithographie von Ludwig Friedrich Schuller, aus: »Ansichten aus Klagenfurt«, hrsg. von Joseph Wagner, 1843

8, 12 Friesach, Zelenica – Lithographien von Joseph Wagner, aus: »Ansichten aus Kärnten«, gedruckt bei Leon in Klagenfurt, 1845

11 St. Gertraud im Lavanttal, Lithographie von Joseph Wagner, aus: »Das Lavant-Thal in Kärnten«, erschienen bei Leon in Klagenfurt, 1849

Textabbildungen

Landhaus Klagenfurt, gez. v. Guttmann und Hambrusch, aus: Hans Kopf, Stadtbaukunst in Österreich, Salzburg 1972

Loiblpaß, aus: Kärnten-Karte im Homann-Atlas, Nürnberg 1747

Maria Saal, Grundriß, aus: Kunsttopographie des Herzogthums Kärnten, Wien 1889

Hochosterwitz, Anlageplan: desgl.

St. Paul, Anlageplan, aus: Österreichische Kunsttopographie, Band 37: Die Kunstdenkmäler des Benediktinerstifts St. Paul, Wien 1969

Teurnia, Grundriß nach Egger, aus: Vorromanische Kirchenbauten, Hrsg. vom Zentralinstitut für Kunstgeschichte in München, München 1966

REGISTER

Maria Wörth 184, 193-195
Matschacher Sattel 59
Mauthner Alpe 297
Maximilian I., röm.-deutscher
Kaiser 17, 71, 82, 149, 166, 247, 264
Megiser, Hieronymus 26, 74, 75
Meinhard, Görz von 283
Melchior, Maler 159
Metnitz 128-130
Metnitzer Alpen 108
Michlodt, Schnitzer 100
Mießtal, das 13
Milesi, Richard 169, 331
Millstatt 245-250, *Abb. 19, 20*
Millstätter See 243-253
Millstätter Alpe 243, 250, 255-257
Mittagskogel, Berg 177
Möderndorf 326, 327
Modestus, Heiliger 66, 70, 139, 276
Mödring-Berg 108
Möedritsch 107
Mölk, Josef Adam 21
Moll, Balthasar 101
Möllbrücke 278-280
Mölltal, das 335-338
Molzbichl 233
Mommsen, Theodor 298
Mooshammer, Georg
    Farbtaf. S. 152, 153
Moro, Gotbert 11
Moro, Hugo 361
Mörtschach 348
Mrazek, Wilhelm 56
Musil, Robert 27, 28

NAGGL 284
Napoleon I., Kaiser der Franzosen
    13, 18, 23, 121, 232
Neuhaus 161
Neustein 132
Niedergail 302
Nischelwitzer, Johann 129
Nock-Gebiet 108

Noriker, die 10
Nötsch 329-332

OBDACH, Adam von, Abt von
    St. Paul im Lavanttal 140
Oberdrauburg 289-291
Oberdrautal, das 275-292
Oberfalkenstein, Burgruine 338
Obergail 302
Obergailberg, Berg 302
Obergailtal, das 315-322, 324-327
Obergottesfeld 280, 281
Oberlercher, Paul 276
Obermillstatt 250
Obervellach 339-343, *Abb. 22*
Orsini-Rosenberg, Herren-
    geschlecht 54, 183, 211, 287
Ortenburg, Grafen von 233, 244,
    283, 287, 295, 304, 321
Oschenik-See 346
Ossiach 207, 219-224, *Abb. 6*
Ossiacher See 218-224, 227
Osterwitz, Herren von 77, 78, 121
Ostgoten, die 11, 275
Oswaldiberg 206
Otilo, Baiernherzog 11
Ötting, Kloster 259
Otto I., der Große, röm.-deutscher
    Kaiser 12, 182
Otto II., röm.-deutscher Kaiser 196
Otto I., Bischof von Bamberg 213
Otto I., Bischof von Freising 193

PACCOBELLO, Martin 99
Pacher, Friedrich und Michael 169,
    357, *Abb. 28*
Pacher, Johann 84, 87
    Werkstatt 26, 76
Packsattel 157, 158
Pampstel, Leonhard 99
Paracelsus (Philippus Aurelus Theo-
    phrastus Bombastus von Hohen-
    heim) 125, 147, 148, 201, 202,
    232

Die Fotos stammen von: Hansjörg Abuja, Klagenfurt: Farbt. III, IV; Lichtbildwerkstätte ›Alpenland‹, Wien: Farbt. V; Lala Aufsberg, Sonthofen: 22; Klaus D. Francke, Hamburg: 14; Max Hirmer, München: Farbt. I; Hermann Hessler, Frankfurt: 15, 16, 18, 24, 26, 27, 32, 33, 35; M. Jeiter, Aachen: 21, 28, 31, 34; Narbutt-Lieven, Wien: 1, Farbt. II; Ursula Pfistermeister, Artelshofen: 13, 17, 19, 20, 23, 25, 29, 30; Albert Rastl, Bad Aussee: 4; Henning Rogge, Berlin: Schutzumschlag; Ulrich Schwarz, Klagenfurt: 2, 3, 5, 7, 8, 9, 10, 11, 12.

Für entgegenkommende Unterstützung bei Beschaffung des Bildmaterials dankt der Verlag dem Landesmuseum für Kärnten und der Kärntner Landesgalerie, Klagenfurt, der Graphischen Sammlung Albertina und dem Museum für angewandte Kunst, Wien, dem Brücke-Museum, Berlin, der Fürstlich Thurn und Taxisschen Hofbibliothek, Regensburg, der Staatsbibliothek und dem Zentralinstitut für Kunstgeschichte, München, Herrn Dr. Dinklage, Klagenfurt und Franz Grafen Meran, Bad Aussee.

Beilage zu: Siegfried Obermeier, Kärnten
Prestel-Verlag, München
Gezeichnet von Alfred Beron, München